山东省社会科学规划研究项目

知库

经济与管理

——

沙滩运动特色小镇开发建设的
理论与实践

周君华　苗成龙　周　航　著

新　华　出　版　社

图书在版编目（CIP）数据

沙滩运动特色小镇开发建设的理论与实践 ／ 周君华，
苗成龙，周航著 . —北京：新华出版社，2022.8

ISBN 978 - 7 - 5166 - 6416 - 2

Ⅰ.①沙… Ⅱ.①周… ②苗… ③周… Ⅲ.①体育产
业—小城镇—城市建设—研究—中国 Ⅳ.①G812

②F299.21

中国版本图书馆 CIP 数据核字（2022）第 159927 号

沙滩运动特色小镇开发建设的理论与实践

作　　　者：周君华　苗成龙　周　航

责任编辑：张　谦　　　　　　　封面设计：中联华文

出版发行：新华出版社

地　　　址：北京石景山区京原路 8 号　　　邮　　编：100040

网　　　址：http：//www.xinhuapub.com

经　　　销：新华书店

购书热线：010-63077122　　　　中国新闻书店购书热线：010-63072012

照　　　排：中联学林

印　　　刷：三河市华东印刷有限公司

成品尺寸：170mm×240mm

印　　张：23　　　　　　　　　　字　　数：413 千字

版　　次：2023 年 1 月第 1 版　　　　印　　次：2023 年 1 月第 1 次印刷

书　　号：ISBN 978 - 7 - 5166 - 6416 - 2

定　　价：99.00 元

前　言

特色小镇作为在块状经济和县域经济基础上发展而来的创新经济模式，是在新的历史时期、新的发展阶段供给侧改革的创新探索和成功实践，是当前我国旅游产业、新型城镇化和社会生活形态的发展过程中出现的新兴业态。习近平总书记指出"抓特色小镇、小城镇建设大有可为，对经济转型升级、新型城镇化建设，都具有重要意义"；李克强总理强调"要因地制宜，创新机制，走出特色鲜明、产城融合、惠及群众的新型小城镇之路"。特色小镇符合经济社会发展规律，有利于破解经济结构转化和动力转换的现实难题，全力推进特色小镇建设，把特色小镇打造成稳增长调结构的新亮点、实体经济转型发展的新示范、体制机制改革的新阵地，是适应和引领经济新常态的重大战略选择。截至2018年，我国特色小镇数量超过2000多个。在特色小镇如火如荼开发建设过程中，体育特色小镇是其中一朵靓丽的奇葩。

体育特色小镇相较于普通特色小镇，其核心是引入了特色运动休闲项目，与体育产业相融合，打造具有地域特点的体育文化中心。体育特色小镇建设可以极大地提高区域体育资源的整合程度，提高资源利用率，形成"区位品牌"效应，对改善区域体育产业结构有着重要意义。体育特色小镇是发展体育产业的重要载体与承载平台，是推动我国现代化城镇建设，实现城乡一体化发展，促进供给侧结构性改革的重要举措。2017年8月10日，国家体育总局办公厅公布全国第一批运动休闲特色小镇试点项目96个，其中有以足球运动、冰雪运动、网球运动、武术运动、马拉松等体育项目为主导的体育特色小镇，以户外运动休闲娱乐类为主导的体育特色小镇，以温泉康体等产业为主导的体育特色小镇，而以沙滩运动特色项目为主导的体育特色小镇国内尚未出现。

山东海阳市是中国最佳魅力海滨城市，拥有"万米海滩浴场"，气候温和、地形平坦、海沙细致，是闻名遐迩的避暑胜地，拥有开展沙滩类体育项目的天然条件。海阳市是第三届亚洲沙滩运动会举办地，2012年海阳举全市之力开创了县级城市成功举办洲际赛事的先河，亚沙会的成功举办使海阳市闻名中外，城市形象显著提升，城市综合基础设施优化升级，亚沙遗产又为海阳市开展沙滩类体育项目提供了强有力的资源保障。

本书正是基于"国家强有力的政策支持""国内沙滩运动特色小镇零现象"和"海阳气候好、地理优、资源丰、亚沙遗产富足"等优势，以海阳市为实证案例，开创国内第一个沙滩运动特色小镇的开发建设。

沙滩运动特色小镇属于体育特色小镇，是以沙滩体育为载体的一类特色小镇，包含沙滩排球、沙滩足球、沙滩手球等多种赛事，融合健身、旅游、娱乐、休闲等多种功能，聚焦旅游、文化、养老、教育等多种产业，是我国全面深化改革的产物，是沙滩特色产业跨界融合的创新载体，也是推进供给侧结构性改革和新型城镇化的有益探索。建设沙滩运动特色小镇是贯彻和落实全民健身、健康中国、体育强国等国家战略的重要内容，是新时代实现全民健身和全民健康深度融合的必然要求，也是推动体育产业高质量发展的重要抓手和实施路径。建设沙滩运动特色小镇，对于海阳市挖掘和释放体育消费潜力、保障与改善民生、培育新的经济增长点、增强经济增长新动能等具有重要的现实价值和时代意义。

步入"十三五"以来，体育产业迎来了百年难得之历史机遇，产业规模逐年扩大，成为推动国民经济发展的新亮点和强劲驱动力。2019 年，我国 GDP 现价总量为 986515 亿元，体育产业总产值为 29483 亿元，增加值为 11248 亿元，体育产业总产值占国内生产总值的比重为 2.98%。我国体育产业潜力巨大，前景广阔，始终保持快速发展态势，对国民经济贡献不断增大，即将成为国民经济的支柱性产业。2014 年 10 月国务院《关于加快发展体育产业促进体育消费的若干意见》（国发〔2014〕46 号）出台，提出大力发展体育产业，扩大体育产品和服务供给，满足人民日益增长的体育消费需求，推进体育强国建设。近年来，随着我国体育产业规模不断扩大，体育产业与教育、健康、养老、地产、文化、旅游、医疗、互联网等多个领域的融合日益加深。截至 2020 年底，国家出台了促进体育产业发展、建设体育特色小镇、激发体育消费能力等一系列重大政策，沙滩运动特色小镇作为体育产业与旅游产业融合发展的平台，同时作为海阳市体育产业转型升级的抓手，其建设与发展势在必行。《沙滩运动特色小镇开发建设的理论与实践》正是基于这样的背景。全书共七章内容，基本内容体系安排如下：

第一章，绪论。这一章主要从体育小镇发展的研究背景和研究意义、特色小镇及体育特色小镇研究的状况与评价、体育小镇发展的研究内容与方法、沙滩运动特色小镇发展研究的主要目标和社会效益等研究角度描述体育特色小镇的兴起背景，阐述本研究的重要性、亟须性和急迫性，同时也为下文的撰写做好铺垫、打好基础。

第二章，体育小镇理论研究。这一章首先概述了特色小镇的内涵、起源、特征、载体、政策、运营、意义，分析了特色小镇的类型、各阶段发展历程、发展现状与问题。其次，概述了体育特色小镇的内涵、必要性、特征、功能、发展架构，归纳了体育特色小镇四种主要类型，分析了体育特色小镇的发展现状及问题，同时从产业融合、供给侧改革、新型城镇化等理论视角对体育特色小镇进行解读，研判了新时代体育特色小镇的发展趋势。最后，在对特色小镇、体育特色小镇等相关理论辨析的基础上，概述了对沙滩运动特色小镇，界定了沙滩运动特色小镇的概念、内涵、目标、特点，分析了沙滩运动特色小镇建设的可行性与发展意义。

第三章，体育小镇国内外经典案例。一方面以英国温布尔登网球小镇、新西兰皇后镇、法国霞慕尼小镇、意大利蒙特贝卢纳小镇、瑞士达沃斯小镇作为国外经典案例，介绍了国外经典小镇的基本情况、特色、发展历程、运营模式等，总结提炼了国外经典小镇的共性经验，并综合考虑了国外成功经验对我国的启示；另一方面以北京丰台足球特色小镇、绍兴柯桥酷玩小镇、南京汤山温泉小镇、合肥大圩马松松小镇、张家口崇礼太舞冰雪小镇作为国内经典案例，描述了国内经典小镇的基本情况，分析了国内体育特色小镇的建设特色与发展成效，总结了国内典型小镇的成功经验。

第四章，沙滩运动特色小镇总体规划。首先在分析我国沙滩运动特色小镇建设现状和发展形势的基础上，从建设原则、建设目标、产业定位、开发架构和建设分区等方面阐明了沙滩运动特色小镇建设的总体要求，明确沙滩运动特色小镇建设的主要任务和建设内容，最后分析了小镇体育赛事、体育用品、体育教育培训产业等产业链的开发架构，并以沙滩足球为例分析了小镇沙滩足球产业链的构建思路。

第五章，沙滩运动特色小镇核心竞争力评价体系的构建。本章在立足于分析沙滩运动特色小镇评价体系构建意义的基础上，重点探讨了沙滩运动特色小镇核心竞争力评价体系构建的原则、理论、评价模型、评价指标的选择和评价指标分值标准。

第六章，沙滩运动特色小镇 RC-PPP 投融资模式。这一章在沙滩运动特色小镇 RC-PPP 投融资模式的研究背景、研究目的、研究回顾和相关理论的基础上，描述了 PPP 模式、BOT 模式、TOT 模式、PFI 模式的特点和优劣之处，分析了 RC-PPP 投融资的模型构建条件、特性、投融资主体、内外部影响、运行机制等。最后以海阳市沙滩运动特色小镇 RC-PPP 投融资模式案例为实证研究，剖析了海阳市沙滩运动特色小镇投融资的市场前景、资本介入、政策和条件，建立海阳市沙滩运动特色小镇 RC-PPP 投融资主体，并提出海阳市沙滩运动特色小镇 RC-PPP 投融资的运营假设。

第七章，沙滩运动特色小镇发展战略。本章提出了 13 条沙滩运动特色小镇的发展战略：创新制度供给，做好科学规划；凸显沙滩特色，明确产业定位；坚持市场主导，优化资源配置；深化合作关系，加快建设进程；确立投资模式，明确主体职责；拓宽融资渠道，促进多元投资；优化融资结构，扩大资源收入；树立融合理念，加强跨界融合；完善运营管理，重视动态评估；重视生态文明，合理开发资源；走新型城镇化发展道路，提高海阳市综合承载力；加强政府管理扶持力度，多元参与主体协调发展；打造沙滩运动产业支柱，优化海阳城市产业结构。

本书主要以海阳市沙滩运动特色小镇的开发建设为实证，重点研究海阳市沙滩运动特色小镇的规划建设、投融资、沙滩特色品牌打造、产业链条形成等理论与实践方面的难题，新意层出、发人深省、令人振奋，是一部适应新时代潮流和沙滩体育产业发展新理念的力作，也是一部开创沙滩运动特色小镇理论研究与实践探索的著作。本书旨在抛砖引玉，不断丰富和完善体育特色小镇相关理论，探索沙滩运动特色小镇建设与发展路径，为海阳市沙滩运动特色小镇的创建提供必要的实际操作方法和手段，同时为体育特色小镇的开发建设提供范本示例。

2018 年 8 月 30 日，国家发改委发布《关于建立特色小镇和特色小城镇高质量发展机制的通知》，对特色小镇的发展提出了若干规范管理措施，未来体育特色小镇建设需要进一步规范，切实强化对体育特色小镇的统筹指导、统一行动、协同发力，促进体育特色小镇高质量发展。总之，我国体育特色小镇的建设是一个涉及政府、开发商、产业运营商、体育社会组织、体育企业、公民等多元主体的复杂系统工程，理论和实践研究难度较大，诸多问题尚待深入研究。读者朋友的批评斧正将是我们后续研究的重要参考。让我们一起，为我国体育特色小镇建设乃至体育产业发展贡献微薄之力。

周君华

鲁东大学体育学院

2021 年 6 月于烟台

目 录
CONTENTS

第一章 绪 论

第一节 体育小镇发展的研究背景

一、体育小镇发展的研究历程

特色小镇发源于浙江，2014年时任浙江省省长李强在杭州云栖小镇首次提及"让杭州多一个美丽的特色小镇，天上多飘几朵创新彩云"。

2015年9月，中办主任、国家发改委副主任刘鹤在深入调研浙江特色小镇建设情况时表示"浙江特色小镇建设是在经济发展新常态下发展模式的有益探索，符合经济规律，注重形成满足市场需求的比较优势和供给能力，这是敢为人先、特别能创业精神的又一次体现"。

2016年1月，浙江省省长李强对绍兴宁波建设的特色小镇进行调研，随后指出"在新常态下，浙江把自身的历史人文、山水资源、信息经济以及块状经济等独特优势进行充分利用打造的一批特色小镇，符合社会经济发展规律，有利于破解经济结构转换和动力转化等诸多现实难题，为浙江顺应和引领经济新常态的重大战略提供选择。要全力推进特色小镇建设，把特色小镇打造成稳增长调结构的新亮点、实体经济转型发展的新示范、体制机制改革的新阵地"。这种以块状经济和县域经济为基础，从而发展起来的创新型经济模式，是在崭新的历史时代、崭新的发展进程供给侧改革的成功实践和创新探索。

2016年7月，住房和城乡建设部、国家发展和改革委员会与财政部联合颁发的《关于开展特色小镇培育工作的通知》，在全国打造1000个左右特色鲜明、朝气蓬勃的优美宜居、传统文化、休闲旅游、商贸物流、教育科技、现代制造等特色小镇的目标，要在 2020 年基本得到实现①。随后各省市级负责部门相继出台有关的政策和文件，因此，建设特色小镇的浪潮在全国各地开始兴起。2016 年 10 月 11 日，住建部印发《关于公布第一批中国特色小镇名单的通知》，公布第一批 127 个国家级特色小镇名单。2017 年 8 月 22 日，住建部印发《关于公布第二批全国特色小镇名单的通知》，公布第二批 276 个国家级特色小镇名单。到 2018 年 2 月为止，两批特色小镇试点在全国共有 403 个，加上各省级创建的地方特色小镇，数量高达 2000 多个。

特色小镇是当前我国社会生活形态、旅游产业和新型城镇化的发展过程中涌现的新兴业态。习近平总书记指出"抓特色小镇、小城镇建设大有可为，对新型城镇化建设、经济转型升级，都具有重要意义"；李克强总理强调"不仅进行因地制宜、创新机制，而且要走出各具特色、惠及人民、产城融合的新型小城镇之路"②。在特色小镇如火如荼开发建设过程中，体育特色小镇是其中一朵靓丽的奇葩。

2014 年《国务院关于加快发展体育产业促进体育消费的若干意见》（国发〔2014〕46 号）指出，建立门类多样、功能齐全、布局合理的体育产业目标要在 2025 年基本得到实现，让体育产业走向朝阳产业的发展道路，成为推动经济社会持续发展的关键力量。2016 年出台的《中国体育发展"十三五"规划》，2017 年胜利召开的国际冬季运动会（北京）博览会，为体育产业的进步发展贡献了推动作用，为建设体育小镇提供了政策支持。

2017 年 5 月 11 日，国家体育总局办公厅印发的《关于推动运动休闲特色小镇建设工作的通知》明确指出，运动休闲特色小镇是集运动休闲、旅游、养老、健康、文化、教育培训等多种功能于一体的空间区域、全民健身发展平台和体育产业基地，到 2020 年，扶持全国建设一批体育特色鲜明、文化氛围浓厚、产业集聚融合、生态环境良好、惠及群众健康的运动休闲特色小镇，并于同年 8 月 10 日，公布 96 个全国第一批运动休闲特色小镇项目试点。体育小镇成为推动我国城镇现代化建设，实现城乡一体化发展，促进供给侧结构性改革的重要举措。

体育小镇相较于普通特色小镇，其核心是在普通特色小镇的基础上引进了特色运动休闲项目，与体育产业进行融合，打造具有区域特点的体育文化中心。

---

① 住房城乡建设部，国家发展改革委，财政部.关于开展特色小镇培育工作的通知：建村〔2016〕147 号〔A/OL〕.中华人民共和国住房和城乡建设部办公厅网站，2016-07-01.
② 习近平.首届全经联特色小镇产业运营大会成功召开〔EB/OL〕.央视网，2017-06-26.

开发与建设体育特色小镇，充分挖掘小镇体育文化内涵，对小镇体育产品进行深度开发，进行规模化、批量化生产，对各种体育文化项目进行细分和充分挖掘，对小镇体育文化基础设施建设项目进行市场化运作，让小镇体育资源做新的创造和提升，充分满足人民群众在文化方面日益增长的数量和质量需求，使人民群众享受到文化权益，陶冶精神，提高整体生活质量。体育特色小镇建设可以极大地提高区域体育资源的整合程度，提高资源利用率，形成"区位品牌"效应，对进一步改善地域体育产业结构具有重要意义。体育特色小镇不仅是推动体育产业发展的重要载体，而且是其发展的关键承载平台。目前我国体育特色小镇的建设处于摸索阶段，在深度、精度的推进中面临诸多困难。

山东省海阳市作为我国首个国家级沙滩运动健身基地，是第三个举办亚洲沙滩运动会的城市，沙滩运动场地设施齐全，有着广泛的群众基础。充分挖掘海阳市沙滩体育文化内涵，创造性地开发与建设沙滩运动特色小镇，对沙滩运动产品进行深加工，让其形成沙滩体育文化产业集结区和文化产业链，进一步推动海阳市成为具有浓厚地域文化特色的国家级"沙滩运动特色小镇"的建设，打造集全民健身、主题旅游、文化活动和亚沙体验为一体的具有全民健身和城市旅游双向功能的主题健身休闲基地，推动海阳市经济文化发展，同时也为我国体育特色小镇的开发与建设提供样板性示范。

本书通过参考体育小镇的研究成果，深入调查我国体育特色小镇的发展状况，把山东省海阳市沙滩运动特色小镇为实例进行研究，联系发展实际和现行政策，探讨我国体育特色小镇的开发模式、运行与建设保障机制、实施路径与政策改革思路，完善体育产业布局结构，实现产业集结效应，推动体育产业的发展。研究的现实意义大于理论意义，诚心诚意为管理者提供决策参考。

二、体育小镇问题的提出

（一）特色小镇建设与发展中的问题

厉新建、傅林峰、时姗姗等人认为，当前特色小镇面临的问题主要有以下三个方面，包含小镇建设和发展路径的选择、小镇文化的继承和创新、小镇的投融资和运营模式，随后将旅游特色小镇发展的三对关系逐一提出：第一，守常与达变，即文化的继承和创新，流传并继承传统的优秀文化，又要随着时代的发展不断开拓创新，发展新文化；第二，本体与应用，即文化与旅游的融合，将文化以旅游的方式传递给旅游者；第三，产品和故事，发扬当地特色文化，将当地特色文化进一步融入文化旅游产品中去，让消费者容易接受。并指出，旅游特色小镇在发展过程中要注重建设"CHN+"模式，即"Culture+""House+""New+"①。

在特色小镇的建设过程中，面临的主要的、最常见的问题是房地产化，特色小镇将那些以自然形成一定产业规模的小镇为依托作为建设思路，通过政府的引领和规划，将小镇打造成即可良性循环，又能可持续发展的特色小镇，但少数政府为了特色小镇的建设，而采用先建设小镇，后引入产业的方法，将小镇作为一个融资的平台，同时，部分地区为了特色小镇的发展，政府会给予适当的财政拨款、优化融资和土地保障等优惠政策的支持，个别房地产商以打造特色小镇为名开发多余房地产，这些不良的建设现状，致使现阶段特色小镇出现严重"房地产化"。严重的"房地产化"会增加特色小镇的空城化、房地产、债务风险等，随即带来的严重后果不仅会导致特色小镇的产业聚集和人口聚集等能力的减弱，并且会导致实体经济发展的制约，这些损失导致当地产业经济发生不可逆的退化。具体来看，导致特色小镇出现"房地产化"的因素主要有以下几个。第一，房地产发展的简单易行和其他产业项目的缺少。对于许多小镇发展成为特色小镇缺乏的必要基础，特色的自然资源和经济产业区相对匮乏，同时也欠缺必需的经济财政保障，这就意味着在这种状态下很难发展成一个特色小镇，阻碍了产业和城镇化的快速发展。而房地产的开发能够找到相应的突破口，只要得到企业的支持，通过土地政策和资金优惠政策等支持，就能很快建立起新的发展区。第二，购房需求逐年增加及房价持续上涨。房地产价格的上涨成为社会预期中普遍存在的状况，尽管一些小城市的房地产现状是供大于求，但价格一直是呈现单边的上涨趋势，对其他行业来说，房地产市场一直有较高的投资回报率，企业和政府对房地产业的关注度也是只增不减。第三，地方财政支出过多。在各级政府在公共服务基础设施建设、脱贫攻坚战略等方面的财政支出占相当多的比例，经济增长和财政收入速度出现减慢的趋势，导致地方政府财政赤字的情况逐渐严重，通过房地产开发可以有效地提高财政收入。

除此之外，特色小镇建设中，还存在有许多不良的发展倾向。首先，许多地方都存在急于求成的现象。一些地方为了急于建设特色小镇，在资源匮乏、经济不足的情况下盲目跟随其他地区的特色小镇的建设路径，在建设过程中没有重视特色小镇的基础设施完善、投资规模以及运营管理等客观现实情况，盲

---

① 厉新建，傅林峰，时姗姗，等. 旅游特色小镇的内生发展与路径 [J]. 旅游学刊，2018，33（6）：7-9.

目的打造形象工程、政绩工程，违背经济发展的自然规律，注重小镇产业建设的数量而轻视其质量。其次，特色的缺乏。一些地方将盲目跟风和复制仿造作为建设特色小镇的方式，将各地特色小镇文化特色融于一身，却缺乏特色的基本内涵，生搬硬套或者进行简单的模仿，而缺少创新，不能挖掘本地区产业特色，导致特色小镇产业特色不明显，在没有实际资源的支撑下，难以维持特色小镇的商业运行模式。第三，市场化机制的不足。现有特色小镇中有不少是由政府主导而不是由市场需求决定，这样的特色小镇缺乏活力与创造力，更多的是为了满足政府的政绩需要所建立的，导致市场和消费者对特色小镇的响应不强烈，导致特色小镇难以吸引更多的产业的加入和人口的参与，特色小镇可持续发展困难。第四，运营管理较差，由于特色小镇的建成较快，其人才资源匮乏，导致特色小镇在管理、监督、运营等方面都缺乏专业人才的指导，再加上前期规划考虑不完善导致其特色小镇组建形式单一、全盘筹划不完善、资源特色挖掘不充分等不良现象，因此许多特色小镇出现本级管理机构及管理人才短缺和上级多头管理、监督管理机制不完善的双层矛盾，与前期规划设想相违背。

（二）特色小镇与体育特色小镇政策支持

2016 年 7 月，财政部、住建部以及国家发改委联合下发的《关于开展特色小镇培育工作的通知》，明确提出具体落实特色小镇在全国范围内的培育工作，在全国打造 1000 个左右特色鲜明、朝气蓬勃的优美宜居、传统文化、休闲旅游、商贸物流、教育科技、现代制造等特色小镇的目标，要在 2020 年基本得到实现，给全国小城镇建设树立良好的目标，进一步提高建设质量和发展水平①。

2016 年 8 月，住建部下发《关于做好 2016 年特色小镇推荐工作的通知》提出，要根据各省（区、市）经济规模、省级支持政策、建制镇数量及近年来小城镇建设工作情况，确定 2016 年各省特色小镇的推荐数量。

2016 年 10 月，国务院办公厅颁布的《关于加快发展健身休闲产业的指导意见》中指出，要依托健身休闲项目和产业基地，脚踏实地，在规定时间内打造一批包含健身、休闲等特色的服务贸易示范区。

2016 年 10 月 8 日，国家发展改革委下发的《关于加快美丽特色小（城）镇建设的指导意见》，将特色小镇定义为集结特色产业和新兴产业，集结发展要素，区别于产业园区和行政建制镇的创新平台，特色小（城）镇的形态主要有

---

① 尹怡诚，张敏建，陈晓明，等 . 安化县冷市镇特色小镇城市设计鉴析［J］. 规划师，2017，33（1）：134-141.

特色小镇、小城镇两种。

2016 年 10 月，住建部、中国农业发展银行下发的《关于公布第一批中国特色小镇建设的通知》指出，要进一步确定农业银行对特色小镇的扶持办法。

2016 年 12 月，住建部下发的《关于公布第一批中国特色小镇名单的通知》，确定第一批中国特色小镇有 127 个。

2016 年 12 月，发改委下发的《关于实施"千企千镇工程"推进美丽特色小（城）镇建设的通知》，鼓励特色小镇和企业进行相互融合发展。

2017 年 4 月，住建部宣布的《中国建设银行关于推进商业金融支持特色小镇建设的通知》指出，意向投资额度至少有 1000 亿元左右。

2017 年 5 月 9 日，《关于推动运动休闲特色小镇建设工作的通知》中明确指出，将特色小镇建设作为榜样，使体育之功效得到充分发挥，助力推动运动休闲特色小镇建设，让全民健身国家战略具体落实，进一步实现建设健康中国的目标，促进全面小康社会的建成。将"运动休闲"作为主题，全面打造富有独特体育文化内涵，良好体育产业基础，运动休闲、健康旅游、养老、文化、教育培训等多功能为一体的全民健身发展平台、体育产业和空间区域基地。

2017 年 5 月，住建部下发《关于做好第二批全国特色小镇推荐工作的通知》。

2017 年 7 月，住建部下发《关于公布第二批中国特色小镇名单的通知》。

2017 年 8 月 10 日，国家体育总局正式启动运动休闲特色小镇建设的战略布局，首批试点初步确定为 96 个。其中以原有的传统产业为依托升级转型而来的体育特色小镇约占总数的 60%，有较低比重的体育特色小镇是由新兴产业主导的。

（三）特色小镇与体育小镇建设可能采取的措施

特色小镇的建设过程中要坚持"产镇融合"、加强产业配套、多种规划协调统一、强化资源整合、培养专业人才等途径，促进特色小镇的可持续发展。从国家角度来看，应该完善特色小镇建设中的相关政策，要区分房地产和特色小镇用地的指标，要严格控制和打压一些打着特色小镇名号而进行房地产项目的企业，避免房地产对房价的抬高和实体经济成本的提高，避免特色小镇负面效应的发生，从经验中寻找教训，在教训中寻找经验，让特色小镇房地产化的发生率进一步降低，对具有特色的小镇进行鼓励和扶持，对现有特色小镇政策进行检讨与修改，发现其中问题并改正，扭转特色小镇不良现状。"产城融合"是必要的发展原则，在改善政府政策和管理部门指导的情况下，防止发展无特色产业和"同质化"产业。重视特色小镇发展时的可持续发展力和市场竞争力，这就需要以人为本，满足人们生活、居住、就业需求，建设符合群众需要的公共服务和设施，包括完善的基础设施、适宜生存的生活环境、符合人们需求的公共服务、必要的社会保障等，只有在这样的条件下才能使特色小镇富有吸引力，使人口聚集。在以人们需求下建立的产业活动才能使其富有竞争力和可持续发展的能力。建设特色小镇不仅要将产业的特色发展作为核心，而且还要将其视为保持小镇生命力和特色的关键，以当地的实际经济状况为基础，发展特色产业，发扬本地传统文化，避免特色小镇出现"同质化"的情况，借助当地自然资源优势，建立具有特色的基于农业和自然景观优势形成的休闲旅游观光产业、基于工业资源的资源开发和加工制造产业、基于城市或区域主导产业或产业集群的配套产业等。将国土利用规划、经济社会发展规划与城乡建设规划有效结合、协调统一，为特色小镇的建设规划打造优良的发展空间。建立市场主导和政企良性协作的特色小镇发展机制，在建设特色小镇的过程中政府起着引导作用，以企业为主体，以市场化运作的模式带动特色小镇的建设运营方式，建立的投融资模式要具备多元化，进而将特色小镇的发展活力激发出来。

三、体育小镇发展的研究重点

（一）我国体育小镇健康发展的理论观点和思路

自 2016 年三部委出台一系列关于建设特色小镇的政策以来，"特色小镇"概念逐步升温，全国各地快速出现一大批特色小镇。而在体育产业风起潮涌的时代，打造的"特色小镇"带有怎样的体育标签，成为诸多地区关注的热点。

经济转型升级和发展新型城镇的客观要求便是建设特色小镇，特色小镇也是基于资源禀赋和经济目标所构建的，而且是具有明确导向的综合性、独立性的发展平台。在这层意义上来看，体育小镇也可以是相对独立且紧密与周边环境联系着的综合性大系统。要有效地让体育小镇运转起来，可以着手于以下几个方面：一是形态发展方面，体现出"小"而"特"，兼顾生活、生产和合理布局生态空间，并实现资源、产业、服务等有效集结，形成宜游、宜居、宜养、宜业的体育特色地区。二是空间区域方面，可以模仿建制镇的形式，在划分体育小镇的行政区域上不作严格的区分和限定，也可以将休闲域、旅游区、开发区、科技城等作为依托进行建设。主要是将较强的体育功能和体育元素融入这些区域，从而把体育产业的服务链条拉长，形成的凸显体育运动特色的消费圈、项目链和产业群要相对集中，将其打造为体育产业的超级空间。三是功能要素方面，体育小镇要以体育的主体功能为前提，提升产业功能，融合旅游、休闲、文化、艺术等功能，形成外联成网，内集成核的体育特色小镇生态系统。

（二）我国体育特色小镇的发展理念

创新发展。带动体育小镇的自我发展和强大驱动力就是创新。创新发展理念得到深入贯彻落实，就要把创新放在小镇建设核心的位置，并积极推动小镇的体育体制创新、服务管理创新、城乡发展融合创新、模式建设创新。不断改善创新环境，优化创新奖励政策，并将创新体育产业的积极性充分调动出来，把握好互联网时代引起的巨大转变，使体育小镇在体育发展新的模式下蓬勃发展。

协调发展。体育小镇健康持续发展的内在要求就是协调发展。主要协调体育小镇的不协同性，不断增强系统性，促进均衡发展体育产业和当地产业，有机融合民俗体育和现代体育，兼顾特色小镇人民、政府、企业的三方关系，推动全方位协调发展体育小镇的社会经济文化。

绿色发展。生态环境的优良化是体育小镇发展的基础条件。体育特色小镇是把旅游产业和体育产业共同融合起来发展的城镇，绿色低碳的优势在旅游产业和体育产业中充分发挥，坚持保护环境和节约资源。在小镇建设中始终守住"绿水青山"底线，倡导"每天锻炼一小时"生活方式，建设成为宜居美丽的家园式体育小镇，提高人民生活品质。鼓励特色体育小镇以节能节俭的方式建设运营，体现体育小镇在建设资源节约型、环境友好型小镇中的能力。

开放发展。紧紧把握加快发展与改革的主旋律。拓展体育小镇市场化，呼吁社会各方共同参与小镇的建设和发展。加强各生产要素引进，发展体育小镇对外交流，搭建服务产品和实体产品的小镇开放平台，引进更多消费者加入体育小镇，建造具有广泛利益的体育小镇共同体，让小镇的发展空间更加广阔。

共享发展。中国特色社会主义的本质要求和发展方向就是共享。坚持以人为本的共享理念，将增加居民参与体育运动的机会、提高居民的公共基本服务水平、改善居民生活及体育运动环境融入建设体育特色小镇过程中。激励当地民众开展丰富多样的经营形式，采用多种渠道提高小镇民众的体育产业收入，人民生活的幸福感也得以提升，推动"产城人文"互促互融新发展，齐心协力团结人民稳步向小镇的富裕方向行进。

（三）我国体育小镇的建设目标

到 2020 年为止，全国范围内已建成体育特征鲜明的、文化气息浓厚的、集结融合产业的、良好生态环境的、惠及民众健康的体育特色小镇共有 100 个；推进所在地区小镇体育、健康及邻近产业的发展，持续打造风格特色显著的体育产业和运动休闲集结区，与当地社会经济形成相适应的、良性互动的全民健身格局和体育特色产业；将中西部贫困落后地区的经济社会发展水平和体育公共服务水平整体提高一个层次①，适当增加居民的就业岗位和经济收入，为脱贫攻坚工作贡献一份力量。体育小镇要形成以下特色：

特色鲜明的体育产业形态。聚焦体育赛事、运动休闲、体育培训班、体育健康、体育相关用品制造等主题，形成体育竞赛表演、体育场地服务、休闲体育健身、体育教育与培训、体育用品、体育传媒信息化等产业形态。

深厚浓郁的体育文化氛围。具备成熟的体育赛事组织经验，持续开展具有品牌特色的全民健身活动和赛事，引领独具传统民族民间民俗的文化体育或具有文化特色的运动项目，让运动休闲成为体育小镇独有的特色名片。

融合发展旅游以及相关体育产业。初步实现体育旅游、体育广告、体育影视、体育会展、体育传媒等相关产业发展共享，让交通运输、通用航空、健康、养老、旅游、教育、文化、水利、农业、林业等行业与体育融合发展，打造全面的旅游集聚地。

禀赋资源的有效合理利用。自然资源丰富的小镇，依附自然地理资源优势发展户外沙滩、航空、水上等运动项目；民族文化资源丰富的小镇，依托人文等资源发展民族民俗体育文化项目。繁华城市周边强化重点城市、乡镇之间统筹兼顾发展规划，建设体育健身功能配套设施；与中心城市公共体育服务完善及小镇基础设施建设保持距离，着重为农村体育相关事业的发展助力。

第二节　体育小镇发展的研究意义

一、理论意义

（一）为社会经济转型提供新方向

目前，我国社会经济正处于转型升级关键时期，过去经济发展过程中常采

---

① Tomlinson A. Sport and social class [J]. Social Science Information，2016，17（6）：819-840.

用低端、高耗能、高污染的发展模式，呈现的弊端也是有目共睹的。改革开放后，我国社会发展和经济建设都取得了前所未有的进步，同时，也带来了极其严重的环境污染和资源消耗，水资源污染、空气污染、矿产资源过度消耗等表明了我国在实现经济巨大发展的同时，资源环境也付出了巨大的代价。如果经济发展继续以资源和环境为基础，那么将会继续受到资源环境的严重制约。在丧失我们赖以生存的资源环境的代价下发展经济，那么经济的发展也将变得毫无意义。当前，生态文明建设得到了党和国家的重视，我国经济进入了降速度、调结构、换动力的"新常态"，在这个背景下，我们要转变原有的经济发展思维方式、价值观念以及体制机制，为我国经济探索新的发展路径。如何找到经济新的发展动力，从而促进产业的创新升级，形成大众创新、万众创业的发展态势，形成人口、资源、环境协调发展的新途径，是当前国家、企业、个人都在关注的问题。

在我国社会经济转型初期，不管是转型到新的产业，或是将原有的产业进行升级，都会遇到技术难题、市场环境不具备等问题，这就需要国家、企业在转型升级过程中对技术、市场进行新的资源投入，但风险也是相应而来，比如，在转型升级过程中，产业经营、技术创新、市场培育本身具有很大的不确定性和衡量上的困难，地方政府在促进转型升级的政策上很难确切的引导和鼓励。特色小镇的出现为我国社会经济转型提供一个发展方向，人口、资源、环境相互协调发展是特色小镇的新途径。

（二）为发展体育特色小镇提供理论依据

体育特色小镇不仅是体育产业与关联产业相融合产生的新的发展模式，而且是供给侧结构性改革下的创新的产物。我国体育产业与关联产业的融合遵循了技术、业务、市场多方面的深程度、大范围的融合，随后形成了体育与关联产业融合的新业态，在市场、业务、技术相融合的过程中定要协调非同行产业之间的关系，做到其制度、管理、组织、服务各方面的创新发展，做到协调自然的资源整合。将明确的产业定位纳入体育特色小镇建设的必备要素中，注重旅游、健康、文化等相互融合、共同发展，体育特色小镇将成为带动体育产业与相关产业融合的新型载体。体育特色小镇发展的前提是体育产业与相关产业的融合，体育产业作为体育特色小镇的特色产业，可凸显体育特色，避免千篇一律，可持续也是体育特色小镇应该具备的理念。体育特色小镇结构的复杂也体现在小镇设计体育产业、管理、金融多个方面，是体育特征明显的复杂经济系统，包括促进体育特色产业、关联产业以及小镇城镇化的发展。

本研究不仅仅局限于体育产业、旅游产业以及各产业与体育产业的融合等领域的理论探索，也分析了相关成功案例与体育特色小镇建设中投融资模式的研究，为体育特色小镇的发展提供了必要的理论依据。

二、实践意义

（一）促进我国体育事业发展

新时代我国经济发展进入新常态，在这个大环境下，供给侧结构性改革可以促进我国体育产业有效供给不足的问题，在制度、技术创新的同时，也需要一个创新具体实施的载体，而体育特色小镇就为我国体育产业的发展进入一个新局面提供了新的平台，在打造体育产业链以及与周边关联产业融合的过程中，可以有效改善我国体育产业的结构水平以及供给要素，强化体育产业服务、供给的质量。体育特色小镇的推动是我国全面健身以及健康中国战略的重要实施内容，为我国公民提供体育供给和服务，满足人们的体育健身需求。在全面建设社会主义现代化国家的新征程，体育特色小镇不仅可以促进新型城镇化建设的发展，而且还能推动美丽乡村建设的发展，提高城镇经济水平，提高居民生活满意度，体育产业与关联产业的融合带动周边生产和基础建设。要将体育与健康、旅游、文化等共同发展在体育特色小镇的建设过程中得到实现，增加就业数量，发展体育事业，对攻坚扶贫有着推动的作用。通过对体育特色小镇的研究，极大拓展了供给侧结构性改革、健康中国国家战略、新型城镇化和美丽乡村建设、体育惠民和脱贫攻坚新思路，为我国体育事业的发展提供理论支持。

（二）推动体育特色小镇建设

在体育特色小镇的建设中要选定具有特色的与本地相适应的产业，产业是体育特色小镇的立身基础。什么是具有特色且与本地相适应的产业呢？只要能发挥小镇优势的产业都是相适应的产业，充分利用小镇资源禀赋，与其他小镇相区分的产业是具有特色的。小镇的选择也要包含有几点，包括交通、文化、创新、能动性等条件，综合以上，体育特色小镇产业的选择要有发展前景并且具有小镇的内涵。体育特色小镇要以人为本，降低居民生活成本、满足居民的体育需求、提高居民生活满意度、创造优良的就业环境。为产业的选择和发展，要将市场的决定性作用充分发挥出来，凸显政府的指导和服务作用，合理地控制土地及环境等要素，引导特色小镇选择合理产业，合理规划产业的发展。本研究通过深入探究体育特色小镇内外部环境、发展过程，为建设体育特色小镇提供有效的策略和建议。

第三节　特色小镇及体育特色小镇研究的状况与评价

对国内权威数据库的检索结果显示，2013 年开始，国内已经有了关于特色小镇的研究；2017 年硕博学位论文出现了特色小镇的研究。关于体育特色小镇研究的数量凤毛麟角，几近空白。从年度数量来看，2016 年开始迅速增长，2017 年研究文献出现井喷现象，研究者多认可近两年我国特色小镇发展势头猛，数量增长快，作用与影响力巨大。可见，特色小镇的研究，俨然成为当今社会一大热点。

一、相关理论研究

与特色小镇相关的理论研究相对较少，内容也有一定局限性，主要围绕特色小镇的概念定义、特征、类型划分、规划等方面进行说明。研究者一般认为特色小镇具有独特生态环境、产业别具一格和鲜明文化风格等特点，特色小镇建设具有彰显本土特色、激发内生动力、促进产城融合等意义。

以新兴的产业和特色的产业为依托，特色小镇汇集了各种的发展要素，与产业开发园区和行政建制的创新发展空间不同的是，特色小镇关键在于"特色"，无论是其内在的成长性还是其可持续性，小镇的特色就是它魅力和生命力的体现。小镇的特色通常包含三个方面的特性：独特的生态环境，特色小镇的发展必须与特有的地理环境相契合，或与得天独厚的自然风光相匹配，或相邻于发达的城市；产业独树一帜，特色小镇的"特"字主要展现在其产业的特色上，一个小镇的兴起必定伴随着与之相匹配的一项产业；风格鲜明的文化，特色小镇往往会营造出与之相统一的文化风格，通过色彩鲜明的旅游观光景点、相统一的外观建筑或格调建筑将其表现出来①。

体育特色小镇是一个在空间上保持独立、拥有特色产业作为导向、内部树立独特的文化景观，伴随着时代的演变，将旅行、住行和生活功能等方面归于一体的集合体，它首先在功能上保证了对环境的适应性，并将风景秀丽、别具

---

① 罗德胤. 传统村落能否成为特色小镇？［J］. 旅游学刊，2018，33（5）：4-6.

一格的自然环境与当前具体的体育项目文化需求结合在一起，于是便有了体育的文化与当地的自然文化相结合后的特征，并将提升生活品质、传承经典历史文化、转变生产生活方式当作其定位的目标。

二、特色小镇研究

（一）特色小镇基础理论研究

1. 有关特色小镇的国家和地方政策支撑研究

谢文武、王振坡、郁建兴等对政府在特色小镇建设中定位问题进行了研究，认为政府高度重视，给予政策支持是特色小镇发展的有利条件，目前存在政府涉入过深、干预过多等弊端。李凌岚、安诣彬、郭戍对国家特色小镇相关性政策含义进行深入探索，站在全局性的视角对特色小镇未来的发展的角色定位和实施路径进行分析。研究发现：特色小镇所蕴含的较强驱动力，可以将政府、企业、社会融合在一起，也是城乡之间的连接载体，通过提升城市乡村运营的能力，来带动新型城镇化的进程，这是新型城镇化的新发展模式。特色小镇是依托特色产业及关联产业共同发展，各生产要素相对独立、相对完善的空间，是推动新常态下经济结构转型升级的新兴业态。特色小镇功能的多元化产生的新业态可以满足人们不断增长的需求，推动了供给侧结构性改革的进度[①]。姚尚建从特色小镇政策的发起、展开、冲突、优化四个方面进行细致的解读与分析。研究认为：特色小镇是通过经济的转型所诞生的产物，多元化的功能定位是它的一大特性，是对文化的继承和创新。特色小镇政策的展开由浙江省发起，得到中央政府的肯定，并对其作了一定的修改。不同政策的下发也让小镇成为在城市化进程工程中的一种过渡性手段，城市治理一体化也为消除城市化进程中的路径冲突提供了可能[②]。

政策的作用主要体现在其导向作用、制约作用、管理作用三个方面，通过对国家政策的解读和研究，引导我国特色小镇朝正确的方向发展。如在某些政策中就要求在建设特色小镇过程中要有严格的产业要求，严令禁止特色小镇房

① 李凌岚，安诣彬，郭戍. "上" "下"结合的特色小镇可持续发展路径 [J]. 规划师，2018，34（1）：5-11.

② 姚尚建. 城乡一体中的治理合流——基于"特色小镇"的政策议题 [J]. 社会科学研究，2017（1）：45-50.

地产化现象的出现，为此规划好了特色小镇的定位。

2. 特色小镇的内涵和特征研究

谭荣华、杜坤伦认为，特色小镇的内涵表现在三方面：第一，将特色产业作为特色小镇的基础，特色产业与文化相融合的现代化群落，不是简单的功能相加；第二，功能再聚集、人才再聚集、新型城镇化是特色小镇重要的实践形式，体制机制再创新的共同体；第三，特色小镇是有效配置和资源整合，因地制宜，是特色产业主导带动相关产业发展的区域平台①。

尹怡诚、张敏建、陈晓明认为，特色小镇的"特色"体现在生态环境、产业、文化的独特②。叶飞文认为，特色小镇是经济发展到一定程度时人们对美好生活需要的产物。当经济的发展达到一定程度后，人们对美好生活的需要汇聚成了特色小镇，它能够降低城镇化建设所消耗的成本、统筹城乡的发展，是生产生活生态"三生"融合共生的重要一环，是新型城镇化在推动过程中的重要内容，是城乡统筹发展再推动过程中的新模式，同样，这种表现形式也是供给侧结构性改革在推动过程中的重要表现形式，是推动产业升级的重要动力，是增强发展新动力、促进创新驱动发展战略的有效途径，是推进生态文明建设、满足人们美好生活需求新的探索路径③。

华芳、陆建城分析了杭州特色小镇空间、产业及规划的发展特征，结果表明：杭州市特色小镇省内占比 26%，具有较高的省内占比且成效相对显著。而且杭州特色小镇的创建工作实现了区县的统筹兼顾。空间特征表现在带动激活存量资源、着力提升城郊城镇化空间质量、善于借助人力资源。产业特征体现在新兴产业比重高、实体经济培育力度大，注重新兴业态延伸和国际交流，善于通过借助产业平台的力量来推动转型的升级。规划特征体现在小镇多规并行、规划咨询机构多元化，规划统筹诉求强烈、专与全兼顾难，重策划、轻空间规划落实④。

陈炎兵表示特色小镇的特色，一是来源于产业的特色，是在小镇的基础上，将传统的资源优势、优越的地理位置优势、人文优势、工艺优势等多种特色资源经过多方面的整合后形成的独特经济优势。二是来源于文化的特色，这是特

---

① 谭荣华，杜坤伦.特色小镇"产业+金融"发展模式研究［J］.西南金融，2018（3）：3-9.

② 尹怡诚，张敏建，陈晓明，等.安化县冷市镇特色小镇城市设计鉴析［J］.规划师，2017，33（1）：134-141.

③ 叶飞文.对特色小镇培育和发展的若干思考［J］.发展研究，2018（2）：23-28.

④ 华芳，陆建城.杭州特色小镇群体特征研究［J］.城市规划学刊，2017（3）：78-84.

色小镇最核心和灵魂的所在，是特色小镇向前发展的文化力量，是特色小镇之所以在当地的文化、民族和传统特色的基础上形成却依然长久地保持魅力和吸引力的重要文化因素。三是"三风"特色，这里的"三风"指的是风情、风俗和风貌。这是将特色小镇的物质和文化底蕴综合体现出来涵盖了包括小镇民俗、民风及特色建筑、城镇容貌在内的多种特色。四是来源于服务和管理的特色，这是将投资环境、产业的发展、传统资源、整合社会资源等方面组织、协调、服务起来的特色，是特色小镇软实力和软件环境的综合体现①。

综上所述，特色小镇内涵的研究共同点都在于强调特色小镇产业、文化、环境的特色，虽有相似却不能以偏概全，发展小镇特色产业，需要熟悉自身的文化特色和景观特色，通过特色的主导产业推动与其相关联的产业融合发展，发展特色生态环境，体现特色小镇的可持续发展。特色小镇虽然是对传统文化的传承但也不要一直固守思想，也应该紧跟时代的步伐，不断对传统的文化进行修改，取精华去糟粕，展现新的文化特色。另外，要因镇制策，制定适合本镇的政策，在国家政策的大方向下，发挥自身特色。

3. 特色小镇的产业研究

罗德胤针对传统村落能否成为特色小镇方面进行了实证研究，针对贵州西江千户苗寨和陕西袁家村传统村落与旅游业的成功融合，从而验证了即使是传统的村落也可以成为特色小镇②。

席广亮、甄峰、罗桑扎西等人针对互联网时代，对海宁皮革时尚小镇进行产业体系构建的分析，重点研究"互联网+品牌设计创新""互联网+商贸服务""互联网+休闲体验"功能的构建。研究表明：空间发展策略方面，要依托互联网、信息技术来整合提升商贸核心功能区价值；培养时尚主导的功能空间；拓展时尚体验与生态休闲功能空间。根据现状空间发展基础，着力打造时尚产业核心区、皮革时尚文化主题公园和厂店总部基地等功能区③。

在特色小镇的研究过程中，特色产业的选择上主要以旅游业为主，在旅游特色小镇中要发现其中的问题，不能盲目照搬，发挥自身品牌特色，实现"旅游+"的理念，以主导特色产业为核心，联动发展其关联产业。

---

① 陈炎兵. 特色小镇建设与城乡发展一体化 [J]. 中国经贸导刊，2016 (19)：44-46.

② 罗德胤. 传统村落能否成为特色小镇? [J]. 旅游学刊，2018, 33 (5)：4-6.

③ 席广亮，甄峰，罗桑扎西，等. 互联网时代特色小镇要素流动与产业功能优化 [J]. 规划师，2018, 34 (1)：30-35.

4. 特色小镇的文化研究

李寅峰、马惠娣站在文化汲取与传承的视角对我国特色小镇进行思考，研究认为：在中国传统文化下的特色小镇的建设体现了"天人一体"观，展现对自然的敬畏，同时，特色小镇与休闲生活的密切相关体现在建设过程中能够遵从自然规律，强调人与自然的和谐共生。此外，特色小镇的建设讲究"社会、生态、经济、技术、艺术"共生，显示着小镇特色的人文思想和精神生活，人、文化、自然三者相统一。对现代"特色小镇"作者对其发展进行了思索，认为特色小镇突然涌现的存在揠苗助长、是否具有可持续性都是需要时间的检验。在当前建设特色小镇的过程中要充分体现城镇的五个维度，即"自然、人、社会、文化、民生"，不仅要关心城镇经济所带来的经济效益，也要尊重城镇的文明和唯美，特色小镇的建设要进行细致的规划，遵循客观发展规律，避免揠苗助长现象的发生，尊重人与自然和谐共生，体现特色小镇人性化[1]。

李朝晖认为特色小镇是文化的物理载体、文化的社会传播、文化的心理认同。既然要建设特色小镇，就要有特色的文化作为依托，这是对文化的传承和创新，特色小镇带来文化共存感、归属感和认同感。倡导"文化科技一体化"[2]。

（二）特色小镇的功能、价值和意义研究

特色小镇有其独特的功能、价值和意义。由于特色小镇还是新事物，目前人们对其功能、价值和意义的认识明显不足，因此深入挖掘非常有必要。许多学者对特色小镇所应具有的功能、价值和意义进行了深入的研究。纵观这些研究，特色小镇主要具有以下的价值、意义和功能：

就产业而言，特色小镇具有优化产业生态、完善产业创新、提升内外环境的功能。盛世豪、张伟明认为，特色小镇是一种新兴的产业空间组织形式，它将特色产业的创新、销售、服务、生产集于一体。它将创新、绿色、开放、人文等理念嵌入其中，能通过集聚高端要素提升创新能力孕育提升特色产业，能通过集聚相关企业提升产品竞争力增强有效供给能力，能通过整合历史人文因素提升产业内涵优化区域发展动能，能通过产业链、创新链、服务链、要素链有

---

① 李寅峰，马惠娣. "特色小镇"建设热中的冷思考——"特色小镇"建设中的文化汲取与传承［J］. 治理研究，2018，34（3）：113-121.

② 李朝晖. 文化科技融合与特色小镇建设［J］. 开发研究，2018（2）：129-135.

机融合优化产业生态位完善产业创新提升内外环境①。

就区域经济而言，特色小镇能促进产业集聚，重构区域产业体系，优化区域产业生态系统的同时也推动区域经济竞争力和地方经济实力的提升。如盛世豪、张伟明认为，特色小镇是提高可持续发展能力与区域竞争力的重要一环，因为一是特色小镇有利于增强区域有效供给能力，二是特色小镇能帮助提高全要素的生产率，三是特色小镇有利于优化区域产业生态系统。兰建平则认为，从功能上看，特色小镇主要有三大功能：首先是促进产业集聚，其次是提高小镇知名度，三是增强小镇活力，提升地方经济实力。规划建设特色小镇，不仅能促使全省健康稳定的发展经济，而且可以加快产业的转型和升级②。郭金喜也认为，从区域经济学的视角看特色小镇的建设，它实际上是应对消费社会转型与升华区位效应的战略选择，是对区域产业体系的重构与竞争力的提升，是对城市空间的重组与经济空间的优化③。

就人民生活而言，特色小镇的建设在拥有各种独特的功能同时，也具有其重要的意义和价值。如罗万伦认为，在实现城乡居民收入均衡化、居民权益平等化、要素配置合理化、公共服务均等化等方面，特色小镇都起到了重要的作用。而中共城阳区委党校课题组也认为，建设特色小镇有利于改善人民的居住环境，提高人民的生活品质④。

（三）特色小镇规划与开发研究

尹怡诚、张敏建、陈晓明选取了安化县冷市镇的特色小镇，并对其建设进行了可行性分析，研究表明：冷市镇生态环境、黑茶产业、黑茶文化、梅山文化等特色小镇必备建设特色，其主题定位为"茶旅文化"，完善黑茶产业文化旅游特色小镇的基础设施建设和交通建设，建设湿地核心景观区、茶旅文化体验区、茶园文化培训区、商业贸易集会区、茶园生态休闲区与茶园康体养生区。在特色小镇建设过程中发展冷市镇"梅山文化特色、黑茶文化特色、山水特色和黑茶产业特色"⑤。

---

① 盛世豪，张伟明. 特色小镇：一种产业空间组织形式［J］. 浙江社会科学，2016（3）：36-38.

② 兰建平. 建设工业特色小镇，加快转型升级发展［J］. 浙江经济，2015（19）：14-15.

③ 郭金喜. 浙江特色小镇建设的区域经济学考察［J］. 浙江经济，2016（9）：62-63.

④ 罗万伦. 新型城镇化进程中特色小镇建设分析——以青岛市城阳区为例［J］. 青岛行政学院学报，2015（2）：92-95.

⑤ 尹怡诚，张敏建，陈晓明，等. 安化县冷市镇特色小镇城市设计鉴析［J］. 规划师，2017，33（1）：134-141.

杨秀、仇勇懿、陆天赞等人总结了中山港口镇特色小镇的规划方法，研究表明，中山港口镇为游艺文化特色小镇是在《关于推动文化娱乐行业转型升级的意见》政策支撑下的衍生物，同时粤港澳大湾区经济建设带来的辐射影响，给予了中山港口镇特色小镇发展的新契机。其便利的交通、游戏游艺产业基础扎实、生态人文环境优异。在这样的背景下，中山港口镇建设游艺文化特色小镇具有很大的可行性。但存在着产业升级转型、环境品质提升、用地整合等困难。对特色小镇规划的时，主要包括以下几点策略，第一，确定以"创""玩"为核心的规划定位；第二，将现有的产业进行创新，发现新的经济增长点；第三，生态、生产、生活"三生"融合共生；第四，创造慢生活城镇空间品质。建设过程中要打造业态和空间融合的特色空间以及培育新的体验文化①。

叶飞文认为，特色小镇的发展和培育要把握好特色小镇和小城镇、产业聚焦和产业聚集、功能汇集和功能融合、空间扩张和集约发展、政府引导和市场主导、社区建设与房地产化六大关系。建议要科学规划发展路径、培养特色主导产业、继承和创新小镇文化、推进小镇项目建设和创新体制②。

薛莹莹使用 PPP 模式，运用可行性分析对福建特色小镇进行研究，对 PPP 模式的主要特点和运作流程进行探讨，并就 PPP 模式在福建特色小镇的运用提出了自己的建议。研究表明：特色小镇体现产业的特色，其发展基础依托于特色产业与资源环境。在运用 PPP 模式时应该选择第三方监督机制，确保政府和企业的规范性，维护好政府和企业的良好关系，保证其灵活性。引入省内开发性金融平台，通过拓宽融资渠道为特色小镇融资③。

陈清、吴祖卿认为福建特色小镇发展过程中要注重特有资源，选择正确的发展方向，避免盲目从众。在建设过程中避免政府的过多干预，而是认清政府的引导作用，提供政策支持，对当地居民的鼓励。研究认为：福建特色小镇的建设应该因地制宜，考虑"资源+人才+创新"的策略选择④。

刘家明认为，旅游特色小镇普遍存在车辆通行频繁，不易游客步行；缺乏特色休闲活动，游客缺少值得游玩的场所和活动；景观环境差，缺乏管理，没

---

① 杨秀，仇勇懿，陆天赞，等．把握自身资源禀赋的特色小镇规划方法探索——以中山港口镇游戏游艺文化特色小镇为例［J］．城市发展研究，2018，25（5）：7-13．

② 叶飞文．对特色小镇培育和发展的若干思考［J］．发展研究，2018（2）：23-28．

③ 薛莹莹．福建省特色小镇 PPP 模式建设可行性及其对策［J］．福建建筑，2018（2）：107-109，120．

④ 陈清，吴祖卿．福建特色小镇发展建设的"资源+人才+创新"策略分析［J］．福建论坛（人文社会科学版），2017（3）：161-166．

有适合游玩的环境；缺乏特色景色，没有吸引游客的环境；缺乏文化底蕴，一味模仿；活动不健康等问题。在此问题基础上，作者推出将旅游特色小镇建设成 WREATH 的模式，即步行化、体验化、环境美化、景区化、主题化、健康化①。

赵华在对特色小镇研究后表示，小镇的产业领域主要在特色农业、轻工业和旅游业等产业领域较为集中，而旅游业在其中占有非常高的比例。研究认为：在特色小镇的发展过程中，出现了以下的问题，第一，特色小镇在建设公共服务方面不科学，对景区的规划也不合理；第二，没有特色文化资源，运营模式、建筑风格千篇一律；第三，政府干预过度，外来资本很难融入；第四，服务基础设施不能满足游客基本需求，并且，外来资金注入能力不足。解决此问题，要创新建设模式，对理念、技术、旅游资源评价、特色旅游产品的参与性和体验性、运营模式五方面进行创新。主要概括为，挖掘文化特色、发现小镇特色景观及人文资源、创新资源评价体系、提高产品参与性和体验性、引入 PPP模式②。

吴一洲、温燕、沈克印等认为目前我国特色小镇存在的问题是基础设施不完善、产业集群特征和集群效应程度低、区域发展不均衡、重复建设严重、政府主导色彩浓、专业化分工与协作程度低、产业链条不完整、示范基地带动作用不够明显等。解决办法有精心策划，正确选址，进行产业定位，优化企业结构，构建投融资平台等。

张吉福、李鹏举、周鲁耀、陈安华、苏海红等认为，目前特色小镇的发展模式主要有利益相关者、运作流程、风险管理、投融资结构等运作模式及多元协同空间组织模式，这些发展模式为我国城乡一体化的发展迈出了重要的一步，为城镇化的发展提供坚固的理论支持，同时也为城镇化的研究开拓了新的视角。

赵士雯、徐黎源、罗翔、吴乃金、周晓虹、蒋清等认为，目前特色小镇的建设路径倾向于凸显自身特色，夯实供给基础；聚焦产业发展，提高供给质量；以人为核心推进特色小镇城镇化；完善公共服务体系，填补短板空缺；跟随市场需求方向，打造全新体验产品种类；把打通体育与资本链条作为基点，探索多元主体融资模式；把部门之间协同合作作为基础，构建全覆盖公共服务体系；用互联网作为媒介，建造全媒体网络营销模式；选择旅游产业作为小镇主体，

---

① 刘家明. 旅游特色小镇创新发展的 WREATH 模式与实践 [J]. 旅游学刊，2018，33（5）：10-12.

② 赵华. 旅游特色小镇创新开发探析 [J]. 经济问题，2017（12）：104-107.

推行产业融合战略等。

　　尹怡诚、顾利民认为，特色小镇建设应结合我国基本条件，借鉴美国、英国、德国的成功经验，根据我国的国情，选择"特色为本、规划为先"的思路来构建我国的特色小镇，实现培育目标的创新、产业产品的创新、运作模式的创新、制度供给的创新、考核机制的创新。

　　综上所述，我国的特色小镇，在实施路径上，主要从六个方面进行探讨：第一，要加强规划引领意识，选择好相关的资源进行整合，同时厘清特色小镇在建设上的发展思路，打造品牌特色，掌握好特色小镇正确的发展方向。第二，要发展特色的产业，就一定要联合相关联的产业共同发展。注重特色小镇特色资源优势，推动相关产业链协同发展，充分利用互联网等各种新兴手段。第三，着重发展特色小镇的创新和文化传承，选择特色产业和传统文化相融合，创新传统文化，打造适合时代发展的新文化，借助丰富有效的传播方式，传扬特色文化底蕴。第四，完善公共服务设施和基础硬件设施建设，提供高质量服务，不断满足人们对物质文化和精神的需求。第五，避免政府干预过多，影响市场的作用。在建设和发展特色小镇的过程中，要坚持市场主导的原则，引入稳定、有实力的投资主体，实施市场主导，政府引导的发展模式，例如，使用PPP模式、产业基金、股权众筹等实施路径，发挥特色小镇的灵活性。第六，特色小镇资源评价体系的创建和完善，提高特色小镇资源的可持续性。

三、体育特色小镇研究

（一）体育特色小镇类型

　　根据产业类型的不同，可以将体育特色小镇分为休闲型体育特色小镇、产业型体育特色小镇、赛事型体育特色小镇、康体型体育特色小镇。产业型体育特色小镇是指以设备生产制造业及体育用品为基础，包括体育用品及设备的设计、交易等活动。休闲型体育特色小镇是指注重群众参与性、娱乐性、体验性为主的运动项目为基础打造的体育特色小镇。康体型体育特色小镇是指以运动健康为目标，把康复、养生为主的运动项目作为基础打造的体育特色小镇。赛事型体育特色小镇是以体育赛事及赛事衍生产业为核心，对赛后资源进行剩余价值的整合利用，推动体育产业发展的体育特色小镇。

　　根据体育项目，可将体育特色小镇分为四类：休闲类体育特色小镇、度假类体育特色小镇、探险类体育特色小镇、养生类体育特色小镇。休闲类体育特色小镇是以钓鱼、登山、网球、羽毛球、划船等休闲运动项目为依托。度假类体育特色小镇是以露营、滑雪、高尔夫等度假旅游项目为依托。探险类体育特色小镇是以攀岩、跳伞、沙漠探险等极限项目为依托。养生类体育特色小镇是以太极拳等养生类运动项目为依托。

根据主导特色产业，可将体育特色小镇分为六类：赛事型体育特色小镇、培训型体育特色小镇、娱乐型体育特色小镇、健康型体育特色小镇、智能制造型体育特色小镇、文化民俗型体育特色小镇。赛事型体育特色小镇是指以体育赛事为主导，以及与关联产业融合发展，形成体育赛事产业链，为其他体育运动项目提供发展环境的体育特色小镇。培训型体育特色小镇是指以学习培训、体育项目技能训练为主导，关联产业融合发展，形成体育运动培训产业链，为其他体育运动项目提供发展环境的体育特色小镇。娱乐型体育特色小镇是指以满足群众娱乐需求为主导，关联产业融合发展，形成体育运动娱乐休闲产业链，为其他体育运动项目提供发展环境的体育特色小镇。健康型体育特色小镇是指以全民健身、运动医疗康复等身心健康项目主导，关联产业融合发展，形成体育健康产业链，为其他体育运动项目提供发展环境的体育特色小镇。智能制造型体育特色小镇是指以创新型体育用品制造为主导，关联产业融合发展，形成新兴体育运动制造产业链，为其他体育运动项目提供发展环境的体育特色小镇。文化民俗型体育特色小镇是指以具有民俗文化内涵体育项目为主导，关联产业融合发展，形成民俗文化体育项目产业链，为其他体育运动项目提供发展环境的体育特色小镇[①]。

（二）体育特色小镇研究

王志文、沈克印在体育产业和旅游产业融合视角下，描述了在供给侧结构性改革宏观背景下，运动休闲特色小镇的发展趋势和形成。运动休闲特色小镇是大众精神需求和体育消费需求日益增长的必然衍生物，是体育产业升级和体育产业整合的重要途径。运动休闲小镇将其体育产业独立发展的地位打破，因体育产业与旅游产业融合发展而产生了新的产业链、投资链、人才链，为协调发展提高了产品的供给和需求。运动休闲小镇包含着体育旅游、体育文化等内容，展现体育文化、体育社区、体育产业、体育旅游四大功能。在休闲运动特色小镇具有局限性空间的特殊环境下，要想满足大众的消费需求，就要对休闲

---

① 张雷. 运动休闲特色小镇：概念、类型与发展路径 [J]. 体育科学，2018，38（1）：18-26，41.

体育小镇的布局进行合理的规划体育场地资源，构建合理的体育文化结构布局。另外，运动休闲特色小镇的形成动力是消费需求、技术创新和产业关联。其中旅游产业和体育产业的关联性高，这也就为旅游产业和体育产业形成产业融合提供了必要条件。市场需求的不断深化也带动了体育产业和旅游产业的融合发展，同时要求技术创新要符合时代的发展，这就促进了运动休闲小镇的形成。作者在文章中指出，政府的规划不足和过度干预、体育产业和旅游产业中服务和产品的融合程度低、科学技术创新程度低是运动休闲小镇现阶段存在的问题。从针对小镇中出现的问题，从制度创新、体制完善、产业价值链的完善、城市功能建设、运营模式创新等方面创建运动休闲小镇的建设路径①。

王松、张凤彪、崔佳琦在传统体育文化视角下对运动休闲特色小镇进行研究，分别从运动休闲特色小镇与传统体育文化融合的实施路径、运动休闲特色小镇对传统体育文化的作用以及传统体育文化对运动休闲特色小镇的作用三个方面出发，对运动休闲小镇和传统体育文化的融合进行阐述。研究表明，传统体育文化在运动休闲特色小镇的保护下，主要表现在三个方面。第一，运动休闲特色小镇能缓解传统体育项目生存空间的侵蚀，巩固传统体育文化的根本，找到传统体育与当代体育共同生存的途径。第二，运动休闲特色小镇在对传统体育文化方面也有着取精华、去糟粕的作用，在巩固传统体育文化根本的基础上，要学会对传统体育文化进行创新的发展，保障传统体育文化能够适应人们对体育需求的发展和变化。第三，研究者认为，运动休闲特色小镇中的特色主要表现在传统体育文化的特色上，它的建设要围绕传统体育文化而建设，充分发扬民族传统体育的特点和气质，将运动休闲特色小镇中的"特色"两字发扬，创新和传承民族传统体育。传统体育文化对运动休闲特色小镇建设的作用作者也从三个方面进行了阐述。首先，运动休闲特色小镇的建设根本是传统体育文化，它的构建要始终以传统体育文化为中心来构建，两者要相互利用和融合发展。其次，传统体育文化能够展现中国特色，从而避免了与其他国家特色小镇的趋同。第三，传统体育文化展现了我国强大的文化自信，发扬中国文化，因地制宜地将运动休闲小镇与传统体育文化相融合，能够展现我国文化底蕴和深刻内涵，展现强烈文化自信。作者从体育器物、体育制度、体育精神三个层面阐述传统体育文化融入运动休闲特色小镇的具体表现。其中制度表现在传统体育文化的保护与传承，道德规范、竞赛制度等层面，在中国传统体育文化制度

① 王志文，沈克印. 产业融合视角下运动休闲特色小镇建设研究［J］. 体育文化刊，2018（1）：77-81.

中存在宗教神论等元素，传统节日等特色活动。精神层面则是展现中华民族的世界观、人生观和价值观，懂得吐槽纳新，创新发展①。

胡昌领研究的目的在于为体育特色小镇的建设提供理论参考，他从体育特色小镇的建设理念、精准治理和功能定位三个角度着手，进行了深入的研究。研究表明，这个具有体育产业特色的新时代产物，体育小镇的首要功能就体现在它承载着历史文化的传承和创新的责任。此外，体育特色小镇的功能定位体现在其特色体育文化和体育产业的综合体，集休闲、文化、旅游、教育等多功能于一体，满足人们多功能需求。研究学者表明，体育特色小镇的建设要遵循"球土化"原则，"球土化"的思维理念体现在融入民族化和地域文化的基础上对历史文化的传承和创新、本真的生活情趣和完善的服务空间、体育产业与旅游产业的融合发展。体育特色小镇的建设除了在融入遵循"球土化"原则之外，还要创建特色产业，达到经济和文化的共同发展。在小镇的治理方面，要避免有产业无消费和同质化现象的出现。准确定位其消费人员，要突出其产业特色，促进资源的有效供给。要将文化的传承和创新作为体育特色小镇的立足之本，克服经济效益至上思维。体育特色小镇的建设要保证体育产业影响力和竞争力，保证其经济、资源、文化、环境的可持续发展②。

石秀廷从国外城镇体系研究理论体系出发，目的是寻找在国外体育特色小镇建设的经验和路程，从而发现我国体育特色小镇建设的实施路径和启示。国外城镇体系研究理论有德国克里斯泰勒的中心地理论，该理论所说的中心地，意为向四周居民提供服务和产品的地方。中心地也有高低级之分，高级中心地为服务范围广、商品种类多、但数量少的地方。低级中心地其数量比高级中心地多，分布范围广，但其服务范围窄，并且商品种类少，档次低。关于城镇化发展模式的理论有法国佩鲁的增长极理论，该理论解释了经济的增长是由一个或者多个中心向其他地区或部门扩散传导的。所以，在城镇建设、促进经济发展时要先选定特定的地区作为增长极，使其不断向各领域地区扩散发展，带动经济。在这些城镇发展理论的支撑下，国外体育特色小镇的建设在不断发展。从特有资源入手选择具有特色的城镇主题，强调相关产业和体育产业的结合发展，发行"体育+"的体育特色小镇发展模式。建设完善的服务和基础设施，来不断满足人们对体育发展的需求，提高体育特色小镇的品质。在管理模式上，

---

① 王松，张凤彪，崔佳琦.传统体育文化融入运动休闲特色小镇建设研究［J］.体育文化导刊，2018（5）：79-83.

② 胡昌领.体育特色小镇的功能定位、建设理念与精准治理研究［J］.体育与科学，2018，39（3）：69-74.

形成以体育产业为依托，以体育运动项目为主体，进行各个产业的融合发展的良性产业链。通过借鉴外国构建体育特色小镇的经验，保证我国体育特色小镇在建设过程中能够借鉴其经验，避免走更多的弯路，把握我国体育特色小镇的发展机遇。在建设体育特色小镇时要不断拓展和丰富体育特色小镇的功能，满足我国人口体育的多元化需求，提高群众参与体育的兴趣，既能满足对体育的需求也能得到良好的社会效益和经济效益，通过了解分析外国各相关产业和体育产业融合发展的经验，"体育+"的体育发展模式是把体育产业作为主导，使产业多元化发展。加强与体育特色小镇相适应的服务建设和基础设施建设，包括医疗、教育、休闲等配套服务，提高服务的品质和质量，充分利用区域条件资源。构建系统完善的体育特色小镇运营管理模式，为体育特色小镇在之后的发展过程中提供有效的保障。国外体育特色小镇的建设经验可以使我国体育特色小镇高起点建设[①]。

在阅读完费孝通先生的《小城镇大问题》之后，郭琴进行思考并反映出"小空间大战略"。以浙江省率先实践的体育特色小镇为例子，通过借鉴浙江体育特色小镇的经验和发展模式，发现我国体育特色小镇的发展模式和实践体育特色小镇的路径。研究者采用文献资料法对体育特色小镇的研究文献进行细致的探究，对体育特色小镇建设二元模式的路径进行探究。作者提出建设二元模式的体育特色小镇有三点原因。第一，在国家政策的支持下，体育特色小镇的建设面临前所未有的机遇，此时的体育特色小镇建设应该准确定位，将体育特色小镇的发展路径充分拓展开。第二，体育特色小镇建设二元模式是将体育特色小镇分为体育产业主导型和小城镇体育发展主导型两个类型，有理由对特色小镇和特色小城镇进行划分，两者的区别在于前者是产业转型升级，而后者则是供给侧的改革。第三，推动城乡体育一体化的一个重要历史契机就是探索小城镇发展体育创新路径。在体育特色小镇动因的基础上，提出探索实施不同类型体育特色小镇的路径。发展主导型的特色小镇，体育产业以扩大供给侧结构性改革和有效供给为目标，以促进产业转型升级为主线，分为"城边镇"和"城中镇"，其特点与城市联系便利，利于实现产业有机衔接和创建文化氛围。以体育项目为主线，小城镇体育发展主导型特色小镇分为"镇中镇"和"融合镇"，利用体育项目特色着重发展小城镇体育，从而带动城乡体育一体化，进而

---

①　石秀廷.体育特色小镇建设的国际经验及其启示［J］.广州体育学院学报，2018，38（2）：39-42，67.

发展体育产业。其中"融合镇"是指在其他特色小镇中融入体育，借此发展体育①。

张雷对运动休闲特色小镇的发展必然性、运动休闲特色小镇的概念释义、运动休闲特色小镇的构成要素、运动休闲小镇的类型及运动休闲小镇的发展路径分别进行了探究。运动休闲特色小镇是我国体育产业供给侧结构性改革、全民健身和健康中国国家战略、推进城镇化和美丽乡村建设、体育惠民和脱贫攻坚的需要，作者的分类标准是运动休闲小镇的特色产业，将运动休闲特色小镇分为培训型、健康型、文化民俗型、赛事型、娱乐型和智能制造型六类，作者对于运动休闲小镇发展路径的探讨比较广泛，从运动休闲特色小镇的逻辑起点、运动休闲特色小镇发展驱动力及核心目标出发，运动休闲特色小镇的发起点是主导特色产业的生产要素，注重技术和制度的创新是推动运动休闲特色小镇产业发展时所要注重的，不断创新其运营模式和经营管理，不断对特色产业优化升级。推动特色产业的发展是其目标，关联产业发展和小镇城镇化的发展，从而产生扶贫攻坚作用和辐射带动作用②。

从概念模型、功能定位、逻辑起点出发，季朝新、王一博对运动休闲特色小镇的建设进行探究。其创新点是运动休闲特色小镇的功能定位和概念模型。研究表明：运动休闲特色小镇要在政府引导作用下发挥小镇的地方特色，根据当地实际特色，围绕体育文化进行建设。把体育产业作为运动休闲特色小镇建设的主体，关联产业融合发展，要围绕全民健身发展战略，运动休闲特色小镇体育价值要始终体现出来，运动休闲特色小镇是为大众体育需求服务而存在的，能够提高体育产业影响力。运动休闲特色小镇可以通过创建特色的体育文化氛围来保证其持续发展，运动休闲特色小镇在政府政策的引导下和群众的监督下，才能沿着正确的方向发展和运营。在此基础上，作者对运动休闲特色小镇的发展路径进行了挖掘，即政府引导和社会监督。另外，作者认为运动休闲特色小镇建设的功能定位就是资源整合。我国改革的产物就是运动休闲特色小镇的建设。同时又指导着改革，解决体育资源与群众体育需求的矛盾，通过特色建设引导着群众参与体育，全民健康通过全民健身的带动来实现。促进体育消费同时满足群众体育的需求，不仅能促进体育关联产业融合发展也能带动体育产业

---

① 郭琴. 体育特色小镇建设二元模式的路径探索 [J]. 体育与科学，2018，39（2）：89-94.

② 张雷. 运动休闲特色小镇：概念、类型与发展路径 [J]. 体育科学，2018，38（1）：18-26，41.

的发展①。

综上所述，通过以下几个方面体现我国建设体育特色小镇的现实意义。第一，通过建设体育特色小镇，丰富体育产业业态，整合关联产业和体育产业的融合发展，以此来改善我国体育产业有效供给不足的现实问题。提高产业凝聚力，带动体育产业供给侧结构性改革的进程，提高生产效率，满足体育消费需求。第二，国家将全民健康和全民健身上升为国家发展战略，人们多元化的日益增长的体育需求可以通过体育特色小镇来满足，所以，体育特色可以推进全民健身和健康中国国家战略实施进程。第三，城市化进程不断加快，农村的建设相比于城市而言较落后，经济、农村人口等资源向城市集中，城乡接合区域经济发展可以通过体育特色小镇的建设来推动，逐渐完善小镇基础设施建设，带动乡村产业发展，有利于推进美丽乡村建设进程。同时，作为朝阳产业和绿色产业的体育产业，能够改善社会矛盾，改善传统城镇化资源消耗、环境污染等弊端，推进新型城镇化进程。第五，在政策鼓励下，贫困地区引入各生产要素，建设体育特色小镇，可以起到发展区域体育产业，增加人口就业，提高区域人们健康水平。所以，体育特色小镇的建设也是推进体育惠民和脱贫攻坚的重要内容。

体育特色小镇在建设时，其建设过程很复杂，需要体育特色小镇理论与实践相辅相成，在实践中检验理论，通过理论指导实践。主要通过以下五个方面将对体育特色小镇实施的路径探索体现出来。第一，把体育特色小镇建设前期的调研做好，发展当地体育特色资源，挖掘当地现有体育历史文化背景和资源，发展体育特色产业及相关产业，不断丰富小镇的功能，满足群众多元化的需求，将体育特色小镇的发展规划确立好，突出其特色，避免千镇一律。第二，推动相关产业和体育产业融合发展。主导产业设置为体育特色产业，同时融合发展多元化产业，完善体育产业及相关产业链，以体育为核心。第三，将体育特色小镇的基础设施建设不断进行完善，服务的质量不断提高，体育特色小镇管理人才的加速培养，以满足群众多样化健身、健康需求和服务需求。第四，将体育特色小镇考核评价机制建立起来，规范体育特色小镇的规模、基础设施状况、服务能力、收费要求等内容，规范其标准。定期考核运营体育特色小镇，对发展不合格的小镇进行整治和管理，树立优秀的体育特色小镇作为典范，分享它成功的经验供其他体育特色小镇学习。第四，采取 PPP 运营模式，政府筛选运

---

① 季朝新，王一博 . 运动休闲特色小镇建设：逻辑起点、概念模型和功能定位 [J]. 体育文化导刊，2018（2）：88-92.

营能力较强的企业引入体育特色小镇与政府共同管理，采取 PPP 模式不仅可以降低政府风险，也能一定程度上从可持续性方面增强体育特色小镇的发展。在政策支持和鼓励下，社会资本引入体育特色小镇增加了企业之间竞争力，更有利于企业的创新发展。第六，将本地发展战略与体育特色小镇的建设结合起来，注重其功能的建设和完善，将体育特色小镇的功能充分发挥出来，推动"产城人文"深度融合。

四、体育特色小镇相关核心期刊的文献计量研究

（一）研究方法

1. 可视化分析方法

使用的知识图是 Dr. 美国德雷塞尔大学计算机与信息科学教授陈超美开发了一个使用 Java 语言的信息可视化软件 Cite space 5.6. R3 版本。在数据处理过程中，CNKI 导入系统并将 CNKI 上的 433 篇期刊文章和 77 篇核刊文章以 Refworks 格式保存，然后导入 Cite space 5.6. R3 系统运行，根据需要绘制的关键词术语，生成关键词共现网络图、作者与机构共词聚类图、时区图、合作网络图，分析当前领域的潜在研究热点、发展趋势、演化路径和知识结构。

2. 文献计量法

文献计量法是以出版商和出版物的引文为计量对象，考察计量对象在国家、地区、机构、人员、时间等多种属性上的分布特征和规律的分析方法。作为评价各单位和学者科研课题科研水平、科研实力和科研能力的依据。以中国知网为数据源，收集杂志和机构发表的数据，并使用中国知网自有的测量可视化分析软件和 Microsoft 2016 Excel 对数据进行分析研究。

（二）年度发文趋势

体育特色小镇的历年发文数量变化反映了关于此话题的关注度和知识储量情况，可以使学者从时间概念上了解关于此研究的发展状况，预测该领域的发展趋势。通过中国知网期刊论文收集库进行数据收集，以"体育特色小镇"为检索词，经过对不相关论文地剔除后，检索出 433 条期刊文献，其中包括 77 篇登上核心期刊与 CSSCI 期刊的文献，利用中国知网（CNKI）计量可视化分析的总体趋势分析功能，依照年份进行数量统计，生成出从 2015 年到 2021 年的全部

核心期刊文献篇数年度分布图和从 2017 年至 2021 年间的核心期刊文献篇数年度分布图（图 1-1、图 1-2）。

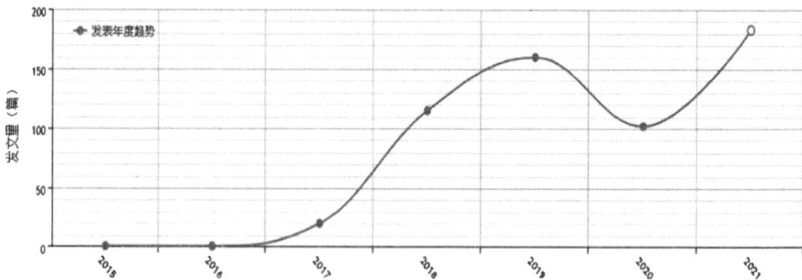

图 1-1 体育特色小镇期刊发文篇数时间分布图

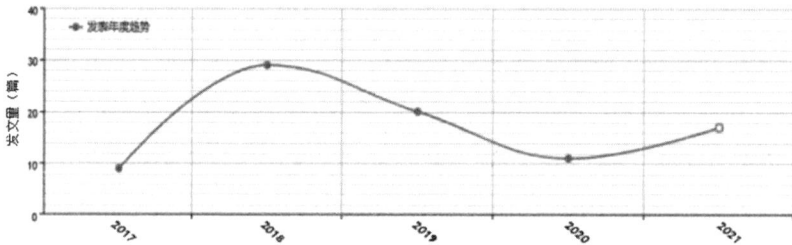

图 1-2 体育特色小镇核心期刊发文篇数时间分布图

通过对比图 1-1 与图 1-2，可以清晰地发现，从 2015 年第一篇研究体育特色小镇的发文至今，以"体育特色小镇"和"运动休闲特色小镇"为主题研究文献的发文量呈波浪式的上升趋势，全部文献与核心文献的发文走势基本一致，论文的研发数量不断增加。体育特色小镇作为一个新兴产业，其起步较晚，但在 2017 年开始受到极大关注度，其期刊文献开始出现井喷式增长，并于 2021 年再创新高；核心期刊文献于 2017 年开始出现，并在 2018 年达到阶段性的顶峰，随后三年虽发文量相对有所减少但趋于稳定，并于 2021 年出现"回暖"。

从整体刊载数量上看，作为新兴研究主题的体育特色小镇具有一定程度的热点效应，总体研究的发展比较迅速，是体育研究领域里的一个热门，但相较于特色小镇的整体研究而言规模还比较小，仍须进一步重视与发展。核心文献研发数量占全部文献的 17.7%，说明国内研究者对体育特色小镇的高水平研究作出了一定的重大贡献，在该领域把握了一定的研究热点及发展趋势，为该领域提供了清晰的研究前沿。

（三）我国体育特色小镇核刊主要研究人员、合作情况、机构分析

1. 研究人员

发文量反映了作者对该领域的科研产出和科研贡献的数量与质量，反映了作者的科研活跃度，是对科研工作者在该领域的科研水平的一种度量。一般来说，一个作者的发文量越大，就代表其研究成果越多，在该领域发挥着更大的学术影响。如表1-1所示，以时间跨度2015—2021年，在体育特色小镇领域发文量位居前20的学者中，研发量最多的是武汉体育学院的沈克印，共6篇；其次是同样来自武汉体育学院的董芹芹，共发文5篇；发文量为4篇，同时位列第三的有徐思敏、王辉、李兆进、展茂浩、刘成。根据Cite space 5.6. R3生成的分析结果，各作者并未取得中心度的数据，说明我国体育特色小镇研究的主要研究作者暂未具有中心度，各学术研究尚在起步阶段，尚未形成领域内的核心权威。

表1-1　体育特色小镇研究核心期刊前10位高产作者

排名	作者	发文量	研究起始年份
1	沈克印	6	2017
2	董芹芹	5	2018
3	徐思敏	4	2020
4	王辉	4	2019
5	李兆进	4	2020
6	展茂浩	4	2020
7	刘成	4	2020
8	刘兰娟	3	2020
9	周怀球	3	2018
10	杨越	3	2019

2. 合作情况

作为2017年才出现第一篇研究文献的新兴主题，体育特色小镇的研究人员没有形成比较固定的研究团队，限于合作规模相对较小（本校间师生合作），没有形成真正意义上网络状的研究团队。由图1-3可知，我国体育特色小镇研究

作者共现知识图谱中尚未有类似其他领域图谱中显著突出的节点，且节点之间的连线局限于以学校为主要单位的小型研究团体中，团体与团体之间的连线非常之少。其中比较显著的节点为沈克印，该作者与董芹芹、杨毅然、候猛具有合作关系，他同时也是目前为止我国体育特色小镇研究的最高产作者。

综上所述，我国体育特色小镇研究学者在团队合作中虽已形成相当多的合作关系，但尚未建立起以核心作者为学术共同体中坚力量的共现网络，学者之间的研究相对独立，建议加强各机构、各领域及跨学校之间的相互交流，创造更加密集开放的合作关系，拓展和丰富我国体育特色小镇的研究前景。

图 1-3　体育特色小镇研究人员合作共现网络知识图谱

3. 机构

研究机构的发文量反映了该机构在我国体育特色小镇研究的产出数量及研究质量。通过绘制我国体育特色小镇研究在 2015—2021 年核心机构的共现图谱及发文量统计分析，可以直观地了解该机构对体育特色小镇研究领域的重视程度、中心性与影响力。通过表 1-2 可知，共有 167 个科研机构参与该领域的研究（N=167），其中包括专业体育院校、师范类和综合类院校及高等专科学校的体育学院系三种类型构成（Network Density=0.0047），在发文量排名前 15 的机构中共包含 5 所专业体育院校、5 所师范院校与 4 所综合大学。其中发文数量位居前三名的曲阜师范大学体育科学学院（14 篇）、武汉体育学院研究生院（12篇）、山东大学体育学院（11 篇）和武汉体育学院经济与管理学院（11 篇）对此领域的发文量贡献最大。

从图1-4可知，研究机构的共现网络图谱（E＝65），我国体育特色小镇研究机构整体上核心机构呈合作化分布，但合作情况局限于相邻地域和相同院校类型。其中比较特殊的是武汉体育学院，校内三所专业学院都参与了该领域的研究，院与院之间合作密切，并与校外的东北大学、中国地质大学也建立了合作关系。发文量位居前列的曲阜师范大学体育科学学院、山东大学体育学院、湖南工业大学体育学院的节点连线较多，说明发文量较高的机构中很大一部分与其他机构有着良好的合作关系。

但也有相当一部分机构是比较分散独立、以本单位进行研究的，例如，陕西师范大学体育学院、郑州大学体育学院、鲁东大学体育学院，并未与其他机构之间关联，这表明在体育特色小镇的研究中，各机构仍需要发挥资源与信息共享的合作精神，加强跨学校、跨地域的相互交流。

表1-2　体育特色小镇研究机构核心期刊发文量前15位

排名	机构	发文量	研究起始年份
1	曲阜师范大学体育科学学院	14	2017
2	武汉体育学院研究生院	12	2017
3	山东大学体育学院	11	2019
4	武汉体育学院经济与管理学院	11	2017
5	湖南工业大学体育学院	9	2018
6	北京体育大学	6	2018
7	武汉体育学院体育社会科学研究中心	6	2018
8	吉林体育学院	5	2018
9	阜阳师范大学体育学院	5	2019
10	上海师范大学体育学院	4	2020
11	鲁东大学体育学院	4	2019
12	东北大学体育部	4	2018
13	湖南师范大学体育学院	4	2020
14	东北师范大学体育学院	4	2019
15	东华大学体育部	4	2020

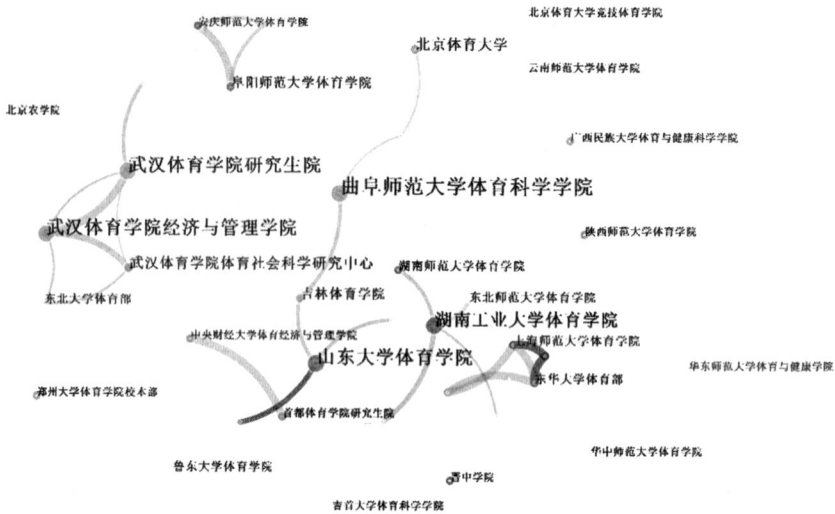

图1-4 体育特色小镇研究机构合作共现网络知识图谱

（四）我国体育特色小镇研究热点与前沿分析

1. 我国体育特色小镇研究高频关键词共现分析

借助 Cite space 5.6.R3 软件以 Keyword 为网络节点，以切片网络与合并剪裁为剪裁方式，排除"建设"等无意义关键词并合并了同义项，来绘制体育特色小镇关键词共现知识图谱（见图1-5），并统计整理词频、中心性位居前10的关键词（见表1-3）。由关键词共现知识图谱可知，软件共分析出310个节点（N=310），节点之间连线226条（E=226），网络共现密度为0.027（Network Density=0.027）。在关键词共现图谱中，圆形节点及标注汉字越大代表该关键词词频越高，受学术研究的关注度越高；节点的连线越密集表示衍生关键词越多，与其他研究热点的关系越紧密。

由于在中国知网（CNKI）的文献检索关键词为"体育特色小镇"，因此该关键词的节点最大，词频最高。根据图表可知我国近六年来关于体育特色小镇的研究热点集中于体育产业、体育小镇、特色小镇、新型城镇化、体育旅游、体育经济、运动休闲、供给侧改革、产业融合、产业开发、PPP 模式等方面。且从表1-3可以看出，高频关键词与高中心性关键词之间的正相关关系并不强。其中关于体育产业的中心性最强，体现该热点的学术研究发展较快，体育特色小镇与产业的关系最受研究作者关注。

综上所述，由于体育特色小镇是经济新常态下体育产业供给侧改革的实践探索，因此关于该领域的研究主要定位于基础概念及意义、产业视角下的投融资与运营模式、政策视角下的宏观发展方针、实证方面的国内外案例分析与经验总结。

表1-3 体育特色小镇研究高频与高中心性关键词

排名	高频关键词	频次	排名	高中心性关键词	中心性
1	体育特色小镇	250	1	体育产业	0.60
2	体育产业	93	2	体育小镇	0.57
3	特色小镇	92	3	休闲体育	0.52
4	体育小镇	73	4	体育经济	0.49
5	体育旅游	25	5	健康中国	0.47
6	体育经济	23	6	新型城镇化	0.45
7	运动休闲	18	7	产业融合	0.35
8	新型城镇化	17	8	产业开发	0.32
9	供给侧改革	14	9	体育	0.31
10	产业融合	14	10	体育产业	0.31

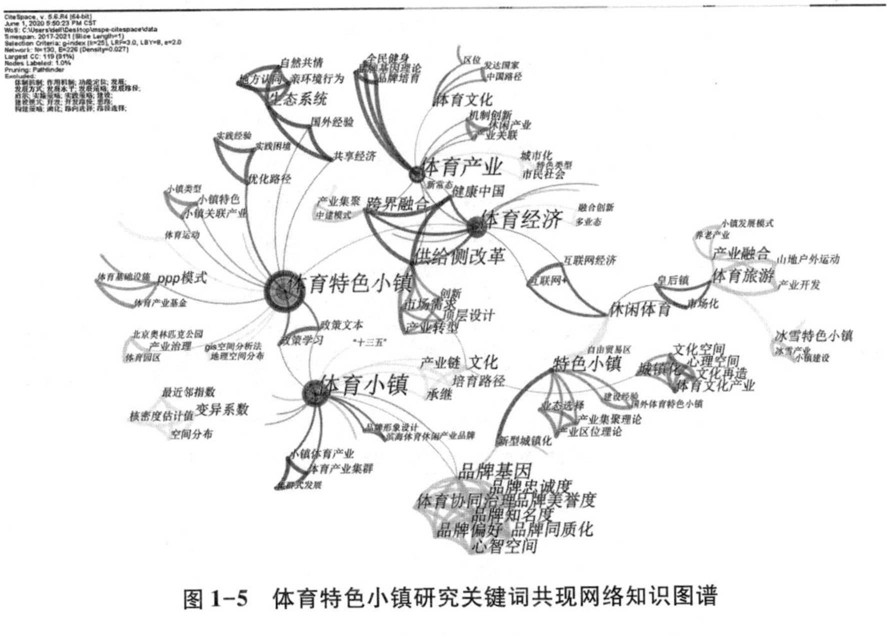

图1-5 体育特色小镇研究关键词共现网络知识图谱

2. 我国体育特色小镇研究主题热点变迁与前沿分析

将 Cite space 5.6. R3 所生成共现图谱的显示类型设定为"Timeline",就可得到从 2015 到 2021 共六年的研究热点时区可视化图谱(见图 1-6),从而展现我国体育特色小镇研究热点的变迁历程,把握我国体育特色小镇研究的发展脉络,以及研究基础与研究前沿之间的联系。不过,由于该领域研究的起步时间较晚,研究发展的总体时间跨度不长,Cite space 5.6. R3 很难在仅有的六年中生成高引用突显词。

体育特色小镇研究从 2015 年开始,经过两年的探索,在 2017 年达到新热潮,体育小镇、体育产业、供给侧改革、城镇化、体育经济、体育旅游、产业融合、ppp 模式等较为受关注的研究热点都是在该年首次出现的。2021 年出现的新热点关键词包括政策文本、政策学习、ism 解释结构模型、冰雪体育特色小镇、品牌基因理论、品牌培育与发展动因、大数据与健康生活、亲环境行为与地方认同、swot-ahp 等,体现了当今我国体育特色小镇研究的前沿热点,具有极大的挖掘空间与发展潜力。值得一提的是,其中大部分的关键词所在聚落初始于 2017 年,这说明 2017 年在我国体育特色小镇研究的整体发展历程中具有开发性与前瞻性的特殊地位。

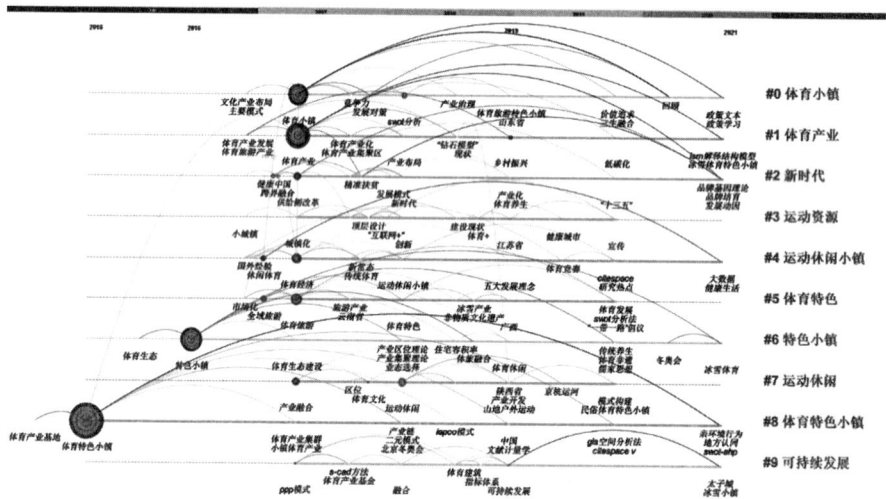

图 1-6 体育特色小镇研究关键词共现时区图

第四节 体育小镇发展的研究内容与方法

一、体育小镇发展的研究内容

（一）宏观研究内容

把沙滩运动特色小镇开发建设的理论与实践作为研究对象，科学地运用多种研究方法，把遵循市场规律作为前提，通过进行大规模社会调查了解我国当前体育小镇的发展现状的基础上，实证研究山东省海阳市沙滩运动特色小镇，并针对海阳市建立适合发展的沙滩运动特色小镇。联系现行体育政策和发展实际需要，提出开发沙滩运动特色小镇与建设特色小镇的实施路径、模式、管理保障机制、产业链与政策改革思路，为激发体育消费、发展体育特色产业作出应有贡献，推动我国社会体育经济协调可持续发展。

（二）具体研究内容

1. 相关体育特色小镇理论阐释

对研究既有体育特色小镇作出综合分析，全方位进行解读，并梳理国内外相关的研究成果，汲取对本课题的研究成果有价值的理论，较为完整并客观地为沙滩体育运动特色小镇提供阐释性理论。我国体育特色小镇建设的战略意义；我国体育特色小镇的发展现状、发展历程及存在的问题成因、类型；体育特色小镇的特征、概念、功能、构成、内涵；体育特色小镇的产业化开发及政府支持力度；发展过程体育特色小镇的投融资策略、人才培养等一定问题的研究；沙滩运动特色小镇的特点、概念、可行性、内涵及发展意义。

2. 体育特色小镇现状、评价及模型构建

这一部分将运用深度访谈、问卷调查等研究方法，对我国体育特色小镇目前的目标、定位、绩效评估、运行管理、产业布局等全国范围内进行客观的调研，深刻把握体育特色小镇现状及问题所在，对目前我国体育特色小镇从总体上进行分析与客观评价，同时将国外的体育特色小镇建设开发的实践经验总结起来，比较国外与国内体育特色小镇在运行方式上的异同，明确国内外体育特色小镇资源做到资源优势互补，用适合的路径来寻求我国体育特色小镇的发展方式。采取系统分析的方法（解释结构模型技术，ISM）构建开发我国体育特色小镇的建设模型，利用这一模型进行分析我国体育特色小镇的整个运营链以及核心产业、重点要素、二三产业的利用和开发、小镇的绩效评估、资源配置、运营模式的优化及评价、运行机制与关键路径。

3. 基于 SWOT 分析的山东省海阳市沙滩运动特色小镇开发与建设的实证研究

主要从以下五个方面对本部分进行研究：SWOT 在海阳市沙滩运动特色小镇的开发与建设分析；整合研究优势资源；优化与设计发展规划方案：产业定位、发展定位、产业布局、发展战略、产业间的连接、资金运营、经营管理；海阳市构建沙滩运动特色小镇建设与开发模式：科学规划、公共服务平台的构筑、项目带动、打造高端文化航母、沙滩运动特色突出、扶持政策完善，包括：投资融资、人才培养、保护知识产权、土地支撑等；海阳市在沙滩运动特色小镇的建设项目：沙滩体育文化——发展中心、沙滩体育文化节、沙滩体育文化——公园、沙滩体育文化工业支持及产品体系、训练基地和永久性比赛场地、综合性配套商业设施、运动员公寓酒店式、沙滩体育文化——创意产业园、沙滩体育文化——教育培训基地；海阳市对沙滩运动特色小镇管理机制进行研究：组织机制、领导机制、信息沟通机制、反馈机制、决策机制、保障机制、激励机制。

4. 沙滩运动特色小镇开发建设的实施路径研究

通过上述理论假设和实践检验，对本部分进行研究，将采用复杂系统和实践凝练视角的分析方法，并将实践过程中理论模型和实践方法进行综合性分析，取其精华，去其糟粕，与此同时，将在海阳市沙滩运动特色小镇的实际情况结合起来。

把"突出沙滩运动特色"作为价值导向，系统进行归纳总结沙滩运动特色小镇的建设开发理论与实践，通过对现象与本质的把握、综合与分析、从抽象不断上升到具体方法，明确形成沙滩运动特色小镇的实施体系，提出适合我国沙滩运动特色小镇实施的开发与建设战略策略（实施平台建设、政策体系、培育文化特色产业群、科技与文化融合），为沙滩运动特色小镇的发展建设和贯彻落实部门相关决策政策提供路径选择。

二、体育小镇发展的研究方法

本研究注重多元互补性方法的组合使用，跨学科运用文献分析、调查研究、实证研究、SWOT 分析、层次分析、解释结构模型、复杂系统理论等多种方法展开综合分析，使得本研究过程及结果更加科学合理。

（一）基本研究方法

1. 实地调研与文献分析相结合

通过专家访谈和实地调研等方法获得准确数据和资料，使研究结果准确性高、针对性强。充分利用现代互联网技术和计算机，对相关国内外文献进行分析与归纳，对本次研究内容存在的问题及研究历程进行掌握，从而为本次研究提供指引与理论参考。

2. 实证分析与理论分析相结合

"沙滩运动特色小镇"在山东省海阳市的实施为例，为协调发展体育特色小镇和体育特色小镇竞争力提升，进行实证分析，并提出相应对策与建议；在体育小镇发展与建设的机制分析和理论指导范式方面，运用理论分析，为后续研究提供指导和规范。

3. 定量分析与定性分析相结合

定量分析可使结论准确、客观，但在提取量化指标上有一定困难；而定性分析对象的特点、性质、变化发展过程和规律等都能够作出相对判断，但定性分析受分析者掌握资料和认识水平的影响，得到的结论具有片面性、主观性、随意性和一定的局限性。两种分析方法各有利弊，可将二者有效结合。在体育小镇发展的竞争力和评价判定方面可以采用定量分析方法，在概念界定、理论范式构建及发展对策方面可以采用定性分析的方法。

（二）具体研究方法

1. 文献资料法

相关文献资料主要分为三类：一是档案资料。档案资料多分散存放在图书馆、建设公司以及各大档案馆里，如《海洋沙滩运动特色体育产业小镇规划方案》。二是通过中国知网、超星、维普、读秀百链等电子数据库平台获取本研究的相关文献。三是专著文献。专著主要来源于网上书店购买，如《中国体育特色小镇建设纲要》《体育特色小镇建设的理论与实践探索》《区域旅游产业发展的理论与实证研究》。总计查阅优秀硕博论文 30 余篇，核心期刊学术论文 200余篇，档案资料 30 余份，著作 8 部。通过对相关研究成果进行归纳梳理，对既有体育特色小镇建设与发展研究作综合分析，论述体育特色小镇建设与发展的历史进程和经验教训，提取对本研究有价值的理论，指导本研究的实施。

2. 模式构建法

通过解释结构模型法（ISM）、比较分析、经验总结元胞自动机理论等方法，对国内外不同特色体育小镇的实际情况进行对比分析和梳理总结，同时根据海阳市沙滩运动特色小镇的培育现状，构建海阳市沙滩运动特色小镇的运营模式与海阳市沙滩运动特色小镇的 RC-PPP 投融资模式。

3. 实证研究法

（1）德尔菲法

本研究以海阳市为例，拟定《海阳市沙滩运动特色小镇访谈提纲》，于2019 年 6-7 月就海阳市沙滩运动特色小镇的开发与建设，对体育特色小镇研究领域的专家 10 人、经济学家 3 人、市场分析专家 2 人、金融投资专家 3 人以及所有参与海阳市沙滩运动特色小镇项目建设的人员进行问题调研，为本研究提供理论依据。

（2）问卷调查法

本研究以海阳市为例，根据笔者所收集的资料及专家访谈提纲反馈的信息，拟定《海阳市沙滩运动特色小镇竞争力影响因素调查问卷》，就海阳市沙滩运动特色小镇影响因素等问题，对体育特色小镇研究领域的专家发放问卷，为构建海阳市沙滩运动特色小镇竞争力评价模型奠定基础。

（3）实地考察法

对海阳市沙滩运动特色小镇进行实地考察，将海阳市沙滩运动特色小镇与我国典型的体育特色小镇建设路径、运营管理、投融资等方面对比分析，深入了解海阳市沙滩运动特色小镇的建设与发展条件，找到海阳市沙滩运动特色小镇建设中资金运用存在的问题，探讨海阳市沙滩运动特色小镇 RC-PPP 投融资模式的可行性。

4. 数理统计法

对所收集的资料和专家调研结果进行数理统计。在对原始数据进行归纳、整理的基础上，运用高等数学中的层次分析法，对海阳市沙滩运动特色小镇核心竞争力评价指标进行等级划分，运用高等数学中因子分析法和群决策数据集结方法，对专家调研收集的各个问题进行排序，对相关题项指标进行加权算术平均，具体统计分析由 SPSS 23.0 软件完成。

5. 复杂系统分析法

在实践中凝练视角，运用唯物辩证法、复杂系统理论提出实施海阳市沙滩运动特色小镇开发与建设的战略策略，建立海阳市沙滩运动特色小镇核心竞争力提升机制，构建海阳市沙滩运动特色小镇投融资保障体系。

三、海阳市沙滩运动特色小镇发展研究的主要目标

（一）科学规划，合理布局，构建定位准确，良性运作的沙滩运动特色小镇

打造海阳市沙滩运动特色小镇的主导产业、完善海阳市沙滩运动特色小镇的产业基础设施及合理的运作机制（包括开发模式、运营机制和管理模式等）。海阳市沙滩运动特色小镇规划要彰显沙滩运动特色，突出小镇核心竞争力，创新小镇发展模式和商业模式，体现出海阳市沙滩运动特色小镇的文化、平台、集聚、教育、娱乐、产权保护、发展等社会功能。

（二）实现海阳市沙滩运动特色小镇的可持续发展

海阳市沙滩运动特色小镇的核心要素是产业集聚，而产业集聚的基本形态是产业链。海阳市沙滩运动特色小镇要实行专业化分工与协作，通过空间产业集聚实现集群化，体现出一定的集群特征和集群效应。海阳市沙滩运动特色小镇的产业链条要完整，以价值链为基础，一般产业链、内在产业链、协同产业链等多种形态并存，形成强势带动型、优势互补型和均势整合型等几种模式产业链的组合，形成从创作源头到最终消费者的完整的供应链，并通过海阳市政企互动获得较好的绩效，增强海阳市沙滩运动特色小镇的竞争优势，最终实现海阳市沙滩运动特色小镇的可持续发展。

（三）保持海阳市沙滩运动特色小镇的竞争力

强化海阳市沙滩运动特色小镇特色，培育沙滩运动特色主导产业，支撑有特色的沙滩运动文化产品，突出沙滩运动产业品牌形象，体现沙滩运动个性，保持海阳市沙滩运动特色小镇的竞争力。

（四）培养海阳市高层次沙滩体育文化产业人才

海阳市沙滩运动特色小镇发展的关键是人才。通过制定人才培养规划、增加人才培养经费投入、政府颁布相关优惠政策、各组织单位合作培养人才、各组织单位共建研发机构等方式，形成产、学、研通力合作机制，把海阳市沙滩运动特色小镇变成产、学、研相结合的重要基地和文化产业人才培养的高效平台。

（五）规范海阳市沙滩运动特色小镇建设

建设沙滩运动特色小镇，需制定相关的体育文化产业优惠政策，从政策服务、技术指导、创业设施、经营管理等各方面做好服务，面向市场打造属于自己的文化产业链条。采取各种积极措施，努力解决海阳市沙滩运动特色小镇所存在的问题，制定海阳市沙滩运动特色小镇的发展目标及策略，集中体现海阳市沙滩运动特色小镇的"研发、培训、孵化、展示、交易"功能，形成特色优势，使海阳市沙滩运动特色小镇做大做强。

四、海阳市沙滩运动特色小镇发展研究的预期社会效益

本研究以山东省海阳市沙滩运动特色小镇为实证研究，所涉及的开发建设模式、运行管理机制及保障机制等研究成果，可直接转化为生产力，在我国体育特色小镇的建设实践中直接运用，为经济、文化、体育等社会管理部门提供决策参考，为政府制定相关社会政策提供理论和事实依据，对管理者制定相关制度具有较高的实践指导意义和理论参考价值。同时也为我国体育特色小镇的开发与建设提供样板性示范。

《国务院关于加快发展体育产业促进体育消费若干意见》于 2014 年颁布，其中明确指出，到 2025 年，基本建立功能完善、门类齐全、布局合理的体育产业体系，体育产业要想成为带动经济社会持续发展的重要力量，体育特色小镇的开发与建设就是实现这一目标的基本载体之一，对加快发展体育产业，改善产业布局结构，实现产业聚集效应，促进体育消费将起到巨大的带动作用，具有重要的实际应用价值。

我国体育产业发展的另一个方向标即将成为体育特色小镇。建设海阳市沙滩运动特色小镇有利于海阳市的体育资源整合和跨界融合，有助于海阳市全民健身战略的落实，有助于海阳市的体育产业供给侧改革的推进，有助于海阳市

的新型城镇化进程的推动。作为海阳市体育产业供给侧改革的创新实践，海阳市沙滩运动特色小镇是体育产业跨界融合新模式在海阳市进行的实践探索，对于海阳市的全民健身战略和新型城镇化健身有着重要的意义。海阳市沙滩运动特色小镇是体育资源整合的新模式，之中包括了"体育+教育""体育+旅游""体育+文化""体育+养生"等，这是海阳市产业融合的最好例证。海阳市沙滩运动特色小镇是一种新载体，它带动海阳市体育产业的发展，海阳市沙滩运动特色小镇的建设初衷是以海阳市产业经济为导向，带动海阳市产业创新、产业升级和产业集聚，以此来带动海阳地区经济和社会发展。作为海阳市新型城镇化和体育产业发展相结合的产物，海阳市沙滩运动特色小镇不仅是宜居的综合小镇，也是产业小镇，它能够吸引社会和国家促使对海阳市农村地区进行投资，能促进完善海阳农村地区配套设施，这对缩小农村发展差距和缩小海阳城市、消除海阳城乡二元结构有重要的意义。在新时代，建设海阳市沙滩运动特色小镇使得海阳市人民健身更加生活化，适应健康中国战略发展的具体要求，自觉内化成海阳市人民的生活方式和健身习惯。

五、当前"体育特色小镇"研究存在的不足

（一）研究内容

从体育特色小镇研究文献的内容上看，主要是基于某一理论、某一视角下的理论主导性的研究，缺乏对体育特色小镇方面的实证类研究，缺少了重大疫情下体育特色小镇的对策研究，从当前形势上看，体育特色小镇的效益在疫情中受到很大冲击，如何使体育特色小镇在疫情大环境下稳中向好发展，亟待研究。缺少了对各级各类各地体育特色小镇建设与发展效果的相关评价研究、量化研究，仅有一篇体育特色小镇评价性研究成果发表于 2017 年，但已经跟不上新时代体育特色小镇快速发展的需求。须知，对体育特色小镇的研究，最终要落实到体育特色小镇建设实践中，研究者应重点关注于体育特色小镇的实证类研究，而非理论主导性的研究，如此方能指导我国体育特色小镇成熟、健康、有序、稳定的发展。再者，在我国体育特色小镇的研究中对沙滩运动特色小镇方面的研究几乎没有，相关于投融资模式、核心竞争力提升的实证类研究更是没有，因此，本研究针对海阳市沙滩运动特色小镇的实证研究就显得颇为重要。

（二）研究方法

从研究文献采用方法上看，我国体育特色小镇的研究主要采用了文献资料法、逻辑分析法，案例研究法等，缺少对我国各级各地体育特色小镇的相关统计数据，缺少了对数理统计研究方法的应用，导致目前对我国特色小镇的研究大多是定性研究，定量研究屈指可数，且跨学科融合的研究方法几乎没有，如体育学与经济学、市场学、投资学等相结合的研究方法。

（三）研究目的

从研究的目的上看，目前学者专家对体育特色小镇的研究普遍存在以下不足：重经济建设，轻文化发展。普遍重视体育特色小镇如何建设成功，以此带来可观的经济效益，而忽略了可持续发展研究，忽略了小镇的文化建设，忽略了如何提高当地的社会效应，如改善当地居民的工作、生活和人文环境，让当地居民与体育特色小镇相互融合、共同发展，从而促进当地居民勤劳致富，促进地区可持续发展，等等。

第二章 理论研究

第一节 特色小镇的理论阐释

一、特色小镇概述

（一）特色小镇的内涵

随着中国现代化建设的进行，农村人口大量涌进城市，我国城镇化进程不断加速，过快的城镇化引发了各种社会问题，导致农村经济的发展受到制约，"三农"问题逐步加重，我国的现代化进程已经受到影响，所以国家选择走新型城镇化的道路，实施乡村振兴战略，大力推进小城镇的发展，于是在此过程中，脱颖而出的就是特色小镇的建设。

特色小镇既不是风景区或开发区，也不是传统意义上的行政建制镇，而是遵循创新、协调、绿色、开放、共享新发展理念，在一定区域内形成的"非镇非区"的产业发展平台[①]，聚焦特色元素和特色产业（如生态特色、文化特色、地域特色等），将生产、生活、生态三生融合为一体，具有明确的特有文化内涵、景观旅游特征、特色产业形态和一定社区居住生活功能的项目集合体和发展空间载体[②]，这是继新型城镇化、新农村之后，又一新模式在中国城乡发展起来。特色小镇的前身是 2010 年浙江省提出产业集聚区概念，"特色小镇"的建设目标首次在于 2015 年在浙江省提出。为了提升产业竞争力，应对国内外经济

---

① 苏海红，王松江，高永林. 特色小镇 ppp 项目运作模式研究 [J]. 项目管理技术，2017，15（6）：13-17.

② 陈建军. 长江三角洲地区的产业同构及产业定位 [J]. 中国工业经济，2004（2）：19-26.

挑战，特色小镇的建设首先在浙江试点，成效显著。自 2015 年 6 月，浙江省正在建设中或已经完成的特色小镇共有 110 个，聚焦环保、金融、信息等七大产业以及丝绸、木雕、黄酒等十大历史经典产业，从人才、资金、制度政策等多方面着手不断地加以完善，特色小镇发展的"浙江经验"由此形成，中央领导对此也表示出对其的高度肯定。2016 年，特色小镇已经由国家明文要求加快建设，在"美丽中国""美丽乡村""中国城镇化转型升级"的大背景下，小城镇及特色小镇建设蓬勃发展并成为国家战略。特色小镇建设推动了县域经济的发展，促进了城乡之间的协调，不仅实现大城市的产业转移以及小镇当地的产业升级，也实现了高质量发展农村现代化，更是将新的活力注入了乡村发展中。

"特色小镇"这四个字，每一个字都代表了一层含义，它的重点是"特"，小镇所具有的独特的特色代表了"特"，"特"在形态（错落的空间结构+独特的小镇风貌），"特"在产业（旅游产业+特色产业），"特"在功能（旅游功能+产业功能+社区功能+文化功能），"特"在机制（以企业为主体、以政府为引导的市场化开发运营机制）。在原有的文化基础和资源上，特色小镇发掘自身的优势，并定位自己的特色，以创新、独特、新鲜的理念发展特色相关的产业，形成富有特色的产业体系。在建设的过程中特色小镇要避免出现产业同构的现象，特色突出，吸引社会投资就是其核心理念，特色小镇突出特色的一大途径就是小镇的产业定位，这也是突出特色最直观的方式。小镇较为缤纷和动人的外观形态代表了"色"，无论是自然环境还是人文环境都要求其必须是精美的，即宜居的环境和宜人的风貌要在特色小镇中所包含①。特色小镇的建设面积和规划面积都有限，在外观上凸显小镇特色，突出小镇独特的特色，也可以作为一个建设特色小镇的途径。小镇的规模代表了"小"，相对于大城市大规模的建设，3 万人左右一般是小镇的人口规模，5 平方千米左右一般是小镇的面积，人口不多，面积虽不大，但小镇美而专，贵在美。聚焦某一特色产业，汇集要素进行发展。虽然建设的规模十分有限，但小镇具有与之相对应的城镇化的生产条件、舒适的生活环境和生活，这些汇聚成了小镇的"镇"。

打造一个以特色产业为核心的，集旅游、休闲、运动、养生为一体的中国城乡发展新模式，这是特色小镇的最终目标。作为一个产业集聚地，要成为我国产业转型升级的重要形式，成为城镇化建设的巨大推动力；作为一个旅游胜地，要彰显地方文化；作为一个生活区，提供舒适的生活环境是小镇要为当地的居民所做的；作为一个风景区，当旅客来时，提供一个前来观光、休闲的环

---

① 叶安迪．安徽省旅游特色小镇建设研究［D］．合肥：安徽大学，2019.

境也是小镇所不可缺少的。

（二）特色小镇的发展起源

1. 传统建制镇发展而来

特色小镇在以前绝大多数都有行政区划的建制镇，大多的模式都是一级政府，社会服务沿袭传统的政府管理模式，其优点是行政管理、社区管理机构完整和区域范围清晰，缺点在于管理模式没有组合市场机制的资源配置，很容易把传统行政管理色彩携带上，与现代化小镇不完全契合，过于强调了行政管理的区域边界，需要从传统建制镇转化为现代化小城镇，进一步转变政府职能，促进社会经济和城乡协调发展。

2. 产业园区发展而来

由于集中建设传统的城镇产业，产业发展型特色小镇从一些比较成功且产业集聚明显的区域中发展出来。工业园区的转型升级是它的发展模式，是在经济社会发展到一定程度之后开发区治理模式的转型突围。例如以下几种发展模式：

（1）以特色产业为引擎的泛产业聚集结构

主要聚焦自身优势的特色产业，特色小镇延伸产业链，构成了"产业应用+产业服务+产业本身"的相关产业集群机构。特色产业开发主要分为产业开发和事业导入两个方面。产业开发包括产业应用（应用示范园等）、产业服务（运动+产业、贸易+产业、休闲娱乐+产业、会议+产业、康养+产业等）、产业本身（双创中心、科技产业园、创想园、产业孵化园）。事业导入主要包括教（教育培训园区）、文（产业博物馆）、科（产业科研基地）、其他（比如康复疗养医院）等①。

（2）以旅游为引擎的泛旅游产业聚集结构

把旅游的要素作为内容，把特色产业作为基础，建造泛旅游产业集群结构，推行旅游产业。特色小镇必须是旅游，但又不完全是旅游，每一个特色小镇的旅游目的地，都是以4A景区为主导，旅游产业项目以"休闲聚集+居住+旅游吸引核+商街"为开发架构模式。休闲聚集包括酒吧、餐饮聚集、创意客栈聚集与夜间聚集等。居住包括本地居民与就业第一居所、周末居住与大城市第二居

---

① 钟华梅，黎雨薇. 京津冀休闲体育产业联动发展策略研究［J］. 南京体育学院学报（自然科学版），2016，15（3）：151-155.

所、度假居住与养老第三居所等。旅游吸引核包括广场吸引核（包括篝火晚会、激光水秀等）、项目吸引核（包括景区、主题乐园等）、餐饮吸引核、风貌吸引核（包括艺术、创意、古镇等）。商街包括娱乐游乐街区（养疗、演艺、洗浴等）、商业地产和休闲街区、创意工坊街区（诸如百艺坊、百工坊等）。

（3）智慧化与互联网引擎

把信息技术和通信作为支撑，把便捷优化管理作为保障，把游客互动的体验作为根本的智慧化旅游，以此可促使产业结构升级。所以，特色小镇是以"三引擎"即旅游引擎、互联网及智慧化引擎、产业引擎相协调，以"三架构"即旅游目的地架构（景区）、城镇化架构、产业链整合架构共同支撑，以"双产业"即旅游产业和特色产业为主的发展架构。

3. 交通枢纽站场建设发展而来

近几年由于国家大力发展交通基础设施，例如，很多的空港新城、高铁新城等，在机场、铁路、公路建设的大背景下，全国各地掀起了建设高铁新城、空港新城的浪潮，因此在许多城市的周围形成了社区和特色小镇，这些社区和特色小镇以交通枢纽为依托，而且很多都需要国家交通规划部门参与进来，通常是交通运输部门、当地居民、企业、当地政府共同参与，配合当地的主城区，两者进行互补，如此才能较快地发展起来。

4. 城市功能分区形成

因为城市的建设规模越来越大的缘故，加之功能区的建设和规划在早期城市的建设过程中可能存在一些薄弱或者空白环节，所以，很多规模比较大的城市为了进一步完善城市功能，在规划时提出了步行街、留学生创业园、物流中心、金融中心、国际社区、大学城、度假疗养中心等概念，并且这些社区虽然是用来补充城市功能但已经逐步成为当代城市的重要组成部分，不过与传统城市中心区有区别的是，它们保持相对的独立，有的发展成某一个功能中心或者某类城市副中心，不仅成为一些具有明显特色的现代城镇而且有效地连接了城乡。

5. 特殊的资源禀赋形成

由于拥有独特的生态环境、神话故事、革命遗址、自然资源、民间传说、历史文物等，许多特色小镇将其设立为自己独特的标签，具有独特性与不可替代性，形成了在某一方面的垄断性，在某一方面成为资源的代言人，将特色小镇闻名于中外。

（1）特色自然资源（自然资源模式）

特色小镇一般都建设在自然风光秀丽的地区，依托天然的自然景观建造，注重生态环境保护，坚持可持续发展，规模虽小，但形态美。如依托奇山秀水（九华山、黄山、太平湖）、奇特地质（小汤山温泉）、海滨资源（连云港市连岛）等建设特色小镇。

（2）特色文化资源（文化催生模式）

特色小镇一般也建设在文化底蕴深厚的地区，依托人文景观建造，体现人造美。如依托历史遗迹（竹沟镇革命纪念馆和陵园）、古韵建筑（青岩镇明清建筑、喀什古城、孔府孔庙孔林）、民俗风情（西江镇苗寨）、非物质文化（赵堡镇太极拳）、艺术（古堰画乡）等建设特色小镇。

6. 市场机制自发形成

很多特色小镇并没有过多地介入政府力量，而是通过市场机制配置资源形成的，较典型的是一些物流中心、特色产业集散镇和区域性市场，一些小镇起初只有少数大户和个体户在从事小镇的特色产业，后来借助"传帮带"，有了从事同一产业一大批当地人，从而形成了特色产业镇并且颇具规模，但是需要当地的政府去鼓励和引导这个路径，促进"传帮带"，逐渐将特色产业做强做大。

7. 特殊的优越地理区位形成

因为其自身特殊的优越地理区位，所以这类特色小镇不仅成为具有很多特色的现代城镇，而且吸引了一批人口和产业入驻。这些小镇距离经济发达区域或者中心城市20~50千米，即使不属于主城区，但是有公路、海运、河运、铁路、航空等立体交通网络和综合交通枢纽，沿海、沿边、沿江，不仅有发达的通讯，而且周边的区域又没有其他大城市吸引和辐射，所以有一定的吸引力和辐射力，成为除主城区以外当地较具有吸引力的大镇，不断吸引农村人口入城，此外一些不隶属于特大城市行政区但又距特大城市较近的乡镇也可以较好地发展起来，例如，河北靠近北京的燕郊、江苏靠近上海的花桥等。

8. 产业资本投资形成

一些产业投资集团且拥有雄厚资金实力相中了这类特色小镇，在一定区域范围内对这类小镇加大投入，因此形成了范围经济和规模经济效应。以特色产业引领，融合健康、休闲、文化、金融、互联网等元素，形成严密而完整的发展体系。如以下产业主导模式：工业（诸暨袜产业）、农业（旧州珍珠大米、南国药都、现代农业）、林业（常山特色油茶产业、曹县家居产业示范园、安吉竹产业示范园区）、牧业（西部牧草、现代牧业）、物流（临沂物流之都）、口岸

（霍尔果斯口岸、满洲里口岸）、商贸（和黄商贸、喜利得商贸）、能源（台湾新北市莺歌陶瓷之都）、旅游产业、高新产业、基金产业等。这类产业主导模式的特色小镇的产业资本投资必须符合产业资本逐利的要求，能够吸引产业资本的入驻，其产业资本投资的路径需要规划团队和对宏观经济有研究的学者以及规划团队参与①。

（三）特色小镇的特征

1. 产业"特而强"

在行业中，小镇主导产业应具有领先性和特色性，这是特色小镇的特色所在。特色小镇的核心在于特色产业；小镇的重要依托在于环境资源；小镇的目标指向在于如何将资源转化为面向市场的核心吸引力，所以将小镇建设的目标定位设置为协同各产业发展，制定合理的产业发展目标，提升产业影响力，形成产业领导力。将人才、资金、技术等高端要素集聚，围绕经济、社会、旅游等效益目标，通过引导和控制主导产业用地的比例，实现空间规划和产业功能的融合，充分将小镇的产业特色体现出来，走专业化发展道路是小镇发展的灵魂。

2. 功能"聚而合"

当前的特色小镇有五种功能："文化功能+生态功能+产业功能+旅游功能+社区功能"，并不是将各功能与各功能之间进行简单的结合，而是将各功能进行有机的融合和整合，把政府投融资和政策支持作为依托，以产业作为引导，注重文化传承和空间整合，做到融合发展五种功能。产业培育是产业功能在特色小镇体现的关键，通过自身的特色产业，开发传统经典产业（如丝绸、文房、茶叶、青瓷、石刻等产业）或者新兴产业（如环保、时尚、高端装备、信息经济、金融、健康等产业）链，实现产城一体化综合开发。特色小镇要彰显传承传统文化，重要文物要保护性开发和产业文化，吸收优秀国际文化以及带动文化对外交流，这些都要由文化功能来体现。旅游功能体现在特色小镇的产业可以以泛旅游为引擎与目标归宿，泛旅游产业主要有"乡村+旅游""健康+旅游""科技+旅游""农业+旅游""工业+旅游""教育+旅游""体育运动+旅游"等方面内容。以泛旅游为目标，创建景区，开发旅游产品，拥有超越一般景区的高品质服务。生态功能体现在特色小镇应按照海绵城市建设要求，将绿色建筑技术推广，宜采用分散式网络化布局建设公园绿地，低影响开发生态产品，实

---

① 唐步龙. 特色小镇的功能定位与发展路径［J］. 人民论坛，2017（31）：79-80.

现价值提升。

3. 形态"小而美"

特色小镇应该充分利用和尊重原有的特色风貌、山水格局、自然生态，将美丽环境建设的宜居和谐。基础设施如停车设施、给水系统、电力系统、环卫系统、路网交通、游憩步道系统、排水系统、消防系统、电信系统应规划完善；建设形象时应充分展现特色产业和地域，注重新旧建成环境协调，将历史成长的印记保存下来，与自然保持和谐的关系，强化人性化空间尺度；通过小镇信息化服务平台、智慧管控平台等智慧化应用，体现出智慧小镇的文化功能。

4. 体制"新而活"

在小镇规划实施和建设的过程中融入创新体制，保障规划的有效性和长期性。运作主体以企业为主，强化政府引导作用。在运作的机制中，有完善的工作厅际联席会议制度、特色小镇规划建设工作联席会议制度或者领导小组，实行全生命周期化的制度设计；不断将投融资的方式创新，把有为的政府与有效的市场结合起来，使得投融资长效机制变得市场化；创新政府审批服务方式和扶持政策，完善人才保障，提升金融服务；把评价标准建立的具有实际指导意义，实施动态考核机制，达成公共服务市场化。

（四）类似载体对比

如表2-1所示，将特色小镇、工业园区、经济开发区、旅游区的规模、产业类型、功能、开发主体、特色进行对比，从而找寻特色小镇的优势和特色。

表 2-1 类似载体对比

类别	特色小镇	工业园区	经济开发区	旅游区
规模	5平方千米左右（面积较小）	规模不一（面积较大）	几十到几百平方千米（可大可小）	可大可小
产业类型	新兴产业、历史经典产业传统块状经济产业	工业制造业为主	工业、服务业为主	旅游产业为主
功能	兼具生产、生活、生态功能	生产功能为主	高新技术产业聚集，生产功能为主，兼具生活功能	生态、生活功能为主
开发主体	类型多样	一般政府主导	一般政府主导	类型多样
特色	小而特、精而美，宜业宜居住	工业特色鲜明	产业较综合	自然、人文特色

（五）特色小镇的政策核心要求与支持保障

1. 政策核心要求

（1）明确要求

文化浓郁深厚、体制机制灵活、发展产业特色鲜明、服务便捷高效、环境美丽宜人的小城镇和特色小镇。

（2）注重特色鲜明

"三特三聚"促"三生"。三特：特色产业、特色功能、特色风貌；三聚：产业集聚、空间集聚、要素集聚；三生：生产、生活、生态。

（3）坚持产业建镇

立足各地区比较优势和要素禀赋，充分挖掘最具潜力、最能成长、最有基础的特色产业，将主导特色产业做强做精，构造出具有可持续发展特征和核心竞争力的独特产业生态，从而杜绝房地产化和千镇一面现象的出现。

（4）发展可持续、产业高精尖

在推进小城镇建设和特色小镇建设过程中，各地区要立足地域特征、资源禀赋、区位条件和产业积淀，把特色产业作为核心，统筹兼顾特色功能、特色建筑和特色文化，放大特色、找准特色、凸显特色，防止特色不鲜明、内容重复、同质化竞争和形态雷同。聚焦产业高端和高端产业方向，着力发展优势主导特色产业，提升价值链、创新供应链、延伸产业链，吸引资金、人才、技术等高端要素，打造特色产业集群。

（5）四道严密禁令

严格节约集约用地、严守生态保护红线、严控政府债务风险、严控房地产化倾向。

2. 政策支持保障

（1）土地保障

在增减挂钩前提下，加强利用存量。达到要求的小镇给予用地指标奖励（浙江和山东）。建设规模为一般建制镇的辖区范围（内蒙古）。

（2）财政支持

部分省份有体育特色小镇专项资金支持，另外在已有的小镇建设相关专项资金中加以倾斜；浙江省制定了小镇税收返还政策。普遍要求市、县级政府配套资金，特别是经济欠发达地区，加大财政支持力度。

（3）融资支持

特色小镇的建设通过银行加以支持。鼓励向企业、社会融资，如 PPP 模式（PPP 项目融资、PPP 产业基金）、发行债券（资产证券化）等。

（4）人才支持

放宽落户限制，吸引需要的人才。对口帮扶的人才政策（贵州省）。给予一定资金补助，引进专业人才。

积极营造浓厚文化氛围（山西省），同时鼓励艺术成就较高的人来居住，通过建设环境优美小区的方式吸引人才来入住。

（5）管理权限

赋予示范镇拥有县级权限（河南省）。

（六）特色小镇的运营

1. 特色小镇的产业开发

（1）土地开发

仅作土地的一级开发，具有省时、省力、可直接获利的优点；同时通过其他模式（如补贴方案等），享受升值收益结构。

（2）房产开发

六大房产结构：一养老地产、居所地产（度假）、二商铺型地产、客栈公寓型地产、居所地产、三居所地产（周末）。销售运营模式通过销售回收经营等方式来形成。

（3）产业项目开发

旅游产业项目开发，包括夜间休闲聚集项目（如水秀表演等）、旅游吸引核项目（如主题公园）、休闲消费聚集项目（如休闲商业街）；收益主要通过项目的运营来实现。

（4）产业链整合开发

特色产业链和泛旅游产业链；构建区域产业生态圈，两大产业链之间互相支撑，包括居住人群、金融、教育、政府政策和城市化机构等。

（5）城镇建设开发

城市管理：政府政策、城市智能化管理等；城市配套：学校、医院、银行等；城市服务：社会服务、公共交通服务等。

2. 特色小镇的运营模式

以企业为主体，政府服务，政府负责小镇的规划、审批服务和基础设施服务、定位，引进民营企业建设特色小镇。

3. 特色小镇的投融资模式

主要构建以旅游投资及城市投资为支撑，多种投资平台互相支撑、相互协调，以项目为核心的投融资框架结构。

（七）特色小镇建设的战略意义

我国新型城镇化催生出来的产物就是建设和发展了特色小镇，由于新型城镇化的发展带动了其他产业的发展，所以它的建设引起了国家和地方的高度重视，具有重要的建设意义，熟悉它的重要建设意义对于企业、就业人员、政府甚至是普通的老百姓都具有重要的意义，于是，它建设的重要意义主要体现在下列几个方面：

1. 推动新型城镇化的发展

中央城镇化工作会议在 2013 年 12 月召开，会议提出了走科学发展、中国特色的新型城镇化道路，探索各具特色的、坚持因地制宜的城镇化发展模式。2014 年 3 月在《国家新型城镇化规划（2014—2020 年）》中提到建设文化脉络、民族特点、历史记忆、地域风貌的美丽城镇；建设具有区位优势、特色资源的小城镇，通过市场运作、规划引导，培育成为商贸物流、交通枢纽、文化旅游、资源加工等专业特色的小镇。在国家新型城镇化战略背景下，特色小镇的提出成为推动新型城镇化的一个重要抓手，特色小镇的发展不仅可以实现居民本土就业，还可以促进农村地区经济发展，从而带动新型城镇化的发展。

2. 缩小城乡差距

作为经济、信息、科技、人口等的聚集空间，长期以来城市一直是先进、快捷、卫生、现代、方便、高效等的代名词，相比与城市，农村的发展水平落后，发展速度缓慢，其居民所享受的公共服务和基础设施也落后于城市居民甚远，而伴随着特色小镇的建立可以带动一大部分基础设施建设和村镇经济发展，既向居民提供创业和再就业的岗位，也提升乡村居民的生活质量和生活水平，缩小城乡差距同时也增加居民的收入，推动社会的发展。

3. 促进产业转型和升级，提高产业发展水平

部分镇依托区位优势或其资源发展了特色的产业，虽然具有了有一定的产业基础，但相比于城市，存在着产业规模较小、产业布局分散、技术水平落后、资源浪费严重等问题。以特色产业为核心，特色小镇借助其建设的东风，在原有特色产业的基础上实现了产业的升级和转型，提高产业发展水平，同时，之前没有特色产业的小镇，通过打造特色的产业实现了产业结构升级，提高竞争力。

4. 带动农村和农业发展

由于大多数的特色小镇位于农村地区，住建部公布的全国第一批和第二批特色小镇名单也都是建制镇，虽然在概念方面强调特色小镇非镇非区，但它的建立对推动农业和农村的发展有着重要的意义，例如，发展农旅小镇，不仅能促进农业现代化、产业化的发展，带动居民生活条件和小镇基础设施的改善。

5. 有利于保护传统文化和建筑

中华民族有许多宝贵的财富，例如，优秀的民俗文化、古代建筑遗迹、历史文化等，这些财富有许多都位于农村地区，有的地区交通不便、经济落后、位置比较偏远，而通过对特色小镇的建设就可以增强对这些地区文物古迹的修复、宣传、保护和开发，传播优秀思想、弘扬优秀文化。

6. 促进居民思想意识转变

特色小镇的建设必会使在其中生活的居民受到经济快速发展带来的冲击，不管是旅游业的发展，还是小镇特色产业的发展，接触到的人越来越多，不断认识新事物，接收到的技术、信息越来越多，在这个过程中，他们的思想意识会发生一定程度的变化，有利于一些落后行为方式的改正和素质的提高。

7. 促进旅游业的发展

特色小镇的建设为旅游业拓展了新的天地，助推了旅游业的发展。建设特色鲜明、类型多样的特色小镇使得游客在游玩时有更多选择的机会，不仅能推陈出新、促使旅游产品开发者在设计旅游产品时转变思想，也能更多满足游客需求。

8. 有助于生态环境保护

强调生产、生态、生活三生融合，特色小镇要想打造宜业宜游宜居的空间，良好的生态环境是其所必须具备的条件，这就要求其在建设过程中，规划与地形地貌有机结合，融入山水林田湖，重视对生态环境的保护等自然因素，彰显高低错落的天际线和优美的山水格局，所以，特色小镇对促进社会生态环境保护有着重要的意义。

二、特色小镇的类型

（一）按功能定位划分

1. 产业发展型特色小镇

特色产业在特色小镇中既要自身可以快速发展又要与其他的产业、资源、文化相结合，充分发挥作用，优化产业结构，加快产镇融合度，促使产业经济快速发展。进而对周边区域的经济产生影响，极大地促进产镇融合。产镇融合是在充分考虑到小镇原著居民的基础上，将小镇的经济发展与小镇中的主要产业相结合，两者之间互相促进，进而融合发展。使得产业的发展更符合小镇整体的发展规划，通过产业的发展改善当地经济的发展现状，推动小镇整体经济的发展。同时，小镇的基础设施可以给产业中各企业员工提供生活服务保障，闲置人群可以为产业的后续发展提供就业服务保障。基础设施的完善以及生活环境的改善有利于接纳更多的工作人员，为其生活提供保障，进而提高工作效率，促进经济发展。因此，产业在一定程度上既会依赖城镇的建设程度以及规模大小，又会相应地提升城镇的建设进程和城镇产业的发展速度。

2. 交通枢纽型特色小镇

随着交通枢纽站场的建设和发展，便有了交通枢纽型特色小镇。例如，近些年国家大力扶持、发展交通基础设施，很多的空港新城、高铁新城等在公路、机场和铁路建设的大背景下，掀起了建设高铁新城、空港新城的浪潮，使得一些城市的周边形成了社区和特色小镇，这些社区和特色小镇把交通枢纽作为依托，但是它们很多都需要国家交通规划部门的参与，通常是与当地的主城区形成互补，交通运输部门、当地居民、当地政府和企业共同参与，才能比较好地发展起来。

3. 城市功能补强型特色小镇

随着城市的规模越建越大，早期建设城市时，对功能区的建设和规划可能存在薄弱环节或空白环节，所以，许多规模较大的城市在建设时提出了物流中心、步行街、留学生创业园、金融中心、国际社区、大学城、度假疗养中心等概念来进一步完善城市功能，与传统的城市中心区不同的是，这些补充城市功能的社区慢慢成为现代城市中重要的组成部分，但又相对独立，其中有的发展成某一个功能中心或者城市副中心，成为一些特色明显的现代城镇，有效地连接了城乡。

4. 农村人口集聚性特色小镇

在全国有很多非主城区的较大城镇，它们因为离主城区比较远，在周边区域没有大城市辐射和吸引，加之地理位置的特殊，即使不是主城区，但在周边一定区域内也具有一定的吸引力和辐射力，成为除了主城区以外相对较具吸引力的大镇，比较好地吸纳了农村人口入城，此外一些不隶属于特大城市行政区和距离特大城市较近的一些乡镇也相对较好地发展起来，例如，河北靠近北京的燕郊、江苏靠近上海的花桥等

5. 文化产业型特色小镇

文化产业型特色小镇所在地域因为某一特定因素影响而积淀下来的文化，直接影响现代人的生活观念，对传统文化"寻根"式的认同与追求已成为现代人经典的精神生活方式（例如，四川省峨眉山武术文化小镇就是基于本地的长久历史沉淀的武术文化底蕴而建成）。特色小镇作为一种推动城市化进程的全新模式，势必面临着文化"秩序"重组和旧有平衡打破等问题。但是，文化创新带来了特色小镇的文化活力，值得我们去为之付出这个代价。

（二）按发展特色划分

1. 金融小镇

浙江金融博览会于 2016 年 5 月 20-22 日在杭州举行，会议上，集体亮相了包括金汇小镇、财富小镇在内的浙江省的 9 个金融特色小镇。聚集了众多知名的金融机构，完善的金融产业生态链被金融特色小镇用成熟的运营方式成功打造，对浙江省的金融发展和后续小镇的培育起到了示范引领作用。不仅是在浙江、四川省也已经出现了金融小镇，主要是把机构聚集在一起、以大金融为主为经济发展提供全方位金融服务的特色小镇。

2. 旅游度假小镇

旅游度假小镇有现代新建的小镇，有历史遗留的古镇，例如，江南十大古镇都是历史遗留下来的小镇，反观位于北京的司马台长城脚下的古北水镇则是新建造的小镇，类似于这样的小镇主要是提供度假及旅游服务。

3. 养生养老小镇

主要集中在环大城市周边一个半小时左右，养生养老小镇集交通便捷、山清水秀之地和空气清新于一体，很适合在大城市工作退休后的养老生活。如杭

州万科良渚文化村就是典型的养生养老小镇。

4. 医疗小镇

对于一些需要长期住院的、有慢性疾病的病人而言，在郊区交通便利、空气清新的情况下，医疗小镇集合了诸多的医疗资源，集合了数家不同种类的医疗机构，各具特色，比传统疗养院功能更加的强大，需要长期疗养、住院观察的人在病情得到稳固之后或者手术之后可以从资源稀缺的城市搬到相对较远的地方或者郊区，用优美环境、适合他们运动的农作及优良空气来调养身心，这样就可以将城市医疗资源让位于急性病患者。

5. 民俗小镇

集合休闲、购物、民俗表演、观光、民俗产品生产等于一体，民俗小镇以地域民族特色为主，特别是在云贵、鄂西、川西北、湘西等地少数民族聚居的地方尤其适合，无论是人文历史还是自然风貌都具有地方特色，都适合在开发利用和整理上下功夫，突出别具一格从而达到经营的目的。

6. 度假小镇

度假小镇相对于旅游小镇还是存在区别的，或许没有大型娱乐项目，或许没有风景名胜，但由于其适合修身养性，占据了很好的位置，那就可以通过建设酒店集群，用来居住与放松身心，例如，张宝全开发的红树林度假区，类似于这样的项目，当前在青岛与三亚各有一个。

7. 电影及艺术小镇

电影小镇将电影电视剧拍摄、后期制作、电影拍摄场景集合于一体，艺术小镇将观光、住宿、艺术集合于一体，在当前较为成熟的有海口冯小刚电影公社，横店影视城，这样的小镇是区别于城市化，特别是区别大城市的一种生活方式，不管这个小镇是以什么样的特色呈现出来，其最必不可少的组成部分就是生活。

8. 体育特色小镇

体育特色小镇是集体育运动、娱乐休闲、观光旅游为一体的一个综合性的小镇。其带动其余产业的发展是以体育运动项目为基础来实现的，因此这类小镇建立的背景必须是以大型的体育赛事为基础来进行筹建和运营的。

不管是王健林的东方影都，还是马云的云栖小镇；不管是拈花湾，还是古北水城，不论是偶尔度假于此，还是长期生活于此。有一个富有生活情趣的生活是其存在的一个重要特征。无论小镇的功能如何，都是以人为本，都无法离开人，因此这是一种全新的、区分于拥挤疲惫不堪的现代城市生活的生活方式，不是单纯地将乡土中国和农村进行简单再造，而是注入了时代特质和现代设施及现代生活气息的生活，特色小镇就是一种更加尊重人性，更加尊重人的生活方式。小镇的建设与规划很重要，但更重要的是小镇必不可少的场景、产品、运营、内容四个因素，四个因素缺一不可，而运营和场景则是更加重要。

三、特色小镇的发展历程

当前全国各地都掀起了建设特色小镇的浪潮，其原因在于国家政策的颁布助推特色小镇建设。特色小镇的发展是建设特色城镇的重要举措，是对新型城镇化建设的重要磨炼，更是强化城乡经济发展的有效途径之一。特色小镇是时代发展的要求，他的发展经历了以下三个阶段，特色小镇的萌芽阶段（1994—2014）、特色小镇建设的快速推进阶段（2015 至今）、体育特色小镇的引领发展阶段（2017 至今）[1]。

（一）特色小镇的萌芽阶段（1994—2014）

1994 年 9 月，国家体改委、国家计委、国家科委、建设部、民政部、农业部等六部委联合颁布的《关于加强小城镇建设的若干意见》，成为我国首份关于小城镇健康、协调发展的重要指导性文件，是中央政府领导小城镇健康、协调发展的行动指南。《意见》中明确提出了"统一思想，提高认识，将小城镇建设视为一件大事来抓""全面规划，依法管理，促进小城镇建设的健康发展""小城镇建设管理体制，杜绝踏上过去城市规模越大、政府包袱越重和城市人口越多、财政补贴越多的传统道路，要深化改革，理顺体制，努力提高小城镇建设服务水平""以科技为先导，提高小城镇建设的科技水平""加强领导，抓好试点，整体提高小城镇建设水平""以地区的社会经济发展能力为依据，量力而行，逐步建设"等意见，以引导和规范小城镇健康、协调发展。

1995 年 4 月，以国务院原则为依据通过的《关于加强小城镇建设的若干意见》的要求，国家土地局、国家统计局、国家体改委、国家计委、国家科委、中央机构编制委员会办公室、公安部、财政部、建设部、民政部、农业部等联合下发《中国小城镇综合改革试点指导意见》，决定以地方政府和各有关部门为依

---

① 安福秀 . 体育小镇实操及经典案例研究报告 [M]. 北京：北京体银投资管理有限公司，2017：7.

靠，选择一批小城镇，作为综合改革的试点。"积极引导，稳步发展，注重实效"是该指导意见的原则之一，试图通过典型引领和试点，引导小城镇健康、全面发展。随后，11 个部委在国内 20 省选出了 57 个综合改革试点镇。部分省份也根据自己的实际情况，选择了一批省级综合改革试点镇，并出台了一些重要的地方政策性文件，通过"积极试点，典型引路"，推动了全国小城镇的快速发展。

2000 年 6 月，中共中央、国务院发布了《关于促进小城镇健康发展的若干意见》。这是改革开放以来第一份由我国中央政府发布的小城镇建设纲领性文件，也是自改革之后中央政府引领小城镇发展的重要标志性文件。该《意见》的出台，明确了我国政府推动小城镇建设的道路与以往相比产生了"质"的转变。①小城镇战略地位的转变。由推动农村和农业发展的"大问题"转变为"与国家社会和经济发展有关的重大战略问题"，意味着小城镇发展已不仅仅是农村发展问题，而是关系到社会发展和国民经济的大战略。②转变小镇发展机制。由政府主导和控制的机制转向政府引导为主的市场机制。③转变小镇发展方式。由粗放的发展方式转变为集约的发展方式。政府发展小城镇的方式由重数量、重规模、重形式的粗放式发展向重质量、重功能、讲究科学规划的集约式发展转变。④转变小镇发展制度环境。大幅度放宽某些制度的限制，为小镇的发展提供宽松的环境。例如，户籍管理制度，《意见》明确提出："凡是在县级市区、县人民政府驻地镇及以下小城镇有合法固定住所、稳定收入的农民，均可根据本人意愿转为城镇户口，并在子女入学、参军、就业等方面享有同等待遇，不得实行歧视政策。"这一制度与其他相关制度的实施，势必为小城镇的发展营造一个更宽松的环境。

2000 年 10 月，中国共产党第十五届中央委员会第五次全体会议通过了《中共中央关于制定国民经济和社会发展第十个五年计划的建议》，《建议》指出：要"及时妥善地推动城镇化"，认为"提高城镇化水平，转移农村人口，可以为经济发展提供广阔的市场和持久的动力，是优化城乡经济结构，促进社会协调发展和国民经济可持续性发展的重大措施。随着农业生产力水平的不断提升和工业化进程的急剧加快，我国推进城镇化的条件已逐渐成熟，要抓住实施城镇化战略的时机"。推进城镇化的关键途径就是发展小城镇。

2002 年 11 月，中国共产党第十六次全国代表大会在北京召开，十六大报告指出："要进一步提高城镇化水平，坚持小城镇和大中小城市协调发展，走具有中国特色的城镇化道路。"十六大报告为我国小城镇的健康发展提供了框架。至此，我国的城市化战略步入了一个崭新的阶段，此阶段我国建制镇已经发展到了 2 万多个，质量也大大提高，我国的小城镇也进入了健康的、全面的发展时期。

2011 年 6 月，财政部、住房城乡建设部颁布《关于绿色重点小城镇试点示范的实施意见》，提倡建设绿色重点小城镇，并提出建设绿色小城镇的意义、原则、内容等。之后又发布《绿色低碳重点小城镇建设评价指标（试行）》，对于绿色小城镇给予了技术上的政策指引。此阶段，小城镇政策已经不再主要强调小城镇本身发展，而是注重城乡协调和一体化发展，营造城乡一元体系。在此背景下小城镇重视特色发展，生态建设也在小城镇的发展建设中越来越受到重视。

2012 年 12 月，在北京召开的中央经济工作会议明确指出，传统城镇化发展模式的推动力是粗放型模式，以经济发展为主要目标，试图通过城镇人口数量的增长、城镇规模的扩大来促进农村经济社会发展，导致了后续诸多衍生问题，如就业问题、环境问题等。为了将传统城镇化发展模式带来的问题逐一解决，要及时妥善地推进城镇化，落实城镇化质量的提高，走集约、绿色、低碳、智能的新型城镇化道路。可见，我国小城镇的可持续发展问题已经不容忽视，小城镇转型发展提上日程。

2014 年 3 月，中共中央、国务院印发了《国家新型城镇化规划（2014—2020 年）》，《规划》要求，促进各类城市协调发展，对城镇规模结构进行深度优化，强化中心城市辐射带动功能，快速发展中小城市，有目的地对小城镇进行发展，促进小城镇和大中小城市协调发展，特别提到要"有重点地对小城镇进行发展"。具有区位优势、特色资源的小城镇，要通过规划引导、市场运作，培育成具备文化旅游、交通枢纽、商贸物流、资源加工等专业特色的小镇。

如表 2-2 所示：

表 2-2　特色小镇萌芽阶段的政策

时间	政策文件	指导思想
1994 年 9 月	《关于加强小城镇建设的若干意见》	这是我国第一份正式关于小城镇发展的指导性文件，要求各地区大力发展小城镇事业，将小城镇建设视为一件大事来抓。"统一思想，提高认识""深化改革，理顺体制""全面规划，依法管理""加强领导，抓好试点""量力而行，逐步建设"

续表

时间	政策文件	指导思想
1995 年 4 月	《中国小城镇综合改革试点指导意见》	国家体改委等 11 个部委联合颁布更新小城镇建设政策意见，决定以地方政府和各有关部门为依靠，试图通过典型引领和试点，引导小城镇健康、全面发展。这一政策原则为"积极引导，稳步发展，注重实效""积极试点，典型引路"
2000 年 6 月	《关于促进小城镇健康发展的若干意见》	这是改革开放以来第一份由我国最高当局中央政府发布的小城镇建设纲领性文件，表明了小城镇建设的道路发生了"质"的转变。①小城镇战略地位的转变。由推动农村和农业发展的"大问题"转变为"与国家社会和经济发展有关的重大战略问题"。②小城镇发展机制的转变。由政府主导和控制的机制转向政府引导为主的市场机制。③小城镇发展方式的转变。由粗放的发展方式转变为集约的发展方式。④小城镇发展制度环境的转变。大幅度放宽某些制度的限制，为小城镇的发展提供宽松的环境
2000 年 10 月	《中共中央关于制定国民经济和社会发展第十个五年计划的建议》	及时妥善地推动城镇化。提高城镇化水平，转移农村人口，可以为经济发展提供广阔的市场和持久的动力，是优化城乡经济结构，促进社会协调发展和国民经济可持续性发展的重大措施
2002 年 11 月	十六大报告	十六大报告标志着我国城市化战略进入了一个新的阶段。十六大报告指出"要进一步提高城镇化水平，坚持小城镇和大中小城市协调发展，走具有中国特色的城镇化道路"
2011 年 6 月	《财政部、住房城乡建设部关于绿色重点小城镇试点示范的实施意见》	首次提出建设绿色小城镇，首次提出注重特色发展。文件还提出了建设绿色小城镇的意义、原则、内容，给予了绿色小城镇技术上的政策指引，注重城乡协调和一体化发展。在此背景下重视小城镇的特色发展、生态建设

时间	政策文件	指导思想
2012 年 12 月	中央经济工作会议	首次正式提出小城镇发展转型，改变了传统的小城镇建设模式，是新型城镇化发展的里程碑。要及时妥善地推进城镇化，落实城镇化质量的提高，走集约、绿色、低碳、智能的新型城镇化道路
2014 年 3 月	《国家新型城镇化规划（2014—2020年）》	国务院在《规划》中，特别提到要"有重点地发展小城镇"。具有区位优势、特色资源的小城镇，要通过规划引导、市场运作，培育成具备文化旅游、交通枢纽、商贸物流、资源加工等专业特色的小镇

（二）特色小镇建设的快速推进阶段（2015 至今）

2015 年 1 月，浙江省十二届人大三次会议通过的《政府工作报告》，首次在正式文件中将"特色小镇"提出，其重要性被提升到了崭新的地位，关系到更大范围的战略布局。《报告》指出："加快在浙江省规划并建设一批特色小镇的步伐。按照企业主体、项目组合、产业融合、资源整合原则，建设一批集结七大产业、兼顾黄酒丝绸等历史经典产业、具有独特旅游功能和文化内涵的特色小镇，以新理念、新载体、新机制推进产业集结、产业升级和产业创新。"

2015 年 9 月，特色小镇的"举动"受到了中央高层注意，特派中央财经委员会办公室主任刘鹤率领团队专程前往浙江，对特色小镇的建设和宏观经济运行的情况进行调研，形成的《浙江特色小镇调研报告》不久后得到了习近平总书记的批示："抓特色小镇、小城镇建设大有可为，对新型城镇化建设、经济转型升级，都具有重要意义。浙江着眼供给侧培育小镇经济的思路，对在新常态下做好经济工作具有重要启发。"

2016 年 2 月，国务院下发的《关于深入推进新型城镇化建设的若干意见》，明确提出"要加快对特色小镇和中小城市的培育工作"。因地制宜、创新机制、突出特色，将市场的主体作用充分发挥出来，推进小城镇发展与舒缓大城市中心城区功能相结合、与服务"三农"相结合、与特色产业发展相结合。发展具有特色优势的休闲旅游、民俗文化传承、科技教育、信息产业、先进制造、商贸物流等魅力小镇，引导农业现代化和农民就近城镇化。扩大边境口岸城镇功能，在人员往来、旅游以及物流加工等方面实行差别化政策，提高人流物流便利化程度和投资贸易便利化水平。

2016年7月，国家发展改革委、财政部、住房城乡建设部联合下发《关于开展特色小镇培育工作的通知》（建村〔2016〕147号），提出在全国打造100个左右特色鲜明、朝气蓬勃的优美宜居、传统文化、休闲旅游、商贸物流、教育科技、现代制造等特色小镇的目标，要在2020年基本得到实现，带动引领全国小城镇建设，不断提高建设质量和发展水平。具体要求主要有以下五方面：和谐宜居的优美环境、各具特色的产业形态、彰显特色的历史文化、充满活力的体制机制、便捷完善的设施服务。同时，国家发展改革委等有关部门将给予符合条件的特色小镇建设项目一定的基金支持，工作开展较好的特色小镇会将受到中央财政嘉奖。

2016年10月，国家发展改革委下发的《关于加快美丽特色小（城）镇建设的指导意见》（发改规划〔2016〕2125号），对特色小镇和特色小城镇进行了明确界定：特色小（城）镇包括特色小镇和特色小城镇两种形态，特色小镇主要是指集结特色产业和新兴产业，集结发展要素，区别于产业园区和行政建制镇的创新创业平台。特色小城镇是将传统行政区划分作为单元，产业特色鲜明、具有一定人口数量和经济规模的建制镇。特色小镇和特色小城镇相辅相成、彼此支撑。

发展优美特色小（城）镇是推动供给侧结构性改革的重要平台，是深入推动新型城镇化的重要抓手，有利于推动发展动能转换和经济转型升级，有利于促进小城镇和大中小城市协调发展，有利于将城镇化对新农村建设的辐射促进作用发挥出来。具体要求：彰显特色，打造产业发展新平台；创业创新，培育经济发展新动能；完善功能，强化基础设施新支撑；提升质量，增加公共服务新供给；绿色引领，建设美丽宜居新城镇；主体多元，打造共建共享新模式；城乡联动，拓展要素配置新通道；创新机制，激发城镇发展新活力。

2016年10月，住房城乡建设部以及中国农业发展银行联合发布《关于推进政策性金融支持小城镇建设的通知》（建村〔2016〕220号），要求充分发挥政策性信贷资金对特色小镇建设发展的关键作用，做好申请和使用中长期政策性贷款的准备，持续扩大特色小镇建设的信贷支持力度，巧妙利用政策性资金支持，全面加快特色小镇建设发展。

2017年1月，住房城乡建设部以及国家开发银行下发的《关于推进开发性金融支持小城镇建设的通知》（建村〔2017〕27号）明确指出，小城镇不仅作为新型城镇化建设的重要载体，而且是推动城乡全面协调发展最直接、最有效的途径之一，在推进经济升级转型、绿色低碳发展和生态环境保护等方面有着十分重要的作用。小城镇建设任务繁重，资金需求量大，亟须综合运用财政、金融政策，促进金融机构加大支持力度。开发性金融支持作为推动小城镇建设的重要举措，是落实推动供给侧结构性改革的重要手段。住房城乡建设部各级部门、国家开发银行各分行要充分认识开发性金融支持小城镇建设的重要作用，加强各部门与各分行的协作，加强资金保障，全面提升小城镇的建设质量和发展水平。并且要更新融资模式，提供综合性金融服务。国家开发银行将及时发挥"投、贷、证、租、债"的协同作用，为小城镇建设提供全面金融服务。根据项目具体情况，采用社会资本和政府合作（PPP）、机制评审、政府购买服务等模式，带动项目落地；鼓励大型央企、优质民企以市场化模式帮助小城镇建设。以商业可持续、风险可控为前提，主动开展小城镇建设项目涉及的收费权、特许经营权和购买服务协议下的应收账款质押等担保类贷款业务。

2017 年 2 月，国家发改委、国家开发银行下发的《关于开发性金融支持特色小（城）镇建设促进脱贫攻坚的意见》（发改规划〔2017〕102 号），提出七大主要任务，包括支持发展特色产业、加强规划引导、加大金融支持力度、建立长效合作机制、积极开展试点示范等。其中，开发银行增强对政府购买服务、特许经营等模式的信贷支持力度，探索多种 PPP 模式，吸引大型企业参与投资，鼓励社会资本广泛参与。

2017 年 4 月，住房城乡建设部和中国建设银行下发的《关于商业金融支持小城镇建设的通知》，明确规定主要从以下三方面进行支持：提升发展质量的基础设施建设、支持改善小城镇功能；支持小城镇运营管理融资；支持推动小城镇特色发展的工程建设。

2018 年 8 月，国家发改委发布的《关于建立特色小镇和特色小城镇高质量发展机制的通知》指出，特色小镇和特色小城镇是乡村振兴和新型城镇化的重要结合点，也是推动经济高速度、高质量发展的重要平台。此次国家发改委发文，使得特色小镇的发展摆脱了命名制，创建了标准化的指导发展体系，走向了创建达标制，从"多而广"向"小而精"发展。

明确经典特色小镇条件。基本条件是：立足一定产业基础或资源禀赋，区别于产业园区和行政建制镇，利用 3 平方千米左右国土资源，在领域细分和差异定位中构建小镇大产业，集结高端要素和特色产业，兼具特色生态、特色文化和特色建筑等鲜明魅力，打造宜居生活圈、高效创业圈、美丽生态圈、繁荣商业圈，形成功能聚而合、形态小而美、产业特而强、机制活而新的创新创业平台。

2019 年 3 月，国家发改委下发的《2019 年新型城镇化建设重点任务》，在总体要求中提出，鼓励特色小镇有序发展。建立典型领路机制，坚持产业建镇、特色兴镇，坚持企业主体、政府引导、市场化运作，逐年探索精品特色小镇，总结经验教训，树立推广典型，发挥引领作用；改善政银企对接服务平台，为特色产业发展及各种设施建设提供资金支持，为建设更多精品特色小镇提供制度保障。建立纠偏机制，逐年进行监测评估，舍弃滥用概念的虚假小镇、错用概念的行政建制镇、缺失投资主体的虚拟小镇。创建特色小镇标准体系，适时完善支持特色小镇有序发展的体制机制和政策手段。

2020 年 10 月，国家发展改革委下发的《关于促进特色小镇规范健康发展的意见》，提出准确把握发展定位。准确理解特色小镇概念，让微型产业集聚区成为培育发展的空间单元，进行培育发展，不得将传统产业园区和行政建制镇命名为特色小镇。准确把握特色小镇区域布局，主要在城市群、城市周边、都市圈等优势区区域或其他有条件地区进行培育发展。准确把握特色小镇发展内涵，发挥生态环境好、要素成本低、体制机制活等优势，创建经济高速度高质量发展的新平台、城乡融合发展的新支点、新型城镇化建设的新空间、传统文化传承保护的新载体。

如表 2-3 所示：

表 2-3 特色小镇快速推进阶段的政策

时间	政策文件	指导思想
2015 年 1 月	浙江省十二届人大三次会议《政府工作报告》	"特色小镇"名词被首次提出，浙江省利用本土禀赋资源建设特色小镇。《报告》指出，按照企业主体、项目组合、产业融合、资源整合原则，建设一批集结七大产业、兼顾黄酒丝绸等历史经典产业、具有独特旅游功能和文化内涵的特色小镇
2015 年 9 月	《浙江特色小镇调研报告》	浙江特色小镇引起了中央高层的注意，习近平总书记专门作出批示，鼓励特色小镇建设。抓特色小镇、小城镇建设大有可为，对新型城镇化建设、经济转型升级，都具有重要意义

时间	政策文件	指导思想
2016 年 2 月	《关于深入推进新型城镇化建设的若干意见》	国务院公布的这一文件，是特色小镇第一次正式在文件中出现。文件内容为：因地制宜、创新机制、突出特色，将市场的主体作用充分发挥出来，推进小城镇发展与舒缓大城市中心城区功能相结合、与服务"三农"相结合、与特色产业发展相结合。发展具有特色优势的休闲旅游、民俗文化传承、科技教育、信息产业、先进制造、商贸物流等魅力小镇
2016 年 7 月	《关于开展特色小镇培育工作的通知》	具体要求主要有以下五方面：和谐宜居的优美环境、各具特色的产业形态、彰显特色的历史文化、充满活力的体制机制、便捷完善的设施服务。同时，国家发展改革委等有关部门将给予符合条件的特色小镇建设项目一定的基金支持
2016 年 10 月	《关于加快美丽特色小（城）镇建设的指导意见》	首次对特色小城镇和特色小镇进行了概念界定。具体要求：彰显特色，打造产业发展新平台；完善功能，强化基础设施新支撑；创业创新，培育经济发展新动能；绿色引领，建设美丽宜居新城镇；提升质量，增加公共服务新供给；主体多元，打造共建共享新模式；创新机制，激发城镇发展新活力；城乡联动，拓展要素配置新通道
2016 年 10 月	《关于推进政策性金融支持小城镇建设的通知》	要求充分发挥政策性信贷资金对特色小镇建设发展的关键作用，做好申请和使用中长期政策性贷款的准备，持续扩大特色小镇建设的信贷支持力度，巧妙利用政策性资金支持，全面加快特色小镇建设发展

时间	政策文件	指导思想
2017 年 1 月	《关于推进开发性金融支持小城镇建设的通知》	首次提出 PPP 投资模式。加强各部门与各分行的协作,加强资金保障,更新融资模式,提供综合性金融服务
2017 年 2 月	《关于开发性金融支持特色小(城)镇建设促进脱贫攻坚的意见》	意见提出探索多种类型的 PPP 投资模式。加强规划引导、支持发展特色产业、积极开展试点示范、加大金融支持力度、建立长效合作机制等
2017 年 4 月	《关于商业金融支持小城镇建设的通知》	提升发展质量的基础设施建设、支持改善小城镇功能;支持小城镇运营管理融资;支持推动小城镇特色发展的工程建设
2018 年 8 月	《关于建立特色小镇和特色小城镇高质量发展机制的通知》	集结高端要素和特色产业,兼具特色生态、特色文化和特色建筑等鲜明魅力,打造宜居生活圈、高效创业圈、美丽生态圈、繁荣商业圈,形成功能聚而合、形态小而美、产业特而强、机制活而新的创新创业平台
2019 年 3 月	《2019 年新型城镇化建设重点任务》	建立典型领路机制,坚持特色兴镇、产业建镇,坚持企业主体、政府引导、市场化运作,改善政银企对接服务平台,建立规范纠偏机制,逐年进行监测评估,创建特色小镇标准体系,适时完善支持特色小镇有序发展的体制机制和政策手段
2020 年 10 月	《关于促进特色小镇规范健康发展的意见》	准确把握发展定位、准确理解特色小镇概念、准确把握特色小镇区位布局、准确把握特色小镇发展内涵,促进特色小镇规范健康发展

（三）体育特色小镇的引领发展阶段（2017 至今）

在特色小镇建设的快速推进阶段，其中一类小镇悄然兴起，特别引人注目，并成为引领未来特色小镇发展的旗舰或标杆——体育特色小镇。

体育小镇兴起得益于特色小镇的发展，但也有其内在的规律。

首先，国际金融危机以来，我国经济外需不振、内需疲软，亟须培育经济增长新引擎，成为增长新动能。而国际上已将体育产业定为 21 世纪最具活力，具有高渗透性、拉动性、交叉性、拉动性的健康产业、绿色产业、朝阳产业。因此，体育、旅游、健康、文化、养老等未来的"幸福产业"成为国家大力推动的产业。

其次，随着国民经济的不断增长，我国居民的消费能力、消费水平大幅度提升，个性化、精准化、多元化消费增多，健康消费、体育消费逐渐成为主流。按国际标准，人均超过 8000 美元，体育消费将迎来井喷态势。我国在 2015 年人均 GDP 已达 8783 美元，国家从满足大众体育消费的供给侧入手，大力发展体育产业已是题中应有之义。

再次，随着医学发展，侧重前端、侧重预防已成为国家的整体认识。2016 年 2 月 19 日，人民日报的《医学发展已走入误区》文章提出"从国家整体来说，病人越来越多，则说明医学发展走入误区，重视治疗而忽略预防，医生只治不防，越治越忙"。"医疗消费具有无限趋高性，再多的财富也会被这个'无底洞'吞噬干净。因此，解决 14 亿人的健康问题，避免只靠打针吃药的情况，而要强化以预防为主的理念"。因此，发展全民健身将是预防疾病的最佳途径。全民健身逐步提升为国家战略，并成为新动力不断推动体育产业进步发展。

2016 年 6 月、10 月，两大国家战略《全面建设计划（2016—2020）》《健康中国 2030 规划纲要》发布，为体育小镇、体育产业的发展营造了良好条件。

基于上述态势，国家大力推进全民健身，大力发展体育、健康、旅游休闲等产业，而体育小镇作为承载上述内容的平台或载体，也迎来了发展的春天。

2016 年 12 月，国务院印发《关于大力发展体育旅游的指导意见》，《意见》中提出，到 2020 年，全国范围内将有 100 个具有重要影响力的体育旅游胜地建成，将有 100 家国家级体育旅游示范基地建成等，体育旅游消费总规模将突破 1 万亿元。

2017 年 5 月，国家体育总局下发的《关于推动运动休闲特色小镇健身工作的通知》，明确提出到 2020 年，在全国扶持建设一批体育特色鲜明、惠及人民健康、文化气息浓厚、生态环境良好、产业集聚融合的运动休闲特色小镇；带动小镇所在地区体育、健康及相关产业发展，打造特色鲜明的运动休闲产业集结区，形成与当地经济社会良性互动的、相适应的运动休闲产业和全民健身发展格局。

2018年3月，国务院印发的《关于促进全域旅游发展的指导意见》中提出，推动旅游与体育、教育、文化、卫生、科技融合发展，全力发展水上运动、冰雪运动、山地户外运动、汽车摩托车运动、航空运动、健身气功养生等体育旅游，将城市大型商场、运动休闲特色小镇、有条件景区、体育场馆、开发区闲置空间、连片美丽乡村打造成体育旅游综合体。

2019年3月，国家体育总局发布了关于印发《运动休闲特色小镇试点项目建设工作指南》的通知，再次为体育小镇的规划建设作出指导。《指南》中指出，体育小镇的用地应重视"三边一线"，选址应以临近城镇周边、高铁站周边、景区周边以及交通轴沿线为宜，相对独立于乡镇建成区和城市的中心，便于让家庭出行健身、休闲以及自驾游的需求得到满足。同时"构建两区格局"，可规划体育小镇试点项目核心区，3~4平方千米的范围，最好集中连片，集中提供体育文化展示、运动休闲服务和产品；可规划核心区周边拓展区，可集中连片，作为体育与相关产业融合及户外运动发展的空间。

"聚焦两大引领"。一、核心体育项目引领，选择发展空间大、基础条件好的运动项目作为特色发展方向，做细、做精、做强龙头运动项目，防止出现产业定位过于宽泛的情况；二、精品赛事活动的引领，引入或培育精品体育赛事活动，进一步增强与国际体育组织等专业机构交流合作，力争打造区域性、全国性、国际性的体育赛事活动品牌。

"打造三大链条"：一是延伸产业链；二是整合区域链；三是提升价值链。

"聚集高端要素"。力争引进国家级或省级体育运动基地，引进体育科研机构、专业体育组织、体育专业人才等要素，对标设施、场馆、运营标准与赛事建设，在运动休闲特色小镇的建设与运营中融入全面的体育元素，实现体育企业唱主角、品牌认知上台阶、产品服务有标准、体育消费有提升。

2019年9月，国务院下发的《关于印发体育强国建设纲要的通知》提出，再次加强示范引领，创建发展载体，力争在全国创建十个体育特色小镇的示范样板，并且创建一批体育产业创新示范试验区。而且，这次国务院明确提出各部委和地方政府要出台包括土地、税收、金融等方面的配套政策，扶持体育小镇等其他载体的建设。如此大的扶持力度，堪比之前国家对科技产业的支持力度。所以，可以说体育特色小镇是新的产业小镇建设风口。

如表2-4所示：

表 2-4 体育特色小镇引领发展阶段的政策

时间	政策文件	指导思想
2016 年 12 月	《关于大力发展体育旅游的指导意见》	《意见》中提出，到 2020 年，全国范围内将有 100 个具有重要影响力的体育旅游胜地建成，将有 100 家国家级体育旅游示范基地建成等，体育旅游消费总规模将突破 1 万亿元
2017 年 5 月	《关于推动运动休闲特色小镇健身工作的通知》	明确提出到 2020 年，在全国扶持建设一批体育特色鲜明、惠及人民健康、文化气息浓厚、生态环境良好、产业集聚融合的运动休闲特色小镇；带动小镇所在地区体育、健康及相关产业发展，打造特色鲜明的运动休闲产业集结区，形成与当地经济社会良性互动的、相适应的运动休闲产业和全民健身发展格局
2018 年 3 月	《关于促进全域旅游发展的指导意见》	推动旅游与体育、教育、文化、卫生、科技融合发展，全力发展水上运动、冰雪运动、山地户外运动、汽车摩托车运动、航空运动、健身气功养生等体育旅游，将城市大型商场、运动休闲特色小镇、有条件景区、体育场馆、开发区闲置空间、连片美丽乡村打造成体育旅游综合体
2019 年 3 月	《运动休闲特色小镇试点项目建设工作指南》	体育小镇的用地应重视"三边一线"，"构建两区格局、聚焦两大引领、打造三大链条、聚集高端要素"
2019 年 9 月	《关于印发体育强国建设纲要的通知》	再次加强示范引领，创建发展载体，力争在全国创建十个体育特色小镇的示范样板，并且创建一批体育产业创新示范试验区。而且，这次国务院明确提出各部委和地方政府要出台包括土地、税收、金融等方面的配套政策，扶持体育小镇等其他载体的建设。如此大的扶持力度，堪比之前国家对科技产业的扶持力度

四、特色小镇的发展现状与不足

(一) 我国特色小镇的发展现状

1. 从我国特色小镇发展的类型看

我国特色小镇的发展与世界特色小镇的发展形成具有类似的历史变迁和时代特色。从我国住建部权威资料中可知：特色小镇的类型主要包括工业发展型、民族聚居型、历史文化型、旅游发展型、商贸流通型和农业服务型。其中旅游发展型的特色小镇有 155 个，数量最多，占比 38.5%；其次，历史文化型特色小镇数量为 97 个，占比 24.1%。旅游发展型特色小镇能更大限度地合理开发利用当地丰富的旅游资源，提升一定区域内人民的生活水平，符合国家"绿水青山就是金山银山"的发展理念；建设历史文化型特色小镇，能体现出中华上下五千年深厚的文化底蕴，有利于继承和保护我国优秀的文化遗产。

2. 从我国特色小镇发展的人口规模看

前瞻产业研究院发布《2018—2023 年中国特色小镇行业战略规划和企业战略咨询报告》，《报告》结果显示，截至目前，我国共建设 403 个特色小镇，第一批建设 127 个，第二批建设 276 个。特色小镇人口数量超 100 万的有 32 个，特色小镇人口数量超 20 万的有 6 个。从镇区人口规模的分布特点来看，规律性不是很明显。沿海地区和内陆地区都有人口大镇，也都有人口小镇。

3. 从我国特色小镇发展的分布区域看

东、中、西部地区特色小镇的发展分化严重，且发展极不平衡，由于受到交通、投入等因素的影响，越发达的地区数量越多，越落后的地区数量越少。从全国范围内已得到确认的统计数据来看，截止日期为 2018 年 12 月 31 日，全国特色小镇有 403 个。沿海地区最多，有 117 个。其中浙江省数量最多，为 23 个小镇，数量并列第二的是江苏和山东，拥有 22 个特色小镇。除了创建"全国特色小镇"外，全国已有 20 多个省市和部委公布了特色小镇建设名单，小镇总数已超过 2000 个，正"由点到面"蓬勃发展。

4. 从我国特色小镇发展的投资规模看

根据已经初步建成并已进驻运营的部分小镇统计来看，特色小镇规模较小的投资额约为 10 亿元，而规模较大的小镇投资额可达到 100 亿元左右，特色小镇平均投资额为 50 亿~60 亿。按照住建部总规划建设 1000 个特色小镇，投资额 5 万~6 万亿，占国内生产总值的 7%；如果按 31 个省级规划共建设 2400 多个特色小镇，投资额总和为 12 万~15 万亿，可为我国经济增长提供强大驱动力。从对国内已建成的小镇统计样本可知，小镇基建设施投资占小镇总投资的 30%~50%，全国 100 个小镇基建投资估计将有 1.5 万~3 万亿。

5. 从我国特色小镇建设的政策体系看

从 2014 年至今，我国出台的特色小镇国家政策、地方政策数不胜数，政策涵盖了产业、特色、建筑、融资、机制、体系、服务、人口、文化等方面，政策"广泛且具体"，由此可见，我国特色小镇政策体系逐步完善。2020 年 9 月 25 日国务院发布的最新政策《关于促进特色小镇规范健康发展的意见》提出，为加强对特色小镇发展的顶层设计、激励约束和规范管理，以习近平新时代中国特色社会主义思想为指导，全面贯彻党的十九大精神，全面贯彻党的十九届二中、三中、四中全会精神，坚持稳中求进的工作总基调，坚持新发展理念，准确把握特色小镇发展定位，培育发展特色小镇主导产业，促进小镇产城人文融合，以企业为主体地位，健全规范管理机制和激励约束机制，有力、有序、有效地推进特色小镇高质量发展，为扎实做好"六稳"工作提供抓手，为全面落实"六保"任务提供保障，为坚定实施新型城镇化战略和扩大内需战略提供支撑。我国特色小镇政策体系紧紧跟随时代发展潮流，为特色小镇顺利建设与健康发展指引方向。

7. 从我国特色小镇建设的推进机制看

我国特色小镇工作推进机制逐渐完善。为加强特色小镇工作的组织领导，省级层面成立了由常务副省长任组长、17 家省有关单位主要负责同志为成员的省级特色小镇建设领导小组，推动形成了"省统筹、市指导、县主体、镇落实、企运营"的五级联动机制。所谓"县主体"就是责任主体是县（市、区）政府或设区市政府直管的开发区管委会，责任主体首先负责建立工作推进机制，在特色小镇的基础设施配套、规划编制、生态环境保护、招商引资、资源要素保障等方面加大支持力度。所谓"镇落实"就是特色小镇所在乡镇、街道，要负责抓好落实为入驻特色小镇的企业和人才做好各项服务。省级以下层面，所有省级特色小镇所在县（市、区）都成立了特色小镇建设工作机构负责统筹协调推进特色小镇建设工作，在具体的建设过程中秉承政府引导、企业主导的原则操作，部分小镇还成立专门的特色小镇管理公司用市场化的方式进行运营，提高建设效率和质量。

（二）我国特色小镇的发展问题

1. 融资困难，资本支撑后劲不足

我国对特色小镇的政策倾向力度非常之大，大多特色小镇由政府主导建设，但是因为小镇的同质化严重、定位模糊等现状，很难获得投资商青睐，因此小镇资金问题成为一大难题。特色小镇项目的建设靠政府的财政支持远远解决不了小镇的资金问题，投融资渠道少，融资难度大，资本支持的后劲不足，成为特色小镇在可持续发展过程中的一个大问题。PPP 投融资模式又称"公私合营"模式，近年来已经得到业内广泛认可，那么如何创新特色小镇 PPP 投融资模式这个问题，就成为我国特色小镇健康发展的前提。

2. 定位模糊，规划科学性不强

我国大部分特色小镇在后期的发展过程中，出现对小镇的发展定位不清晰，缺乏科学具体规划的问题。随着小镇的建设发展，政府、企业难以有效地把小镇自身发展与当地城镇建设结合起来，使小镇的实际发展工作难以推进，导致小镇建设效果不佳，在特色小镇市场没有竞争力且无法占据一席之地，从而无法达到特色小镇的建设要求。

特色小镇区别于普通小镇的地方就在于"特"这一字，就是小镇的模式独特、文化独特等。归根结底，"特"的主要内涵是小镇围绕自身独特文化发展的特色产业，逐渐形成一条特色产业链，并带动周边城镇快速发展。但是，小镇的开发者通常只是一味地借鉴参考成熟的特色小镇规划，没有充分考虑或没考虑当时可利用的特色资源，只是提出向"成功迈进"的发展口号。回顾近年的特色小镇发展历程，很多特色小镇在建设过程中、在发展过程中迷路，前期建设成功，在后期的发展中没有突出自身特色，小镇定位不清晰或错误，最终导致小镇的可持续发展难以为继。

3. 特色产业不强，功能叠加不足

特色小镇建设的核心是发展特色产业，但一部分省级培育的特色小镇、市县级培育的特色小镇、市场主体形成的特色小镇，对"特色产业"的论证不具体、不到位，特色产业不凸显、链条短、规模小、技术差，特色小镇主导产业缺少龙头领军企业，实际发展效果与规划预期相比具备明显差距，未来难以形成特色产业集群和集聚效应。

当前部分小镇的自身特色未能深入挖掘出来，小镇的发展规划与当地的区域特色不契合、不匹配，导致小镇主导产业特色模糊化，甚至不符合特色小镇定位的产业被支持发展的情况大有所在。特色小镇建设重点三大功能排序：旅游度假功能<生态居住功能<产业培育功能，根据三大功能排序打造一个产、城、人、文"四位一体"的新城镇，但是部分特色小镇前期规划不足，未能很好地考虑到小镇这三大功能的培育与融合，导致小镇功能叠加不足。一是小镇旅游与产业功能叠加不足，未能开发与特色产业相关的旅游产品和项目，无法吸引大量游客；二是文化功能与产业叠加不足，小镇没有对自身的传统历史文化内核进行深挖与开发，反而兴办新兴产业，使得现代产业与传统文化难以融合；三是社区功能与产业叠加不足，特色小镇建设需要人才引进，然而却无法落实强化社区的服务、管理、教育、保障、安全等五大基本功能，小镇还只是停留在工作功能、赚钱功能，难以形成高质量的社区生态环境，群众对小镇的归属感较低①。

4. 人才引留困难，类型过于单一

大部分特色小镇由于缺少舒适的居住环境、便捷的交通、先进的医疗和教育、良好的生态环境，尤其是部分市（县、区）内的特色小镇还缺少相应的产业设施和完备的基础设施，因此不能很好地吸引人才、留住人才。而且即便高层次人才选择到小镇就业，也更愿意到相对发达城市中的特色小镇就业，而不会选择到县市区内的小镇就业。同时，特色小镇作为近几年的新兴产业，部分人才没有注意到其巨大的发展潜力，对人才扎根基层工作的吸引力度不够；再者，专业性人才的培育需要时间和成本，短期内很难出效果，以致特色小镇建设过程中专业人才匮乏的现象频出，导致出现特色小镇人才类型单一、人才引留困难、缺乏各类专门人才等问题。特色小镇产业的顺利发展必须要建立一条完整的产业链，需要设计、生产、营销、设计、策划、售后等专业人才，然而一些小镇在培养和引进人才时却没有对人才需求考虑全面，所以这些特色小镇的人才供给瓶颈问题已十分严重。

5. 行政干预过当，政府观念尚待转变

特色小镇受传统的建设模式影响，一些小镇的仍采用大包大揽的建设方式，要想向服务型政府的职能观念顺利转变，达到环境营造、制度构建、服务提升等的要求还具有一定的难度。特色小镇的运营须遵从市场规律，坚持以市场为主体，将实力雄厚的龙头企业作为领军企业，围绕小镇特色产业开展引资、完

---

① 尹怡诚，张敏建，陈晓明，等. 安化县冷市特色小镇城市设计鉴析［J］. 规划师，2017（1）：134-141.

善产业链等工作，然而一些特色小镇不具备强大的资金支持，缺少实力雄厚的龙头企业，且政府干预过多，导致小镇偏离市场规律、运营主体错位。

6. "虚假特色小镇" 仍然存在

一是在市场主体自行命名的特色小镇、市县级政府创建的特色小镇和省级部门命名的特色小镇中，存在一部分概念错用的"虚假特色小镇"，如省住建部将一些"行政建制镇"改名为"特色小镇"，民委、农业农村、卫生健康、文旅、体育等部门各命名了一些特色小镇，有旅游小镇、农业小镇、少数民族特色小镇、健康小镇、体育小镇等。二是一些省市县在各类文件中提出发展若干特色小镇，一部分小镇是停留在纸面上的缺失投资主体、未动工建设的"虚假特色小镇"。三是一部分企业打着"特色小镇建设的旗号"搞房地产开发，背离特色小镇初衷。

7. 公共服务功能不完善，服务质量不高

特色小镇是近几年兴起的，因此大多数特色小镇的选址距离城区较远，小镇的公共设施基本上都重新建设。但是，在小镇建设前期、初期，对小镇公共厕所的辐射、道路、停车场、住宿餐饮的接待能力等的客观评估与完善具有很大难度。同时，特色小镇从业人员很多来自周边村镇，缺少经验丰富的专业人才，缺少对口的业务能力、文化素养、专业知识和对应的服务意识，很多小镇的游客体验感差，不想到此重游，给小镇带来了很难扭转的差口碑。

8. 缺乏创新，同质化现象严重

大部分特色小镇采用的是 PPP 模式，还有小部分特色小镇仅仅是开发商手中的一个项目，为了快速回本产生效益，在发展上一味求快，并没有深入了解当地的风土人情和文化，也没有兼顾对当地的利好和资源有效利用，只是复制成功小镇案例的发展模式，盲目跟风、迷失方向，因此我国出现了"千篇一律、千镇一面"特色小镇建设的现象，很多特色小镇还没投入运营就已经丢失了市场竞争力，导致投融资困难，后续难以发展，从而停工进入停滞状态。

9. 文化内涵缺失，吸引力不强

特色小镇的独特之处在于"特"这一字，要自成一派，独一无二，具备专属的文化底蕴，才能不断吸引大量游客。因此，与其他小镇区分比较，特色小镇的重要组成部分之一其就是具有独特的文化内涵。很多特色小镇在建设过程中跟风建设，跟着跟着就忽略了自身优势，也就失去了市场竞争力。我国现在大部分特色小镇建设中就出现了文化内涵缺失，不能根据文化来营销。主要原因是在前期规划阶段中没有深挖对当地的文化，没有形成特色文化相关内涵的

概念；再者就是新型城镇化进程中，随着信息技术快速发展，外来文化逐渐渗透进入小镇生活，随着时间推移，人们对小镇原有的特色文化逐渐模糊，现代文化替代小镇的传统文化成为主导文化。游客由于泛化的现代文化影响，小镇是难以对游客产生吸引力的。

第二节　体育特色小镇的理论阐释

一、体育特色小镇概述

（一）体育特色小镇的内涵

2014 年 10 月国务院《关于加快发展体育产业促进体育消费的若干意见》（国发〔2014〕46 号）出台后，体育产业就提升到了国家战略的高度，展示出了强大的增长速度和内生动力，已经逐步成为引导我国未来经济发展的新生动力。2016 年，国家体育总局、文化和旅游部联合下发的《关于大力发展体育旅游的指导意见》明确指出，到 2020 年，全国范围内将有 100 个具有重要影响力的体育旅游胜地建成，将有 100 家国家级体育旅游示范基地建成等，体育旅游消费总规模将突破 1 万亿元①。

我国特色小镇起源初期，浙江省"融合产业、旅游、文化、社区，区域整合"发展特色小镇的做法，为特色小镇的探索之路提供了指导性意见，并得到了中央的肯定。2016 年 7 月，浙江省政府下发的《关于加快发展体育产业促进体育消费的若干意见》指出，将"创建培育一批体育特征卓越、产业融合潜力较大、产业基础较好的特色小镇"，争取创建 3~5 个以体育产业为主要载体的特色小镇。在浙江省的影响下，江苏省根据自身体育产业的实际发展情况，提出要建设一批体育产业项目特色鲜明，突出在体育旅游、运动竞赛表演、体育用品制造与销售等多视角、多方面与生活、人文、景观、周边产业深度融合的体育特色小镇。2016 年 9 月，江苏省体育局发布《关于开展体育健康特色小镇建设工作的通知》《关于做好体育健康特色小镇共建推荐工作的通知》，并在江

---

① 王振坡，薛珂，张颖，等．我国特色小镇发展进路探析［J］．学习与实践，2017（4）：23-30.

苏体育产业大会上，以省地共建模式在全国率先启动 8 个体育健康特色小镇建设。国家吹响冲锋号，地方政府迅猛行动，就此拉开体育特色小镇建设的序幕。

目前的许多与体育特色小镇相关的称谓，如"运动小镇""运动休闲小镇""体育健康小镇"等。国家体育总局在下发的《关于推动运动休闲特色小镇建设工作的通知》中的称谓是"运动休闲特色小镇"，并定义为"以运动休闲为主题打造的独具体育文化内涵、良好体育产业基础，集运动休闲、健康、养老、文化、教育、旅游、培训等多种功能于一体的空间区域、体育产业基地和全民健身发展平台"①。江苏省体育局下发的《关于开展体育健康特色小镇建设工作的通知》使用了"体育健康特色小镇"这一概念，并定义为："将体育健康作为主题和特色，体育、旅游、休闲、健康、宜居、养老、文化等多种功能叠加的发展平台和空间区域。"② 从官方给出的定义可以看出，"体育特色小镇"是"特色小镇"在体育领域的具体应用，确定的"特色小镇"作为上位概念，不同之处是在于前半部分的限定词，比如"体育健康""运动健康""运动休闲"等，这些限定词是对文化主题、小镇产业进行定位。因此，可以将"体育特色小镇"理解为是对以某一地区特有的自然、文化等资源为前提，以体育为主题所打造的多业态融合的空间载体或产业基地的统称，具体到体育某一项目可以拥有诸多称谓，如"冰雪小镇""马拉松小镇""足球小镇"等。

所谓体育小镇，是指通过建设体育设施、体育基地、举办体育赛事等，形成可欣赏、观看和参与各种体育活动的行为，形成体育产业，从而发展参与性体育旅游和观赏型体育旅游，形成具有良好生态环境的特色小镇。体育特色小镇将产业发展视为核心，关注体育、产业、文化要素的聚合，体育产业定位非常明确，有各具特色的体育产业形态，以当地的特色体育资源为依靠，有立足于本土的特色体育文化，融合体育产业、科技、健康、文化等多种元素的具备社区功能的综合性空间。

体育特色小镇将特色小镇建设思想作为基础，以旅游景区、传统建制镇以及聚合度高的区域为主要发展点，有 3~5 平方千米的占地面积，核心区域大于 1 平方千米，具有完善的交通、通信、医疗、行政等基础设施，可依靠独特的自然环境、完备的产业集群、高水平的赛事环境，展现体育健康的特色，打造以体育竞赛、体育培训、体育休闲养生、体育设备制造为主体项目的特色小镇。

---

① 国家体育总局. 关于推动运动休闲特色小镇建设工作的通知：体群字〔2017〕73 号［A/OL］. 国家体育局办公厅官网，2017-05-11.

② 江苏省体育局. 关于开展体育健康特色小镇建设工作的通知：苏体经〔2016〕92 号［A/OL］. 江苏省体育局办公厅官网，2016-09-12.

以体育产业为核心是体育特色小镇与其他特色小镇的本质区别,以远动项目为主要载体的多产业结合发展的特定运动化、生活化、生态化、自然化的区域集群①。

从目前国内外体育特色小镇建设情况来看,体育小镇主要呈现出三大特色:首先,以单项体育赛事或活动为核心,结合地方体育产业特色或地理区位特征,打造单项体育活动项目的产业生态链和产业集群的体育类特色小镇,如法国霞慕尼体育旅游小镇发展滑雪特色运动、新西兰皇后镇聚焦户外运动等。其次,体育产业与新城区建设巧妙联合,创新一批体育类设施和项目推动小镇建设,特色小镇兼顾除体育产业以外的旅游、文化、养生等其他功能,实现生态、环保、宜人、养生的属性,如浙江银湖智慧体育产业基地、北京丰台足球小镇等。最后,引进体育类企业参与特色小镇建设和运营。企业依靠资源优势,规划体育类主题创新,定位旅游和体育等产业融合,集聚资源,组合项目,创新驱动,实现体育小镇经济和企业成长的可持续发展,如浙江德清莫干山"裸心"体育小镇、河南嵩皇体育小镇等。

(二)我国体育特色小镇建设的必要性

1. 优化体育产业

自国务院下发《关于加强体育产业促进体育消费的若干意见》以来,我国体育产业以较快的速度稳步发展,2014 年开始,体育产业每年增幅约 20%,占 GDP 总额也逐年上升。但目前我国体育产业体系"偏科"现象比较严重,依然以体育用品制造、体育用品销售为主导,在体育相关传媒、职业俱乐部、体育观赏类赛事等方面占比依然很小。体育特色小镇的加入,将会带动体育产业的进一步发展,改善体育产业"偏科"现象,完善我国体育产业的体系。

2. 带动小城镇产业转型升级

体育小镇建设需要大量的劳动力,小镇建成后的后期运营依然需要大量的工作人员和服务人员,可增加就业岗位,带动小城镇产业转型升级。传统城镇主要走高污染、高耗能的发展路线,而体育特色小镇走的是绿色低碳、可持续的环保城镇发展路线,是以绿色产业、生态产业、朝阳产业的形式为主,具有较强的竞争力和创新力,符合现代化发展的趋势,是可持续发展、产业富有活

---

① 张宝雷,张月蕾,徐成立. 国外体育特色小镇建设经验与启示 [J]. 山东体育学院学报,2018,34(4):47-51.

力、生态宜居的新型城镇化模式①。

3. 推动健康中国战略发展

2016 年 10 月，国务院发布《"健康中国 2030"规划纲要》②，全民健康提升为国家战略，体育特色小镇对促进全民健康起到了重要作用。以赛事为主题的特色小镇，能激发人们的参赛动机和观赛热情，让人们全身心投入比赛中，收获快乐，收获健康，排解压力；将休闲养生作为主题的特色小镇，以强调康体恢复、陶冶情操为主，开辟健身休闲的新道路；将体育旅游作为主题的特色小镇，景区内特有的传统的人文景观和地理景观以及户外探险、漂流、攀岩、航空等体验式项目，有利于满足不同层次消费和不同爱好人群的需求。

4. 加速多产业融合发展

体育特色小镇是典型的大型体育产业综合体，如果只具有体育赛事、运动项目等功能，是难以满足消费者多层次需求，更无法推动体育小镇整体向前发展。如果能发挥体育特色小镇的本质功能，将运动项目作为核心，开展与体育运动相关的体育竞赛、体育培训、体育旅游、体育会议和体育用品制造与销售等多种周边产业的共享发展，就会形成"万花齐放"的新局面③，加速多产业融合发展。

5. 弘扬民族传统体育文化

我国的民族传统体育凝结着人们对体育运动的认识，充满着人们对美好生活的向往，是我国历史长河的璀璨结晶。受奥林匹克和西方竞技体育的影响，我国民族传统体育项目正在逐渐被侵蚀和"西化"，一些少数民族的传统运动项目，如藏族的"锅庄舞"、白族的"胀鼓"、苗族的"抢狮子"正逐渐消失④。体育特色小镇可以利用项目体验和表演，让人们了解并重新认识传统体育项目，通过亲身体验感受传统体育文化带给我们的精神洗礼，培养爱好者和继承者，弘扬和传承我国优秀的传统体育文化。

---

① 张宝雷，张月蕾，徐成立. 国外体育特色小镇建设经验与启示［J］. 山东体育学院学报，2018，34（4）：47-51.

② 中共中央、国务院."健康中国 2030"规划纲要［N］. 人民日报，2016-10-26（4）.

③ 王小章. 特色小镇的"特色"与"一般"［J］. 浙江社会科学，2016（3）：46-47.

④ 王岗. 关注民族传统体育：现状、问题与思考［J］. 首都体育学院学报，2008，3（2）：1-4.

（三）体育特色小镇的特征

1. 协调化非两极化

体育小镇姓"体育"，并不代表着要走体育产业发展的极端道路，而是以体育为核心，与健康、养生、旅游、文化、教育等产业跨界关联协调发展，避免走向两极化道路，形成综合性的智能化公共体育服务平台①。目前，我国体育产业由"独轮驱动"快速发展为"四轮驱动"，2020 年体育产业总产值占 GDP 比重的 1%，社会、政府、公众、市场将紧密相连，推动体育产业的良性发展，为体育小镇的建设奠定了稳固的基础。在即将来临的第四次工业革命背景下，跨界融合和 PPP 模式已成为必然趋势，逐渐加快"体育+""互联网+"的跨界融合速度，特别是体育产业发展受到了互联网大数据提供的科技支撑，构建新型的产业融合模式，新型的智能化服务平台②。避免走两极化道路，协调发展才是最关键有效的道路，如浙江银湖智慧体育产业基地，聚集多种室内外新型智慧体育健身娱乐活动，创建智慧+体育产业的模式，实现智慧体育新区发展。

2. 全民化非精英化

国家体育总局在下发的《关于推动运动休闲特色小镇建设工作的通知》中指出，建立浓厚的体育文化氛围是重要任务之一。文件要求体育小镇须禀赋特色资源，结合特色鲜明的民族民间民俗传统体育文化或运动项目文化，以原有的体育氛围为基础，进一步加强全面健身理念，推广全面健身行动，营建全民参与热情。以特色运动项目为总抓手，举办具有品牌效应的全民健身 IP 竞赛，建造体育特色名片。比喻为"一杯茶"，"茶叶"为体育文化，"杯中水"为人民群众，两者相交相融才会散发出清香扑鼻的味道，"茶叶"越浓厚，"茶水"越能沁人心脾。因此，走全民化路线，"大众版块不能丢"。譬如，河南崇皇体育小镇借助"武术之乡""功夫之都"的影响力发展武术产业，兴起了拓展训练、马拉松等多种全民参与的户外活动为一体的运动休闲小镇。

3. 持续化非短期化

首先，体育产业作为朝阳、绿色产业，本身就具备持续化发展的特点。体育小镇与其他特色小镇相比持续性特点更强，符合《"健康中国 2030"规划纲

---

① 杨强 . 体育与相关产业融合发展的路径机制与重构模式研究［J］. 体育科学，2015，35（7）：3-9.

② 曾江，慈锋 . 新型城镇化背景下特色小镇建设［J］. 宏观经济管理，2016（12）：51-56.

要》中的创新、绿色、协调、开放、共享新发展理念，形成了城产人文互融发展、有机结合的生活、生产、生态空间，建成幸福永恒、富有魅力的小镇。其次，体育小镇从产业定位、规划设计，到资源配置、运行机制，再到生态管理、效果评估，这是个长期建设的过程。此外，国外虽有不计其数的体育小镇建设经营管理的成功案例，但也不能照猫画虎，毕竟国外的经验并不一定适用于国内的小镇建设。因此，对体育小镇的建设发展而言，可借鉴的经验屈指可数，这就意味着体育小镇的开发者需要禀赋本地特色与资源，"摸着石头过河"的同时，坚持学无止境地探索，找到一条适合体育特色小镇发展的道路。"冰冻三尺，非一日之寒"，体育小镇的建设与开发应避免目光短浅，需要平衡短期效益与长期利益，例如，合肥市包河区大圩镇将举办国际马拉松赛事作为抓手，立足于良好生态环境和基础设施，与景区优势结合，兴建体育公园、休闲广场等，积极打造安徽省乃至全国闻名的体育特色小镇。

（四）体育特色小镇的功能

改革开放以来，小城镇作为乡村剩余劳动力就地城镇化的空间载体，在中国城镇化发展过程中发挥了关键作用。特别在我国进入新型城镇化发展时期，小城镇建设作为供给侧结构性改革和区域经济转型升级的重要战略举措受到了国家的重视。2016 年 7 月，国家发展改革委、财政部、住房城乡建设部三部委联合下发的《关于开展特色小城镇培育工作的通知》（建村〔2016〕147 号）明确提出："到 2020 年力争培育 1000 个左右特色鲜明、富有活力的特色小镇。"在此发展背景下，体育特色小镇应时而生，国家体育总局于 2017 年 5 月下发的《关于推动运动休闲特色小镇建设的通知》（体群字〔2017〕73 号），将运动休闲特色小镇作为发展全民健身与体育产业、健康事业、推进体育扶贫工作的重要抓手，并对全国体育特色小镇建设工作进行了全面部署。

（五）体育小镇的综合发展架构

体育小镇的开发，以体育产业与其他产业的整合为措施，以休闲化消费人群及就业人口的聚集为目的，以全面服务和配套的设施为依托，创建了一个城产融合的综合运营模式与开发结构。其中，完善的配套服务和体育设施是体育小镇发展的基础。在产业开发上，将体育产业链的整合作为体育小镇的主体，发展"体育+"，建设赛事、体育休闲项目等吸引点，融入高科技元素增强服务，带动体育用品的供应，最终将体育与科技、制造业、旅游、文化等有机结合。

在整体开发上，要依靠资本的力量。国外经验表明，冰雪运动、山地户外、水上运动和高尔夫运动等占整个运动休闲市场的 80%，而这些产业的发展，离不开高水平、高质量的软硬件服务。如果没有资本进入推动体育旅游市场升级，体育旅游产业化发展将遥不可及，因此，体育产业与资本市场务必打通，从业者的创新思维、资本的介入是让中国体育旅游实现产业升级的重点。在运营上，体育特色小镇需落实以企业主体，政府负责，政府服务小镇的规划、定位、审批服务和基础设施，引进民营企业构建体育特色小镇的运营模式。对政府来说，通过体育与景区的双向驱动，推广全民健身、全民体育的理念，最终带动地区产业发展。对于企业来说，在运营管理、基础设施建设多方面实现收益。

整体上来看，目前国内体育小镇的发展处于引领发展阶段，存在众多复杂的问题，尤其缺少顶层设计方面的指导。绿维文旅集团深耕于特色小镇的研究、实践，2017 年 4 月 6 日与中奥盛世集团、住建部、国家体育总局、文化和旅游部联合举办了中国特色小镇峰会，并发布了标准蓝皮书。同时，还将与中奥集团共同组建体育小镇规划院，致力于体育小镇策划规划、体育小镇创建与培育、体育小镇运营、体育小镇 IP 及资源导入等业务。

二、我国体育特色小镇的类型

体育产业作为朝阳产业，体育作为一种标签代表了健康、阳光、时尚，同样成为一种特色，体育小镇成为特色小镇建设的新宠。体育小镇共分为四类：休闲型体育小镇、康体型体育小镇、赛事型体育小镇、产业型体育小镇[①]。

（一）产业型体育小镇

产业型体育小镇是指：以体育设备或用品的制造生产为基础，纵向上延伸发展设计、研发、会展、交易、物流，横向上与互联网、科技、文化等产业融合发展，打通上下游产业链，最终形成二、三产业交融发展的产业聚集区。该类型小镇将制造生产及其上下游产业作为核心功能，将休闲体验作为配套功能，以城市发展为依托，通常分布在大中城市周围。在产业空间分布上，将核心类型企业作为中心，相关企业或配套企业围绕其分布，形成"大分散，小集中"或"一中心，多散点"的布局结构。

---

① 陈刚，杨国庆，叶小瑜. 中国体育小镇建设纲要［M］. 北京：人民体育出版社，2017：26.

（二）休闲型体育小镇

休闲型体育小镇是指以优美的生态环境为基础，以各种各样、极具体验性和参与性的体育休闲运动，如冰雪运动、水上运动等为核心，进而形成面向全民消费的体育小镇。他们一般都是以景区为依托，和旅游业联合匹配进行发展，有一个或几个核心资源项目导火索，为的是形成的多个参与型的体育项目均以休闲为核心，而且会满足不同年龄阶段的人群需求。据优迈体育了解，在休闲型体育小镇选址方面，都会考虑到辐射范围内的消费频率和受众总数，大型旅游项目所在地或城市圈周边的地是较理想的选择。

（三）康体型体育小镇

康体型体育小镇主要是指以保持良好生态环境为基础，以体育运动为载体，将健康养生视为主题，结合度假和旅游业形成康体养生型的特色小镇。老龄化社会来临、生活压力、食品安全等问题的不断暴露，以及人们逐步提高的健康需求，成为小镇发展康体型体育小镇发展的关键。以负氧离子、温泉等独特的康养自然资源或瑜伽、太极拳、禅修等传统的康养人文资源为基础，打造以修心、康体、养生、教育等为核心的体育项目集结区，其重点在于面向养生人群、亚健康人群、高压人群。

（四）赛事型体育小镇

赛事型体育小镇是将赛事作为核心，并以与赛事有关的产业为延伸，用体育活动进一步补充形成体育小镇。优迈体育认为，体育赛事及其相关运营是体育产业必不可少的一部分，体育赛事作为影响力较大、关注度颇高的体育活动，尤其是世界杯、NBA以及世锦赛等这样的具有较大影响力的赛事，无论作为主办方或者承办方，都要具备完善、优越的比赛场地条件，高水平的赛事场馆以及高标准的赛事服务能力。

三、我国体育特色小镇的发展现状及问题

（一）体育特色小镇的发展现状

自2016年7月国家发改委、住建部、财政部联合下发《关于开展特色小镇培育工作的通知》，提出到2020年打造1000个特色小镇后，特色小镇项目便如

火如茶地开展起来。目前，住建部公布了两批特色小镇名单，共 403 个，其中第一批 127 个，第二批 276 个。而通过整理已经初步建成的并由企业进驻运营的部分特色小镇的统计数据发现，平均每投资 50 亿~60 亿元将建设 1 个特色小镇，据初步统计目前已有 24 个省（直辖市、自治区）下发了特色小镇建设指导意见，其中 20 个省（直辖市、自治区）统计了具体建设数量，总量高达 1700 多个，且均规定在 2020 年前完成创建。实际上，特色小镇的数量在 2016 年就已经达到了 1000 个，2017 年预计将会增加到 5000 个，短期内可能突破 1 万个，投资额也可能达到 50 亿~60 万亿元①。近几年，休闲旅游强盛发展，成为特色小镇建设的主要方向，而兼顾运动与休闲的体育小镇自然也成了特色小镇未来规划建设的新宠。2017 年 5 月，国家体育总局下发《关于推动运动休闲特色小镇建设工作的通知》，明确指出到 2020 年，在全国扶持建设一批体育特色鲜明、惠及人民健康、文化气息浓厚、生态环境良好、产业集聚融合的运动休闲特色小镇②。同时，该通知确定了 2017 年度运动休闲特色小镇的推荐数量。其中，京津冀三省（市）推荐量为 3 个，其他省（区、市）推荐量为 1~2 个；体育总局有关运动项目管理中心各推荐 1 个。依此推算，推荐体育小镇的数量至少在 45 个。综合我国体育小镇发展的市场导向和政策导向，2020 年我国体育小镇的投资额为 5000 亿~9000 亿元，2020 年我国特色小镇产生的投资额在 5 万~6 万亿元之间。

（二）体育特色小镇发展问题

体育小镇的建设在短期内虽然已取得一定成绩，但仍处于摸索、试错阶段，仍存在以下问题亟待解决：一是体育小镇的产业化运营水平不高；二是体育小镇建设所需人才匮乏；三是体育小镇基础设施不能很好地满足体育小镇发展的需要；四是体育小镇的宣传力度不够；五是相关配套政策体系尚未完善，规划不具体；六是出现过度举债、盲目立项、过度房地产化、政府大包大揽等现象；七是体育特色小镇的空间分布趋于不均衡状态，属于集聚形分布，其中北京周边和上海周边最为密集。

体育特色小镇的稳定发展，既需要在建设源头上严格把控，也需要对其发展水平进行考核。目前，虽然国家和地方层面列出了考核评估等相关政策文件，

---

① 曾江，慈锋．新型城镇化背景下特色小镇建设［J］．宏观经济管理，2016（12）：51-56.

② 于新东．特色小镇的产业定位［J］．浙江经济，2016（8）：21.

但配套的详细评估标准尚未出台，因此体育特色小镇评价体系的构建势在必行。分析相关政策文件的内容，确定体育特色小镇的内涵，参考其他领域特色小镇发展水平的评估经验，创建体育特色小镇建设发展水平评估指标体系，以期从理论上探索讨论体育小镇发展的全面框架，为国家有关部门和地方政府提供有效的评价工具与手段。

四、体育特色小镇发展的理论基础

在经济新常态背景下，体育特色小镇是我国发展体育产业的一个新亮点，不仅体现了"生活、生产、生态"三方融合，而且体现了"大健康、大体育、大旅游"等理念。在新时代，体育特色小镇的建设对于发展体育产业、经济转型升级、促进产业跨界融合及城乡一体化发展具有关键推动作用。浙江省的体育特色小镇建设名列前茅，具有强大的示范和引领作用。但是，体育特色小镇的培养和发展受到体育产业发展基础、体育文化、生活环境、生活方式、区域地位、政策导向等多种因素影响。我国体育消费需求发生了翻天覆地的变化，由实物性消费向体验性、参与性消费转变，这就要求体育产业的产品供给更多样化、多层次，增加体育产品供给，提升体育产业中体育服务业的比例，满足人们的体育消费需求。体育特色小镇的建设要求体育产业与文化、旅游、休闲等产业融合发展，创建不同类型的体育特色小镇，提供多样化的体育服务和产品。基于产业融合、新型城镇化的理论视角，探讨新时代建设体育特色小镇协调发展机制的理论基础，并根据协调发展机制的因素，研判新时代体育特色小镇如何提升自身竞争力，制定体育特色小镇竞争力提升理论范式和竞争力提升机制，建立体育特色小镇竞争力评价模型。

体育产业作为朝阳产业，与文化产业、信息网产业、旅游产业等相关产业之间进行结合，形成了体育旅游、体育传媒、电子竞技和体育电子商务等新体育业态。体育小镇本身就是产业融合体，与旅游产业、文化产业、健康养老产业、教育产业、交通产业、服务产业等方面有着较好的契合度，是特色小镇在新常态下创新发展的新平台。体育的产业化本质就是体育与其他产业相交融，体育特色小镇与其他产业融合是实现产业化的必然路径。建设体育特色小镇，推进体育产业供给侧改革，并不仅是产业规模上的调整，而是产业结构上的改善和水平的提升。在"健康中国"战略背景下，体育特色小镇建设规划树立"大健康、大体育、大旅游"理念，以社会群众的消费需求变化为导向，走特色化道路，充实体育消费供给，将体育产业与相关产业的跨界融合体现出来。在经济新常态背景下，体育特色小镇是新型城镇化建设的新的展现方式，小镇具有调整产业结构、整合多元要素、传承历史文化的功能，对于我国新型城镇化发展和新农村建设有重要意义。

（一）产业融合理论

1. 产业融合理论的渊源

产业融合最早起源于通信和信息领域，但是信息与交流的不通畅阻碍了经济和社会的发展，因此产业融合最早体现在技术融合。随着科学技术和信息技术的发展，不同产业和行业之间相互融合、渗透，成为产业发展的必然选择。基于信息技术的高新技术革命，推动了产业之间的升级融合。

20世纪90年代末，我国才开始对产业融合理论展开研究，在研究初期主要着手以信息产业为研究对象的产业融合基本理论的构建。近年来随着经济和社会的快速发展，产业结构不断调整升级，信息化进程不断加快，研究对象逐步转移到对具体产业领域如文化产业、传媒出版业、旅游业、体育产业、农业等的产业融合理论与实证上，我国产业融合趋势日渐明朗。体育产业作为新时代的朝阳产业，与文化产业、旅游产业、信息网产业等相关产业之间进行融合，形成了体育旅游、体育传媒、电子竞技和体育电子商务等体育新业态。

2. 产业融合理论的内涵

不同学者对产业融合的定义不尽相同，1997年欧洲委员会绿皮书对产业融合进行定义，内容为：产业联盟与合并、市场、技术网络平台三个角度的融合。日本经济学家植草益将产业融合的定义解释为通过技术革新和放宽限制来降低行业间的堡垒，从而来加强行业中企业间的合作竞争关系[1]。Christensen 和 Rosenbloom 认为，产业融合必须建立在充分考虑市场需求和新产品的竞争优势能否通过产业融合满足市场消费需求之上[2]。国内学者厉无畏觉得，产业融合是不同产业或同一产业内的不同类别行业相互交叉、渗透，合作共赢，融为一体，形成新产业的过程[3]。产业融合是将不同产业、行业间的内容进行互补，共同合作，最后达到1+1>2的效果。因此，产业融合就是将不同产业或同一产业内的

---

① 植草益. 日本的产业组织 [M]. 北京：经济管理出版社，2000：450.

② Christensen C M, Rosenbloom R S. Explaining the attacker's advantage: technological para-digms, organizational dynamics, and the value network [J]. Research Policy, 1995, 24 (2): 233-257.

③ 厉无畏，王慧敏. 产业发展的趋势研判与理性思考 [J]. 中国工业经济，2002 (4): 5-11.

不同类别行业，通过相互交叉、相互渗透，改变原有产业产品的特点和市场需求，从而模糊产业边界，最终融合一体，并逐渐形成新产业的动态发展过程。

纵观业内，可对"相关产业融合与体育产业"的概念作出以下定义：体育产业与旅游、信息、文化等相关产业之间互相打破产业边界，通过不同产业价值链的延伸、渗透和重组，依托体育健身休闲业、体育馆（场）服务业、体育竞赛表演业等体育本体产业资源，将相关产业要素作为载体，通过技术融合、市场融合和业务融合逐渐融合发展形成的以体育本体资源为核心，具有相关产业特点的新型体育业态的动态发展过程①。体育的产业融合更注重一个动态过程，体育与不同产业（物质产业部门和非物质产业部门）通过相互交叉、相互渗透，最终融为一体，逐渐形成新的体育产业的动态发展过程②。体育产业融合的构建是以与原本处于分立的产业间的有机整合为基础，这种融合不是对原有分工明确的产业的轻易结合或拼凑，而是产业间的有机整合，是一连串相互联系的产业交叉、渗透而取得创新产业形态的过程③。体育本体资源存在资产通用性的产业属性，体育产业与其他产业间的载体和平台是体育活动，当外动力条件（市场需求、企业竞争、政策环境等）慢慢形成时，通过技术与产品的融合，体育健身休闲业、体育场馆服务业、体育竞赛表演业等体育本体资源与信息、文化、旅游等相关产业之间互相打破边界，各产业价值链相互延伸、渗透和重组，逐渐形成以体育本体资源为核心的融合型体育业态。体育产业与其他产业的交流合作与完美融合，能够实现双方共同发展，形成全新的产业业态，推动经济发展。

3. 产业融合理论在体育特色小镇发展中的实践应用

《关于加快发展体育产业的指导意见》和《体育产业"十三五"规划》都明确提出把"促进体育产业与相关产业的互动发展"作为我国体育产业当前和未来发展的一项重要任务去实施。2017年，《关于推动运动休闲特色小镇建设工作的通知》指出，我国体育小镇是"市场主导，政府引导"的运作方式，指导思想中指出要促进体育与健康、文化、旅游等产业实现融合协作发展。

体育的产业化以体育与其他产业融合的产物为本质，体育担任的是一种平台或载体的角色，我国的社会、经济早已受到体育的产业融合现象产生的影响。

---

① 杨强. 体育产业与相关产业融合发展的内在机理与外在动力研究 [J]. 北京体育大学学报, 2013, 36 (11)：20-24, 30.

② 程林林. 体育的产业融合现象探析 [J]. 成都体育学院学报, 2005 (3)：22-25.

③ 王艳，刘金生. 体育产业融合与产业发展——我国体育产业发展的新视角 [J]. 成都体育学院学报, 2009, 35 (7)：7-10.

首先，产业融合是以体育产业的关联性为基础，产业融合的前提条件是产业间的关键性，如果未存在紧密的经济联系，将不可能发生产业之间的融合现象。在欧美等西方发达国家，体育产业是一个具有较强关联性的产业，不仅能带动体育服装鞋帽和体育运动器材等体育实物用品制造部门的发展，还能推动相关生活性服务业的发展。例如，体育赛事能带动观光旅游业和商贸服务业的发展，更能带动文化传媒业等文化产业的发展；体育健身休闲业能有效带动旅游度假业的快速发展，能带动休闲产业的发展①。其次，产业融合的中心是体育产业本身，体育产业与相关产业融合的过程中，体育产业要素在其中并不是扮演平台或载体这种简单的角色，而是以体育本体产业的体育健身休闲业与体育竞赛表演业为产业融合的核心，产业融合应用于体育产业，并非只有技术上的融合，同时包括业务和市场的融合。

在体育特色小镇建设中，主要有三个方面体现产业融合：第一，技术融合。技术融合作为外部动力，推动体育产业和旅游业以及其他产业融合。技术融合主要表现在规划与标准上，体育产业与其他产业的融合必须有一定的行业标准，与国家发布的政策要求相符合，通过标准与规范的融合，实现体育特色小镇健康协调发展的设计规划融合。第二，产品服务融合。在地理位置、自然风光、民俗传统等产业融合的资源基础上，实现产品服务的融合。2016 年 12 月 22 日，国家体育总局与文化和旅游部联合下发了《关于大力发展体育旅游的指导意见》，计划到 2020 年，全国范围内将有 100 个具有重要影响力的体育旅游胜地建成，将有 100 家国家级体育旅游示范基地建成，将有 100 项体育旅游精品赛事推出，构建 100 条体育旅游精品线路，打造 100 家具有较强市场竞争力和较高知名度的体育旅游企业与知名品牌。昆明嘉丽泽高原体育运动小镇将以相关支持政策为依托，进一步做好做强体育旅游产业，促进国家特色小镇的建设，推动体育旅游产业的发展。昆明嘉丽泽高原体育运动小镇以政府主导、市场运作为原则，由嵩明县政府、世界 500 强企业中信集团和中国 500 强企业云南建投集团三方共同建设运行，以小镇生态低碳环境为环境基础，以国家队、省市专业队、职业队、青少年队等团体的专业训练康复为基础，重点发展高原足球、马拉松、自行车、游泳等高原体育运动，联合中国内蒙古莱德、英国利物浦、西班牙皇家马德里等国际国内知名马术、足球俱乐部，紧密与清华大学等体育产业中心的深度合作，构建一个集国际化、专业化、特色化为一体的高原体育运动小镇。

---

① 杨强. 体育产业与相关产业融合发展的内在机理与外在动力研究 [J]. 北京体育大学学报，2013，36（11）：20-24，30.

采用"体育+旅游"的模式，通过承办马拉松赛事，带动嵩明旅游产业及相关产业的发展，提高嵩明在全国乃至全球的城市知名度和影响力，以推进当地旅游业的有序、健康和持续发展。体育运动帮助推动休闲旅游，根据"体育市场+产业提升+旅游景区"的模式，昆明嘉丽泽以体育项目、文化产业、生态湿地为基础，整合多方资源打造一条全面的体育旅游产业链。第三，业务融合。业务融合主要体现在人才和组织上。体育产业融合必须由复合型人才参与经营，懂体育产业的人也要懂文化产业、旅游产业，懂体育用品制造的人才也需要懂体育产业经营管理、赛事组织，以人才融合促进知识融合。组织融合主要体现在体育企业、组织与其他企业、组织的合作和兼并重组上，促进商业模式的创新①。

随着人民生活质量的逐渐提高，我国体育消费需求发生了翻天覆地变化，体育消费需求由实物性消费转变为参与性、体验性消费，这就要求体育产业的产品供给更多样化、多层次，增加体育产品供给，扩大体育产业中体育服务业的比例，满足人们的体育消费需求。体育特色小镇的建设要求体育产业与文化、旅游、休闲等产业融合发展，创建不同类型的体育特色小镇，提供多样化的体育服务和产品。

（二）供给侧改革理论

1. 供给侧结构性改革理念

在经济新常态背景下，党中央提出供给侧结构性改革作为宏观经济管理战略的举措，其目的在于将社会生产力的水平提升，实现中国经济社会快速、可持续和健康发展。《中共中央关于制定国民经济和社会发展第十三个五年规划的建议》在党的十八届五中全会上通过并提出了新发展理念"创新、协调、绿色、开放、共享"，将其作为行动指南来推动供给侧结构性改革。习近平总书记在2016年1月26日的中央财经领导小组会议上强调，总需求在适度扩大的同时，实行供给侧结构性改革，要从供给端着手减少无效供给和扩大有效供给，在生产领域不断提升全要生产率，实现供给结构升级与优化，持续增强经济增长动力②。

新发展理念和供给侧结构性改革一脉相承，在宏观经济管理方面是我国的重大理论和实践创新，具有对发展体育产业重要的指导意义和理论价值。我国

---

① 杨强. 体育与相关产业融合发展的路径机制与重构模式研究［J］. 体育科学，2015，35（7）：3-9，17.

② 习近平. 在中央财经领导小组第十二次会议上的讲话［EB/OL］. 新华网，2016-01-26.

体育产业虽然在改革开放以来取得了很大进步，但也出现了供给与需求不平衡、产业结构不合理、创新驱动力不强等问题①，需要用创新改革的思维，从供给端着手进行结构升级和优化。在全面深化改革、"十三五"时期的背景下，以新发展理念为指引，体育产业发展的必然趋势和内在要求就是加强供给侧结构性改革。

改革开放以来，需求管理受我国所奉行的经济政策所强调，其发力主要集中在"需求端"，主要通过消费、出口、投资"三驾马车"推动经济的发展。因为逐年上升的劳动力成本、低效能与利用粗放的自然资源、不断下降的人口红利、不到位的政府职能改革、严重滞后的制度供给等原因，所以"十二五"以来，出现了导致供需关系严重结构性失衡的现象即"供需错位"的现象。中国经济增长率自 2011 年以来进入了新常态，从而告别了两位数的增长状态，

由于传统的供给侧和需求侧不断减弱的宏观管理效果，改革倒逼生产关系，因此经济管理思想需要产生，需要培育一批新兴产业从而优化经济结构，最大限度发展和解放生产力。

"生产关系要适应生产力"，马克思主义的这一经典论述，是成为供给侧改革理论思维和战略举措的逻辑起点，也是全面深化改革的哲学基础②。在新常态背景下，供给侧改革的核心是全面改革，从供给端来解放和促进生产力，从而提高竞争力，达到结构优化和总供给平衡，战略选择是我国的基本国情和未来经济社会的发展③。

新时代经济管理的重大理论创新，就是供给侧结构性改革，这是"升级版"中国发展经济学，是"增强版"制度经济学发展④。供给侧结构性改革不仅要清理"僵尸企业"和淘汰落后产能，还要创造新的经济增长点以及发展新兴领域。在当前，国家战略中已经包含全民健身，这对加快体育产业发展、提高社会公众的生活质量、满足居民体育消费需求具有重要作用。中国经济在新常态发展中的一个新亮点就是发展体育产业，在体育产业方面不断加快供给侧结构性改革，这对我国经济结构优化和转型有重要的推进作用。

①　胡鞍钢，周绍杰，任皓．供给侧结构性改革——适应和引领中国经济新常态［J］．清华大学学报（哲学社会科学版），2016，31（2）：2-7.

②　刘元春．供给侧结构性改革的理论逻辑探析［J］．国家治理，2016（12）：36-48.

③　贾康，冯俏彬．新供给：创构新动力——"十三五"时期"供给管理"的思路与建议［J］．税务研究，2016（1）：3-9.

④　王小广．供给侧结构性改革：本质内涵、理论源流和时代使命［J］．中共贵州省委党校学报，2016（2）：82-87.

从提高体育产业的供给端出发，体育产业供给侧结构性改革从机制、技术、制度等方面，调整和优化体育产业结构借助改革的方式来进行，减少无效的供给的同时扩大有效的供给，体育产业的全要素生产率不断提升，最优化实现体育资源配置，推动体育产业的可持续发展与健康发展，社会公众日益增长的多元化体育需求不断满足。其本质是改革政府现有的政策供给方式，以市场为导向充分发挥在配置体育资源中的决定性作用，目的是减少体育产业的无效供给和增加体育产业的有效供给，推动体育产业的可持续发展与健康发展①。

2. 供给侧改革中体育特色小镇的作用

（1）建设体育特色小镇能够加快体育产业的转型升级

特色小镇的建设，为结构调整和产业升级提供了可能，资源调配和宏观政策的"供给者"是政府，在整合体育资源中起决定性作用的是市场，产业的升级通过竞争来促进，带动资源优化配置②。推动体育产业供给侧改革，建造出体育的特色小镇，不是仅仅调整产业数量，而是在产业结构上升级和优化。体育产业是体育特色小镇的核心，且被世界公认为"朝阳产业"和"绿色产业"，附加值高且产业链较长，最能实现与第二、三产业的有机融合。尽管在"十二五"时期，我国的体育产业得到了快速的发展，逐年提高了增加值在GDP中所占的比重，但结构还不是很完善，总体的规模依然很小。在进入"十三五"时期后，供给侧结构性改革背景下，发展目标由国家对体育产业提出，促使体育产业进行结构优化，转变效率低下、质量不高的粗放型产业方式，推动体育用品制造业的升级和转型，支持"体育+互联网"的创新和发展，在整个体育产业中将体育服务业的比重提升，特别是健身休闲产业的大力发展，当前，随着人民大众从实物型消费向参与型消费和观赏型消费的转变，体育特色小镇以健身休闲为主题开始在全国各地兴起，在"大众创业、万众创新"理念下，不断地涌现出体育产业发展新模式，势必会进一步优化体育产业结构。例如，海宁市马拉松小镇、广东汝湖镇的体育健康特色小镇、浙江德清县莫干山"裸心"体育小镇等。

---

① 沈克印，吕万刚. 体育产业供给侧结构性改革：学理逻辑、发展现实与推进思路［J］. 武汉体育学院学报，2016，50（11）：30-35.

② 陈宇峰，黄冠. 以特色小镇布局供给侧结构性改革的浙江实践［J］. 中共浙江省委党校学报，2016，32（5）：28-32.

（2）建设体育特色小镇能够扩大体育产业的有效供给

目前，诸多问题和矛盾依然存在于我国体育产业发展中，体育市场所提供的产品和体育服务还远不能满足社会公众的体育需求，这是在供给侧方面所表现出来的，这可以从近年来不断升温的"马拉松热"得到验证。尽管我国城市马拉松赛现在一片火热，但总体规模较小、数量不多，特别是高质量赛事，报名者只能通过摇号才能成为参赛选手。基于我国体育产业的现状，减少低端和无效的供给、体育服务方面的产品扩大有效供给，是体育产业供给侧改革的基本路径，目的是盘活整个体育产业。在具体实践中，体育产业供给侧改革强调供给侧管理，优化体育产业结构，解决体育服务和产品有效供给不足的问题。政府提供的有效供给"产品"就是制度政策，这是非常重要的公共产品，特色小镇建设与发展是政府公共政策供给的逻辑必然与创新，是政府推进供给侧结构性改革的一项重大举措①。可以说，在体育产业政策方面，建设规划体育特色小镇是政府的一次创新，是体育产业供给侧改革的具体实践。在建设体育特色小镇中，政府在人才、资本、土地和税收等要素资源方面实行优惠政策，而不是单纯地直接去推动某一个具体产业，激励市场、社会组织、地方政府等多元主体踊跃参与，集聚优势的产业，形成特色，做到有效供给在体育产业中不断扩大。

（3）建设体育特色小镇促进体育产业的跨界融合

伴随着不断深入的体育改革和逐步释放的国家政策红利，体育产业中涌入大量资本，跨越和突破也在体育金融中所出现，体育产业投资获得了高度的重视，特别是备受关注的赛事产业与健身休闲。在 2016 年全国卫生与健康大会上，"大卫生，大健康"的理念由习近平总书记提出并强调全民健身在健康中国建设中的战略地位，深度融合全民健康和全民健身。进入快速发展时期，我国体育产业业态裂变与跨界融合成为一种趋势，逐渐加速体育产业与互联网的跨界融合，尤其是科技支撑由"互联网+"向体育产业发展所提供，新的业态形式因此产生。体育特色小镇模糊产业结构的划分，迎合时代的发展趋势，将文化、生态、培训、房地产、旅游、健康养老、金融、科技等跨界融合体育产业，把"大体育"的理念充分体现。例如，依托于"国家运动休闲示范区"和"中国体育产业基地"的杭州富阳区，将中国智慧体育产业联盟引入，投资逾 50 亿元，将中国首个"产城人文"融合的智慧体育特色小镇建造出来。位于富阳银

---

① 卓勇良．政府公共政策供给的逻辑必然与创新——浙江特色小镇规划建设的理论思考［J］．决策咨询，2016（2）：26-29，83.

湖新区，小镇有3平方千米的规划面积，运用"体育+互联网"的产业模式，对研发、培训、资本、基地、体验、应用进行资源的整合。建成总部经济区、教学培训区、产业集聚区、展示体验区，估计投入运营后年产值可达300亿元。

（三）新型城镇化相关理论

1. 新型城镇化的出现

国外城市化进程对我国城镇化进程产生了深刻影响，西方城市化起源于18世纪工业革命，为了加快城市化进程和获得经济利益，资产阶级盲目圈占农民土地，剥削农民，破坏生态环境，造成工业污染等城市化问题。为了规避西方传统城镇化的诟病，城镇发展的集约性在新型城镇化建设中更加注重，城乡统筹在新型城镇化建设中更加注重，城镇化的区域性在新型城镇化建设中更加注重，城镇化的社会性在新型城镇化建设中更加注重，城镇化质量内涵的提升在新型城镇化建设中更加注重，城镇化的协调性在新型城镇化建设中更加注重。

改革开放创造的中国奇迹，使中国拥有了城镇化转型升级的资本、人才和技术基础。作为一个发展中的大国，中国有空间广阔、人口众多、分布不均、发展水平差异大、资源短缺的特征，所以中国城镇把大国规模经济的优势利用好，力避长距离、高成本流动和过度聚集。主要将我国城镇化的发展思想分为两个阶段：第一阶段是1978—2002年，改革开放之后的早期城镇化发展思想。第二阶段是2002年至今的21世纪城镇化发展思想[1]。在第一阶段，由于缺乏对城镇化发展的科学规划，重形式主义，"先污染后治理"，为了提高我国城镇化率，盲目扩大城镇规模，造成了交通拥堵、住房拥挤等社会问题。在第二阶段，2002年党的十六大报告明确提出，坚持走中国特色的城镇化道路，坚持小城镇和大中小城市协调发展。

"走中国特色的城镇化道路"，在2002年党的十六大报告中第一次将其明确地提出来，这标志着我国由传统城镇化迈入新型城镇化建设，说明中国的城镇化建设已经进入新型城镇化建设阶段。在国际上，一般将城市化用"Urbanization"词来涉指，"Urbanization"被称之为"城市化"，这是因为许多国家镇（Town）没有镇的建制，人口的规模也比较小，所以仅指农村人口向城市（City）集中和转移的过程。而早期镇的建制就已经在中国历史上出现，多数镇的规模和人口基本相当于国外小城市，人口不仅从农村向城镇（Town）转移，也向城市（City）转移，这是由中国独特的政治、制度、历史、文化等要素共同

---

① 郭美清. 中国新型城镇化理论研究［D］. 漳州：闽南师范大学，2015.

形塑的。"新型城镇化"一词由来已多年，公认最早是伴随党的十六大"新型工业化"战略提出，依托产业融合，2012年，"把生态文明理念和原则全面融入城镇化全过程，走集约、智能、绿色、低碳的新型城镇化道路"在中央经济工作会议上首次被正式提出，直到将之确立为未来中国经济发展新的增长动力和扩大内需的重要手段之后，才越来越受到各行业和学界人士的关注①。有学者指出，我国城镇化区域发展不平衡，且发展水平严重滞后，2014年3月，国家出台了《国家新型城镇化规划（2014—2020）》指出要加快发展中小城市，优化城市布局、调整产业结构、促进城乡基本公共服务均等化，注重生态和人文建设，推动城乡一体化，以此来推动新型城镇化在我国的发展进程。

2. 新型城镇化的含义

社会生产力发展、科技进步引发了城镇化，集中聚集在非农功能区的非农人口也由散聚居在农村功能区域的农业人口转化而来，现代城市社会由传统乡村社会转化而来的历史过程。不是地理意义和行政上的区域，城镇化地区是承载着非农产业和非农人口的功能区，其具体表现为扩大城市面积、增加的城市人口、增多城镇数目，包括变化空间形态、转变人口职业、转变产业结构，也包括人类社会的生产方式、生活方式和组织方式的变化，所以导致社会、文化、经济、人和环境的变化。本书认为新型城镇化的基本模式应该是：指导方针为习近平新时代中国特色社会主义思想，坚持全面协调可持续推进的原则，以人口城镇化为重心，新型工业化、农业产业化和信息化为动力，发展方式为"内涵增长"，"市场运作、政府引导"为机制保障，走可持续发展道路，建设城乡一体的中国城市。

有学者认为，将核心选择为农村转移人口，通过经济、社会、生态、政治、文化等多元目标协调推进，从而将城乡民众在社会保障供给以及其他公民权利均衡分配、公共服务获取等方面的目标实现，达到幸福生活的状态，这就是新型城镇化的本质。新型城镇化是在城镇化概念的基础上进一步展开的，其在人口集聚、非农产业扩大、城镇空间扩张和城镇观念意识转化各方面与传统的城镇化概念并无显著差异，但在实现这种过程的内涵、目标、内容与方式上却有所区别。我国的许多学者都研究了新型城镇化，盛广耀认为，一种合理的城镇化发展模式来表示新型城镇化，目标是全面提升城镇化的水平和质量，遵循科学发展规律，统筹城乡坚持以人为本，努力实现和谐社会，坚持规模结构合理

---

① 单卓然，黄亚平."新型城镇化"概念内涵、目标内容、规划策略及认知误区解析[J].城市规划学刊，2013（2）：16-22.

和集约发展①。吴殿廷等人认为，要坚持以人为本，新型城镇化是大中小城市、小城镇等共同促进的城镇化②。黄开腾认为传统城镇化与新型城镇化存在本质区别，传统城镇化注重城镇规模的大小，任务是征地拆迁以扩建城镇规模，新型城镇化强调高低质量，坚持以人为本，重点在于将公共服务的均等化水平不断提高③。

有学者认为，新型城镇化把可持续发展、质量和民生作为内涵，把核心目标定为追求幸福、绿色、集约、平等、转型、健康，以实现低碳转型与产业升级、体制创新和制度改革为重点内容、集约高效和生态文明、协调一体与区域统筹为重点内容的崭新的城镇化过程。新型城镇化不仅是人口迁移、地域变迁等有形的新变化，还包括城乡居民思维方式、意识形态以及世界观、价值观和人生观等无形的新变化，国家所倡导的新型城镇化根本目的在于统筹城乡区域发展，缩小贫富两极差距，提高人民生活水平，转变城乡居民的思想价值观念。

3. 体育特色小镇在新型城镇化理论中的应用

新型城镇化的城镇化道路是走以人为本，推进居民的"迁转俱进"；走倾斜平坦的城镇化道路，顾空间的"公平效率"；走产城互动的城镇化道路，保经济的"持久繁荣"新型城镇化。对传统城镇化道路的反思，是习近平新时代中国特色社会主义思想指导下的必然选择，经济社会转型的必然要求，我国实现现代化的必然途径。实现国家现代化的重要标志就是城镇化，我国经济社会发展在新型城镇化推动下有重要的推进作用。国务院于2016年2月出台了《关于深入推进新型城镇化建设的若干意见》，并明确地提出，要求本地区的实际要与地方政府相结合，制定完善的财政、投融资、土地等政策，把核心作为人的城镇化，快速推动特色小镇的发展。我国传统城镇化发展过程中，城乡二元分割和地理上的多样性的体制造成了区域的不均衡发展，特别是人口分布和产业布局差别较大，缺乏在建设规划和发展方面的特色。在"创新、协调、绿色、开放、共享"新发展新理念下，特色小镇是新型城镇化建设的重要路径和呈现方式，具有要素调节、文化传承、结构调节等功能，对于推进新型城镇化和新农村建设、破解传统城乡二元结构、转换经济发展模式具有重要的意义。

---

① 盛广耀. 新型城镇化理论初探 [J]. 学习与实践，2013（2）：13-18.

② 吴殿廷，赵林，高文姬. 新型城镇化的本质特征及其评价 [J]. 北华大学学报（社会科学版），2013，14（6）：33-37.

③ 黄开腾. 城乡协同：新型城镇化背景下乡村治理的新思路 [J]. 云南行政学院学报，2016，18（4）：123-129.

在当前，发展新型城镇化的一种选择就是体育特色小镇，因其具有健身休闲、城乡一体化、产业融合、生态宜居等功能，在一定程度上可以推进体育产业供给侧结构性改革和促进城乡公共体育服务均等化发展。例如，合肥市包河区大圩镇选择契机为承办国际马拉松赛，立足于生态环境和良好基础设施，与景区优势相结合，兴建体育公园、体育休闲广场等，积极打造不仅是安徽省甚至闻名全国的体育特色小镇。

事实上，体育产业与新型城镇化相互作用的新产物就是体育特色小镇，在城市周边选址，合理开发自然资源，加强城市与农村的联结。体育特色小镇有"产业+文化+旅游+社区"的特在功能，契合新型城镇化的发展道路。新型城镇化注重协调、绿色可持续发展，强调以人为本，体育特色小镇要求在保护生态环境的基础上进行开发，尽可能保持原有生态环境，发展理念不断创新，培育美丽宜居、生态环境良好的特色小镇。

体育特色小镇极大程度上缓解了城市压力，作为城市和农村的结合点，小镇增加公共服务供给，平衡经济发展和城乡资源分配，提供新的就业岗位，辐射带动农村发展。体育特色小镇的发展壮大势必会要求政府完善交通等基础配套服务设施，促进体育产业升级转型，促进城乡一体化，打破城乡二元结构，带动农村地区经济发展，提升农村居民的幸福感。在经济新常态下，新型城镇化的新呈现方式就是体育特色小镇，小镇具有调整产业结构、整合多元要素、传承历史文化的功能，对于我国新型城镇化发展和新农村建设有重要意义。

五、新时代体育特色小镇发展的趋势研判

（一）新坐标：中国特色社会主义步入新时代

党的十九大报告作出了"中国特色社会主义进入了新时代"这一重大历史方位的政治判断，不仅明确了社会主义"从传统到现代"实现了跨越，还为党和人民在新的历史时期实现中国梦勾画出一个清晰的历史坐标。"中国特色社会主义进入了新时代"这一历史坐标，对于从时空定位中认清中国特色社会主义的世界性、时代性和飞跃性，明确中国特色社会主义与马克思主义的继承和发展关系、走社会主义现代化道路，以及处理好社会主义与资本主义的关系、中

国与世界的关系等都具有重要理论和现实意义①。"中国特色社会主义进入了新时代"具有非常深刻的内涵，主要在中华民族、社会主义、世界发展等层面上体现。

第一，在中华民族层面上，昭示着中华民族从开始的站起来，到富起来再到强起来的伟大飞跃。自鸦片战争以来，实现中华民族伟大复兴是中国人民最伟大的梦想，这个梦想成为几代中华儿女的夙愿。中国共产党人以毛泽东同志为核心时，推翻了官僚资本主义、帝国主义、封建主义，建立了新中国，让中国人民从此实现了"站起来"的伟大飞跃。党中央以邓小平同志为核心时，解放思想，开放政策实行改革，让中国人民实现了"富起来"的伟大飞跃。党中央以习近平同志为核心时，不忘初心，砥砺前行，坚定不移走中国特色社会主义道路，让中国人民"强起来"。全体中华儿女同心协力，接续奋斗，在中国共产党的领导下，取得了突出的辉煌成就，尤其是党的十八大以来，中华民族的伟大复兴也使得中国人民更有信心和能力去实现。

第二，在社会主义层面，意味着21世纪，科学社会主义在中国将焕发出强大的生机活力。马克思主义衍生出了中国共产党人最根本的使命和初心。中国特色社会主义是建立在马克思主义揭示的人类社会发展规律和科学社会主义在世界产生的巨大影响基础之上的。发表于170年前的《共产党宣言》实现了人类对世界的本质及其发展变化规律在认识上的飞跃，标志着社会主义由空想成为科学。1917年的俄国十月革命，标志着科学社会主义由理想成为现实，由此诞生了人类历史上第一个社会主义国家。第二次世界大战后，世界社会主义获得了大发展，社会主义国家在世界格局的比重剧增。但在20世纪80年代末90年代初，"东欧剧变"的发生使得世界社会主义遭受重大的挫折。而在这个时代的中国以邓小平同志为核心的党中央开辟了中国特色社会主义道路。之后，中国共产党创新科学社会主义的理论与实践，特别在党的十八大以来，中国所取得的辉煌成就堪称社会主义发展史上的奇迹，步入新时代后，在世界上中国特色社会主义伟大旗帜已经高高举起。

第三，随着中国特色社会主义步入新时代，在世界发展的层面，昭示着中国特色社会主义道路是当代中国人民自己的道路，是为发展中国家解决人类社会发展问题、走向现代化作出重要的贡献。1945年后，多数发展中国家选择走资本主义道路，而如今却陷入现代化陷阱，但走中国特色社会主义现代化道路

---

① 秦刚，郭强. 社会主义"从传统到现代"的新发展——从社会主义发展进程看中国特色社会主义进入新时代 [J]. 科学社会主义，2018（1）：11-16.

是中国所作出的选择。40多年改革开放发展，许多举世瞩目的成就被中国不断取得，不仅为一些发展中国家提供了中国经验和方案，而且有力地回击了西方诋毁中国的"专搭便车论""一国利己论"等言论，打破了长期垄断话语权的西方现代化模式。中国所推进的全球治理体系变革、推动经济全球化和减少全球发展不平衡、构建以合作共赢为核心的新型国际关系、推进"一带一路"建设等措施和方案，不仅为许多发展中国家指明了发展道路，而且对建立公正合理的国际秩序，促进人类文明发展都作出了贡献①。

作为习近平新时代中国特色社会主义思想的重要内容，"以人民为中心"是长期以来贯穿党和国家理论与实践的一条主线。习近平总书记多次提出，自党的十八大以来，坚持"以人民为中心"的发展思想就是新时代所要解决的社会主要矛盾，奋斗目标是实现人民对美好生活的向往。进入新时代后，在顺应广大人民对美好生活向往的前提下，大力发展体育产业，树立"以人民为中心"的理念，以丰富产品的有效供给为基础，以发展运动项目产业为核心，以业态融合化、产业集群化、产品服务高端化和运营主体集团化为方向，以促进体育消费为根本，以完善产业体系为关键，提升体育产业能级②。推进体育产业供给侧结构性改革是破解新时代体育产业发展中心矛盾的工作主线，围绕"人民日益增长的美好生活需要"，大力发展体育产业，将人民群众的体育消费水平不断提高，体育产品的效益和供给质量不断提升，以满足人民的体育需求为最终目的，从而带动人的全面发展和社会的全面进步。

地方政府和国家在制度层面上，陆续出台了许多相关政策，例如，金融和财政政策、无形资产开发保护和创新驱动政策、健身消费政策、就业和人才政策、价格和税费政策、建设体育特色小镇的土地政策和规划等，体育产业升级与转型通过有效的制度供给来提升。发展体育特色小镇，在机制方面，坚持"放管结合、优化服务、简政放权"的原则，正确处理市场和政府之间的关系，将政府引导作用不断发挥，将市场机制引入，借助市场活力的激发，不断将产业发展的体制机制进行创新。地方政府和国家在制度层面上，陆续出台了许多相关政策，例如金融和财政政策、无形资产开发保护和创新驱动政策、健身消费政策、就业和人才政策、价格和税费政策、建设体育特色小镇的土地政策和规划等，体育产业升级与转型通过有效的制度供给来提升。发展体育特色小镇，

---

① 杨军."三个意味着"诠释中国特色社会主义伟大意义［N］.人民日报，2017-10-17（7）.

② 艾四林，康沛竹.中国社会主要矛盾转化的理论与实践逻辑［J］.当代世界与社会主义，2018（1）：13-18.

在机制方面，坚持"放管结合、优化服务、简政放权"的原则，正确处理市场和政府之间的关系，将政府引导作用不断发挥，将市场机制引入，借助市场活力的激发，不断将产业发展的体制机制进行创新。同时，建设体育特色小镇，也建造出人人共享的保障机制，将体育产业发展要依靠人民进行了着重强调，让人民都能享受到发展的成果。建设体育特色小镇，在技术层面，把主引擎设为改革创新，选择契机为"体育+互联网"，强调体育资源产业与整合跨界融合，带动生产要素市场化的推动，促进形成社会组织、市场、政府等多元参与的治理格局。

今天我国经济的发展与特色小镇的建设进入新常态，与新发展理念的提出，以及新一轮城镇化实践都有着密切关系，甚至可以说，经济发展进入新常态的背景下，当今的特色小镇是我们在新一轮城镇化过程中主动以创新驱动发展的结果。由于我国各地自然资源、经济背景迥异、地域辽阔的原因，导致特色小镇在不同地方、省份的发展模式与界定方式也各有不同。国家发改委于2016年2月，组织了一场关于特色小镇的专题发布会，贵州、浙江两省特色小镇的相关负责人在会议上就相关经验进行了发言。

在我国发展特色小镇的过程中，贵州、浙江两省在中央的推广和肯定下，特色小镇扩展得到且拓展速度迅速，多地开花，也正因如此，一直将贵州、浙江看作特色小镇发展的典型地区。新常态下，借助自身的块状经济、历史人文、信息经济、山水资源等独特优势，浙江加快发展了一些特色小镇，这对动力转换现实难题和破解经济结构转化有利的同时，也符合经济社会的发展规律，这是浙江引领和适应经济新常态的重大战略选择①。基于浙江的普遍实践，可以看出，浙江版的特色小镇是按照创新、协调、绿色、开放、共享的新理念发展，找准其产业定位，结合其自身特质，挖掘人文底蕴、生态禀赋、产业特色，对其进行科学规划，从而形成"产城人文"四位一体有机结合的重要功能平台②，而不是行政区划单元上的"镇"，也不与风景区、产业园区上的"区"相同。

（二）新时代体育特色小镇发展的时代背景

1. 利好政策吹响冲锋号

关于促进体育旅游产业发展及体育产业的一系列政策纷纷出台，这为产业

---

① 常晓华，屈凌燕，王政. 钱潮云起畅想 小镇独领风骚——特色小镇推进浙江创新创业速写 [J]. 杭州科技，2016（2）：16-19.

② 李强. 特色小镇是浙江创新发展的战略选择 [J]. 小城镇建设，2016（3）：9-14.

发展描绘美好蓝图的同时，也使政策保障了体育产业的持续发展。从体育产业总规模的来看，国务院《关于加快发展体育产业促进体育消费的若干意见》中提到，体育产业总规模到 2025 年将超过 5 万亿元，使其成为重要力量来推进经济社会的持续发展，《体育产业发展"十三五"规划》中提出，实现在"十三五"期间体育产业总规模超过 3 万亿元，产业增加值达到国内生产总值比重的 1%。2015 年，体育产业规模在我国的总产值为 1.7 万亿元，其未来的发展潜力无可估量。

从产业落地载体的角度来看，《旅游产业"十三五"规划》中明确提出，建设 100 个国家体育产业示范单位、100 个国家体育产业示范项目、50 个国家体育产业示范基地。《关于大力发展体育旅游的指导意见》中明确表明，到 2020 年，在全国将 100 家国家级体育旅游示范基地建成，将 100 条体育旅游精品线路打造成功，培育 100 家具有较高市场竞争力和知名度的知名品牌和体育旅游企业，将 100 项体育旅游精品赛事成功推出，同时建成 100 个具有重要影响力的体育旅游目的地。因此不管是体育旅游示范基地、体育旅游目的地，还是体育产业示范项目、体育产业示范基地，都和体育小镇保持着天然的契合，作为其他产业和体育融合发展的重要载体，体育小镇既能够满足从实物型向观赏型和参与型扩展的需求消费方式，也能助力供给侧结构性改革，既是消费聚集区，也是产业聚集区。在地方有关体育产业的实施意见中，体育小镇这一形态的发展已经开始了探索。

2. 体验式消费拉动内需

已出台的各大政策所要解决的首要问题就是挖掘与释放消费潜力。《体育产业"十三五"规划》中提出，在"十三五"时期我国体育消费方式要从实物型消费向观赏型和参与型消费扩展，一些具有消费引领性的休闲项目的发展也在多个政策文件中提出并得到支持，且户外运动、特种运动、体育竞赛表演、冰雪运动将成为发展重点。发展户外运动在《关于加快发展健身休闲产业的指导意见》中明确提出，重点项目为攀岩、露营、登山、拓展、徒步等山地户外运动项目，摩托车、汽车运动项目，冰雪运动项目，热气球、飞机跳伞、航空模型、运动飞机、滑翔、轻小型无人驾驶航空器等航空运动项目，赛艇、摩托艇潜水、漂流、帆船、皮划艇、滑水等水上健身休闲项目。此外，《关于加快发展健身休闲产业的指导意见》中，还从历史人文角度提到了主要特色运动项目，不仅有龙舟、舞龙舞狮、武术等民族民间健身休闲项目，也涵盖了击剑、马术、高尔夫、电子竞技等时尚运动项目。我国经济工作的基本立足点已成为拉动内需和促进消费。随着居民消费逐渐从功能消费、基本消费过渡到体验消费、健康消费，具有高度体验性和参与性、以健康为本的体育产业，将会面临着巨大的消费释放机遇，转向供给侧改革的消费应该是其未来的发展方向。当前我国人均体育支出，与美国相比，只占美国的1/50，与日本相比，只占日本的1/40。

在业态上，不只是传统专业的竞技赛事，体育产业的消费还与健康、养老、旅游、亲子、养生等协同"多元化消费"——融合了户外运动、餐饮、休闲、健康、养生、赛事、教育培训、购物、娱乐等多种消费业态。以太极、瑜伽、慢跑等为引领的健康运动，以山地运动、航空运动、冰雪运动、水上运动等为引领的户外运动，除赛事之外，都将成为未来的消费业态且发展前景良好。国外研究经验表明，整个运动休闲市场中，水上运动、高尔夫运动、山地户外和冰雪运动等占据了整个市场的80%。在人群上，整个家庭的消费都由体育消费所带动——中青年体育休闲娱乐、中老年体育健康养生、青少年体育教育培训，唯有消费业态能够适应不同人群，才能做到可持续发展。消费频率上，体育消费是一种重复性的消费，能够不间断且重复地吸引人群。此外，不同于观赏性消费，体育消费的参与性体验性较强，可以通过吸引居住的方式产生夜间的消费。所以，"白天体育休闲运动+晚上赛事表演及其他休闲娱乐"的消费业态结构将在体育小镇形成。

3. 产城融合带来"外溢效应"

国务院于2014年出台46号文件并确定了政策方向就是"促进体育产业与其他产业相互融合"，明确地提出"促进体育传媒、体育广告、体育旅游、体育影视、体育会展等相关业态的发展，带动养老与体育服务、教育培训、设计服务和文化创意等融合"；国务院于2016年10月印发了《关于加快发展健身休闲产业的指导意见》，文件中提出推动"体医结合"，发展康复医学与运动医学，促进养老、健康、林业、通用航空、文化、教育、农业、交通运输、水利等产业融合发展；《关于大力发展体育旅游的指导意见》于2016年12月发布并在文件中进一步强调，"不断加强教育、养老、水利、通用航空、文化、健康、林业、农业等产业与体育旅游的融合发展，培育一批特色化、复合型体育旅游产品"。由此可见，在未来教育、健康、地产、信息、文化、旅游、养老、金融农业、传媒等产业与体育的融合发展将进一步加深，且体育产业的增值空间也将会由融合后的"外溢效应"所占据。

城市更新、形象传播和发展的重要载体一直是体育产业。首先，产业聚集由体育产业的发展所形成，其能带动增加就业人口，形成常住居民，同时，把

"体育休闲项目"设置为核心，把通道设置为旅游，从而聚集大规模的外来游客，使得游客聚集构成游购娱食住行等多样化的消费结构，这样聚集消费产业，用产业结构构成城镇发展，能够带来大量的服务人口和就业人口。当地居民与这些人口相结合，对城镇交通、金融、文化、居住等产生需求，如此推动形成城镇化结构。其次，体育小镇发展的基础是完善的配套服务和体育设施。城市服务设施和基础设施的更新将被体育产业的发展所极大地推动。北京冬奥会和北京奥运会的举办，对张家口和北京城市建设所起到的促进作用，就足以说明这一点。再次，高质量的生活方式就是对体育最好的描述，是有闲有钱时的一种消费，它的根本是健康。所以，发展体育产业，对人们的生活质量有着极大的提升，对人们的幸福指数也有着极大地提高。最后，特别是体育小镇中的赛事，有非常强的传播能力，发展体育产业，无形中对城市的形象起到了宣传的作用。

4. 新型城镇化提升竞争力

城镇化是现代化的必经之路，是我国发展最大的潜力和动能所在，新型城镇化是供给端和需求端的连接线，是供需两侧发力的黄金结合点。当前国家推行特色小镇建设，虽然赋予了新兴产业培育、传统产业转型等重任，但只有回归到现代城镇体系特色小镇才具有竞争力。在当今两极分化的房地产业在三四线城市"去库存"的背景下，不仅不能建设以房地产企业主导的"特色小镇"，而且势必会导致房地产库存的增加，唯有发展小镇产业的特色化，才能可持续发展特色小镇。作为连接农村与城市之间的纽带，小城镇不仅在城镇化过程中，起到将大量农村富余人口涌入大城市即"蓄水池"分流的作用，也把城镇化社会的成本降低，同时统筹城乡发展作用。

在目前，有两种类型特色小镇的建设受国家的鼓励：其一是财政部、住房城乡建设部、国家发展和改革委员会联合发布的《关于开展特色小镇培育工作的通知》（建村〔2016〕147 号）中所指的特色小镇。这类特色小镇，通常是县城关镇除外的建制镇。到 2020 年，在全国将培养近 1000 个商贸物流、教育科技、美丽宜居、休闲旅游、现代制造、传统文化等特色的小镇，其主要特点是美丽环境和谐宜居、设施服务便捷完善、产业形态特色鲜明、传统文化彰显特色、体制机制充满活力。其二是在 2015 年 1 月，《政府工作报告》在浙江省十二届人大三次会议上通过，把浙江省新一轮更大范围的战略布局设置为建设特色小镇。但是，浙江省所提出的特色小镇，"非镇非区"才是其本质。既不是产业园区的一个区，也不是行政区划单元上的一个镇，而是按创新、协调、绿色、开放、共享的新发展理念，聚集七大新兴产业即环保、旅游、金融、信息经济、健康、高端装备、时尚，兼顾丝绸、中药、木雕、石雕、文房、茶叶、黄酒、青瓷、根雕等历史经典产业，融合文化、社区、产业、旅游功能的创新发展平台。

之所以浙江省特色小镇如此引人瞩目，其原因在于培育发展特色小镇时在体制机制上的创新，这不仅来源于浙江实践基础，也来自国外特色小镇经验借鉴。浙江省政府于 2015 年 4 月公布了《关于加快特色小镇规划建设的指导意见》，在其中将特色小镇概念的明确表明，还有对规划建设程序、组织领导、整体要求和政策措施。按照创新、协调、绿色、开放、共享的新发展理念，特色小镇挖掘人文底蕴、生态禀赋和产业特色，找准产业定位，进行科学规划，结合自身特质，形成四位一体即"产、城、人、文"有机结合的重要功能平台：一是实行"政府引导、市场主导、目标先导"的新机制，发展小镇的特色；二是构筑产业创新高地，将产业定位为"特而强"，锁定产业的主攻方向；三是做到功能叠加"聚而合"，做到旅游功能、社区功能、产业功能和文化功能融合、叠加；四是多维展示建筑特色、生态特色，做到建设形态"精而美"。

（三）体育特色小镇发展前景

1. 从发展规律来说

从第一批"特色小镇"中，我们可以清晰地看到，有 18% 是文化，有 50% 是旅游，这些都是可以借力在未来体育小镇发展中的，因为其他产业可以跟旅游小镇融合发展的，所以在有市场条件和资源环境的地方，体育跟旅游的融合发展非常适宜，这就变成了"体育小镇"。我们预判，如果能在旅游产业的助力下，将融合发展实现，那么 1+1>2 这样的发展作用就一定可以实现。从世界发展规律来看，达沃斯小镇体育产业的发展是非常发达的，在 1871 年的时候，它就已经将欧洲最大的天然冰场建设成功，早在一百多年前，就将休闲旅游拿来发展了，同时把相关休闲体育运动的设施进行了建设和完善，包括世界第一条滑雪隧道、第一个高尔夫球场、第一条雪橇道等。因为体育休闲旅游的发展有着良好的态势，所以出现了很多的会议、论坛，形成了一个高大上的发展定位。

2. 从体育政策来说

首先，国务院 46 号文件中提出了很多体育供给、体育产业经济转型和体育产品的相关要求，还有打造休闲健身产业带和聚集区、提出体育产业示范基地等，这些都是发展"体育小镇"的重要前提，包括强调体育公共服务的体制机制由政府来购买，市场在体育产业的发展中更多地发挥能动作用等。

3. 从资本方面来看

很多的专家学者或者金融机构认为，体育行业的爆发时机在我国消费升级路径的预示下，已经快要到来，未来十年将是黄金时期。其实从历史上来看，借鉴很多国家的经验后，也会得到一个结论，国民经济中最具活力的增长点将是休闲体育产业。

（四）新时代体育特色小镇发展的主要趋势面

1. 顶层设计逐步完善，政策提供"便利东风"

在特色小镇井喷式发展趋势下，政策具有规范、引领和监管的作用，积极的、明确的政策，为特色小镇的建设与发展提供了"便利东风"。随着人民对于美好生活的愿景日益强烈，2016 年开始，国家高度重视特色小镇建设，颁布了一系列利于小镇发展的政策。

财政部、国家发改委、住建部于 2016 年 7 月联合颁布《关于开展特色小镇培育工作的通知》，是特色小镇建设与发展的一座里程碑。随后，又颁布了《关于推进政策性金融支持小城镇建设的通知》，加大对特色小镇建设的信贷支持力度，切实利用政策性金融支持，拓宽特色小镇的资金渠道，全面推动小城镇建设发展。在《关于实施"千企千镇工程"推进美丽特色小（城）镇建设的通知》中，提出"市场化运作、企业主体、政府引导"的建设模式，引导社会资本参与特色小镇建设，促进小镇与企业共同成长、融合发展。在激励政策推动之下，我国的特色小镇"如雨后春笋般"快速发展，文化小镇、基金小镇、旅游小镇、体育特色小镇纷纷入驻特色小镇领域。

国家体育总局于 2017 年 5 月颁布《关于推动运动休闲特色小镇建设工作的通知》，不仅明确了申报和推荐特色小镇的要求，而且官方界定"运动健康特色小镇"概念。同时，纳入试点培育的小镇，要求各部门对其经费、赛事资源、体育设施、相关政策提供全方位的支持，助力体育特色小镇健康协调可持续发展。

2. 培育对象基本确立，投资发展"争奇斗艳"

浙江省之所以成为我国特色小镇发展的先行者，主要原因在于其独特的块状经济为特色小镇的发展创立了良好的经济环境，以及"自愿申报→分批→年度考核→验收命名"的科学合理程序。2015—2016 年先后公布了两批特色小镇，特色小镇的浙江模式成为全国各地的关注焦点。在全社会的高度重视下，各部门将特色小镇建设逐步提上日程。随着国家政策的支持与推动，住房城乡建设部于 2016 年 10 月公布了第一批中国特色小镇名单，于 2017 年 8 月公布了第二批中国特色小镇名单，总计 403 个。在体育产业的"黄金十年"，体育特色小镇经历了"启蒙、研发、实践"三个阶段，当下正是体育特色小镇由科学规划逐步向落地实践的关键时期。国家体育总局于 2017 年 8 月公布了《关于第一批运动休闲特色小镇试点项目名单的通知》，基本确立了我国首批体育特色小镇培育对象，全国 31 个省、直辖市、自治区中，成功入选的运动休闲特色小镇为 96 个。从各地方申报小镇的主题来看，主题中带有"运动休闲"词汇的小镇 63 个，占比 65.63%。体育特色小镇建设的基本要素是资金，也是获取其他基本要素的重要手段。特色小镇具有投资规模大、建设周期长等特点，短期类的投资并不能快速变现，必须要经过数年的精心运营后方可回收资本，这对小镇所在地的政府部门、管理部门、运营部门提出了更高的要求。然而，近年来我国体育产业国内生产总值稳定增长，体育产业总规模于 2016 年就达到了 1.9 万亿元，为我国体育市场的稳定发展和培育成形提供强劲动力。在此市场环境下，积累了大量社会资本，投资者的热情持续增长。国家的高度重视各地体育特色小镇建设与发展并推出各类支持政策，虽各地体育特色小镇投资规模具有差异，但也保障了体育特色小镇建设目标的实现。宝鸡市金台区体育特色小镇采取"企业运作、政府主导、合作共赢"的市场化运营方式，采用 PPP 模式即"公私合营"，引进具有突出产业、金融资源优势的社会资本与政府合作，总投资达 320 亿元，以实现"产业高度聚集、城镇功能完善、生态环境优美"的建设目标。而驻马店市确山县老乐山北泉体育特色小镇投资 21 亿元，以独特的"体育+休闲+文化+旅游"功能为开发中心，全方位打造运动休闲旅游综合体，使老乐山景区的单一观光游困状得到改善，促使"全民健身动起来、地方文化活起来"的运动休闲度假游、文化旅游、体育旅游的转型升级，以实现老乐山建成生态旅游胜地与特色文化高地的目标。

3. 运营模式因地制宜，小镇发展"各显神通"

随着体育产业相关支持政策的陆续发布，浙江省体育产业发展也迎来它的"黄金期"，也使体育特色小镇日益受到重视，全省各地也顺势而为，依托自身优质的自然资源，结合自身的体育资源，积极培育体育特色小镇。2015 年 6 月浙江省公布了第一批特色小镇建设名单，2016 年 1 月公布了第二批特色小镇建设名单和培育名单，足以证明浙江省的特色小镇发展已经走在了前列，其独特的"浙江模式"成为典范，成为全国各地的学习对象。虽然良好的运营模式是确保特色小镇持续性长久发展的重要因素，但我国文化、经济、地域等方面存在较大的差异，"浙江模式"并不是所有特色小镇运营发展的良策。选择运营模式还需量体裁衣、因地制宜，各地根据自身实际具体来选择。

4. 平台化运营模式

运动休闲特色小镇的主题是运动休闲，构建集运动健身、文化宜居、养生康复、时尚休闲等功能于一体的体育产业发展平台和新型空间区域①。所谓平台，就是为客户和合作参与者提供软硬件相结合的环境或场所，它本身不制造产品，而是实现交易、推动合作②。因此，体育特色小镇须充分利用当地体育资源，建设体育平台，推动体育消费，促进小镇体育产业快速发展。2017 年 8 月，全国唯一一个被中国网球协会授予"中国网球特色城市"荣誉称号的城市是湖北省京山市，成功进入 96 个运动休闲特色小镇行列，有约 80 亿元的总投资。小镇的主要特色是网球运动，建设户内外网球体育场、网球赛事中心、多功能综合馆，以及后期的教育、医疗、商业等基础设施，使其成为我国网球运动推广示范基地，承接国内外网球赛事、培训的卓越平台。

体育旅游运营模式：产业融合是不同产业或同一产业内的不同类别行业相互交叉、渗透，合作共赢，融为一体，逐渐形成新的动态发展过程③。

体育旅游的载体是体育，体育产业与旅游产业交叉融合而生的新兴业态是休闲游玩活动，这种新兴业态以旅游为主要形式。体育特色小镇充分将旅游产业的优势发挥出来，推动体育产业与旅游产业"互利共赢"。河池市南丹县是中国少数民族白裤瑶主要聚居地，也是歌娅思谷体育特色小镇所在地，居住有白裤瑶人口 1.9 万。该小镇依靠当地独有的少数民族的人文环境，以"广西农业旅游示范点""广西民族风情旅游示范点""国家 4A 级旅游景区"为依托，大力开展民族体育项目，开展打腰鼓、斗牛、踩高跷、打磨秋、背篓球等民俗特色活动，将"观光式"旅游和"专业式"体育转变为"体验式"旅游和"平民式"体育。以"全区旅游"为中心，以"多规合一、多产融合"为定位，打造"体育+文化、农业、旅游、就业"的全面多产业发展模式，凸显歌娅思谷运动休闲特色小镇的民俗体育文化特色。

---

① 陈刚.打造体育健康特色小镇 助力"强富美高"新江苏［N］.新华日报，2017-04-25
（008）.

② 李庆雷，沈琼.旅游特色小镇平台化运营模式探析［N］.中国旅游报，2018-07-03
（01）.

③ 厉无畏，王慧敏.产业发展的趋势研判与理性思考［J］.中国工业经济，2002（4）：5-11.

体育扶贫运营模式：在党的十九大报告中，习近平总书记明确指出"要动员全国全党社会力量，坚持精准脱贫、扶贫"。体育扶贫同样是建设体育特色小镇的重要任务之一。体育特色小镇建设发展要紧密联合脱贫攻坚任务，展现体育特色小镇的涓流效应和扩散效应，以体育产业发展促进地方经济、文化等各项事业综合发展，做到精准脱贫、扶贫。马山攀岩小镇是第一个通过"体育+旅游+扶贫"模式扶贫的小镇，成为推动马山经济发展的动机，也是以精准扶贫为背景，打造体育扶贫的创新试点①。马山的体育扶贫模式给当地农民带来巨大的经济收益，当地两百多位农民的失业问题得到解决。并且通过承办各种体育赛事，让小镇的竞争力和吸引力得到有效提高，马山县长期以来经济发展的桎梏被打破，"体育+旅游+扶贫"的品牌效应得到进一步完善，成为推动马山县打赢脱贫攻坚战的巨大驱动力。

5. 体育特色小镇建设更加规范，多元治理模式逐渐形成

实践证明，体育特色小镇的共识是"产业立镇"，体育特色小镇的潜力受体育产业的特色性与可持续性决定。体育特色小镇已成为中国体育产业发展和经济社会转型的全面改革试验区，随着小镇从规模扩张阶段逐步转向质量提升阶段，一些无利于民生福祉、不符合市场规律的小镇将渐渐衰败，某些符合发展需求的体育特色小镇可将动能充分发挥出来，成为推动体育产业高质量发展的引擎。体育特色小镇将进一步提升新型城镇化水平。城镇化是现阶段经济增长的强劲动力源泉，城镇化的关键在于打破"城市—乡村"二元替换的界线。作为一项新兴事物，体育特色小镇正是结合城市功能与乡村功能、实践创新融合的场域。步入新时代，体育特色小镇建设将进一步带动农民有序城市化，破解动能转换和经济结构转化的难题，促进我国体育产业供给侧结构性改革。党的十八届三中全会以"社会治理"替代"社会管理"，使传统的以单维度政府为主的体育管理模式向多维度的体育治理转变。作为体育治理的"微单元"，体育特色小镇治理将由政府、社区、体育社会组织、体育企业、公民等多元主体通过协商、合作、互动进行合作治理。目前，体育特色小镇建设中已经广泛运用PPP模式，预计未来将持续呈现上升趋势。体育特色小镇是具有明确体育产业定位、一定社区功能、文化内涵和旅游功能的发展平台，不仅是同业企业共同创新、合作共赢的企业社区，也是带动体育产业不断发展的空间载体。可以预判的是，体育特色小镇将在未来进入"内涵"发展时代，建立长效机制，政策

---

① 杨毅然，沈克印．精准扶贫背景下体育特色小镇助力体育扶贫研究——以广西马山攀岩小镇为例 [J]．体育研究与教育，2018，33（4）：24-29．

推动体育特色小镇快速度、高质量发展，将关注到更多实质性的问题。特别是2018 年 8 月 30 日，国家发改委下发的《关于建立特色小镇和特色小城镇高质量发展机制的通知》，提出了若干对特色小镇的发展有利的规范管理措施，要求各地政府认真查摆问题、严格对标对表、落实整改细则，初步明确特色小镇的基本条件，同时鼓励各地区创建多种不同类型特色小镇，避免模式雷同、千镇一面。2019 年之后，将进一步建立健全规范体育特色小镇建设与发展的长效机制，着实加强对特色小镇的统筹指导，推动特色小镇快速，高质发展。在市场的主导下"优胜劣汰"常态化，具备长远体育产业资源优势和体育战略规划的体育特色小镇开发商、体育产业经营商等，将进入并占领体育特色小镇发展的前沿阵地，各地资源持续向其汇集，逐步凸显"排头兵"效应，将逐渐淘汰缺少体育特色和产业资源的体育特色小镇。2020 年之后，将进一步明确体育特色小镇产业产品线，为体育特色小镇提供源源不断的可持续发展动力，在促进体育产业高质量发展中发挥重要作用。

第三节　海阳市沙滩运动特色小镇的理论阐释

一、海阳市沙滩运动特色小镇概述

所谓的沙滩运动特色小镇，就是在体育特色小镇的基础上以沙滩运动为特色运动所建立的集运动、休闲、旅游、养生于一体的特色小镇。沙滩运动特色小镇的宗旨还是以体育运动为基础来带动相关产业的发展，打造一个综合的特色小镇。

二、海阳市沙滩运动特色小镇建设的概念、内涵、目标、特点

（一）海阳市沙滩运动特色小镇概念

小镇的最终目标是打造以滨海休闲、沙滩运动、生态体验为主、产业集聚融合、休闲娱乐、康体疗养、生态环境良好等，建设全国唯一的文化气息浓厚、体育特征鲜明、常态化节庆演艺活动、结合运动健身、惠及人民健康的沙滩运

动特色小镇。打造具有特色的沙滩运动产业集聚区和产业生态链，打造多元化、立体式、全覆盖的旅游休闲带，打造国内竞争力强的沙滩运动特色小镇。

（二）海阳市沙滩运动特色小镇的内涵

依托烟台海阳市丰富的经济社会资源和优越的自然生态环境，结合国家产业政策和区域发展格局的有利条件，小镇以健康体育、产业融合、教育培训、科研双创孵化、国际互联网远程体育教育，以具有顶尖而丰富的赛事体系和运动休闲产业运营项目为主要目标，努力打造我国首个沙滩运动特色小镇。

小镇发展的总体战略定位：

1. 建成中国第一个集沙滩运动特色、国际产业融合型的体育特色小镇。

2. 打造教育与科研相结合的国际体育教育科研培训基地。

3. 打造文体休闲、健美养生与大众旅游相结合的国际健康休闲旅游之城。

（三）海阳市沙滩运动特色小镇的建设目标

1. 科学规划，合理布局，构建定位准确，良性运作的沙滩运动特色小镇

打造海阳市沙滩运动特色小镇的主导产业、完善海阳市沙滩运动特色小镇的产业基础设施及合理的运作机制（包括开发模式、运营机制和管理模式等）。海阳市沙滩运动特色小镇规划要彰显沙滩运动特色，突出小镇核心竞争力，创新小镇商业模式、发展模式，体现出海阳市沙滩运动特色小镇的文化、平台、集聚、教育、娱乐、产权保护、发展等社会功能。

2. 实现海阳市沙滩运动特色小镇的可持续发展

海阳市沙滩运动特色小镇的核心要素是产业集聚，而产业集聚的基本形态是产业链。海阳市沙滩运动特色小镇要实行专业化分工与协作，通过空间产业集聚实现集群化，体现出一定的集群特征和集群效应。海阳市沙滩运动特色小镇的产业链条要完整，以价值链为基础，一般产业链、内在产业链、协同产业链等多种形态并存，形成强势带动型、优势互补型和均势整合型等几种模式产业链的组合，形成从创作源头到最终消费者的完整的供应链，并通过海阳市政企互动获得较好的绩效，增强海阳市沙滩运动特色小镇的竞争优势，最终实现海阳市沙滩运动特色小镇的可持续发展。

3. 保持海阳市沙滩运动特色小镇的核心竞争力

强化海阳市沙滩运动特色小镇特色，培育沙滩运动特色主导产业，支撑有特色的沙滩运动文化产品，突出沙滩运动产业品牌形象，体现沙滩运动个性，

保持海阳市沙滩运动特色小镇的核心竞争力。

4. 培养海阳市高层次沙滩体育文化产业人才

海阳市沙滩运动特色小镇发展的关键是人才。通过制定人才培养规划、增加人才培养经费投入、政府颁布相关优惠政策、各组织单位合作培养人才、各组织单位共建研发机构等方式，形成产、学、研通力合作机制，把海阳市沙滩运动特色小镇变成产、学、研相结合的重要基地和文化产业人才培养的高效平台。

5. 规范海阳市沙滩运动特色小镇建设

建设海阳市沙滩运动特色小镇，需制定相关的体育文化产业优惠政策，从政策服务、技术指导、创业设施、经营管理等各方面做好服务，面向市场打造属于自己的文化产业链条。采取各种积极措施，努力解决海阳市沙滩运动特色小镇所存在的问题，制定海阳市沙滩运动特色小镇的发展目标及策略，集中体现海阳市沙滩运动特色小镇的"研发、培训、孵化、展示、交易"功能，形成特色优势，使海阳市沙滩运动特色小镇做大做强。

（四）海阳市沙滩运动特色小镇的特点

1. 造海阳亮丽的新名片

（1）体育赛事产业

沙滩运动赛事产业是小镇发展的龙头，全年皆有特色体育运动，月月有活动、有比赛，年年有一项或几项重量级赛事（甚至是世界级赛事），通过组织各种规模和形式的沙滩运动比赛，打造城市品牌，积聚人气，带动周边产业发展。海阳市于 2012 年举办了第三届亚洲沙滩运动会，海阳沙滩运动特色小镇在举办各种单项沙滩赛事的基础上，积累经验，旨在打造"全国沙滩运动会"品牌，并将它打造成国内顶尖级的沙滩运动赛事。依托海阳地域特色的沙滩运动项目（沙滩足球、沙滩排球、沙滩篮球、大秧歌、螳螂拳、龙舟、沙滩藤球、沙滩卡巴、高尔夫、攀岩、定向运动、公路轮滑、篮球、羽毛球、门球、网球、广场舞大赛、赛艇、水球、帆船、铁人三项、沙滩马拉松等）进行赛事组织（设备及用品提供、门票销售）运行、赛事传播、体育 IP 运营，带动周边产业（体育博彩、体育营销、体育电商、智能硬件、纪念品、纪念衫销售等）及后续产业（体育旅游、体育教育培训、体育综艺影视、主题乐园、体育博物馆等）的发展。

（2）体育用品（装备、服装等）产业

海阳市的产业基础良好，多次荣膺"中国毛衫名城"称号，被评为 2010 中国经济十大领军（县级）城市、山东省新型工业化产业示范基地。随着市场竞争的日趋激烈，毛衫产业须走多元化发展路线，要进行产业升级，围绕体育设施、体育用品等的生产，开发一个高效、庞大的生产集群与服务集群，包括产品研发、市场分析、配件生产、款式设计、塑胶产品、模具制作、机械制作、营销物流等方面，在小镇内形成体育用品，包括体育装备、运动表演服装等生产集群产业，打造集研发设计、生产、销售、配送于一体的体育用品产业链，形成一个集商业协会、媒体、中介、营销、配送等产后配套服务业链条。随着集群影响力的提升逐渐培育出顶级沙滩运动装备品牌，打造国际沙滩运动知名品牌，生产企业的大量集聚加快了居住、商业、娱乐、餐饮等公共服务功能的升级完善。在小镇的打造过程中，我们要兴起的体育产业包括监测设备和智能体育装备，人们运动时可将运动数据上传至"云"平台，打造健身共享"云"平台，通过"云"平台进行积累和比较，逐渐吸收人气形成市场、形成一条完整的产业链，并将体育+旅游、体育+文化、体育+装备等板块插入"云"平台中，系统地渗透在特色小镇"云"建设中，注重突出线上体育等的优势。

（3）体育教育培训产业

亚沙会主会场海阳市奥林匹克公园以西，碧桂园十里金滩以北，用以建设体育教育培训基地，打造小镇重要产业链之一的体育教育培训产业链。小镇建设初期，我们即着手成立"体育教育培训学院"：①学校要为沙滩赛事培育相关的人员，保证比赛的精彩程度。②与全国各地高校、科研院所联合，以科研院所基地和高校的形式挂牌建设，能够为海阳人民，特别是对青少年展开体育培训评定等级，形成一个培训产业。③培训基地还可以为运动员提供体育研究、技能培训、体育教学、教学实践等专业服务，拥有从大中小学的体育专业培训体系，培养出专业的沙滩体育运动员。④培训基地还可以承办体育、音乐、美术等中考、高考专业培训，在暑假寒假和其他短假期接待学生培训，具备家长亲友陪学、陪练、陪玩、住宿、餐饮、娱乐的场所或项目。

2. 海阳人民运动休憩的乐园

（1）休闲娱乐产业

海阳的最终目标是打造全国沙滩运动特色小镇的旗舰与标杆，那么赛事所带来的消费将是一笔很大的收入。要在湿地休闲区建造一个大型的广场，一个集购物、娱乐、餐饮、住宿、健身于一体的商业区。每一届"全国沙滩运动会"，在赛事期间参会的裁判体育官员、运动员及媒体记者将达万人，比赛持续一周。一周内参会人员由此造成的住宿费用将达好几千万元，餐饮费用上千万元。观众将有十余万人购买门票，再加上周边商品销售（纪念品和当地特色商品），同时也可以在人群聚集的地方打造一条美食城（将海阳的特色美食推销出去），其纪念品和美食的收入将达到千万元，且赞助费、转播费未纳入其中。赛事期间，还可打造几条风格各异的体育旅游线路，招虎山国家森林公园、连理岛、虎头湾、碧桂园金滩温泉运动中心、天籁谷景区、海立方欢乐水世界、云顶自然风景旅游区、地雷战景区等，让各地游客既参观比赛，又游览著名旅游景点，收入将超过千万元。一次重要的体育赛事，将为海阳市带来巨大的经济效益和社会效益。

（2）体育服务业产业

打造沙滩运动赛事表演业、沙滩运动健身休闲业、沙滩运动旅游业、沙滩运动培训业、沙滩运动文化业、沙滩运动装备制造业等以沙滩运动为核心的产业链。以体育产业服务为有效延伸，融合高科技元素助力小镇服务业，推动小镇体育用品的供应，将体育与科技、制造、旅游、文化等融合发展，成为体育产业发展新园区，带动整个培训、医疗、服务、产品销售，及研发、制造、营销、物流等生产性产业链的整个体育产业链。以沙滩运动为主题，助推沙滩体育+旅游产业的融合发展，聚集高端专业人才、高端培训学校、体质监测等体育高端要素，开创国民体质监测、运动医疗、体育培训等特色服务项目。还可承担高水平体育比赛备战任务，也可加强我国竞技体育后备人才储备力量。

3. 胶东地区发展的新地标

依托烟台海阳市丰富的经济社会资源和优越的自然生态环境，结合国家产业政策和区域发展格局的有利条件，小镇建设将引进投资公司，引导社会资本以参股、控股、投资、并购等方式参与小镇项目。投资公司参与小镇建设是一种获得直接经济利益的稳定的投资渠道，打造一个产业平台，形成一个产业集群，社会资本可以通过项目获得较高的预期收益与衍生利益，如通过公共服务设施和商业设施的日常管理与经营获得合理的经营性收入。社会资本的参与可以提高小镇项目的建设效率，拉动区域投资需求和经济发展，使整个社会的资本投资回报率提升。秉持着沙滩体育与产业并重的原则，要把小镇建设成一个集现代融合型的、关注人们健康与生活、以体育产业与休闲产业发展为根本的独具沙滩运动特色的小镇。小镇以健康体育、小镇产业、教育培训、科研双创孵化、国际互联网远程体育教育为主要功能，以具有顶尖而丰富的赛事体系和运动休闲产业运营项目为主要目标，努力打造我国首个沙滩运动特色小镇。

4. 人民向往的幸福城市

根据海阳市的地理特点，以及产业布局来进行总体的规划，提炼出"赛事之乡，安逸之市"的规划理念。即以"沙滩赛事为魂，以旅游服务为魄，以产业加工为底，以舒适安逸为行"。将海阳市打造成我国独具特色的沙滩运动特色小镇。

"赛事之乡"的规划理念，彰显出小镇本身的特色。山—水—赛，确定小镇未来发展的空间结构，在此框架基础下，进行产业的融合发展，配套有关的设施，打造5A级沙滩运动特色小镇。"安逸之市"的规划理念，是对小镇整体规划的一个升华。小镇本身具有浓郁的红色文化（地雷战的故乡），在此基础上进行升华，由红色文化延伸出休闲文化、娱乐文化、家庭文化等。将城市形态设置为舒适安逸的"慢行"城市，吸引更多的人在这安居乐业，将海阳市建设成为山东最安逸的城市和幸福指数最高的城市。

三、海阳沙滩运动特色小镇建设的可行性及发展意义

（一）海阳市发展体育特色小镇的优势

1. 地方特色

海阳市由烟台市代管，属于山东省辖县级市。位于山东半岛东南部，烟台市境南部，东邻牟平区和乳山，南濒黄海，北连栖霞，西接莱阳，西南隔丁字湾与即墨相望。境内地势北高南低，丘陵起伏。有留格庄河、车村河、昌水河、富水河、白沙河等河流。年均气温为12℃，年均降水量为787毫米。境内主要有滑石、石灰石、大理石、硫铁、铜等矿种。海产资源丰富，有梭蟹、对虾、鲅鱼等海产。

2. 旅游资源

历史纪念地与名胜古迹30余处，其中嘴子前春秋古墓群、赵疃地雷战遗址为省级重点文物保护单位，还有海阳万米海滩浴场、招虎山国家森林公园、旭宝高尔夫球场、丛麻禅院、千里岩岛、云顶自然风景区等景点。因此，丰富的旅游资源成为海阳发展特色体育小镇的一大优势。

3. 交通便利

体育特色小镇的开发和建设，需要发达的公共交通系统，可以更好地提供

便利和各项服务。海阳市是胶东半岛重要的交通枢纽。境内蓝烟铁路横贯东西，烟青一级公路、青威高速、青石公路、烟凤一级公路、309 国道、荣兰公路纵横交错；方圆 120 千米之内有青岛、威海、烟台三处大型港口和机场，境内还有大埠圈以及凤城港（国家 2 级开放口岸）等渔商港口，海陆空交通十分方便。只需 1 小时车程便能乘车至烟台、威海、青岛等地，只需 1 小时左右便能乘飞机至日本、韩国。目前，海阳市即墨海阳跨海大桥和烟海高速公路已顺利建成，凤城万吨级深水码头正在建设。

4. 办会和办赛经验

2018 年 7 月 18 日至 7 月 22 日于海阳举办国际排联世界沙滩排球巡回赛公开赛，在国际沙滩健身基地（第三届亚沙会沙滩排球场）举办。海阳作为世界沙滩排球巡回赛的其中一站，吸引了来自美国、澳大利亚、日本、中国香港等30 个国家和地区的百余只队伍参赛，参赛人数超过 160 人，中国队有 9 队组合报名参加。

2012 年，海阳举全市之力开创了县级城市成功举办洲际赛事的先河，受到了国内外的广泛赞誉。近年来，海阳充分借鉴了亚沙会举办经验，陆续筹办了沙足亚洲杯、攀岩世界杯、海阳国际马拉松等国际体育赛事，"亚沙会"精神经过不断锤炼、提升已深度融入海阳人的生活中，成为海阳人不可或缺的精神财富。当前，海阳正以"一二三四五六"经济社会发展基本思路为引领，瞄准跨入烟台"第一方阵"，实现全省县级上游水平奋斗目标，打造"六大名城"，加快实施"六大战略"，致力于把海阳建设成为具有精致品位、开放精神的现代化滨海名城。

依托本次国际排联世界沙滩排球巡回赛海阳公开赛，海阳市将凭借以往举办大赛的丰富经验，发扬传承好亚沙会精神，通过持续办好公开赛，逐步提升赛事星级，最终将海阳打造成"中国沙滩排球名城"，提高海阳知名度和影响力。

（二）海阳发展沙滩运动特色小镇的不足

1. 政府支持力度不够

我国的体育旅游年产值约占旅游业的 5%。中国的体育旅游发展尚不成熟，但中国的旅游市场空间巨大，旅游业的优点为：与传统产品相比，市场利润率高、无淡旺季。体育特色小镇的开发需要政府在政策上给予一定的倾向，加大支持力度，并能够制定出完整、详细并且合理的规划，才能促进整个地区的发展。

2. 市民体育素质缺乏

市民体育素质是指市民参与体育锻炼意识、体育消费观念、体育健康概念等多方面的总称。目前，海阳市居民对体育素质概念的理解还不清晰，虽然海阳市连续多次举办沙滩排球比赛以及一些国际大赛，使得海阳市民的体育理念有所提升，但还是处于相对较低的层次，尤其表现在体育锻炼参与的较低程度。

（三）海阳发展沙滩运动特色小镇的意义

第三届亚沙会的成功举办，是海阳经济千载难逢的历史机遇，主要体现在实现经济和谐发展、科学发展、协调发展和高质量发展。烟台海阳市作为世界范围内第一个举办洲际综合性体育赛事的县级城市，第三届亚沙会成功举办极大地促进海阳经济结构的大调整，经济社会发展环境的大改善，城市文明程度的大提升，城市服务功能的大提高。打造海阳市沙滩运动特色小镇，在世人面前呈现一个崭新的海阳。

1. 一座国际化优秀滨海旅游城市

大型赛事的举办，其影响力对提升城市形象来说是革命性的。成功举办第三届亚洲沙滩运动会，将海阳市打造"中国首个沙滩运动特色小镇"和"亚洲级的滨海旅游目的地城市"的目标预示出来。而这一目标的出现，会在快速发展的体育产业下，迅速发展成为现实。首先，作为亚洲体育赛事中最高级别的赛事，亚沙会的强大舆论影响力毋庸置疑，在一定时期内将海阳变成了关注的焦点，不仅是亚洲甚至是在世界范围内都是如此。大型赛事在海阳举办的期间，几百家来自亚洲和国内地区的媒体，齐聚海阳并进行高频率、大密度的新闻宣传，使得在短时间内海阳的声名远播世界各地，由于历史文化底蕴丰厚、发展动力强劲、滨海自然风光良好，海阳会被更多的人所接受和认知，这些都源自赛事的举办。同时，一系列文化交流活动、沙滩艺术活动、国际性的体育赛事，在亚洲沙滩运动会的推动下，迅速将海阳万米金滩变为半岛最具特色的旅游胜地。此外，举办大型赛事，将海阳城市功能的国际化全面推动。在亚沙会的洗礼下，海阳的公共设施、旅游产业、酒店餐饮和城市交通等各种城市服务功能将与国际实现全面接轨，从而提升海阳旅游产业的水平和档次，形成一套科学完备的旅游服务体系。

2. 一座活力四射的科学发展之城

建设沙滩运动特色小镇和举办亚沙会的根本目的，在于将城市经济科学地发展推进。通过建设沙滩运动特色小镇，半岛地区中最具活力的发展板块将由快速成长的海阳所占据。（1）提升城市形象，让聚集人才流、商业流、资金流的"谷地效应"在海阳形成，使得流入海阳的资金不断增多，在海阳会集的人才也越来越多，涌向海阳的商机也越来越大，从而将前所未有的机遇转化为海阳经济社会的发展。有关专家曾估计，因为亚沙会的举办，至少也能从现有的水平上，提升海阳十年的经济发展。（2）由于亚沙会强大的整合力，在亚沙会结束后，更加合理的机构也由海阳所构建出来。其理念绿色亚运、生态亚运，不仅将带动全面升级海阳城市环境，也使得高新技术、生态环保产业在海阳得到全面的推动，使其成为在半岛地区重要的清洁能源基地和制造加工业基地。同时，科学的市场开发和导向，将迅速发展海阳的赛会经济、会展经济、旅游经济等相关产业，使得强大的活力在"亚运经济"中迸发出来。（3）由于全面提升城市服务功能，导致经济发展的环境变得越来越优。通过沙滩运动特色小镇的建设，陆、空、海"三位一体"的优质畅通交通网络已经在海阳全面完成并能经受住重大赛事的检验，特别是伴随着青岛跨海大桥至海阳、海阳高速公路至烟台的通车，青岛、烟台至海阳的车程将缩短40分钟左右，如此海阳一跃成为半岛的节点城市和公路交通枢纽。大大提高了城市的信息化水平，全面推进环保生态建设，建设更加完备投资载体，吸引外界的能力变得更强。通过大赛历练，不断增强政府服务水平和服务能力，全面提高工作效率，使其形成优质高效、畅通无阻的经济"软环境"。

3. 一座魅力无限的文明和谐之城

亚洲沙滩运动会是亚洲45个国家地区的进行体育交流，也是45个国家地区文明、文化大融合。由于海阳有着灿烂的文化，悠久的历史，所以通过亚沙会的举办，实现亚洲文化与海阳文化更广泛的交流，从而形成和谐文明的先进城市文化。（1）推动全面提高市民文明素质。围绕筹建沙滩运动特色小镇亚沙会，借助成功申办亚沙会，利用成功申办亚沙会，市政府、市委给全市人民带来的责任意识和强烈自豪感，利用各种形式引导市民自律、自省、自觉，从身边的小事做起，从我做起，凝聚新的体育精神，加强了体育运动的主题宣传活动，倡导文明新风。同时，一系列的文明实践和文明创建活动将由市政府、市委所推出，例如"文明行车创建""市民文明排队日"等一些活动，这些实践活动与市民的工作生活息息相关，潜移默化地形成了一种氛围，这种氛围，就是文明。（2）建设沙滩运动特色小镇将推动全面发展海阳社会事业。通过亚洲沙滩运动会的举办，将完善的体育休闲设施留给了海阳，提供良好条件发展体育事业，提供充分的便利打造海阳新的名片；全面推进体育事业和文化事业，以体育文化、沙滩文化等为主题的城市文化将变得更加繁荣，更多的人将会接受和认可传统优秀民间文化。举办亚沙会，不仅将全面提高海阳治安防范和安全保卫能力，更加安定海阳的社会，也使人民更加安居乐业，社会发展更加和谐，政治更加稳定。（3）成功举办亚沙会，将加快推进塑造城市精神。奥林匹克精神的精髓是"更高、更快、更强"，而新时代海阳精神的内涵和核心是"协作、奉献、创新、拼搏、进取"。在经过长期积累和探索后，海阳市民爱社会、爱城市、爱国家的热情已经被海阳城市精神所成功激发。从长远发展来说，有形的影响不如无形的影响更具有意义。不仅将新鲜血液注入给新一轮城市的发展，沙滩运动特色小镇的筹办还将在深化对外开放的基础上，将多元化元素如奥林匹克精神等吸收，将海阳人民凝心聚力奉献亚沙会、奋战亚沙会、参与亚沙会的时代精神加入其中，在新的奋斗和拼搏中，实现新时代海阳精神的升华。

4. 一座史无前例的奥林匹克之城

海阳作为县级城市，被直接传承奥林匹克精神，在海阳举办的第三届亚洲沙滩运动会，其所蕴含的现代意义和独特历史是任何一届体育赛事都无法比拟的。海阳通过亚沙会，将永载于世界体育史册中。在亚沙会结束后，海阳城乡到处都遍及奥林匹克的印记，其将成为奥林匹克之城且在世界范围内独具特色。一是因为建设了亚运场馆，永久的奥林匹克标记就这样在海阳中所留下。总体规划小镇的建设，在小镇建设的基础上海阳市围绕亚沙会举办时所建设的亚运村、体育场、体育馆等体育设施加以利用，利用亚沙会的影响力来带动小镇的发展。本着"留下亚运文化遗产、着眼于可持续发展、节俭办赛事、确保赛后充分利用"的原则，在亚沙会期间建设场馆规划，在亚沙会结束后，合理利用、重点保护，将县（市）级奥林匹克主题公园打造得独一无二。二是丰富的奥林匹克宝藏是亚运博物馆为海阳所留下的。将第三届亚洲沙滩运动会留下的大量具有纪念意义的实物、资料等进行筹办，如此可见证海阳人民奋战亚沙会，这也是很宝贵的一笔精神财富。规划已经由市政府、市委所作出，亚沙会博物馆将于亚沙会结束后建设起来，将海阳人民承办第三届亚洲沙滩运动会的光辉历程全面地记录下来，并将其设置成奥林匹克教育基地，从而世代相传海阳的奥林匹克精神，让其永放光芒。

第三章 体育特色小镇的国内外经典案例

第一节 体育特色小镇的国外案例

一、英国温布尔登网球小镇

（一）温布尔登网球小镇简介

伦敦西南部的温布尔登小镇是四大网球公开赛之一——温网锦标赛的举行地，是极具典型的网球特色小镇（见图3-1）。温网公开赛也是四大网球公开赛中最具声望、最为古老的一个。随着温布尔登网球公开赛的举行温布尔登网球特色小镇的知名度日渐提高。温布尔登网球公开赛与其他三网球公开赛的区别是，温网是以英国伦敦的温布尔登小镇命名，而非国家命名，温布尔登网球公开赛在每年的6月最后一星期到7月第一个星期举行。并且温布尔登网球公开赛的排位机制与其他三个网球公开赛不一样，温布尔登网球公开赛的比赛排位不完全按照选手世界排名排位，而是有专门委员会决定，将各个选手的温网公开赛表现及世界排名进行综合考虑。温网的传统规定是参赛选手要求穿白色球衣、女性观众不能戴帽子、男性观众不能穿短裤等。温布尔登网球小镇没有实体工业，也就是说，没有支柱工业，仅通过温网的影响，以赛事吸收人气，带动小镇其他产业快速发展。温布尔登除了通过网球赛事带来的经济来源之外，也依靠着其餐饮、休闲运动、旅游、观光等温网效应发展经济。如网球博物馆、温网特色餐饮、小镇民宿等。总而言之，温网历史悠久、根底深厚，在网球赛事这一领域具备着不可动摇的独特地位①。

---

① 曾友美．湖北省京山网球特色小镇建设研究［D］．武汉：武汉体育学院，2020.

19 世纪 70 年代以来，温布尔登镇仅万余人，拥有数百年来不变的安详。但温布尔登小镇每年夏季有两周却非常热闹非凡，作为全球最具声望和最为古老的网球赛事四大满贯之一的温网锦标赛将在这里举行，每年为温布尔登镇吸引来无数的游客与观众，温布尔登镇届时成为世界的聚焦中心和热点。全球四大网球公开赛中，温网历史最为悠久。温网自举办开始，就形成了巨大的温网效应，带动着温布尔登小镇的餐饮活动、基建、旅游等相关产业的发展。在基建方面，温布尔登网球场持续翻新刺激人们对小镇的向往。特别是温布尔登 14 号和 15 号网球场地的扩建，还有刚修建的训练馆、照相室、餐馆。此外，还要投资约千万英镑建设大大小小几十个项目。温布尔登小镇在赛事用品方面，每年要消耗 5 万个网球、超过 35 万杯咖啡和茶、超过 2.8 千克草莓、超过 2.8 万包著名的温布尔登手巾。在旅游方面，游客参观的主要景点是温网博物馆和温网场地。另外，温布尔登小镇拥有迷你型网球场，球迷们可以在排队时进行娱乐，也可以看大牌球星在候场的对弈局，甚是精彩；温布尔登镇的帐篷露营是小镇必不可少的收入项目之一。据英媒报道，温布尔登居民如果在赛事期间将房屋租赁出去，其收入约为其年工资。总之，温布尔登小镇因温网锦标赛而出名，通过依附于温网赛事连带其他产业快速发展，使温布尔登的居民生活水平普遍较高。

图 3-1　温布尔登网球特色小镇

（二）温布尔登网球小镇的特色

1. 历史悠久、水平高超

1875 年，英国伦敦西郊温布尔登沃尔普路旁边的全英板球俱乐部，在其长圆形的板球比赛场地上建立了第一个网球场，当地居民开始在这个球场上打网球。不久之后，俱乐部改名为"全英板球和草地网球俱乐部"。

英国草地网球协会和全英俱乐部于 1877 年联合创办了现代网球史上首次温布尔登网球锦标赛。比赛在温布尔登总部进行，位于伦敦西南角，赛事名为"全英草地网球锦标赛"。首届网球比赛定位为业余网球赛事，并且仅有男子单打比赛，决赛门票价格仅为一个先令，在当时哈罗公学学校的学生斯班塞·高尔最终获得"挑战杯"冠军奖杯。随后，每年 6 月最后一周至 7 月初，小镇定期举行温网赛事活动，经过 100 余年的发展，温网已成为全球的重要赛事。

2. 场地众多、设施完善

经过百年发展，温布尔登俱乐部已经前后建立了 18 个正式网球比赛场地，成为占地 10 英亩的世界顶级网球中心。在这个著名的草地网球俱乐部里，最令观众和运动员向往的是"中心场地"——具有皇家包厢和 1.4 万观众席的 1 号网球场。能在温布尔登网球小镇中心场地打球的运动员、中心场内捡球的球童和中心球场看台的观众都会感到十分光荣。

3. 制度严明、管理严格

温布尔登网球赛的组织方全英板球和草地网球俱乐部的知名度，与温网具备一样高的知名度。英国的皇家贵族、政界高层、商贾富豪竞相加入温布尔登俱乐部会员，但温布尔登俱乐部有严格的制度，对会员人数与吸收新会员均有严格规定，想要加入则必须在老会员去世之后才会接纳其成为新的会员，且无一不是高官贵族或知名人士。目前俱乐部会员数量为 375 名，而且为清一色的男士会员。据俱乐部内部人员透露，老会员每年均有 6~10 名去世，而英国却有好几千人在排队等待加入俱乐部。

4. 饮食独具特色、风光怡然自得

在温网比赛期间给人们供应的食品是深受英国公众喜爱的奶油加草莓、皮姆酒和香槟、果子面包，长此以往也形成了温网独具特色的饮食传统。"皇家包厢"是温布尔登网球赛的另一传统。每当大赛开幕，在位于中心场地的皇家包厢内必然会出现英国皇室成员。在英国女王年轻时，对于温布尔登锦标赛更是一场不落。在温布尔登锦标赛决赛时，英国首相及大臣更是必到之客。那"不作美"的绵绵细雨伴随这些景象形成了温布尔登的独有"风光"。

二、新西兰皇后镇

（一）皇后镇简介

新西兰境内一个被南阿尔卑斯山所包围的美丽小镇——皇后镇，依山傍水、景色美丽，有激流、高山环绕等优良的天然探险环境，这些自然的地理条件使其成为世界著名的"探险之都"（见图 3-2）。皇后镇作为蹦极体育特色小镇，有着众多的峡湾、高大的山脉，是蹦极等探险运动项目的极佳选择。同时，皇后镇也是世界蹦极的发源地，人口稀少却有着各具特色的自然景观。皇后镇除了蹦极之外，还有攀山、漂流、山地自行车、滑翔伞、跳伞、热气球等户外项目，项目类型多达 200 余个。皇后镇成为著名的"探险之都"取决于以下几个条件。首先，皇后镇先天优异的自然环境是其成为体育特色小镇的基本条件。其次，旅游产业的加入为皇后镇提供了强大的连带作用和经济动力，多样性的旅游产业满足了游客的差异化需求。同时，皇后镇的葡萄酒产业和婚庆产业也是吸引了众多的游客。第三，皇后镇便利的交通也是促使观光游客到此游玩的重要因素①。

（二）新西兰皇后镇的运作模式

1. 政府资源的调配与管理升级

1999 年，新西兰政府在"新政府模式"中，为了解决群众意见表达碎片化、个体主义泛滥的现象，继续深入改革，才有了现在的新西兰政府管理机制，即"整体政府"模式。新西兰皇后镇在"整体政府"模式下，小镇的地方政府拥有一定的自我规划权限和资源调配权限，地方政府可以以区域会议的形式完成小镇的各类项目审核，进而组织实现某一项目在小镇范围内的正常运行，特别是在组织特殊商业活动和特色节日时，地方政府可以提供强有力的资金资助和行政保障。

通常地区政府资源调度流程与项目审批流程是由组织或个人向政府提出申请和要求，申请和要求的部分包括项目是否可以实施、项目在政府实施中的优先级、项目实施的规模以及政府对项目管理的权限。政府对上交的提议与申请

---

① 瞿昶. 基于市场化导向的旅游型特色体育小镇构建探索——以新西兰皇后镇为例［J］. 南京体育学院学报（社会科学版），2017，31（5）：59-63.

进行会议讨论和审批，特别是对其是否对某一地区自然环境产生持久影响、是否侵占公共资源方面加以分析。重大项目则移交给专项审查组，结合周边配套项目进行同期审查，避免出现同质化严重、垄断等问题。在执行过程中，一般由负责执行的部门根据实际情况对方案重新加以评估和分析，对于消耗资源影响较大与涉及金额过大的项目有事后驳回的权利。在实施过程中，由监督部门全程对其实施的操作流程、环境影响、资源消耗等方面进行评估，在 5 年内对已完成的项目进行不定期的跟踪调查，对于环境影响较差、自然破坏较大、效益收益不佳的项目提出整改意见，整改后再次评估，评估效果依旧不良的项目，则提出拆除、废弃等指导措施要求。

政府对组织或个人提出的方案、意见具有提前知情权，在项目的具体实施中，政府对其可以随时进行管理和监督，并且政府有权利要求各项目完成后作出相应的整合。同样政府对组织或个人项目具有高度影响的同时，也承担了推动和扶持项目发展的责任。在面对可以带动地区经济和社会发展的项目时，政府往往采用赞助、入股等形式支持保障该项目的发展。正因为政府的自主参与、支持保障，在项目推广和行政协调环节上往往效果良好。地方政府和组织及个人建立起相互依赖、相互监督、相互负责的友好关系，从而使资源达到了最大化利用率，使小镇经济的健康稳定发展成为现实。

2. 皇后镇服务产业的正规化

皇后镇地区的服务产业升级速度紧跟全球旅游业的发展步伐。皇后镇发展早期，当地主要为客人提供器械租赁、酒店住宿等旅游基础性服务，服务人员多为皇后镇地区剩余的次级劳动力。但随着皇后镇消费市场的打开，小镇上开始建设专业的旅游酒店，游船码头、旅游向导、高山疗养等也逐渐出现，专业旅游服务单位为当地人员提供专业培训，专业的服务人员也陆续出现。随着皇后镇的名气进一步扩大，吸引了一批高山运动爱好者入驻皇后镇，这些登山爱好者给皇后镇的体育旅游带来了特色服务，集聚了一批优秀的户外爱好者，自1980 年开始，皇后镇一跃成为南半球高山运动项目的重要地标。在 21 世纪初，由于世界金融体系的不稳定、世界服务产业的不断转移和高山运动的不断发展，皇后镇充分开发当地风光旅游资源，发展当地多方位的综合服务，小镇开发了不少老少咸宜的旅游项目，如"山顶观星""天空缆车""蒸汽游船"等项目，小镇还突出了当地的水域资源优势，建设了快艇冲浪、休闲垂钓等项目，自此皇后镇从高山运动重镇开始向多爱好群体、多附属功能、多年龄层的休闲度假型小镇过渡。

3. 体育+旅游产业的升级换代

新西兰皇后镇的极限运动与风光旅游相互融合，打造了闻名世界的皇后体育旅游特色小镇品牌。从新西兰皇后镇服务产业升级模式的发展阶段可以发现，自20世纪80年代起，新西兰皇后镇涌入的背包客群体开发了本土极限旅游项目，是其在世界闻名遐迩的重要原因。1980年至今，皇后镇旅游行业的支柱性产业依旧是高山运动项目。但皇后镇的体育+旅游相关产业也经历了数次的升级换代。

最初发展时，皇后镇主要的体育+旅游点在于高山攀爬运动项目，但奥塔哥西部卓越山脉因海拔相对较低、攀爬难度较为一般、气候较为温和、冬季冰雪覆盖时长较短、山体的陡坡较缓等因素，导致新西兰皇后镇的攀爬运动项目和冰雪运动项目吸引力相对较差。总而言之，皇后镇并没有因为奥塔哥西部卓越山脉的冰雪、攀爬等项目而名扬四海。皇后镇的体育旅游产业在经历过短期的发展停滞后，外来的背包客旅行者对当地的高山运动项目进行二次开发，他们将传统的单纯依赖山体而建的滑雪、攀岩项目转变为滑翔伞、跳伞等项目，奥塔哥西部卓越山脉的坡度和海拔高度就都从劣势转变为优势。皇后镇在此基础之上逐渐开发了一系列的商业化极限运动项目，例如，离皇后镇不远的卡瓦劳大桥就是全球第一个商业化蹦极发源地。在世界范围内高空蹦极项目得到普及后，皇后镇为了保持极限运动+旅游项目的领先趋势，政府联合AJHackett Bungy公司开发了空中滑索、高空秋千等刺激性强的极限运动项目，这些项目在后来都成为皇后镇区别于其他高山运动旅游特色小镇的关键因素。

皇后镇在世界范围内极限运动项目口碑卓著的重要原因是，在适当的时机对本土体育+旅游产业进行改革创新，并且努力打造高山运动领域内的地标性品牌，而在获得极限运动专业人士的认可后，当地政府联合资本家共同建设独具特色的极限运动项目和打造皇后镇品牌，有利于皇后镇在下一个极限运动+旅游产业转移时期，持续发挥小镇品牌效应，吸引更多的高山运动爱好者和极限运动爱好者。

三、法国霞慕尼体育特色小镇

（一）霞慕尼小镇简介

法国中部东侧的著名休闲登山小镇——霞慕尼小镇被称为"滑雪者的天堂""户外爱好者的乐园"（见图3-2）。霞慕尼小镇位于阿尔卑斯山主峰勃朗峰的脚下，海拔为1053米，受勃朗峰（海拔4807米）的恩泽，霞慕尼小镇非常适合作为登山爱好者和滑雪爱好者的圣地，在霞慕尼小镇可以体会到阿尔卑斯山带来的震撼，可以感受富有法国风情的小镇风光。

霞慕尼能成为全球滑雪爱好者的天堂，有着天然的优势，每年9月份到次年4月份为霞慕尼的雪季，两场大雪后勃朗峰就会被雪覆盖形成一个天然的滑雪场。霞慕尼小镇有13家大型滑雪场，霞慕尼小镇滑雪场的跑道总长达100千米，吸引了大批的滑雪爱好者，从初级的绿色级别雪道、中级的红色级别雪道到超高难度的黑色级别雪道一应俱全，可为各种水平的滑雪者提供服务。并且霞慕尼滑雪场的雪道多为黑色级别的雪道，坡度较陡、走势险峻，适合探险爱好者游玩。

图 3-2　法国霞慕尼体育小镇掠影

霞慕尼的滑雪历史可追溯到19世纪20年代，自近代开始，霞慕尼小镇的登山服务产业就开始发展，到20世纪20年代在霞慕尼地区举办了第一届冬季奥林匹克运动会，使其名声大噪。霞慕尼小镇经过历史的长久积淀，使得其在国际登山体育小镇中具有极高地位。此外，霞慕尼小镇有着国际上最完备的高山运动培训教育系统，霞慕尼地区建立了法国著名的滑雪登山学校（ENSA），是世界级滑雪教练培训中心所在地。霞慕尼的滑雪向导公司服务种类项目俱全，可为不同水平的滑雪爱好者提供最专业的支持与指导①。

（二）霞慕尼小镇的发展体系和运营模式

1. 发展历程

1786年，霞慕尼的医生 Michel Pacar 和猎人 Jack Barma，首次登上欧洲最高峰——勃朗峰，拉开了霞慕尼小镇的户外发展序幕，引爆了阿尔卑斯山脉的登

---

① 董芹芹，沈克印.法国运动休闲特色小镇建设经验及对中国的启示——以霞慕尼（Chamonix）小镇为例［J］.武汉体育学院学报，2018，52（6）：20-25.

山运动。

在 1821 年，霞慕尼小镇的 34 名登山向导组成了一家登山运动向导公司，开始发展登山运动服务产业，为各地登山爱好者提供各项登山服务。霞慕尼登山运动服务产业经过一个世纪的发展，高山运动项目与服务方面已逐步成熟，已发展成为吸引欧洲人民乃至全世界人民的高山运动胜地。

1924 年，世界上第一届冬季奥林匹克运动会在霞慕尼成功举办，随后世界性的滑雪教练培训基地也纷纷在此落户。冬奥会的举办，让霞慕尼小镇成为全球著名的山地度假旅游胜地，这在很大程度上得益于高山冰雪运动的开展和接待服务体系的完善，专门建立的供滑冰和冰球比赛用的场地不仅推进了休闲体育行业的发展，还带动了教育培训、商业住宿等服务业的快速发展。

2. 运营模式

法国霞慕尼体育小镇凭借世界级知名体育赛事打造体育旅游品牌。随着首届世界冬奥会在这里举办，国际性的滑雪教练训练中心也纷纷在此安营扎寨。霞慕尼小镇作为现代高山运动项目的发源地，具有完备的体育旅游设施与服务体系，运营内容主要有登山向导、高山滑雪、山地救援、登山缆车等。霞慕尼建设了法国国家滑雪登山学校（ENSA），是国际上第一所登山向导学校，目前有数百名高山向导，每年服务的各地游客成千上万。霞慕尼小镇的专业高山救援队派专业人员 24 小时不间断值班巡逻，负责各区域的山地救援。此外，霞慕尼小镇还设有各类高山机构，如高山医学研究所、高山军校、高山警察培训中心等。

霞慕尼小镇的高山运动历经一个世纪的发展，已逐步走向成熟，奠定了现代山地运动基础。随着霞慕尼不断扩大的旅游业影响力，为了提高消费额，小镇特别重视现代与古典融合，汲取了各时期建筑风格的精髓。漫步于优美的山谷中，霞慕尼体育小镇有着数百年历史的建筑是珍贵的文化宝藏，这些建筑具有多样性的、独特的城镇魅力，使世界各地的游客享受其中、流连忘返。其建筑风格有巴洛克教堂、Art Deco 外观、黄金时代的宫殿、传统农舍、奢华别墅、古朴木屋等。优美旋律被阿尔卑斯山音乐节带到壮观的勃朗峰之上，动人的电子音乐浪潮蔓延在高山中，让在霞慕尼体育小镇度假的音乐爱好者们尽情释放和陶醉。另外，小镇还"因地制宜"，依靠其知名度承担了多种功能，除打造运动休闲平台以外，还建立了养生度假基地、论坛会议举办地等。

3. 发展体系架构

（1）多元化的国际赛事和体育项目

霞慕尼体育小镇富有多样的体育运动项目，还有超常丰富的攀登资源，勃朗峰和大乔拉斯山峰的登山路线、攀冰路线和攀岩路线数量之多，令人震惊，另外，小镇开展的高山滑翔伞、溪降运动、滑雪等项目也非常成功。例如，霞慕尼的登山项目。霞慕尼拥有国际上最高、最好的缆车，从山脚可直接到达的南针峰（海拔 3842 米）。霞慕尼的缆车道在 1955 年正式运营，它将海拔 3842 米的南针峰（Aiguille du Midi）和海拔 1035 米的霞慕尼连接起来。再如，霞慕尼的滑雪项目。霞慕尼会在每年的 9 月份进入雪季，两场大雪可覆盖整个勃朗峰山区，一条条天然的滑雪道就此形成，雪道能课一直持续到次年 4 月。从超高难度的黑道，中级的红道，初级的绿道，适合各种水平的滑雪爱好者。小镇开展的国际特色赛事如登山赛事、滑雪赛事外，还发展了超高级的越野赛事，如霞慕尼承办了世界上最著名的越野赛事——环勃朗峰超级越野赛（UTMB）。小镇建设有国际级滑雪训练中心，它不仅是登山客的极限挑战，更是滑雪者的酷爱，霞慕尼小镇一年一度的攀岩赛事也成为吸引游客的一道亮丽风景线。

（2）专业化的教育培训机构

霞慕尼体育特色小镇经过发展，成立了专业的高山运动教育培训产业，建设了法国国家滑雪登山学校（ENSA），还建设了高山医学培训、高山警察培训中心、高山军校等相关的高山机构。霞慕尼小镇的四季运动项目"各有千秋"：春季（4-6 月）有高山滑雪、高山攀岩等日间高山运动项目；夏季（6-9 月）有高山滑翔伞、溪降、登山等运动项目；秋季（9-11 月）有高山自行车、登山、高山滑翔伞等运动项目；冬季（11 月-次年 4 月）有高山滑雪、滑冰、攀冰、冰球等运动项目；霞慕尼小镇全年有夜间酒吧、美食、红酒等供人们休闲享受。

（3）完善的休闲配套服务

霞慕尼运动休闲特色小镇有只有 1.3 万的常住居民，但接待的普通游客数量加滑雪者数量超过 200 万人/年。小镇的服务配套设施和接待服务设施比较完善齐全，有众多的娱乐场所和超级市场、旅馆、酒店、餐馆、度假屋等，还有便捷的交通。

霞慕尼冰雪项目能够快速发展主要依赖于培训行业和冰雪赛事，也极大地推进了霞慕尼地区接待服务设施的改善，装备销售、食宿、餐饮等服务业也得到了快速发展，最终成为闻名遐迩的高山旅游度假胜地。

①向导服务：霞慕尼运动休闲特色小镇高山运动闻名世界，因此建设了国际级的向导公司，公司拥有 150 名注册职业登山向导，每年服务的各地游客数不胜数。其中 ENSA 培训的学员需要经过至少五年的训练，一名合格的登山向导需要经过严格的考核，考核成功才能进入攀登、滑雪服务正式团队。

②商业服务：霞慕尼运动休闲特色小镇有酒吧、音乐节等休闲娱乐服务，

有西式美食服务、传统美食服务，有登山用品、滑雪用品、纪念品等体育用品。

③观光交通：20世纪60年代，霞慕尼镇通过缆车道将南针峰（海拔3842米）与霞慕尼主峰（海拔1035米）相连接，可以让普通游客身处高处领略霞慕尼冰雪世界的奇异风景，也极大地方便了登山者、滑雪者。

④住宿服务：小镇住宿业极为广泛，有星级酒店、公寓、家庭旅馆，还有青年旅舍、露营营地等，并配有物业接待服务，如房屋租赁、度假中心等。

⑤医疗救援服务：小镇建立了高原生态系统研究中心、山地医学培训与研究所、霞慕尼医院，形成了"研究中心-医院-急救"三联医疗服务体系。此外，小镇培训的专业救援队全天候值班，负责霞慕尼山区的救援。

目前，霞慕尼运动休闲特色小镇交通便利、服务配套设施齐全。拥有良好的接待条件，使接纳四季游客成为可能，娱乐场所和餐馆更是在满足度假者和本地居民需要的同时，大大丰富了本地居民的日常活动，从而进一步提升了本地居民的生活品质。

四、意大利蒙特贝卢纳体育特色小镇

（一）蒙特贝卢纳小镇简介

蒙特贝卢纳小镇是位于意大利北部的特雷维索省，是著名的、历史悠久的体育制鞋小镇，如图3-3所示。蒙特贝卢纳小镇的发展受到文艺复兴的影响，制革工艺的传播和农业的自给自足使小镇的制鞋产业开始显露头角。又因为小镇周边多山，使登山鞋制作工艺广为流传。因历史悠久，蒙特贝卢纳小镇制作优质材料的工艺和制鞋工艺很早便达到了高水平。随着蒙特贝卢纳小镇的产品声誉不断提高，带动了小镇周边经济，发展成为集研发设计、生产配送的制鞋产业链条，制鞋的相关公司已达到400余家，小镇生产的运动鞋样式多元，包括雪橇、冰刀鞋、登山鞋等，也生产足球鞋、赛车鞋、网球鞋等，其中登山鞋、冰刀鞋、滑雪鞋、赛车鞋销量约占全球55%、65%、75%、80%。成功并非偶然，小镇跟随着全球经济形势的变化而变化，以制鞋业为特色主导产业，并以体育为核心，融合多元化的发展模式，带动其他相关产业的健康发展[1]。

---

① 侯猛，董芹芹.国外体育产业型特色小镇建设经验及启示——以意大利蒙特贝卢纳镇为例 [J].辽宁体育科技，2019，41（5）：1-4.

图 3-3 蒙特贝卢纳

（二）蒙特贝卢纳小镇的发展历程与发展模式

1. 发展历程

（1）区维特征，引发制造

12-13 世纪，在当地开始出现伐木业并且其逐渐发展成为主要产业，其原因在于蒙特贝卢纳小镇周边，存在很多的山和树木。因为伐木工对鞋子有很大的需要，所以出现了登山鞋制造产业，之后在当地，开始不断流传制造登山鞋的工艺技术。

（2）文艺复兴，促进制造

14-17 世纪，受文艺复兴的影响，加之不断传播的制造业和农业的自给自足，在蒙特贝卢纳小镇中，开始出现小规模的制造业，鞋子也在开始生产。之后，制鞋业在蒙特贝卢纳小镇中也进入缓慢发展的阶段。17 世纪之后，蒙特贝占纳小镇由于与佛罗伦萨紧邻的原因，加之佛罗伦萨是意大利的制草中心，所以这就为小镇的制鞋提供了原材料。使得小镇可以持续发展其制鞋业。

（3）登山兴起，形成产业

19 世纪起，欧洲登山运动不再低沉而是慢慢流行起来，一些高耸入云的山峰不断被人们所挑战。于是，蒙特贝卢纳小镇抓住此机会，开始在登山鞋的工艺制作方面进行增强，努力制作高性能的登山鞋并将其提供给欧洲的登山者们。1970 年开始，由于其运动鞋产品高性价比和制鞋技术的高超，使得蒙特贝卢纳小镇成为冰雪运动鞋的产业基地且闻名于世界。之后蒙特贝卢纳小镇由于其不断壮大的名气使得其制鞋产业的集群不断升级和完善，从而形成完善的、集设计、研发、生产、配送于一体的产业链。

（4）大牌加入，享誉国际

1990 年，户外运动产品市场逐渐引起了很多闻名世界的运动厂商的重视，这些厂商利用很多的手段和方式将其加入小镇运动鞋产业的集群中，像 LANGE、ROSSIGNOL、NIKE 等知名运动品牌，此外，还有一些源于小镇自己设计的世界顶级户外品牌如 LA SPORTIVA、SCARPA、CRISPI、GARMONT、AKU。在 21 世纪之前，蒙特贝卢纳镇中也加入了如奥地利、法国、美国等国家体育品牌，开始向登山鞋、冰鞋市场的方向发展，随着不断发展壮大，蒙特贝卢纳小镇渐渐闻名世界并有了"冰雪产业之都"的美誉。

2. 发展模式

（1）产业集群发展模式

蒙特贝卢纳小镇是通过运动鞋产业集群的体育产业发展模式来进行的（见图 3-4）。蒙特贝卢纳镇的制鞋企业以镇、区为中心点，在半径约 5 千米的范围内沿主干交通线发展，有 10 个左右的制鞋企业集聚区在此范围内被建设成功。

大型运动鞋生产企业、大型配套企业、城市配套服务，这些功能纵横交错，于是，一个"小集中、大分散"的布局就这样在借助于便捷的交通网络和产业链之间的联系下被构建，促进上游企业与下游企业的完善，促使小镇的服务业集聚，推进小镇的特色化发展是供需核心体育用品的作用。整个小镇把运动鞋制造产业作为中心，把产品研发、产品设计、配件生产、模具制造、制鞋机器制造、市场分析等与制鞋相关的企业集群在运动鞋制造的前期聚集起来，从而将完备的配套服务提供给运动鞋制造产业。研发、设计、配件生产等企业围绕核心生产企业进行发展，居住、商业等配套功能则主要聚集在镇、区。在后期制造运动鞋时，还有一些相关的鞋商业协会所汇集，例如与媒体、销售中介、物流配送、营销等相关的公司，将完备的服务提供给运动鞋生产销售。运动鞋生产销售的前、中、后期，都被运动鞋企业集群的整个发展模式所包括起来，从而构建成囊括了跑步鞋、登山鞋、滑雪靴、足球鞋、赛车鞋、冰刀鞋、网球鞋、溜冰鞋、直排轮滑鞋等在其中的运动鞋企业集群。除此之外，蒙特贝卢纳小镇的影响力在运动鞋产业集群模式的作用下持续提升，其自身在吸引众多的世界知名运动品牌加盟合作、制造出更多高品质运动鞋产品的同时，也构建了许多国际顶级户外品牌。以运动鞋企业集群为中心，将大量研发设计、市场分析、周边配件生产、鞋模具制作、制鞋机器及塑胶等配套生产企业，以及商业协会、媒体、营销、中介和配送等产品配套服务产业汇聚其中。

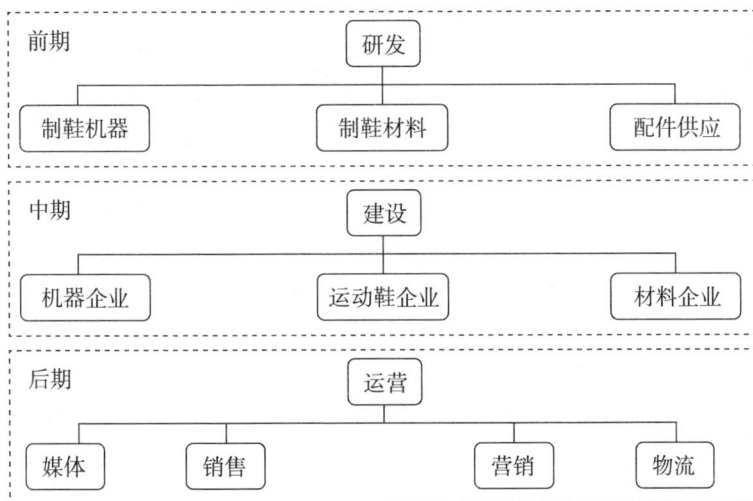

图 3-4　蒙特贝卢纳小镇的体育产业集群发展模式

（2）产城融合发展模式

蒙特贝卢纳小镇的运动鞋企业布局并非绝对集中，而是小集中大分散格局，如图 3-5 所示。蒙特贝卢纳镇交通发达，各类企业都建设在交通主干线周边，以镇、区为中心点形成了多个区域，每个区域都含有以制鞋为中心的相关配套产业，包含研发、设计、生产、配送等企业。住宅区与商业区主要集中在镇级地区，镇级地区配备有完善的城镇服务体系为居民服务。这种功能区交错分布的模式使各自互不影响，又因为交通联系密切，为蒙特贝卢纳镇特色化的发展提供了条件。蒙特贝卢纳镇内各企业还形成了良性竞争，使企业得以创新发展。

图 3-5　蒙特贝卢纳小镇的交通（左）与空间布局（右）

（3）多元内容发展模式

蒙特贝卢纳镇是多元化的产业发展，发展模式是以运动鞋制造为主导，多种产业共同发展的。蒙特贝卢纳镇包含有世界城市服务休闲业、国际顶级的运动鞋制造业。

①酒店服务：蒙特贝卢纳镇的酒店类型多样，包括牧场酒店、农庄酒店、乡村别墅酒店、按摩浴缸酒店。因为小镇位于意大利畜牧业的中心地带，农场众多，畜牧业发达，在农场内建设有许多酒店，风景十分优美。小镇的酒店服务不仅充满了意大利风情，还有完善的配套设施，给游客提供舒适的感受和服务。

②旅游观光：蒙特贝卢纳小镇建设的旅游观光景点非常丰富，有著名的葡萄园和酒庄，可以品尝到蒙特贝卢纳小镇原汁原味的葡萄酒，以及体验小镇上葡萄酒的制作流程。因为小镇位于意大利畜牧业的中心地带，所以开放了很多农场供游客参观。此外，还有蒙特贝卢纳教堂、特色博物馆、自然历史博物馆、蒙特贝卢纳广场内的雕像和纪念碑、各式各样的古迹，都是供游客参观的好去处，吸引了大量游客体验和参观。

③休闲服务：蒙特贝卢纳小镇有丰富的娱乐休闲资源，较为著名的是养身与水疗，小镇最著名的水疗馆 Bamboo Spa 深受游客的喜爱。滑雪体验为蒙特贝卢纳小镇的主要运动休闲项目，也深受游客喜爱。此外，还有体育综合体、电影院和自然公园，都很适合游客进行休闲娱乐和放松。

④美食服务：蒙特贝卢纳小镇有意大利特色的当地美食，J Antica Osteria La Pigna 被评为当地最棒的意大利餐厅，还有形形色色的酒吧、咖啡店、面包店，以及适合素食主义者的绿色餐厅，为游客提供了丰富的美食选择。

五、瑞士达沃斯体育特色小镇

（一）达沃斯小镇简介

达沃斯（Davos）小镇（图 3-6）隶属于瑞士格劳宾登州，位于瑞士东南部的格里松斯地区，坐落于一条近 20 千米长的兰德瓦瑟河的达伏斯谷地，其海拔大约为 1530 米。达沃斯小镇接近奥地利边境，在阿尔卑斯山区中，它不仅是空气质量最为纯净的地方，也是海拔最高的小镇。正因为具备特殊地理环境，才造就了小镇冰雪运动和医疗的发展。

瑞士达沃斯小镇在欧洲人心中是任何城市都无法取代的神圣地方，主要是因为达沃斯的美丽景色，高耸的雪山、温馨的小木屋和静谧的湖泊，在这里人们可以忘记一切不愉快。由于达沃斯地区，空气清新干爽，所以人们将其看作肺病患者的最佳疗养地或直接称之为保健圣地，故而也将其称作"健康度假村"。在瑞士境内，达沃斯是阿尔卑斯山脉观光的经典路线之一，是"冰河列车"所必定经过的一站。坐拥欧洲最大的天然冰场，达沃斯还有一个头衔，叫作"欧洲最大的高山滑雪场"，是举办欧洲级赛事的地方，也是世界级赛事的举办地址之一。同时全球最负盛名的世界经济"达沃斯论坛"的举办地就坐落在此。

图3-6　瑞士的达沃斯小镇

（二）达沃斯小镇的发展历程、模式和体系

1. 发展历程

（1）空气极佳疗养胜地

在很久以前达沃斯小镇因为空气而广为流知。在19世纪一个偶然的机会让德国医生亚历山大发现了这个地方的空气质量极高①。当时肺病还是无法治愈的，之所以后来成为肺病患者的最佳疗养地，其原因就在于达沃斯海拔高，空气干爽清新，四面环山，对人体保健有极大的帮助，因此其得名"健康度假村"。此后达沃斯的医学氛围日益鼎盛，造就了达沃斯医疗在医学界的重要地位。

（2）体育+旅游协调发展

1877年，有许多的国际选手前来达沃斯训练，其原因就在于达沃斯成功建设了欧洲最大的天然冰场。冰雪项目在这里发展迅速，几十年里，根据人们的体育消费需求，达沃斯不停地完善旅游与体育环境。1900年之后，休闲旅游产业在达沃斯的不断发展下，不断建造并完善体育运动设施、休闲运动设施，其

①　顾显芝. 达沃斯：靠空气出名的小镇［J］. 中国地名，2015（11）：34-35.

建设了第一条滑雪索道、世界第一条雪橇道、第一个高尔夫球场等很多有关的设施，致使它很快就发展成了四季旅游胜地。由于欧洲最大的天然冰场被建造在这里，所以有许多的世界级选手都愿意来此处训练，20世纪起，世界上冬季运动中心的其中之一，就包含了达沃斯，除了以上设施之外，达沃斯也建造了冰雪体育馆，在达沃斯的每一年，都会有很多接连不断的赛事，比如说，世界锦标赛的花样滑冰、滑雪、冰球、跨国滑雪、阿尔卑斯滑雪、速度滑冰等各项体育比赛。

（3）会议聚集，世界闻名

达沃斯于1969年成功建成会议中心，意味着达沃斯从此走向一个全新的领域。在之后的50多年中，许多世界级会议都由达沃斯所承办，更有长期举办的一些国际知名会议，其中最著名的世界经济论坛年会当属WEF，自1970年以来，其在达沃斯一直举办至今。世界经济论坛也被称"达沃斯论坛"，由于时间的长久积淀从而催生出市场需求，变成了一个非官方国际性的机构，其宗旨是以研讨解决世界经济领域存在问题、促进国际经济合作与交流，故达沃斯小镇因此而得名。1987年，全世界的视野中出现了达沃斯世界经济论坛的身影，每年的年末岁初，全球政要都要在此处举办会议，讨论世界经济的动向。非营利基金会在瑞士达沃斯注册，并坚持在无政府支持的前提下，为当地创造收益，进行商业化运作，在目标确定的同时，也具有高效运作的会员制结构，稳定持续地为世界经济发展服务。

2. 运营模式

瑞士达沃斯小镇借助当地良好的气候条件发展旅游业和休闲体育运动。从20世纪开始，国际上其中之一的冬季运动中心就是由达沃斯一举拿下，其各项体育赛事例如花样滑冰、滑雪、冰球、跨国滑雪、阿尔卑斯滑雪、世界锦标赛速度滑冰等，从春季到冬季从未间断，不仅是"欧洲最大的高山滑雪场"，也是全球十大滑雪胜地之一，那里的电缆车，可以一直到达高度1530～2610米的滑冰运动场。同时，欧洲最大的天然溜冰场就建设在这里，冬天可以选择在此处滑冰和滑雪，或开设一些其他绚烂多彩的活动。现在瑞士达沃斯小镇的旅游业和体育运动是主要经营项目。

天然独特性的环境优势，让达沃斯小镇拥有其他小镇所无法克隆和代替的特征，特别是它在突出的旅游和医疗方面。达沃斯其本就拥有的旅游资源中，在滑冰、滑雪等项目的带动下，让旅游业持续不断的发展强大起来，提升知名度和趣味性的同时，引来了许多世界各地的名流，让其慢慢有了完整的产业集群链条，能带动达沃斯小镇的发展更上一层楼，达沃斯独具特色的医疗资源让它最先出名，之后世界经济论坛被建立到此处，更是将其独具特色的学术地位做牢做实。

该论坛传递出来的平等、自由的学术理念也对小镇的发展壮大起到了重要作用，小镇在发展时注重了文化资源的利用与保持。达沃斯小镇在发展过程中及时地抓住了市场需求，适时地推出相应事件来带动经济发展。

3. 发展体系

（1）多元化的体育赛事和运动项目

阿尔卑斯海拔最高的小镇当属达沃斯，瑞士最寒冷的小镇之中也有它的身影，依靠独特的地理位置条件，其体育赛事项目发展迅速。达沃斯在这天然的条件下，将欧洲最大的高山滑雪场建设成功，其中包含有 240 米的滑地高度、310 千米的滑雪坡道、50 多个登山吊车，从滑雪处到达哥斯达斯仅仅只有 20 千米的火车路程。达沃斯包含有詹姆斯霍恩、帕森等 6 个主要的滑雪场，共包含山地滑雪线路 7 千米、滑雪坡道 325 千米，以及冰道、达沃斯冰球场和雪橇道等。此外，不仅仅只有滑雪类的项目，达沃斯也有许多的运动休闲设施如攀岩、网球、壁球、射箭、羽毛球、雪地高尔夫和室内高尔夫球场等。所以，自从 20 世纪起，国际上的冬季运动中心中就有了达沃斯的一席之地，各种世界级体育赛事从不间断。

（2）独具特色的达沃斯论坛

世界经济的风向标指的就是达沃斯论坛，在目前，世界政要企业界人士、民间领导人和社会团体领导人研讨世界经济问题的重要场所之一就是在达沃斯论坛中所进行的[①]。达沃斯可进行非官方聚会、私人会晤、商务谈判等。每年达沃斯论坛开始的时候，都会吸引各界的商业头脑前来参会。并且在参会期间，达沃斯论坛不搞歧视主义，不设固定席位，任何人都可以参加会议，营造出一种公平公正的氛围，使大家都有机会可以参与到这个会议当中来。

（3）完善的基础设施和配套服务

达沃斯小镇长居人口仅 1.3 万人，但每年接待的人却有 230 万人之多，仅仅只是在每年滑雪旺季，就有 70 多万前来度假的游客。所以，达沃斯小镇的配套服务和基础设施都发展得非常完备。

①便民服务：达沃斯小镇虽然占地面积较小，但是酒店却建设了很多。另

---

① 达沃斯论坛回顾：达沃斯论坛年会进入第 46 个年头［J］. 中国林业产业，2016（Z1）：36-41.

外，配备有冰雪运动项目的专营店满足游客的狂欢购物体验，同时也有一些休闲娱乐设施，使游客得到休息和放松。

②观光交通：在达沃斯，如果想旅游整个小镇，既可以选择马车，也可以选择乘坐冰川快车。因为瑞士的高山疗养胜地与冰川快车相连接，也可抵达达沃斯小镇，所以在瑞士全景观火车游览路线中，冰川快车最受人们喜爱。

③培训服务：达沃斯中，设有很多滑雪学校，主要将滑雪课程提供给 3 岁以上的人，4~8 人为一个小组，一小时 20 瑞士法郎是它的费用，私人课程也可以由滑雪学校所提供，授课时间与地点根据客人的情况自行设定，200~250 瑞士法郎/0.5 天。瑞士的滑雪指导员资质 SSA（Swiss Snowsports Association）是指导员所持有的教课的凭证，其要具有充足的滑雪经验和教学经验。

目前，瑞士达沃斯小镇的配套服务设施齐全，住宿条件交通条件非常便利。每年承接的会议和赛事次数不断增加，带动着小镇的经济迅速发展，丰富达沃斯人民生活的同时也进一步提高了达沃斯人民的生活质量。

六、国外体育特色小镇的成功经验

（一）温布尔登网球小镇的成功经验

1. 以网球赛事为核心，带动周边发展

将网球赛事作为温布尔登小镇的发展核心，作为历史最为悠久的赛事即温布尔登网球赛事，其在网球历史上有着至关重要的位置，是网球爱好者们的天堂。自然环境秀丽斑斓、绿草地修葺平整、身穿紫绿色服饰的捡球小童，都是温布尔登小镇所拥有的，不断吸引着网球爱好者们怀着朝圣的心情去参加，享受着温网带来的快乐。

2. 特别的赛事，独树一帜的文化

四大满贯中，唯一一场草地比赛，就是温网的比赛。温网具有可容纳一万多人的木制看台，却没有看球盲区；选手必须身着白色球衣，球童必须身着绿色制服；在姓之前，女性球手会被冠以"夫人"或"小姐"的字号，而男选手会被直呼姓名；温网在选择种子选手时，会借助选手在草地上比赛的实际表现通过专门的网球委员会得出对应的排位，而不是依靠在世界上的排位；没有半块广告牌悬挂在温网的比赛场地上，但依云、汇丰、劳力士等主要赞助商却深得人心。让选手们可以在远离商业气息浓烈的现代赛场挥洒汗水，让观众感受

到一份愉悦心灵的竞技。电影《温布尔登》于 2004 年诞生，这是温布尔登请了英、美两位明星拍摄的电影，其目的在于宣传自己，在之后由于举办温布尔登网球锦标赛而享誉世界的缘故，全球也开始销售温布尔登的运动品牌，并逐步得到人们的喜欢。

3. 丰厚的奖金吸引力

温布尔登网球赛事作为历史最为悠久的网球赛事发源地，其知名度不言而喻，温网吸引选手参赛的一大重要因素是一年高于一年的奖金。在 1984 年，温网的男子单打冠军有 10 万英镑作为奖金，女子冠军为 9 万英镑奖金；1985 年男单冠军有 13 万英镑作为奖金；1987 年男单冠军有 15.5 万英镑作为奖金；1991 年男单冠军更是有 24 万英镑作为奖金，女单冠军有 21.6 万英镑作为奖金，而且额外加了一笔奖金，用以鼓励第 1 轮就惨遭出局的选手，男子小额奖金为 3600 英镑，女子为 2790 英镑。如今，相对于法网奖金为 2200 万英镑、澳网奖金为 2300 万英镑、美网奖金为 2600 万英镑来说，温网每年奖金为 2700 万英镑，理所应当地成为最高奖金的网球公开赛，并且温网主张男女奖金平等。

4. 独特的场地建筑

新建成的温布尔登中央球场，其面积为 5574 平方米，设计大师 Populous 为其设计出可伸缩的屋顶，网球赛事正因为可伸缩屋顶的缘故而不会遭受雨水的侵蚀，可以始终保持中央球场内球场的干燥，借助反复折射的原理，将射入的自然光照射进球场内从而使其产生了在户外比赛的感觉。用 Tenara 做屋顶的材料，在保持 40% 透明度的同时，也可以伸缩几千次。现有 2 个室内球场、9 个硬地球场、18 个草地球场在温布尔登内，其中，最著名的中心球场当属决赛之地，可以容纳 1.6 万观众，1 号球场可以容纳 1.2 万观众，2 号球场可以容纳 0.4 万观众，3 号球场可以容纳 0.2 万观众。而当真正开设比赛时，现场可达 30 万以上的观众，与此同时会有 5 亿以上的观众观看电视转播。

5. 高明的销售手段

温网官方曾经进行过统计，温布尔登小镇在 2014 年，有 14.2 万份奶油草莓杯被售卖，超过 30 吨的草莓和超过 7000 升的奶油被消耗掉。此外在赛事期间，也有近 3 万包的温布尔登牌手巾售出量。在之前，伦敦就已经是闻名世界的创意之都，加上温布尔登赛事的组织者使用了非常高超的一招即充分使用了"两个交叉的球拍"的图标，当毛巾、杯子、U 盘、钥匙链等印上这个图标时，这些本身普通的东西，其价值也就变得不同了。温布尔登赛事在 2016 年，有 2.03 亿英镑的总收入额，其中约 5000 万英镑是由周边商品、食物、门票贡献的，约

4000 万英镑是供应商和赞助商所贡献的，有 1 亿英镑的转播分成，温布尔登赛事的最终净收入为 4200 万英镑。

6. 人性化的设计

温布尔登球场和网球博物馆，是游客在游览时，着重观赏的景点。在排队间歇的过程中，球迷可以选择在迷你型的小球场内娱乐玩耍，也可以观看著名球星的对决；在旅游时，还有一项重大的活动即帐篷露营，这项活动可以让旅客感受到不一样的小镇风情。除此之外，世界上最大的草地网球博物馆还是当属温布尔登草地网球博物馆，伦敦旅游最佳体验金奖和伦敦无障碍旅游铜奖就是它在 2007 年获得的，在第二年它又获得了欧洲博物馆年度奖的特别推荐奖。温网博物馆由于它馆藏丰富，设计非常人性化且独特，使其成为游客所必须到达的地方。另外，作为伦敦最大的公共绿地区域，温布尔登地区高达 460 公顷的面积使得它与里士满公园相毗邻，和主街的距离仅有五分钟的路程，可以将其称之为休闲放松、宁静生活的一个绝佳去处。在适合野外踏青和游玩的同时，也可以进行室外的一些运动。

7. 电视媒体的宣传效应

网球赛事的电视转播是温布尔登的主要收入来源，在其转播的同时也为小镇提供了一个宣传的机会。温网的指定转播商，在英国本土为 BBC，其与温网合作的时间已经将近 100 年，而且最新的转播合同至少要合作到 2024 年。根据《每日邮报》的报道，每年 BBC 都会支付一笔高达 6000 万英镑的转播费给温布尔登。此外，温布尔登也有 12 年的网球赛事转播合同与 ESPN 签订，转播费用约为每年 2500 万英镑。其他地区的网球赛事转播费加起来每年也有 2500 万英镑。温布尔登光电视转播每年就能够收入 1.1 亿英镑。在网球赛事良性运营实现的同时，也利用这些转播镜头，在世界范围内，提高了温布尔登小镇的影响力。因为网球运动导致温布尔登小镇火了起来，所以网球成为温布尔登地区的主要标志。

（二）霞慕尼体育特色小镇的成功经验

1. 区位特色

霞慕尼运动休闲小镇的基本特征是基础设施完善、环境宜人、交通便利。从区位条件的角度来看，体育特色小镇通常借助知名风景区作为户外体育的主要部分，所以需要充分利用当地的自然禀赋资源，探索适合当地的体育运动项目，从而借助体育产业，达到发展旅游业和地区经济的目的①。

霞慕尼的成功离不开资源禀赋、交通区位、生态旅游这三大区位条件优势。①资源禀赋。首先，由于其得天独厚的禀赋资源导致了霞慕尼小镇的优势突出；其次，霞慕尼小镇利用周边资源，围绕体育运动开发市场，其发展前景广阔、潜力巨大；最后，当地政府对小镇的优势资源如滑雪、旅游业、高山等资源进行深入挖掘，充分展现霞慕尼小镇的资源特色。②交通区位。霞慕尼小镇不但是霞慕尼区域的网络节点，也是其地区中的重要交通纽带，霞慕尼小镇的产业规划可以连接城市周边资源，实现资源整合与资源有效利用。③生态旅游。一是霞慕尼体育小镇的生态环境优秀，宜游宜居；二是霞慕尼小镇以生态观光、刺激探险、康体休闲为主；三是霞慕尼小镇的产业特点是以绿色低碳为主，注重环保，可持续性强。

2. 产业特色

群众性体育运动是一种较高的需求，当国民经济达到一定程度，人们自然而然会产生群众性体育运动需求，需要市场来提供相应体育产品与体育服务。为了能使欧美发达国家的人们体验到休闲运动中体育所带来的快乐，为了让他们身体更健康、更健美，在有钱又空闲的基础上，会选择种类多样的休闲运动。由此可见，在发达国家，一定时期经济发展的结果，就是体育特色小镇的建设和发展，而在贫穷落后的国家则很少形成知名的体育特色小镇。

欧美洲发达国家的体育产业已经是一个宏大的产业，甚至连汽车产业所作出的经济贡献都已经被其超越。经过迅捷的交通网络构成"小集中、大分散"的规划和产业链间的联系，依靠当地的特色优势，把以体育相关产业为核心的小镇、小城，在某些与体育相关的细分产业中，让其形成产业集群效应，从而带动小镇、小城的特色化发展，使得整个地域的经济发展会起到十分显著的带动作用②。进行体育度假、参与户外运动等人群的体育消费需求较高，打造体育特色小镇需要完善的服务配套设施和规格较高的项目。例如，体育服务行业和冰雪运动、水上运动、高尔夫运动、航空运动、山地户外等项目占比较高。这些小镇对维护人员、相关教练、服务人才提出了很高的要求，相对于普通旅游配套设施来说，体育运动的硬件设备的投入更大、更专业，这就需要提供一体

---

① 范斌. 基于根植性理论视角下的我国体育特色小镇建设机制研究 [J]. 体育与科学，2018，39（1）：84-89.

② 张月蕾，张宝雷，杜辉，等. "健康中国"背景下体育特色小镇创建路径研究 [J]. 哈尔滨体育学院学报，2018，36（1）：41-45.

化服务模式，需要整个产业群的聚集和产业生态链的形成①，这些都向整体体育特色小镇的项目规划、建设、运营提出了更高的要求，建设与发展体育特色小镇是一个非常困难的系统工程，国外有些小镇甚至需要几十年乃至几百年的时间才能建成。若本土没有体育文化的积淀想要从零基础重新打造一个运动休闲小镇的话难度更大。从赛事特色的角度来讲，体育特色小镇自身的知名度、影响力可以借助赛事来提高，尤其是世界级赛事，或者一项到几项重量级的赛事，利用这些建造属于自己的体育特色旅游品牌。也可以借助自身的优势项目，拓展体育旅游产业链条，一年四季都有特色的体育产品与体育服务提供，从而吸引众多的体育旅游爱好者加入其中。

3. 治理特色

体育特色小镇的治理主要包括各级政府和部门的监督管理主体和支持保障主体，企业等规划建设主体和运营主体，社区主体和就业人员。特色小镇的治理需要围绕特色小镇的发展规划、治理结构、运营管理和发展战略等内容进行，特别是在治理结构、治理观念、运行机制、治理主体上进行创新，提升各方的参与积极性，将"利益相关者"的潜力和资源充分地挖掘出来。

明确多元主体职责，市场和政府各自发挥其功能，要降低政府行政权力，提升社会组织、企业等多元主体的共同参与②。市场与政府在构建体育特色小镇的过程中，各自饰演了不同的角色，但二者缺一不可，彼此之间不可越位。对于政府而言，其主要任务之一就是将基础设施不断进行完善，特别是地方政府需要提升完善通信、卫生、交通、排污等公共设施的速度，为消费者和投资者提供一个合格的住所和投资环境。对于市场而言，像欧美这样以市场为主导的体育特色小镇发展模式，其治理经验是针对某一问题出台针对性的协调措施，维持市场秩序的公平性，将地方自治权授予体育特色小镇，实现利益共享和信息互通，包括总体规划制度、公共设施配给制度、社会市场协作、独立的财政权力等方面。

发挥多元主体作用，建立相应的治理体系和治理机制，形成联动融合、开放共治的小镇治理局面。由国内外的专业技术人才和专家学者组成决策咨询顾问团，为体育特色小镇的建设规划提供专业的技术咨询和决策智囊。建设与发

---

① 张雷. 运动休闲特色小镇：概念、类型与发展路径 [J]. 体育科学，2018，38（1）：18-26+41.

② 李庆峰. 特色小镇：一种新型社会治理模型及其发展 [J]. 中国经贸导刊，2017（2）：76-78.

展体育特色小镇，是一个非常复杂的系统工程，需要发挥体现出经济、政治、文化、生态、社会等多方面的功能，所以在规划、建设、运营、管理等各个环节都要谨慎选择。想要建设体育特色小镇，既要有资金、产业、土地等硬件要素的支撑，也要有管理、模式、体系、机制、人才等重要的要素。政府部门、社区居民以及相关的一些企业等代表联合构成，用来掌管小镇的决策、参与、讨论、解决等各项事务，必须确保协同多元利益、倾听多方声音，保障多元参与主体共同发挥作用。

体育特色小镇应构建出协调、协作、共享的运行机制。在运行机制中，"协调机制"通常指说明参与主体之间的上下等级性关系，应该设立特色小镇建设规划领导小组，把相关配套政策制定并落实好，定期组织召开联席工作会议，推动投融资体制改革、土地供给，将体育特色小镇建设与发展中暴露出的难题协调解决掉。"协作机制"中主体间的合作、分工关系受到着重强调。"共享机制"能提高信息处理的准确性、及时性，从而促进创新网络和技术联盟的构成。

（三）蒙特贝卢纳体育特色小镇的成功经验

1. 形成鲜明的体育产业特色

应把体育作为主导产业，来发展运营体育特色小镇，如果要将体育产业链建设完整，那么整个体育服务产业链就必须以体育为核心带动。在国外，体育特色小镇将品牌分为两部分：一是将单个体育项目作为主导来形成一部分品牌，用以逐渐提升知名度；二是以特色体育产业为主导形成另一部分，其中包括体育服务类和体育制造类。而体育产业型特色小镇，是将体育产业作为核心，将体育产业作为主导，从而建造出适合自身优势的体育特色产业，而不是简单地将运动休闲作为主要项目来发展运营。蒙特贝卢纳小镇发展体育特色产业时，是将体育用品制造业作为主要部分，借助打造国际知名的运动鞋生产品牌，利用自己独特的区位优势和历史积淀，努力摸索属于自己发展模式的同时紧紧围绕自己的核心优势，小镇知名度通过利用运动鞋制造、生产、销售来提升，且运动鞋制造品牌能够被不断优化、创新。一个巨大的运动鞋制造企业集群和相关企业集群就由此被建造成，运动鞋产业从研发、设计、制作、生产、销售、配送的整个过程都被建造成一个完整的产业链，能够将蒙特贝卢纳体育特色小镇产业特色最大限度地展露出来①。

---

① 鲜一，程林林. 体育特色小镇业态选择——基于产业集聚与区位理论视角［J］. 体育与科学，2018，39（3）：60-68.

2. 构建科学合理的发展模式

科学合理的运营发展模式是一个成功的体育特色小镇所应该具有的，因为这是保持生机活力的重要条件之一。蒙特贝卢纳小镇中，包含有四种发展模式：第一种为产业聚集。这种形式其劳动效率和劳动分工非常发达，前期、中间、最终企业形成了明确有效的分工，从而大幅提升了生产质量和生产效率。产业集群将企业的竞争能力、创新能力充分有效地激发出来，产品生产和产品研发被集群模式所分隔开，使得将更多的力量注入产品的研发中，不断提升运动鞋的质量和外观以及所运用的技术手段，提高产业的可持续发展力①。第二种为产城结构。小镇与产业融合发展结构，构成"小集中、大分散"的企业模式，类型多样的小型聚集区就这样形成，且全套的产业链在每个区域都被设有。这种模式不仅对形成良好的竞争关系有促进作用，在市场、产品等领域创新力上也不断刺激着企业，各企业的协调发展被促进，且被不断精细化，产业集群的多样性和技术水平也同时被提升。第三种为多元发展。不能只通过发展单一项目来发展小镇，而是应该寻求多元化。除了发展运动鞋制造业这一主导产业，蒙特贝卢纳小镇还发展了有休闲娱乐、生产观光、美食服务、酒店服务、购物在内的许多的多元产业，不仅打造了品牌，还将体育旅游产业发展起来，从而造就了集运动鞋研发、设计、生产、休闲度假为一体的体育特色小镇。第四种为跨国合作。蒙特贝卢纳小镇各企业，在跨国合作上，由于其注重与国际知名企业合作，从而渐渐培育出许多大型企业如 Nordica、Tecrnica、Geox 等，带动完善蒙特贝卢纳小镇的上下游企业，推动服务业集聚发展格局的促进，在小镇产业可持续发展能力增强的同时，也提高了其在国际上的知名度，保证了良好发展环境的形成。

3. 结合区位优势及业态资源

打造和构建体育特色小镇，应将小镇周边的资源以及小镇现有的资源充分地利用起来，将人文地理等特色资源联合起来，从而发展体育特色小镇②。发展蒙特贝卢纳小镇的体育产业，其一是以意大利的制革中心佛罗伦萨为依托，提供充足的原材料给制鞋企业，同时由于登山运动以及冰雪项目在意大利非常盛行，所以对滑雪靴和登山鞋有着非常大的需求量，当然，除了将意大利的运动

① 石秀廷. 体育特色小镇建设的国际经验及其启示 [J]. 广州体育学院学报，2018，38（2）：39-42，67.

② 方春妮. 国外运动鞋业集群的成功机制与启示——以意大利蒙特贝卢纳运动鞋生产基地为例 [J]. 武汉体育学院学报，2009，43（2）：48-51.

鞋需求满足，蒙特贝卢纳小镇的运动鞋还会销售到世界各处。除此之外，蒙特贝卢纳小镇制造业的厚实基础，也是被意大利精益求精的制作工艺所奠定。其二是蒙特贝卢纳小镇有良好的产业基础，原因是因为小镇最早开始就制作登山鞋，后来发展为小型的制鞋企业再又发展成多个企业集群。蒙特贝卢纳小镇被打造成为全球知名的体育产业小镇，其方式是从传统工艺出发，不断研发、创新、提升制造水平，而后加强跨国合作。其三是蒙特贝卢纳小镇的地理位置处在当地畜牧业中心地带，在利用大量的农场资源后旅游业得到了很好的发展，而且同时结合了集休闲度假在内的农场观光以及当地的意大利文化背景和风情，从而构成了体育旅游休闲度假区。

七、国外成功经验与本土实际情况的综合考虑

（一）霞慕尼体育特色小镇对我国的启示

1. 以运营思维进行规划，完善基础设施与配套服务

如果要制作一份切实可行的、真正有用的、可以落地实施的体育特色小镇建设规划，必须要让规划者，从规划运营的角度去思考问题，从一开始就将项目的蓝图仔细地勾画出来，明确如何挖掘文化、筛选文化、构建配套产业，建设宜业宜居宜游的主客共享生活空间。同时对项目有兴趣的企业和对参与体育特色小镇招商的企业类型都要详尽熟知，毕竟企业入驻是构建体育特色小镇的靠山，要想确保后面的体育特色小镇项目招商成功，唯有将设计规划制作的完善且考虑得周全，此外，体育特色小镇的节假日属性和季节属性十分显著，所以在规划上，更应该优先考虑那些在小镇里的长期生活和居住的新居民以及之前就居住的原居民，而不是着重考虑那些短期居民和外来的旅行者。不管是公共服务设施、基础设施，还是整体人居住环境的打造，都要首先安顿那些长期在小镇里居住的人群。

2. 深度培育产业驱动力，实现产业融合和联动

要想建设体育特色小镇，就必须大力发展体育产业，其建设离不开深度培育体育产业驱动力，也无法离开与体育与健康、文化、旅游等领域的联动和融合。体育特色小镇产业一定是根植于小镇现有基础而发展起来的潜力产业，通过规划逐步擦亮、丰富、提升其上下游产业链，培育出能支撑小镇实体经济的支柱性核心产业。体育特色小镇发展的生命源泉是体育产业，是需要培育和引

导的，一个没有体育产业维系的体育特色小镇是不可持续的。霞慕尼小镇集户外登山滑雪运动、赛事体验与观赏、休闲旅游度假于一体，将体育产业与多种产业充分的互动与融合实现。以体育旅游度假为核心，以"第二居所（生活）+旅游+生态"构建的模型成为霞慕尼小镇的主要经济形态。对于体育特色小镇的产业，一定要深度挖掘潜力，一定要大胆创新，打通横向和纵向发展，形成体育产业集群与相关产业集群，同时还需与时俱进培育发展新业态。要将龙头体育企业领头羊的作用充分发挥出来，在推动时有政府的政策作支持和保障，构筑产业生态圈，为小镇提供产业驱动能力。

3. 打造独一无二的文化 IP，提高产业附加值

文化，是确定好产业之后，体育特色小镇所要做的，做文化客观来说有两种方向：一是借助于小镇独具特色的文化积淀，打造地域性文化；二是依托小镇的核心产业衍生出产业文化。不论是选择哪种方向，自身独特的文化定位，是体育特色小镇所必须要明确的，只有具备鲜明特色的文化主线，才能保证产品构建和项目建设一直在"IP"强化的道路上，因为只有能够持续体现小镇特色"IP"才能在后期实现常年盈利。文化因素，是体育特色小镇建设与发展时，所必须重视的，只有如此，体育特色小镇的灵魂才能被文化所占据，从小镇文化的战略高度上，使体育文化对小镇产业发展产生更多的综合附加值。霞慕尼体育特色小镇是产城一体的成功案例，是展示法国人情风光的绝佳之处，小镇滑雪产业已成为"浪漫法国"和"休闲法国"最重要的一方面，引人入胜，流连忘返。我国在体育特色小镇规划时，需要在文化的高度上寻找更高的战略制胜点，将适合当地文化的"IP"打造好，使得体育特色小镇的产业附加值不断提高，通过虚实相结合的方式，让体育特色小镇更具影响力。

4. 利用消费驱动，增强旅游辐射力和小镇外向度

不管是法国的霞慕尼体育特色小镇，还是其他声名远扬的体育特色小镇，这些小镇的共性都是通过促进消费驱动来提升旅游辐射能力，通过体育和旅游结合，让体育旅游和体育文化传承深度结合，产生源源不断的驱动力。体育特色小镇的基质是体育文化和体育旅游，同时也是小镇体育产业跨界融合其他产业时的重要渠道。体育特色小镇的外部驱动力就指代了体育旅游，通过调动游客的连带消费积极性，提高小镇的体育消费力，体育文化和体育产业联动，提高小镇的内部驱动力。所以，不仅要有产业内外部的驱动力，体育特色小镇还要让体育产业融合其他产业，让小镇的体育文化更加具有吸引力。

5. 营造生活吸引力，打造生活新空间

建设和发展体育特色小镇的最终目的，是打造一个新空间，将小镇生活的吸引力提升，将人民对美好生活的需求不断满足，所以，其服务的主体是人，建设的落脚点和出发点也是为了人，要为人民打造一个高品质的生活空间。所以，体育特色小镇的宜居、宜游、宜业氛围也非常重要。通过丰富的生活配套服务设施与现代科技手段打造宜居、宜游、宜业的生活氛围，这样的体育特色小镇才对人有吸引力和归属感。以法国霞慕尼体育特色小镇或其他成功的体育特色小镇为例，这些小镇都将自身打造为绝佳的生活妙地，所以无论是企业总部人才还是其他领域的高级人才都非常愿意在这里生活、工作和度假。

6. 立足未来对生态进行保护，完善相关政策机制

要想使体育特色小镇长久地保持发展动力，其关键的一点在于，保护好生态环境，是否具有优良的生态环境是在选择旅游地点时，游客所着重关注的因素。体育特色小镇想要健康协调可持续发展，建造出影响力较大的小镇"IP"，紧随市场需求热点脚步的同时，人们会不断追求在美妙绝伦的生态环境中，开拓体育特色产品。要想让小镇"IP"长久不衰地保持其发展势头和影响力，那么当地政府部门和合作企业，在利用和改造生态上，严格地认识和把控对大自然的开发，唯有保持与自然和谐共生，才能将持续的经济收益带给体育特色小镇。

总之，体育产业供给侧结构性改革的具体实践，就是体育特色小镇，也是带动经济转型和升级的重要抓手。随着国民体育消费水平和经济社会发展的提高，体育产业发展开始从规模扩张阶段逐步转向质量提升阶段。人民对美好生活的需要、经济发展和体育产业发展的内在需要，都可以通过建设体育特色小镇来实现。体育特色小镇建设与发展要紧紧围绕地域"软价值"展开，避免"千镇一面"，更重要的是要立足人文基因，重视文化因素，深挖人文资源，从体育项目选择、产品供给、场地设施布局，都要"立足产业，突出特色"。进入新时代，进入引领发展阶段，我国的体育特色小镇可以汲取法国的霞慕尼体育特色小镇在产业驱动、运营思维、消费引导、生态保护、生活吸引、旅游辐射等方面的经验。

（二）达沃斯体育特色小镇对我国的启示

1. 立足现有优势资源，多元化开发小镇功能

我国强调体育产业转型升级，在体育产业微观创新上，培育和建设体育特色小镇，是受国家主张的，从点着手，以点带面，通过借助体育特色小镇，推动整个体育产业的创新和发展，将新的动力注入体育产业的转型升级和资源整

合中去。伴随着国民生活水平的不断提升和我国经济的持续爬升，人民对体育消费的占比和需求逐渐攀升。建设体育特色小镇时，要考察好当地的文化氛围和自然资源，同时在建设时，要避免出现体育特色小镇雷同的现象，尽量挖掘小镇特色。其中一方面，湖泊与山地在达沃斯体育特色小镇中居多，四季分明，所以在非雪季开展户外运动如漂流、登山、高尔夫、垂钓等时，非常有利。而在雪季，小镇又有着充足降雪量的优势，可以很好地开展冰雪运动项目。另一方面，由于人口相对稀少，达沃斯体育特色小镇的多数地区，有保存完好的自然原貌，对高尔夫、滑雪、跳伞等需要避开人群密集区的、占地面积大的活动，能够很完美地容纳下来。同时，建设体育特色小镇要体现出小镇的多元化功能[①]。除了具有体育产业的功能外，体育特色小镇还拥有旅游、文化、养生等其他功能，故而可以实现养生、生态、环保、宜人等目的。

2. 完善基础设施与配套服务，为形成产业链创造条件

体育产业的发展是建设体育特色小镇的核心。中国农业经济学会会长、原农业部常务副部长尹成杰表示，发展体育特色小镇，应首先从体育产业抓开始，依产建镇、依产带镇和依产兴镇。评价体育特色小镇发展的是否成功，主要指标还是看体育特色小镇的经济。一个体育特色小镇是否能够可持续发展的评估标准，就是要看体育特色小镇是否形成了一个完整的体育产业链。我国的体育特色小镇发展目前存在的主要问题在于缺乏稳定的、固定的产业基础。体育特色小镇在发展经济的时候，如果没有属于自己的体育特色产品、体育特色产业，没有特色体育产业的支撑，体育特色小镇在发展过程中就难以抵挡波动的经济而导致经济下滑。同时，体育特色小镇管理人员应该以场馆建设和比赛场地为中心，打造建设极限运动场地、体育类公园、健身路径、骑行道、滑雪场地等体育活动空间。所以，体育特色小镇经济在我国发展的同时，要注重基础设施的完善和产业链的形成。

3. 营造体育空间，创造文化氛围

随着体育特色小镇的发展在国家政策的推动下，目前体育特色小镇的建设热潮在全国各地兴起[②]。我国建设体育特色小镇要传承小镇地域体育文化、立足于小镇的自然资源、塑造体育特色文化品牌、营造小镇体育空间形态，发展具

---

① 陈磊，陈元欣，张强. 国内外体育特色小镇建设启示——以湖北省为例［J］. 体育成人教育学刊，2017，33（3）：41-45.

② 叶小瑜，谢建华，董敏. 国外运动休闲特色小镇的建设经验及其对我国的启示［J］. 南京体育学院学报（社会科学版），2017，31（5）：54-58.

有历史记忆民族特色、地域特色的体育特色小镇是我国建设体育特色小镇所要关注的重点。在建设小镇的过程中，我们要注重将运动元素、体育元素融入整体中。要在保护小镇本土特色和原生态自然环境的基础上，确定小镇建筑风格，营造的小镇空间形态要具有体育特色，从体育特色小镇的建筑风貌、民宿、纪念商品、乡村饭店到交通标牌、运动场所、引导系统、道路标识等都应具有鲜明的运动氛围和体育特色。同时，体育特色小镇的文化建设要不断加强。设计规划体育赛事时要将小镇原生文化融入其中，以赛事和文化激发群众的热情，持续推动培育小镇的体育文化，使小镇的体育氛围越来越浓郁，发挥体育文化的引领作用，体育文化的辐射力与凝聚力得到强化，使得能够持续发展。

达沃斯小镇的发展得益于当地优秀的自然地理条件，更得益于"达沃斯世界经济论坛"。在发展过程中达沃斯论坛传达给世人一种公正平等的态度，正因为享有世界级美誉的达沃斯论坛的存在，促使该地召开更多世界级会议，进而当地的酒店服务业也得到了快速的发展。滑雪业也与此同时不断得到发展，前来体验旅游的人也不断增加，这使达沃斯旅游业快速得到发展。达沃斯小镇的特色发展告诉我们，与当地文化结合是特色小镇经济发展的必备条件，既要有一定的文化产业对小镇的发展支撑，又要做到体育和文化融合发展。

（三）蒙特贝卢纳体育特色小镇对我国的启示

1. 选择符合小镇区位特征的体育产业

结合自身优势，科学合理地使用运营发展模式的蒙特贝卢纳体育特色小镇，是产业型体育的发展，以制造运动鞋为主导，对冰雪运动度假休闲产业进行发展，并且形成了闻名世界的冰雪运动产业基地，这对我国体育特色小镇的建设有很大的启发。综合小镇历史产业优势的发展和区位地理优势，对现有的资源进行整合并灵活利用，从而构建资源产业链。对体育产业型中国特色小镇进行建设，还要考虑到各种体育发展现状、交通、文化底蕴、发展空间、资源、区位产业基础等相关因素。目前我国体育特色小镇产业型建设正处于探索阶段，在选择小镇的主要产业过程中，对流行和收益影响参考的过多，而对小镇产业基础和自身优势造成忽略。所以，在建设体育特色小镇中，要注重现有资源的合理利用，包括历史资源、人文资源、产业资源、自然资源等。要因地制宜地建设体育特色小镇，不仅凸显出自身特色，还为小镇的建设节约了成本①。

---

① 董芹芹，沈克印. 法国运动休闲特色小镇建设经验及对中国的启示——以霞慕尼（Chamonix）小镇为例［J］. 武汉体育学院学报，2018，52（6）：20-25.

2. 发掘和运用科学合理的产业发展模式

对蒙特贝卢纳体育特色小镇的发展经验进行借鉴，将产城结构、产业聚集等模式进行综合运用，并将体育小镇自身的空间分布、交通特点和企业布局结合起来，从而构建我国体育特色小镇绝佳的建设路径。目前，我国大部分体育特色小镇是以某一体育项目为核心进行建设，再配套上当地的娱乐产业、旅游产业等，发展成为新的产业园区，构造成"体育+旅游"的发展模式。而某些以运动装备生产、体育用品生产为核心的体育特色小镇，大多缺乏建设城市配套服务，所以在建设体育产业型特色小镇的过程中要注重加入城市配套服务，形成以镇促产、以产带镇的模式。另外，应将产业聚集、产城结构等发展模式积极运用，努力地扩大小镇产业集群的开放度，从而推动小镇发展成可持续发展的产业链。

3. 增强自身培育的同时积极参与合作

借助蒙特贝卢纳体育特色小镇的建设经验，可以清晰地看出，发展体育产业的过程中，既要重视培育发展小镇自身品牌，也不要中断与世界知名大品牌合作，不仅要借助品牌效应提高小镇自身的影响力，也要不断将大企业的生产经验吸纳进来，从而将新的动力注入自身产业。另外，不断交流合作国际大品牌，将优秀企业更好地吸纳到小镇产业集群中，借助吸引外资和鼓励出口，增强企业间即外资企业与本土企业间的战略联盟，同时将本土产业集群与国外产业集群之间进行实地参观调研、比较借鉴、人员交流等，促进国内外集群间的合作①。

4. 发展主导产业的同时注重城市服务和配套设施建设

体育产业型特色小镇和普通工业园区之间存在的区别在于，其属于区域经济，应充分具备居住功能、产业功能、配套功能、休闲功能等功能，既能给当地居民提供休闲娱乐场所，也能将多元化休闲服务提供给游客，故相关的经验也应由我国的体育特色小镇所汲取。另外，建设体育特色小镇会给小镇当地的体育场地设施与体育公共服务带来较大的改善，所以体育特色小镇在建设过程中，可以选择融合发展新城区建设，在小镇发展体育产业的同时，结合环保、生态、养生等元素，不仅能使小镇的整体效果得到提升，还可以使小镇发展更多的产业，最终形成完整的产业链。

---

① 方春妮. 国外运动鞋业集群的成功机制与启示——以意大利蒙特贝卢纳运动鞋生产基地为例 [J]. 武汉体育学院学报，2009，43（2）：48-51.

作为经典的体育产业型特色小镇，意大利蒙特贝卢纳小镇拥有成熟的发展模式和优质的企业集群。对小镇的配套服务设施建设重视的同时，将蒙特贝卢纳小镇发展中融入旅游度假、休闲娱乐等，从而构成运动休闲和制造业两者共同发展的世界著名体育特色小镇。在目前，我国正在建设大量的体育特色小镇，所以，很有必要借鉴国外的优秀经验。要因地制宜地建设体育特色小镇，开发自然资源尽可能合理，选取符合当地产业发展的模式，同时建设小镇时要注重合作与配套设施建设，为体育强国、健康中国等目标的实现奠定基础。

（四）国外共性经验与本土现状充分结合

从经济条件上讲，体育特色小镇要在国家到达一定经济基础之上建设，体育特色小镇的消费者是广大群众，群众体育是体育特色小镇的主要参与形式，从温饱到小康到富裕后，人们产生的需求达到更高层次，因此寻求体育带来的健康需求、精神需求，这就是群众体育。党的十九大指出我国社会的主要矛盾已经由人们日益增长的物质文化需求同落后的社会生产之间的矛盾转化为人民日益增长的美好生活需要和不平衡不充分的发展之间的矛盾。可见，我国建设体育特色小镇已经是广大人民群众对美好生活需求不断增加的发展使然。

从地理位置上讲，要想充分地发展体育特色小镇一般需要依附着著名风景区或大型体育赛事基地，借助著名风景区其优良的地理环境、交通便利、历史文化内涵、充足的客源可以更快速地形成体育特色小镇成熟的产业链。借助大型的体育赛事，可以建造体育旅游品牌，更容易被人们所熟知，在吸引消费者刺激消费的同时，推动体育产业和相关联产业的发展。

从投资力度上讲，打造我国的体育特色小镇，不同于国外体育小镇那样在长时间积累之后形成，要在短时间内打造一个基础设施和配套服务完善的体育特色小镇就需要大量的前期资金投入，过程必然是复杂的。

从产业基础上讲，将当地特色的产业充分利用起来，利用小城镇独有的特色优势。体育特色小镇需要在国家和地方政府政策支持和引导下建立，确定好发展方向，准确定位体育特色小镇的发展。

从发展模式上讲，我国体育特色小镇虽然发展起步较晚，但能充分借鉴国外体育小镇的经验，在世界经济形势下根据其发展而不断变化，如果要实现真正意义上的体育特色小镇，就必须把体育作为核心，借助体育产业推动关联产业的融合发展，形成以体育为核心的，带动培训、医疗、设计、物流等产业联动发展的产业链。体育特色小镇就是"体育+"而不是"+体育"。在我国具体建设体育特色小镇的过程中，要注重小镇区域性的特色环境资源，发展小镇历史文化内涵，找到小镇产业发展特色，追求符合小镇发展的实施路径和创新点。使用"主导产业+多元化模式"，注重体育主导产业及多种关联产业有机整合，将创新性、体验性、服务性进行融合，满足消费者体育多元化需求，在体育赛事的基础上，建造体育用品生产基地，构造体育运动聚集地。

第二节　体育特色小镇的国内案例

一、北京丰台足球小镇

（一）丰台足球小镇简介

槐房村位于丰台区南苑乡，被称之为"天安门前第一乡"，对其进行长阶段的调查和研究后，按照北京市委新格局社会发展的城乡经济一体化的要求，对土地的性质和建设的规划量体裁衣，槐房村大约有2200亩的土地面积，它的总目标为"冰雪休闲、足球竞技、生态节能、大众体育"，将风采独特的"国际足球冰雪小镇"（图3-7）打造出来。我国首个生态和谐的"足球冰雪小镇"，就是槐房村国际足球小镇，包括体育展示、足球教育、体育场地、高端酒店、休闲旅游、冰雪运动项目、体育用品销售等在内的众多体育相关产业。有5块十一人制的足球场、10块七人制的足球场和50块五人制的足球场计划在槐房村国际足球小镇内建设，其不仅包括了足球嘉年华、足球狂欢广场、足球奥特莱斯、足球大厦、足球博物馆、足球会议中心、足球风情街等，还包含有北京的第一座专业足球场地与设施。

在槐房村搬迁时，出现了很多的建筑废料和剩料，将这些材料制作成再生砖来建造厂房，这就是北京槐房村国际足球小镇冰雪谷建设的初衷，再后来经过多方面的考量后，决定在槐房村地区自然地理环境的基础上，将冰雪谷将建设成具有戏雪区、室外冰场、初级滑雪道、练习道等多功能的冰雪特色小镇。项目的定位非常明确，"冰雪谷"项目不仅有针对初级滑雪者的项目，还有能教授滑雪技能的学习窗口，引领普通群众和青少年参与多种冰雪运动体验是学习窗口存在的关键意义。成功落地冰雪谷项目，之后就可能将冬奥会的培训专业基地建造在这里，将冬季群众体育活动发展并普及起来，从而为冬季的运动项目选拔培养后备人才。

　　足球产业是足球冰雪小镇的发展特色，在之后小镇会引进智能场地技术，该项技术将群众体育和竞技体育相融合，同时期还有很多的功能也被引进如同步数据分析系统，开发专门的 App 软件，线上比赛预约等，从而将本土最大最先进的足球社区打造出来。未来还要融入很多的概念和元素如足球科技、足球文化等，构建出创新发展服务平台，达成对接城市发展和城市足球发展的同时，也构成了足球的产业集群和产业链。国际足球北京冰雪小镇内，冰雪运动和足球运动，两者的优势构成互补，当地人民也可以用独具特色的足球小镇，来体验足球活动的生活场所，既能健身放松，也能享用美好生活。

图 3-7　北京国际足球冰雪小镇

（二）丰台足球小镇建设特色与发展成效

1. 制度要素：政策支持和制度保障方面

　　不断加强体育产业相关的制度供给，是供给侧改革在体育产业方面的重要措施，北京市政府为了建设丰台国际足球小镇出台了相关正式文件，提出把北京丰台足球小镇作为我国体育特色小镇工作的重点培育和扶持对象。自党的第十八次全国代表大会召开以来，以习近平同志为核心的党中央，把"足球振兴"的任务安排上日程，并将其作为发展体育运动、建设体育强国的重要使命。足球等体育供给侧改革和体育事业工作受到李克强总理的高度重视，《关于加快发展体育产业促进体育消费的若干意见》于 2014 年 10 月颁布，《中国足球改革发展总体方案》和《中国足球协会调整改革方案》于 2015 年 3 月发布。有如此之多的政策文件下发，将国家发展体育产业特别是做好做强足球事业的决心充分表现出来。在《中国足球改革发展总体方案》中又明确地提出，"要增加足球场地数量，在新农村和城镇化建设总体规划中纳入足球振兴计划，明确刚性要求，由各级政府和各部门组织实施。足球场建设要符合因地制宜原则，充分利用城市或乡村的闲置地、荒地、林带、公园、屋顶人防工程等，建设一批简易的非标准化足球场，满足校园足球活动的场地需求"。按照产业发展规划经济化、国际化、科技化、高效化、人文化的核心思想，槐房村在迁村转居的同时，也将推进调整集体经济的结构，改造与升级换代其自身，从而将小农经济转变为现代经济。

2. 资本要素：配套设施和产业发展方面

中国首都北京中心城区的寸土寸金之地，建设了一个特色区域，其以体育为核心，其载体为足球，是技术、文化、创意、产业、健康等多种元素汇合的全新城市功能区，带动发展城市和足球，这是未来发展城镇化特色的新出路、新概念。按照污染做减法、生态做加法的方式建设足球小镇，用以保证绿色生态环境鲜明。将世界上最先进的草坪生态水循环系统引入，用以建设足球小镇，把雨水等自然水资源最大限度地利用好，再利用北京最大的中水处理厂补充少量的再生水，使得其环保效果和生态效果达到最佳。此外，因为灌溉水回流利用的缘故，足球场草坪的绿化标准被大大提升。从运动的方向讲，将喷头从足球小镇内去除，使得导致球员运动损伤的概率降低，这一先进系统使足球场在灌溉时也能踢球，增加了场地利用效率。小镇的太阳能供电系统，在节能工程方面已经计划被安装，太阳能属于清洁能源的范畴，能够将小镇用电负荷有效地降低，在照明灯具方面，小镇选择了 LED 照明灯，在与现代节能的趋势相符合的同时，也不会降低照明效果，从而将节能环保、绿色无污染的足球小镇打造出来。当今要建设人性化、智慧化的城市，在足球小镇的建设中，将创新引入智能场地技术，该项技术中群众体育和竞技体育高度结合，规划引入同步数据分析系统，借助于智能硬件和蓝牙，在结束训练后使得运动员能及时得到数据并进行分析，提高运动员训练水平，训练效果在青训和专业训练体系中也可以达到事半功倍。不仅如此，足球小镇还开发了专门的 App 软件，其场地和比赛都可以在网上直接预约，还可以将运动影像通过智能硬件和摄像机的方式，保存到每个用户的个人中心，大幅度提高 App 使用率的同时，促进相互融合线上线下，将我国最大的、最先进的足球社区打造出来。

3. 创新要素：明确体育产业定位，提高小镇高效利用

以足球特色为主的体育产业受到丰台足球小镇的着重发展，退役球员可以承包小镇中社会开放的足球场，也可以将职业教练员、职业裁判员等提供给租赁小镇场地的业余球队，从而将一部分退役足球运动员创业就业的问题解决。

与此同时，发展小镇足球周边的产业，可以提供大量的就业机会给当地的农转居人员。把足球科技、足球文化、足球竞技等各个元素和概念进行交融，中国第一个带动足球和城市发展对接的创新平台就将是足球小镇，想要建设好足球小镇，其一就是要着重发展足球运动，其二就是要从足球的角度审视整个足球的事业。除了将足球的场地增减增设之外，与足球有关的一系列如足球的教育、体育足球用品、足球的展示、足球的特色镇旅游等相关产业，借助国家发展足球的东风将其着重发展起来，从而形成足球的产业生态链和产业集群，将一条龙的足球特色经济不断发展起来，使得经济基础和创新平台能可持续发展起来，并以此来支撑起小镇，让足球能够带动地区转型升级和城市扩容提质，成为带动两者的催化剂。

由于北京的冬季，气候冰冷，在户外开展体育活动很困难，所以将足球项目的开展定在了其他的三个季节，但是在冬季，又开设了真冰溜冰场，正是由于溜冰场的建造，所以以速滑为主要项目的冰上竞技运动就这样顺理成章地发展了起来。槐房村促进了和北京奥运文化的战略合作，通过在场地管理和建设的方面，借助于中奥广场管理有限公司的经验，在建设足球小镇的早期就引入了专业化、科学化的观念，依照"做强产业、明确主题、加强管理、完善功能"的指导原则，通过对实施编制工程、设施完善工程、产业发展工程、服务优化工程、素质提升工程、环境改善工程进行规划，从而建造出一个"建设风格独特、主体定位鲜明、主导产业成熟、基础设施完善、生活环境整洁"的足球小镇。体育强国建设的必然要求是振兴足球事业，这也是来自广大群众的美好夙愿。通过不断将中国体育大国的形象提升，从而竭力将中国的足球梦变为现实，不但有责于体育界，而且我国足球事业的发展能迈上新的台阶，更是由槐房村以实际行动所推动的。

二、绍兴柯桥酷玩小镇

（一）柯桥酷玩小镇简介

浙江省绍兴市被冠以"东方威尼斯"的称号，位于绍兴市柯桥区的西南部的柯桥酷玩小镇坐落在我国著名的中国轻纺城，这里的特点是富庶繁华，这些都为小镇的建设与发展奠定了坚实基础。该区域不仅具有优越的地理位置、优美的区域环境、便利的交通条件，区域内还拥有国家级优质景区，还包括滑雪馆、高尔夫球场等休闲运动资源。柯桥酷玩小镇旨在打造集"旅游小镇、运动小镇、产业小镇"于一体的空间。其中，柯桥酷玩小镇的核心项目是浙江的东方山水乐园城和国际赛车场。小镇未来要建成的目标是"一轴四区"的结构，其中的"一轴"指的是鉴湖景观线，所说的"四区"是指设极限时尚运动区、高端休闲区、水游乐区、水文化区四个区块。体育设施的建设是柯桥酷玩小镇的建设聚焦点，除了已有的设施和场馆，目前还有水上运动鉴湖基地、酷玩城体育运动综合体、赛车场天马基地、直升机场基地、足球训练基地等项目在建设中或规划中。独具特色的规划都能体现出小镇之"酷"，即酷玩从场地、方式、人群三方面不受任何限制，让群众在酷玩之乐的同时享受轻松之感，而且小镇还可以保证专业运动人群的高端运动体验需求。

（二）柯桥酷玩小镇建设特色与发展成效

1. 在政策支持和制度保障方面

浙江省委、省政府关于特色小镇规划建设的战略部署，受到绍兴市的高度重视，《绍兴市人民政府关于加快特色小镇培育建设的指导意见》于 2015 年出台，文件中提到"保障土地要素、建立专项基金、支持财政返还等政策措施，打造 30 个左右具有绍兴特色的特色小镇"。同时，以市长为组长，绍兴市成立了特色小镇建设工作领导小组，责任主体明确，协同机制建立，市县镇三级联动加强，确保有序开展小镇建设工作。绍兴市柯桥区将上级关于特色小镇建设的相关精神积极贯彻落实，陆续出台了《柯桥区加快推进特色小镇培育建设2016 年工作方案》《柯桥区特色小镇创建工作考核办法》《关于加快培育建设特色小镇的实施意见》等相关文件，从而提供政策引导和制度保障，来建设柯桥酷玩小镇。柯桥酷玩小镇建设的模式是典型的浙江省模式，其建设的方式是根据"宽进严定"，按照自愿申报项目、分批会议审核、年度周期考核、验收达标命名等程序，培育建设 3 年左右的时间，在验收成功后评定为省级特色小镇。围绕着建设柯桥酷玩小镇，柯桥区城镇化建设被大力推动，柯桥地区经济社会发展也会被更快更好地促进。

2. 小镇规划设计方面

科学合理地制作柯桥酷玩小镇的规划设计，并将其融合创新的理念完美凸显出来。作为浙江省特色小镇典型代表，柯桥酷玩小镇"融合式规划"和"多规合一"，使用一套规划方案，统筹空间布局、建筑设计、项目布点等各个方面，从而相互融合和衔接各个规划系统。建设柯桥酷玩小镇是一个既耗时、耗财也耗力的系统工程，在其中监督者和引导者的角色由政府所担任，特别是融合理念和创新理念要在制度改革中凸显出来,合理布局小镇,将科学规划重视起来,将产城人文的建设要求体现出来。选择体育产业和发展区域经济,柯桥酷玩小镇建设的落脚点,创新驱动的转变,是通过要素驱动来完成的,将体育产业与相关产业的跨界融合实现,将体育产业与城镇空间布局的融合发展实现,从而将聚合与多元的功能特征体现出来①。依托当地的自然资源和产业基础,柯桥酷玩小镇的建设规划,依照"以湖为轴、划分区域、分期建设、串联发展"的原则,按照"一轴四区"进行规划小镇,即鉴湖景观水轴、水文化区、时尚极限运动区、山水游乐区、高端休闲区,规划建设游艇赛车、马拉松、自行车、直升机等水陆空旅游路线,从而串联起划分的区域。除了将新型体育项目建设起来,小镇还重视开展全民健身项目,增设环鉴湖游步道、自行车慢行道等,柯桥地区运动氛围的大幅度提升,有利于柯桥人健康生活方式的养成。

3. 配套设施和产业发展方面

柯桥酷玩小镇中,柯南大道等 4 条区间道路也顺利完成综合整治工作。柯桥酷玩小镇是地方政府借助于大型企业项目承包的形式,将上海华昌企业有限公司等龙头企业的作用充分发挥出来,主要建设项目为浙江国际赛车场和东方山水乐园,将第二梯队建设项目设置为鉴湖高尔夫场、乔波滑雪馆、天马赛车场等,其主要分为三大类项目:休闲旅游、体育运动、公共设施。在当前,顺利竣工投资超 80 亿元的东方山水乐园一期工程,且已经正式开始营业,其中全球最先进的室内游乐项目、最大的室内沙滩综合体、最大的室内人工溶洞、功能最全的室内儿童游乐场就设在风情园,每日最高可达 22000 人的接待游客量。乔波滑雪馆,位于柯桥酷玩小镇时尚极限运动区,是在长三角地区,首个以室内滑雪项目为主的大综型运动休闲公园。此外,体育休闲项目如天马赛车场、毅腾足球训练基地、若航直升机场基地等,这些项目为柯桥酷玩小镇打下了坚实的产业基础。酷玩小镇东方山水二期工程,其总投资 100 余亿元,于 2016 年8 月正式动工,完成后将会融入当地经济发展和社会生活之中,使小镇产生更大的旅游效应。

4. 以运动项目为载体,凸显"体育"特色

柯桥酷玩小镇,其内部建造有乔波滑雪馆、鉴湖高尔夫球场等供以休闲的资源,从而能把"体育"的特性和姿态充分地表现出来。在其中,乔波滑雪馆

---

① 赵佩佩,丁元. 浙江省特色小镇创建及其规划设计特点剖析 [J]. 规划师,2016 (12):57-62.

是浙江省第一家供应提供在四季都能享受滑雪服务的冰雪产业,其内部设有种类繁多的设备例如滑雪专用道、滑雪练习区、儿童戏雪乐园等,能够及时满足不同水平的、不同年龄的滑雪爱好者的需要。乔波滑雪馆,自从 2010 年以来,共举办了 7 届乔波冰雪节,其强大的品牌效应已经成熟,有大量的滑雪爱好者被吸引到此处游玩。鉴湖高尔夫球场是十八洞国际锦标赛级别的观光型球场,在我国最美的高尔夫球场中,它占据了一席之地,其球道总长为 7435 码,标准杆 72 杆,将具有江南风情的高尔夫体验带给人们。3200 米是天马赛车场总长,共 16 个急弯、缓弯的弯道,其也是在我国唯一一个以赛车竞技为主题的综合体,代表着赛车文化发展历程的新坐标,天马耐力赛——玩车嘉年华活动,在 2017 年举办,同时期也承接了梅赛德斯——奔驰 AMG 挑战赛。毅腾足球俱乐部于 2016 年 1 月,将其总部迁移到柯桥酷玩小镇,并且其足球训练基地也在小镇上建立起来,又一张体育名片在酷玩小镇被增添。不仅为群众提供很多大众体育设施如篮球、羽毛球、自行车骑行道、健身步道等,柯桥酷玩小镇也拓展了许多的项目,例如跑酷、滑雪、极限轮滑、极限摩托、花样滑板、拓展训练等,青少年航模基地和虚拟极限体验馆也在后期的计划建造之内,将增设水上滑翔伞、皮划艇、潜泳、水上攀岩等休闲体育项目,在融合了文化、教育、旅游、健康等元素之后,休闲体育项目将慢慢形成良性循环的产业体系。

三、南京汤山温泉小镇

(一)南京汤山温泉小镇简介

南京市汤山温泉小镇位于江苏省会南京市的郊区,是中国 4 个温泉疗养胜地之一。2015 年 10 月,南京市汤山温泉小镇被文化和旅游部正式批准为首批"国家级旅游度假区"(图 3-11)。南京汤山温泉小镇,其水温常年在 60~65 摄氏度之间,出水量单日可达 5000 吨,在其泉水中包含 30 多种微量元素和矿物质,在治疗多种慢性疾病时,具有显著疗效,因此,汤山温泉小镇最适合发展温泉疗养、温泉度假等养生项目。南京市政府于 2016 年 4 月,发布《关于优化全市区域功能定位和产业布局的意见》,坚持突出改革、错位发展、多规融合的原则,一批具有社区、旅游、文化功能的特色小镇将在南京市郊区规划建设。据南京市政府实地调查,南京特色小镇规划,在当地 77% 的人知道,而在这77% 的人中,又有近 85% 的人详细了解汤山温泉小镇情况,因此,汤山温泉小镇是南京市最高知名度的特色小镇。江苏省体育局与汤山温泉小镇展开合作,计划在两年时间内，共同打造产业特色鲜明、生态健康宜居、体育服务便捷的体育特色小镇。南京市汤山温泉小镇坚持"以重大项目建设引领旅游产业发展"发展理念，引进了20多个重大产业项目，投资总额高达230亿元，小镇重点建设实施体育产业项目，并着力建设发展具有养生特色、康复特色特点的体育产业。同时，将体育有机融合休闲、健康、养老、文化等元素，将大众体育赛事和全民健身活动多形式、多样化的开展，配套服务设施和体育基础设施加强建设，公共体育服务体系不断完善。

图3-11 南京汤山温泉小镇

2017年8月，南京市政府发布《关于加快推进国家级汤山温泉旅游度假区发展建设的实施意见》，要求"以国家级旅游度假区和国际著名温泉小镇双重定位，推动温泉嫁接互融发展旅游度假和休闲体育，并加强市场监管，将交通体育、医疗文化等公共服务设施不断完善，推动业态创新发展，不断提高温泉小镇的影响力"。南京汤山温泉小镇、宿迁市小店镇、淮安市淮安区施河镇等8个体育特色小镇是江苏省首批建设的体育特色小镇，运用了"省地共建"的建设模式，规划面积12975亩，其中，城市建设用地为1234.4亩、居住用地为2324.85亩，城市用地与居住用地共占城乡建设总用地的72.62%。汤山温泉小镇的服务产业用地主要用于旅游、酒店、娱乐配套等服务设施的建设，约占城市建设用地的31.6%。汤山温泉小镇的管理设施和公共服务总用地约887.25亩，主要包含医疗、文化、教育等。

2018年1月，《汤山新城温泉片区（NJNBb012单元）控制性详细规划修编及汤山温泉养生小镇城市设计》由南京市规划局发布，用以征询公众的意见。小镇将迎来全面的开发，规划建设用地规模将在现有规模上翻番，规划居住人口4万人。规划区的地理位置，位于南京市东郊、汤山新城（街道）中部，是汤山国家级旅游度假区的核心功能板块；北至沪宁高速公路、东至圣汤大道（S337），南至新宁杭公路（S122），西至汤山山体西侧（不包含汤山山体），其规划用地面积达 8.65 平方千米。城市建设用地面积占城乡总用地的 38.56%，具体占地面积数值为 333.68 公顷，主要构成的部分为居住、商业、医疗卫生用地、绿地等。按照此次公示，新规划拟设城市建设用地面积占城乡总用地的 86.56%，其具体占地面积为 748.96 公顷。居住用地占城市建设用地的 20.69%，具体占地数值为 154.99 公顷。在未来规划中有居住社区中心 1 处和基层社区中心 4 处。有幼儿园 4 所，小学 2 所，初中 1 所在教育设施的布局中。规划 59.15 公顷为公共管理与公共服务设施用地，含文化设施、教育科研用地、医疗卫生用地、社会福利用地、文物古迹用地和居住社区中心用地。规划商业服务业设施用地占规划城市建设用地的 31.59%，具体占地面积 236.57 公顷，主要由老镇特色商业和为旅游配套服务的商业、娱乐、酒店等构成。

在此番新规划下，将汤山国家级旅游度假核心区的功能定位为集温泉度假、健康养老、主题文化于一体的旅游功能板块。在未来，大约可容纳 4 万人的居住人口。这一温泉养生小镇的总体布局将建设为"一核两心、一带四片"。其中，旅游服务核心，为一核；特色老街服务中心、健康养老服务中心，为两心；旅游功能联系带，为一带；环山旅游片区，老镇生活片区，温泉公园片区和养老生活片区，为四片。汤山温泉小镇公共基础设施的完善程度已经相当完备，公共交通、停车场、消防设施、骑行系统等均已投入使用，汤山温泉小镇规划建设一所中学、两所小学、四所幼儿园，新城规划中还将建设温泉水、再生水、给水、污水、通信、环卫、电力等工程，完善小镇的公共设施。汤山温泉小镇被授予"世界著名温泉小镇"的荣誉称号，是"世界温泉论坛"的永久会址，小镇以 4A 级建造标准建设，小镇丰富的天然温泉资源是发展休闲体育产业的基础，整个温泉度假村占地 13 多公顷，温泉产业板块是供给小镇发展的主要板块。汤山温泉小镇改变传统的温泉疗养方式，重新站在现代化角度、国际化角度，深度挖掘温泉休闲、旅游、疗养等资源，已成为当前江苏省项目特色最佳、发展前景最好、设施最完善、零建筑规模最大的体育特色小镇。除了温泉产业板块之外，汤山温泉小镇陆续建成一批健康特色项目，如温泉房车露营地、攀岩俱乐部、真人 CS 项目等，户外房车营地月游客量约两万人，因房车营地项目别具匠心，已成为人们户外休闲运动的好去处。目前，江苏省第二批健康特色项目正在建设当中，其中苏豪养老产业园项目是重点产业项目，苏豪控股集团公司与江苏省中医院、世界知名养老护理机构、高星级品牌酒店、教育名校等通力合作，共同开发健康养老养生项目，旨在打造世界一流的健康养老产业园区。

（二）南京汤山温泉小镇建设特色和发展成效

1. 制度要素：出台相关政策，重视规划设计

2016 年 9 月，江苏省体育局首次印发的《关于开展体育健康特色小镇建设工作的通知》和《关于做好体育健康特色小镇共建推荐工作的通知》，标志着江苏省正式建设体育特色小镇的开始。江苏省并与南京市共同签署合作协议，协议指出，省体育局将对体育特色小镇健康建设给予多种方式的支持和必要的帮助，国家政策红利扶持是其中最主要的。对于小镇场馆的建设规划、产业发展运营、赛事活动举办、项目投资落地等多项方案简化程序、放宽条件，在政策上并给予一定的倾斜和支持。在 2016 年，产业指导中心江苏省体育产业工作总结中，要更加重视省地体育特色小镇共建工作，并通过《江苏省体育产业"十三五"发展规划》的编制，对体育产业智库建设，采取多种模式、通过多种途径对南京市汤山温泉小镇进行建设。省地共建工作第二批体育特色小镇已经展开推荐，在供给侧改革背景推送下，体育特色小镇初步取得成效。

2. 资本要素：完善公共设施，吸引社会投资

南京市汤山温泉小镇公共基础设施的完善程度已经相当完备，景区消防站、停车场、公共卫生间、旅游导览系统、污水处理中心等相关配套设施均已建设完成，温泉疗养中心、游客服务中心、管理养护中心、智慧汤山等高级配套设施均已投入运营。南京市汤山温泉小镇的公业服务体系建设已经达到国家级的相关标准，服务质量正逐渐引领国际旅游服务质量管理标准。除了配套设施和公共基础设施建设外，汤山温泉小镇有针对性地发展体育休闲特色产业，建设了运动主题商业街区、极限运动乐园、攀岩俱乐部、马术俱乐部等特色产业项目，同时建设自行车骑行道、登山道、亲水步道、旅游直通车、公交巴士、自行车等公共交通体系。汤山温泉小镇在完善公共设施的同时不断吸引社会资本，举办群众性体育休闲赛事和活动，比如"汤山温泉杯"马术公开赛、"我是轮滑之星"系列活动、"春牛首"国际马拉松赛等，有效提高汤山温泉小镇知名度。

3. 创新要素：明确体育产业定位，促进体育产业跨界融合

在体育特色小镇的产业特色培育和创新上，南京市汤山温泉小镇具有明显优势，温泉是发展休闲养生产业最好的载体之一，而汤山温泉资源异常丰富。除此之外，汤山温泉小镇还将体育产业与休闲产业、旅游产业、健康产业等有机融合，实现产业创新，完成汤山"十三五"旅游产业转型升级规划。南京汤

山温泉小镇重视发展体育健康休闲特色产业，把温泉产业板块作为小镇的最主
要板块，利用温泉产业的连带作用，开发多种高端休闲度假产品。目前，当地
已经有10家以上体育公司，使得一批体育健康特色项目相继建成投入运营，如
野外真人CS项目、温泉房车露营地、攀岩俱乐部、马术俱乐部等。按照江苏省
体育局与汤山温泉小镇的共建协议，在汤山的休闲体育产业受到小镇的重点发
展，将运动主题商业街区、极限运动乐园、二期温泉房车露营地、苏豪健康养
老产业园等特色的项目重点建设，从而建成集休闲养生、健康运动、生态宜居、
医疗保健于一体的现代体育产业基地。此外，还有3.5千米的登山道、15千米
的自行车骑行道、10余千米的亲水步道、10千米的慢行绿道等在南京汤山温泉
小镇建成。自规划建设以来，始终坚持最高建设标准严格要求，完善公交巴士、
公共自行车、旅游直通车等基本公共交通体系，完善自行车、观光游船等体育
休闲运动设备，慢行绿道骑行系统已成为小镇体育休闲产业中最受大众喜爱的
基础项目。南京汤山温泉小镇多次举办特色大众体育赛事和活动，如南京江宁
"春牛首"国际马拉松赛、"汤山温泉杯"马术公开赛、南京汤山TT"百联·
奥特莱斯杯"12H单车200KM认证赛等，致力于将汤山温泉小镇打造成集温泉
休闲度假、自行车文化体验、户外休闲运动于一身的运动休闲旅游之镇。

四、合肥大圩马拉松小镇

（一）大圩马拉松小镇简介

位于安徽省合肥市包河区，大圩马拉松特色小镇南望巢湖，东临南淝河。
绿肥水美，物产富饶，"鱼米之乡""合肥粮仓"就是从古至今对其的美称，是
合肥打造的湿地公园和生态板块，用以拼凑了"大湖名城、创新高地"，是一颗
璀璨明珠照亮了环巢湖生态旅游（图3-12）。现有2.4万人口在大圩镇，辖15
个村，37.92平方千米是其总面积，是国家级无公害农产品生产基地、国家级农
业综合开发区。最近几年，"国家AAAA级旅游景区""全国文明村镇""全国
农业旅游示范点""全国休闲农业与乡村旅游示范点""国家级生态镇""中国
民间文化艺术之乡"等14项国家级荣誉，都是大圩镇所获得的，此外，大圩镇
葡萄也荣获"国家绿色农产品A级认证""农产品国家地理标识"等国家级荣
誉。安徽省内最早发展乡村旅游的乡镇就是大圩镇，"绿色大圩"葡萄文化旅游
节于2003年成功举办，大圩镇从"农业区"向"旅游区"的转型从此拉开了序
幕。作为合肥滨湖新区的生态高地，如今，大圩镇已经主动开始向安徽新中心

融入，围绕着"创意产业新基地、都市农业新沃地、国际生活品质新高地、环巢湖旅游新福地"所打造，充分把握环巢湖旅游区、滨湖新区建设的历史性机遇，引领"二次创业"的新征程，努力实现由"旅游区"迈向"生态高地"，从而建成最美的休闲旅游型乡镇。

图 3-12　大圩马拉松小镇石碑

　　首个"中国大圩马拉松文化节"于 2015 年 9 月由大圩镇创新举办，"马拉松文化"被深度发掘之后，首个马拉松文化展和马拉松高峰论坛、特步特跑汇、马拉松摄影大赛、大圩马拉松比赛等一系列活动都被大圩镇成功举办。大圩马拉松文化节被国家体育总局田径管理中心的领导给予了充分的肯定，且推动了大圩镇乡村旅游的转型升级，像一颗定心丸、一剂强心针一样，被注入了大圩马拉松小镇的建设工作中。生态大圩国际半程马拉松赛事于 2016 年 2 月审核达标，并被国家田径协会注册为正式赛事，成为全国 107 场正式注册的赛事之一。政府于 2016 年投入 1.7 亿元专项费，用于中国首条专业马拉松赛道的建设中，可用来购买马拉松相关的医疗、补给、文化等方面的设备，将极致的马拉松体验带给马拉松参赛者。基于当地景区的基础设施建设，大圩镇又对景区体育休闲广场、体育游园、体育公园等设施进行了建设，从而努力将其打造成全省甚至全国知名的体育特色小镇。

（二）大圩马拉松小镇建设特色与成效

1. 制度要素：政策支持和保障方面

2017 年，安徽省人民政府召开体育产业工作会议，积极推进省内规划建设体育特色小镇、体育旅游综合体、体育生态公园等重大体育产业项目。目前安徽省已打造了 15 个国家级体育特色小镇和 43 个省级体育特色小镇。安徽省省情独特，从现有的基础出发，在发展特色小镇时借鉴国内外成功经验，将符合省情的体育特色小镇建设计划制订好。安徽省政府为建设好体育特色小镇，陆续出台了相关的政策文件，用以保障与支持体育特色小镇，选择将大圩马拉松小镇作为重点的培育对象。安徽省政府于 2017 年 7 月出台了《关于推进特色小镇建设的意见》，文件提出"培育和规划建设 80 个省级体育特色小镇，重点打造一批体育特色小镇样板，形成示范效应"。为加强统筹协调和组织领导体育特色小镇的建设工作，安徽省人民政府办公厅成立了体育特色小镇建设领导小组，体育特色小镇宣传推广工作由省委宣传部负责，指导挖掘体育特色小镇文化内涵，安徽省发展改革委负责体育特色小镇规划布局和项目储备库建设，协调支持体育特色小镇项目并将其列入省重点建设项目，组织完成体育特色小镇年度考评、期满考核工作、领导小组办公室日常工作等。在国家制度的有力保障和安徽省人民政府的大力支持下，快速发展安徽省体育特色小镇项目，大圩马拉松小镇就是安徽省的最佳成功案例。

2. 资本要素：配套设施和产业发展方面

大圩马拉松小镇与政府达成战略合作运用 PPP 模式，将大圩镇 4A 级景区打造成中国首个"马拉松小镇"，利用知名景区和时尚体育项目的优势，发展具有马拉松特色的旅游产业。小镇的马拉松赛道在波动体育股份有限公司和华米科技股份有限公司的联合下，被改造为马拉松智能赛道。"体育产业在借助于当地景区的情况下，被融入新城区建设中，大圩马拉松小镇的建设，在创新体育类设施和项目带动下，将除马拉松以外的旅游、养生、文化等其他功能融入，从而打造出集生态宜居和休闲养生于一体的综合性服务区。"安徽省合肥市政府将 1.7 亿元的投资专项款，用于修建我国首条马拉松赛道，并将医疗设备、马拉松文化、补给等方面的服务提供给到来的马拉松爱好者，将极致的体验带给马拉松爱好者，当地建设体育游园、体育休闲广场、体育公园等设施时与景区已有的基础设施相结合，从而将大圩镇努力建设成安徽省甚至在中国都非常出名的体育休闲特色小镇。当前大圩马拉松小镇有高达 57% 的森林覆盖率，有总长 102 千米的马拉松赛道，被陆续评为国家生态农业、4A 级景区安徽省森林城镇。立足于良好的基础设施条件和生态环境，大圩镇于 2015 年 3 月，提出要将大圩镇打造成首个安徽省体育特色小镇，后期以建设成体育特色小镇为核心，大圩镇举办了包括马拉松文化展、光猪跑、粉蓝跑、特步特跑汇等在内的超过

20 场的赛事，有超过 10 万人的参与人数。2016 年开展了诸多赛事，如合肥首场奇装异服跑、女子粉蓝公益跑、婚纱跑、大圩半程马拉松赛、葡萄马拉松、光棍跑、公益马拉松、狗狗迷你马拉松赛、情侣跑暨马拉松音乐节、大圩全程马拉松赛等。

3. 创新要素：明确体育产业定位，促进体育旅游产业快速发展

安徽省大圩马拉松小镇在产业定位和创新上具有明显优势，地理位置优越、资源禀赋优渥，省会合肥的"上风口"指代的就是它，其物产丰富、绿肥水美，"鱼米之乡""合肥粮仓"就是从古至今对其的美称，是一块用以打造"创新高地、大湖名城"的高质量的板块，是一颗璀璨的明珠照亮了环巢湖生态旅游。安徽省最早发展乡村旅游特色产业的乡镇，其中之一就是大圩镇，加上马拉松赛事举行得如火如荼，加快升级了当地的马拉松特色旅游产业。推动体育旅游发展，要将政府的引领作用、支持保障作用等充分发挥出来，将体育特色小镇旅游产业的宏观管理体系建立健全，将体育旅游产业的服务水平和科学化管理不断提升，要将市场在资源配置中的决定性作用充分发挥出来，要将简政放权、放管等与政策相结合，使体育旅游产业在社会力量引导下进行兴办，不断将产品供给进行丰富，不断将服务体系完善。将小镇的体育赛事活动与体育旅游产品进行整合，对旅游产业的发展发挥赛事活动的催化作用，同时也要树立示范工程发挥标杆作用。大圩马拉松小镇依托产业资源，着力对体育旅游产业集群小镇进行建造，完善集群要素，增强产业可持续发展力。坚持将政府作为引导，大圩马拉松小镇将企业作为主体，进行市场化运作，从而健康协调地发展小镇体育旅游产业。

五、张家口崇礼太舞滑雪小镇

（一）太舞滑雪小镇简介

我国十大滑雪特色小镇之一的太舞滑雪小镇，其一年四季无休，且具备北美风情。位于河北省张家口市崇礼县的冬奥核心区内，太舞滑雪小镇紧邻太子城高铁站，与北京的距离为 188 千米。张家口崇礼太舞旅游度假有限公司投资兴建了太舞滑雪小镇，小镇的占地面积 40 平方千米，其总投资金额 200 余亿元，是中国规模最大的综合滑雪度假区是小镇的象征，加拿大一个名为"ECO-SIGN"的公司是太舞滑雪小镇项目的规划公司。

图 3-13 太舞滑雪小镇一期建设布局

崇礼县最高山峰玉石梁峰，就坐落在太舞滑雪小镇，海拔为 2160 米，垂直落差达到 500 余米，积雪时间可达 150 天，其与世界知名的阿尔卑斯山、落基山共同处在北纬 40~50 度，"山地度假黄金地带"是受到全球公认的。4 平方千米是太舞滑雪场的占地面积，内含 200 余条雪道，设有 138 千米的雪道。有 45 条索道，21 条魔毯建设在太舞滑雪小镇内，将距离相加起来能达到 38.23 千米的总长度。太舞滑雪小镇一期建设已顺利完成，3∶4∶3 是其初级、中级、高级的雪道占比，总长度 30 千米，造雪面积 80 公顷左右，内建设有高速缆车 6 条和魔毯 13 条（见图 3-13）。太舞滑雪小镇的名称，是从舞蹈中获取灵感，取自极富艺术感与律动感的探戈、华尔兹、伦巴等舞蹈。太舞滑雪小镇建设有滑雪场、美食餐厅、酒店群、娱乐休闲、体育公园、北美风情商业街等多样式的产业，是将旅游、度假、娱乐、休闲集合为一体的综合体。2021 年 1 月，太舞滑雪小镇成功入选河北省智慧景区示范点。

（二）太舞滑雪小镇的特色与扶贫效果

1. 利用优势资源与产业集群效应，带动地区稳定创收

统筹优势资源，助力特色小镇稳定增收。首先，政府持续发布政策红利，制定小镇的长期扶贫战略，根据小镇的实际扶贫效果，不断优化小镇扶贫策略，预防贫困家庭对扶持产生依赖，建立健全安全、规范、高效的财政管理相关机制，完善扶贫专项资金保障机制，将小镇可持续发展的财政保障体系建设起来。其次，培育一批竞争力强的体育龙头企业，树立一批体育龙头企业作为标杆，鼓励龙头企业或行业协会与地区普通农户、农家乐、合作社等组织合作，开展体育品牌运作和体育销售推介，让贫困户享受到体育产业带来的福利。最后，将政府的监管

作用积极发挥出来，完善行业标准，建立完善体育产业电子服务平台和体育产业扶贫档案，让体育产业所产生的收益或福利惠及更多贫困人口和低收入家庭。

2. 构建"体育+"模式，加强体育与相关产业业态融合发展

就业乃国民生计大事，产业发展的根本目的是扩大就业。首先，发展"体育+制造业"有利于提升本土就业率，有利于提高人民的就业知识和技能水平，增加家庭收入，降低劳动力外出生产的交易成本，将贫困地区的社会与经济发展活力激发出来。其次，"体育+旅游业"在发展的时候，要充分考虑当地实情，重视发挥区域优势，打造休闲区域、体育综合体、美丽休闲村镇等，促进游客在本土的消费水平，带动当地"农家乐"发展，吸纳贫困人口就业与非农工作，实现贫困家庭稳定增收，提升就业质量，减少贫困户数量，降低贫困户代际传递概率。

3. 抓住历史机遇，以赛事促发展，打造精品运动休闲度假目的地

准确研判国际体育特色小镇演变趋势和本土社会经济发展态势，将体育特色小镇发展的周期性规划科学地制定出来，将体育特色小镇建设这一脱贫机遇牢牢地抓住，创办各级各类的体育活动和体育赛事，吸引国内外知名运动员，提升精品体育休闲度假目的地影响力，打响小镇国内外知名度，带动小镇的特产、旅游景区、农家乐等行业发展，促进小镇多元化发展。以体育赛事促进体育小镇发展，加快完善贫困地区基础设施与配套设施建设，将发展基础不断夯实，将小镇核心竞争力全面提升，为推动当地社会经济持续发展奠定良好的基础。

4. 完善脱贫激励机制，增强小镇居民脱贫和风险预防意识

建立健全体育特色小镇脱贫激励机制。"授人以鱼不如授人以渔"，从"输血式"扶贫转变到"造血式"扶贫。第一，强化贫困人口脱贫攻坚意志，利用脱贫典型事迹、体育明星扶贫、视频讲座等方式鼓励小镇居民形成积极脱贫思想，勤劳致富，实现小康生活。第二，强化小镇居民风险防范意识，重点提升贫困家庭的人力健康资本，实施体育运动干预方案，防止贫困人口"因病返贫"情况的发生。第三，相关部门定期对贫困人口进行运动技能培训，使其注重自我能力发展与技能培养，增强内部脱贫驱动力，使小镇脱贫效果具有可持续性。

六、体育特色小镇的国内经验借鉴

（一）北京丰台足球小镇的经验借鉴

北京丰台足球小镇在国际冬奥会和我国足球改革的双重背景下，以国家大

力发展的足球产业作为主导产业，以冰雪运动作为辅助产业，创新体育产业发展模式。实行零门槛参与模式，足球小镇将免费的足球场地提供给群众，吸引社会大众参与到足球运动中来。通过借鉴国外成功的经验，努力将水上运动、户外山地运动、高尔夫运动、冰雪运动等项目打造出来，从而占据整个运动休闲市场的4/5；努力建设冰雪谷项目，大力开展冰雪运动，同时为政府减轻负担，我国退役运动员的就业等社会问题被解决。北京槐房国际足球小镇在废旧厂房的基础之上进行建设，废物利用，变废为宝，物尽其用，节约资源。

丰台足球特色小镇缓解了北京市地区足球场地紧张的现状，将社会群众日益增多的体育需求不断满足。小镇通过体育休闲模式吸引群众参与冰雪运动，推动冰雪特色产业的发展，承办顶级足球活动与足球赛事，举办足球文化博览会，传播足球相关的体育文化。北京市政府领导与领域内专家、社会代表等考察足球小镇，保障足球小镇规划设计的科学性、规范性，政府与社会多元主体参与建设体育特色小镇，推动小镇向可持续发展，足球小镇与龙湖地产、荣盛发展集团合作，与市场多元参与主体共同建设足球小镇，推进京、津、冀体育产业的发展。北京槐房国际足球小镇的发展模式值得向全国推广①。

（二）绍兴柯桥酷玩小镇的经验借鉴

柯桥酷玩小镇是"融合式规划"和"多规合一"的体育特色小镇典型案例，在新型城镇化国家战略背景下，科学的统筹规划，是在培育体育特色小镇建设中所离不开的，需要坚持规划先行，借助于规划创新，统筹考虑诸多方面如土地布局、体育产业定位、生态环境、空间设计、设施配置等。

体育特色小镇是融体育、文化、旅游、健康于一体的大综型项目，核心就是产业集聚与跨界融合，在培育过程中要围绕体育产业、因地制宜，以互联网为手段，促进创新和跨界融合。

党的十八届三中全会通过《中共中央关于全面深化改革若干重大问题的决定》，提出"市场在资源配置中起决定性作用"这一理论观点，柯桥酷玩小镇贯彻落实这一重大理论观点，为体育特色小镇的发展指明了方向。建设和发展体育特色小镇，在发挥政府公共服务、规范秩序、监督检查等职能的同时，让市场在资源配置中起决定性作用。

党的十八届五中全会提出了"绿色发展"理念，柯桥酷玩小镇贯彻落实这

---

① 杨毅然. 中国体育特色小镇建设的实践探索研究［D］. 武汉：武汉体育学院，2018.

一发展理念，将其作为小镇建设的行动纲领之一，为体育特色小镇的可持续发展指明了方向。体育特色小镇应该遵循"绿色发展"理念，贯彻可持续发展思想，改善生态环境，提供便捷完善的设施服务，创造和谐宜居的美丽环境。

（三）南京汤山温泉小镇的经验借鉴

江苏省采取省地共建模式打造体育特色小镇，将地方政府部门与上级政府体育部门联合之后共同建设的，将体育公共服务和体育产业向基层蔓延。体育与健康、旅游、养老等元素的融合，衍生出新业态。坚持社会多元主体参与，给予企业主体更大的发挥空间，吸引投资，采用以奖代补的方式，在考核体育特色小镇之后，提供资金来支持体育特色小镇的发展，将体育特色小镇自身的活力激发出来。

省地共建模式适用于体育特色小镇发展需要，体育产业与户外休闲运动、养生、养老融合，体现了汤山温泉养生特色小镇的人文关怀，温泉小镇举办体育赛事，提高了汤山小镇的知名度，扩大了小镇影响力。南京市政府要求小镇坚持突出温泉主导产业，坚持错位发展，注重保护生态环境，合理开发温泉资源，并利用省地共建体育特色小镇培育模式，以国家级旅游度假区和国际著名温泉小镇双重定位发展。在全面深化改革背景下，走中国特色社会主义道路，发展中国特色社会主义市场经济，核心就是要处理好市场无形之手和政府有形之手的关系，同样适用于江苏省体育特色小镇。一方面，政府应改变以前层层请示、手续繁杂的工作作风，作为顶层设计者，建设与发展体育特色小镇必须要深入调查市场供求，吸收人民群众意见，在人民群众意见基础之上制定小镇规划战略，出台相关的法律法规，完善小镇商业运作机制，减少龙头垄断现象，激发市场生机与活力。如对民间的参与建设力量给予税收优惠政策，优化投资政策，培养和吸收优质人才，引进体育赛事相关的扶持政策，为小镇提供合理有序、积极健康的发展环境。另一方面，作为资源配置的决定性因素即市场，小镇的发展仅依赖政府是万万不行的，而是需要社会多方力量，共同激发小镇活力。

要避免体育特色小镇建设同质化现象，要利用好本土特色，而非一味地走形式，杜绝盲目仿造国外小镇，完善补充小镇建设内涵，因地制宜增强小镇核心竞争力，不仅依托当地自然禀赋，还要利用本土的历史体育文化传承和体育赛事项目形成小镇特色，同时也要结合小镇基础设施条件和经济发展情况，发挥地区优势，完善产业结构，在创新势头强劲、禀赋资源优良、产业基础好的地区率先建设，树立成功典型带动周边发展。从南京汤山温泉小镇的发展现状可以得出，一方面，要合理规划开发运营，加强生态环境保护，使小镇天然的温泉资源优势可以持续地发展下去。另一方面，要合理布局交通要道，完善基础服务公共设施，避免盲目建设交通要道，使小镇周边交通与内部交通形成科学的高效网络系统；增加小镇体育硬件设施，完善小镇体育基础设施。首先，要改变小镇以"温泉"为核心的单一化发展模式，设计融入"体育健康"理念，加强融合体育产业与其他产业，将知名的体育活动与赛事引进，将富有本土特色的体育品牌建造出来，提高小镇竞争力。其次，对小镇的建设不断增添创新性元素，丰富温泉旅游产业产品，同时引进专业人才，为构建体育特色小镇注入新鲜动力，重视引导政府政策，科学制定扶持政策，同时市场和政府之间的平衡关系要不断加强，建设符合人民群众需要的体育特色小镇。最后，要加强对小镇的实时管控，建立小镇问题矫正机制，合理有效利用国家财物力，优化资源配置。

兴建体育特色小镇的同时，要对体育特色小镇的建设进行实时管控，如在旅游区内加入体育元素并不是体育特色小镇，而是在发展小镇时，把体育的相关产业作为核心，防止某些集团、企业背后去发展房地产产业，牟取暴利，明面上却打着发展体育产业的旗号。政府应当做好实施管控工作，派遣管理部门实时监督、远程监控。政府还应该重视动态评估，完善市场运行机制，量身制定规章制度，统一工作成效、工作方法等规范，深入了解群众体育需求，实时发布相关政策。另外，体育特色小镇应该进行体育服务体系升级，因为体育服务型产品的群众消费感受具有不可控性，所以应该制定一套服务标准将体育服务量化与服务可控化，保证体育特色小镇建设有理可循、有法可依。

（四）合肥大圩马拉松小镇的经验借鉴

在马拉松赛事规划方面，大圩镇占地面积小、人口基数少决定了其无法举办大型马拉松赛事，并且大型赛事会增加小镇负担，不利于小镇的可持续发展，因此区、镇两级政府将大圩马拉松小镇定位为发展"小而精"马拉松运动。大圩镇发展马拉松小镇的初衷是为了惠及大圩镇与大圩周边镇的人民，使人民群众参与马拉松，促进全民健身的赛事活动。发展至今已经具有显著成效。

在小镇建设方面，2015 年开始大圩镇政府加大征地拆迁速度，为大圩镇项目提供保障；2016 年，再次多元协调社会力量，促进南涨河大道、巢湖南路等主干道路顺利完成通车，打造国际级马拉松赛道；完善小镇自来水网，满足小镇旅游景点和农家乐的用水需求；提高景区水质量；完善小镇电网，保障经济开发区和金葡萄家园的用电需求。

在企业合作方面，2014 年 9 月，合肥马拉松运动协会经合肥市体育局和民政局正式批准成立。合肥马拉松运动协会作为体育局和民政局正式批准的组织，拥有专门的马拉松基地，在马拉松项目的理论与实践上具有丰富的经验。合肥马拉松协会为小镇的马拉松赛事组织了一大批的马拉松爱好者，提高了小镇马拉松运动的传播力和影响力，使得很多马拉松爱好者，跨越千里的距离来参赛，合肥马拉松协会和各地马拉松协会合作，使大圩镇马拉松小镇成为各地协会比赛、聚会、训练等的重要场地。安徽波动体育文化股份有限公司、合肥金葡萄文化旅游开发有限公司是大圩镇马拉松小镇的主要参与企业。合肥金葡萄文化旅游开发有限公司属于本土国有企业，主要负责马拉松小镇旅游产业的运营工作，为马拉松赛事活动提供相应的场地设施，在赛事与活动期间接待参赛者和游客。

在媒体宣传和活动组织方面，大圩马拉松小镇在比赛选手中公开招募马拉松首席体验官，体验官从马拉松比赛角度与活动角度出发，通过对马拉松赛事与活动的亲身体验，为马拉松赛事与活动提出改进建议；启动线上马拉松，选择与咕咚、悦跑圈等软件合作，鼓励马拉松爱好者积极参与。马拉松活动前组织论坛活动，召开新闻发布会。2016 年 1 月 11 日，大圩镇政府开展马拉松文化节新闻发布会，提前发布这一年度举办的马拉松赛事与马拉松活动，将大圩马拉松体育特色小镇品牌树立起来，从而吸引更多的社会团体、企业和市民来大圩参赛旅游。同年 4 月，大圩镇政府与"波动体育"联合举办马拉松小镇旅游论坛活动。通过中国合肥大圩马拉松文化节微信公众号等线上方式进行宣传，发动媒体 55 家、记者 152 个对本次赛事进行及时报道，同时，有 100 人的自媒体团队被小镇所组建。如今在互联网以"大圩马拉松""大圩镇马拉松小镇"等关键词进行搜索，高达上万条检索结果，使得大圩镇马拉松小镇的赛事品牌知名度以极快的速度获取了显著成效，达到共赢、多赢的稳定局面。

（五）崇礼太舞滑雪小镇的经验借鉴

2022 冬季奥林匹克运动会在河北省张家口市举办，崇礼县迅速抓住这一历史机遇，在禀赋资源的优势下，着力发展冰雪产业，形成了崇礼太舞滑雪小镇，其发展历程主要从政策方面、环境因素、冰雪产业方面分析。

从政策方面来看，崇礼县在扶贫方面，重点实施了雨露计划项目、村级基础设施项目、光伏电站项目等基础设施建设项目，帮助当地的贫困村庄发展特色产业；崇礼区在产业转型升级方面，太舞滑雪小镇完善配套服务设施，成功入围我国滑雪场前十强，小镇第三产业税收占崇礼区总税收比重的 70.5%；在生态保护方面，2017 年崇礼县相关部门通过政府购买的方式，组织当地村民购买树苗，大力推进植树造林工作。由村集体组织成立一支园林绿化大队，负责小镇的绿化工作。村集体 20% 的造林收益归集体用于日常的组织开销，80% 的收益用于扶贫工作和村民分红，已累计精准扶贫超过 5000 户贫困家庭。这一举措既有利于环境绿化，又使当地贫困人口致富增收。在教育方面，崇礼县成功引入北京优质教育资源，提升当地办学条件，保障了冰雪运动知识和"农村义务教育改薄"工程进校园 100% 覆盖率；在体育公共服务方面，体育公共服务覆盖全体市民，全市居民普遍具备文明、健康、时尚、科学的冰雪文化，形成了浓厚的崇礼冰雪运动氛围。

从环境因素来看，崇礼成功将当地环境资源转型为经济资源，贯彻落实了"绿水青山就是金山银山"的理念。崇礼县在太舞滑雪小镇的建设过程中，以保护生态为先，尊重人文特点，支持差异化发展，鼓励个性化运作方式，将冰雪小镇的名片打造得独具特色。崇礼太舞滑雪小镇建设以自然环境为基础，其支撑冰雪文化，其支柱冰雪特色产业，以创新制度体系为保障，其出发点和落脚点为满足居民需求，努力实现可持续发展，大力推进扶贫工程。融合健康、体育、生态、文化，推动区域生活、生产、生态健康的可持续发展。

从冰雪产业方面看，因为贫困地区产业基础薄弱，加之经济发展水平较低的原因，体育产业的发展速度受到制约。在已有经济基础和设施基础的条件下，如何利用当地的优势资源"独辟蹊径"，探索新的冰雪小镇发展模式，同时，推进脱贫致富工作，打响冰雪特色品牌，举办一届让国际人民满意的 2022 冬奥会。近年来，崇礼县以优势资源为抓手，兴办各类高端项目，以"小而精"为小镇定位，规划了夏季户外休闲和冬季滑雪度假为主导的体育产业格局，建设一批有影响力的冰雪特色旅游度假胜地，加大承办赛事的力度，积极引进有实力的大集团和大企业参与小镇项目的开发，有效提升了体育产业、休闲产业、旅游产业的发展层次，推动体育旅游项目的迅速发展。滑雪特色产业的发展必须立足于冰雪特色产业，再将单一产品拓展到综合运营的滑雪小镇。在进行冰雪特色小镇实践探索的过程中，将当地人民与小镇发展紧紧联系，提高主人翁意识，通过增强自力更生和艰苦奋斗精神，激发贫困人口的内生动力来促进脱贫致富，强化精神上的扶贫。崇礼县依托冰雪产业与旅游产业已提供就业岗位3万个以上，有效带动了当地经济社会健康稳定的发展。

第四章 沙滩运动特色小镇总体规划

第一节 沙滩运动特色小镇建设背景与发展条件

2017年8月10号，国家体育总局公布了遴选的96家运动休闲特色小镇，主要以水上运动、户外运动、网球、棒球、攀岩、滑雪、马拉松、帆船、定向运动等为主题，以沙滩运动为主题的特色小镇国内尚没有。山东省海阳市有"万米海滩浴场"，占地面积1600亩的沿海防护林沿万米海滩海岸呈条状布局，海滩与松林呼应，成为绿色屏障。这里的海滩可进行沙滩排球、日光浴；海水可驰船、冲浪、游泳；翠绿的松林可娱乐、休憩和嬉戏。在这样蓝的天、白的沙、绿的水、柔的风、洁净的海边，沙滩运动让人足够心动，心之向往。海阳市是第三届亚洲沙滩运动会主办地，以亚沙会遗产为基础，整合海阳市得天独厚的自然地理、沙滩资源、人文文化、民俗风情、社会经济、旅游资源、产业链条等条件，打造国内首家"沙滩运动特色小镇"势在必行，也切实可行。

一、沙滩运动特色小镇的承建单位

山东阳光海岸体育发展有限公司承接"海阳沙滩运动特色小镇"的规划设计与建设运营。山东阳光海岸体育发展有限公司的前身是山东智诚体育发展有限公司，该公司成立于2004年7月8日，在山东省工商局注册，注册资金500万元。由烟台市少儿足球俱乐部（1996年成立）、体育竞赛服务中心（2004年成立）、烟台市智诚青少年篮球俱乐部（2007年成立）及烟台智诚少儿足球俱乐部（2016年成立）组成，是从事青少年足球、篮球培训、策划和承办全国大型体育赛事活动、企事业单位体育活动的专业公司。2017年，为专业从事沙滩运动赛事策划运营、体育教育培训、体育小镇的规划设计融资和运营管理，专门成立了山东阳光海岸体育发展有限公司，注册资金1000万元。

　　烟台市少儿足球俱乐部，成立于 1996 年，是国内知名并极具影响的少儿足球机构，21 年来先后为 5 万多名中小学生提供系统规范的足球业余培训，输送 300 多名职业球员。目前中超联赛中的 5 名烟台籍球员均来自本俱乐部的培养（国青 U22 巴顿来俱乐部）。独立自主策划并连续举办了 15 届"全国（烟台）少儿足球邀请赛"（《全少赛》在国家工商总局注册），已成为中国少儿足球赛会第一品牌（届数、规模、影响力最大）。2017 年在三个赛区（烟台、日照、呼和浩特）成功举办第 15 届赛会，国内 19 个省市、37 个城市 190 支球队、3500 名小球员、5000 多名家长参与盛会，并获得山东省体育产业引导资金扶持项目赛事第一名，连续 3 年对该赛事重点扶持。

　　烟台市智诚青少年篮球俱乐部，成立于 2007 年，是烟台地区最知名的中小学篮球培训机构，先后为 8000 多名中小学生提供培训，举办的"系列暑假寒假训练营"，成为中小学生最喜爱的运动俱乐部。从 2008 年开始，独立自主策划，每年一届并连续举办 9 届"全国（烟台）少年篮球友谊赛"，有 12 个城市近 300 支球队参赛。

　　体育竞赛服务中心，成立于 2004 年，全程创新策划承办员工田径综合运动会、趣味运动会、拓展趣味活动、单项体育比赛及多种多样的体育赛事活动，先后为近百家知名大中企事业单位策划举办各种赛事和培训活动达 800 余次，同时承办 CBA、全运会篮球赛、鲁能国际商业足球赛、十万师生北京申奥支持活动、烟台市全民健身活动、百家知名企业健身大赛、百事球王等大型活动。

　　公司还承办体育项目培训业务，已举办羽毛球、乒乓球、网球、轮滑、武术、高尔夫等系列培训 900 多期，举办体育论坛、研讨会及体育理论培训班 500 多期。先后多次获得省市先进体育单位，得到国家体育总局、教育部、山东省体育局、山东省教育厅、烟台市政府和烟台市体育局的赞誉和认可。20 多年的发展历程和经验积累以及政府、各业界的广泛的人脉资源，本公司具备设计规划建设与运营管理"海阳沙滩运动特色小镇"的雄厚实力。

　　2017 年 5-9 月，山东阳光海岸体育发展有限公司应海阳市体育发展办公室邀请，先后分 9 次对海阳市旅游度假区河清岛体育场、亚沙村及周边体育场馆设施、配套的交通、餐饮、宾馆、商业、旅游等服务行业进行了实地考察，共同组织有关专家和住建部泛华集团公司、国家发改委中国投资协会、教育部教育科学研究院、国家体育总局中体产业集团等合作单位，结合海阳市自然历史文化产业等各种资源，在科学论证和可行性分析的基础上，一致认为：在当前社会体育蓬勃发展和国家倾力打造特色体育小镇的大背景下，山东阳光海岸体育发展有限公司有义务借助"沙滩运动"这项全国独一无二的特色运动，将海阳市的沙滩运动启动发展，依据国家政策和现有条件，依据短期规划与长期规划相结合的原则，遵循特色小镇发展规律，分阶段分步骤地建设海阳市沙滩运动特色小镇，把海阳市建成充满活力、独具魅力、有可持续发展优势的幸福小镇、梦里小镇、生态小镇、健康小镇，从市级开始，升级到省级、国家级、世界级，并以此带动海阳市旅游业、商业、制造业、生态农业、教育文化、科研等相关产业的融合发展，为海阳市发展作出特有的贡献。

二、沙滩运动特色小镇的建设背景

（一）国家政策的引导扶持

国务院于 2014 年 10 月出台《关于加快发展体育产业促进体育消费的若干意见》，标志体育产业已上升到国家战略的层次，体育产业巨大的驱动力量奔涌而出，始终保持着两位数的经济增速，已逐渐成为新的经济支柱。仅 2016 年这一年内，各部门发布了体育产业重大政策 20 余项。2016 年 5 月，国家体育总局发布《体育产业发展"十三五"规划》显示，"十三五"期间，实物型消费方式逐渐扩展到参与型体育消费方式和观赏型体育消费方式，到 2025 年，基本建立起门类齐全、功能完善、布局合理的体育产业体系，体育产业产值达到 5 万亿元，成为促进国家发展的支柱产业。财政部、国家发改委、住建部于 2016 年 7 月联合发布《关于开展特色小镇培育工作的通知》，要求"截至 2020 年，我国将培育 1000 个左右富有活力的、各具特色的特色小镇，具有美丽宜居、传统文化、教育科技、现代制造、商贸物流、休闲旅游等特点"，将强化对特色小镇基础设施建设的资金支持，提升基础设施和公共服务设施的功能并积极引导扶持发展。国家体育总局、文化和旅游部于 2016 年 12 月联合发布《关于大力发展体育旅游的指导意见》，提出到 2020 年，我国要建成 100 家国家级体育旅游示范基地和 100 个具备重要影响力的体育旅游目的地，体育旅游消费额超过一万亿元。国家体育总局于 2017 年 5 月 11 日发布《关于推动运动休闲特色小镇建设工作的通知》，指出到 2020 年，在全国扶持一批运动休闲特色小镇，其特点包括惠及人民健康、生态环境良好、产业集聚融合、文化气息浓厚、体育特征鲜明等。这是财政部、国家发改委、住建部之后，第四个加入特色小镇建设指导队列的国家级部委。这也意味着从国家层面建设与发展特色小镇是大势所趋。

（二）理论科研支撑

历时三年多国际经验调研、国内实证分析，知名体育学者联合完成国家社会科学基金重大课题《中国体育健康产业政策研究》，该研究首先提出，体育产业是国家的支柱产业和"六域"嵌合发展的思路，建立体育与娱乐、旅游、健康、休闲、文化这六个产业领域的联动机制，协同发挥政策效用。其次提出"三业"顺合的思路，建议重视对高等教育中的体育专业、就业市场中的体育职业、经济中的体育健康产业之间的匹配，充分放大高等教育的经济策动力。然后还提出了"三地"融合的概念，协调整合"体育用地、公园绿地、居住绿地"三地，最大限度发挥出"绿地休憩性"功能，推动功能城镇化、生态城镇化发展。这为打造和建设特色小镇奠定了理论基础并得到了科学印证。

（三）亚沙会后续负面效应凸显

1. 赛后比赛场馆及配套设施资源利用率低

依据《第三届亚洲沙滩运动会比赛项目区及亚运村规划》，第三届亚沙会主要建设内容分为比赛场馆、亚运村和配套设施三大部分，位于海阳市东村河两岸、南部滨海沙滩地以及近岸海域。其中，比赛场馆包括可容纳26000人的体育场、容纳6000人的综合体育馆、设置看台座席21240个的沙滩运动项目区（该区拟设沙滩排球、沙滩足球、沙滩手球、沙滩藤球、沙滩卡巴迪、公开水域游泳、铁人三项等项目比赛区）、设置座席4000个的静水运动项目区（主要承担亚沙会的龙舟、滑水、皮划艇、赛艇等项目的比赛区）、设计成象征"船帆"造型的帆船帆板项目区、滑翔比赛区等。承载多种服务功能的亚运村占地166公顷，包括公共区、国际区、运动员村、技术官员村、后勤服务区和国际会议中心、国际广播电视中心、媒体村、安保监控指挥中心、亚运文化中心、志愿者村、奥林匹克公园等几大部分。亚沙会的一批投资几十亿元的旅游服务项目，其配套设施包括沙滩五星级酒店、国际帆船俱乐部、宝龙城、君子连理岛等。据统计表明，项目总建筑面积为58.67万平方米，规划总用地4290.9亩，项目固定资产投资30.4亿元。

虽然海阳市在城市规划中已经考虑到了亚沙会后场馆及配套设施资源的利用问题，但由于场馆地理位置距离人口密集区比较远，民众的消费意识也有待提高，场馆利用的有关规定有待完善，因此亚沙场馆及配套设施资源在赛后的利用率极不尽如人意。

2. 赛后旅游经济陷入"低谷效应"

承办亚沙会，打造了海阳市滨海旅游城市的形象，改善了海阳旅游基础设施，提高了旅游接待水平，改善了旅游营销管理水平，使旅游业成为海阳支柱产业。但赛后随着需求的下降，出现了不同程度的旅游经济衰退的"低谷效应"。赛后旅游恢复常态时，需求急剧下降，而赛事期间的旅游供给难以一下消减，结果造成供给过剩，供需比例失调，大量软硬件资源闲置。在旅游产业中，受影响最大的是住宿业、观赏娱乐业和旅游购物业，其中尤以旅馆业最为突出。亚沙场馆及配套设施的闲置及高昂的维护费用也是一笔不小的负担。由于没有处理好亚沙会期间的高投入与赛后的旅游需求比例之间的关系，导致了赛后旅游供需比例失调，对海阳发展具有一定的负面影响。

3. "国家沙滩体育健身基地"没有得到良性运行

2011年6月16日，"国家沙滩体育健身基地"揭牌仪式在海阳举行，这是中国首个沙滩运动国家级基地，旨在弘扬体育精神、传承亚沙文化、打造集全民健身、主题旅游、文化活动、亚沙体验为一体的具备城市旅游文化及全民健身双重功能的主题健身休闲基地，树立具有沙滩体育健身特色的运动、文化、休闲品牌，形成独特的、可持续的项目吸引力。基地建成后不仅可满足举办亚洲沙滩运动会的需求，还可承办各类沙滩项目的比赛、训练以及大众体育健身活动，对推广普及沙滩体育运动，带动《全民健身计划》实施，打造体育休闲经济具有重要影响。

海阳国家沙滩体育健身基地分为奥林匹克运动休闲园、滨海运动休闲带、湿地休闲区三大板块。其中，奥林匹克运动休闲园主要包括奥林匹克公园、生态岛体育场、攀岩比赛区及国际帆船俱乐部。滨海运动休闲带有沙滩足球、沙滩篮球、沙滩排球、沙滩木球、沙滩卡巴迪、沙滩藤球、沙滩手球、动力滑翔伞八大比赛场地。湿地休闲区主要包括篮球场、羽毛球场、门球场、网球场和慢步、环形自行车跑道。2012年，大部分亚沙会比赛项目在基地举行，赛后，按照规划，亚沙场馆设施将用于全民健身，最大化地克服大型赛事后场馆设施闲置的问题，使赛事资源与城市的长远发展相互融合。然而，亚沙会结束后的几年来，基地的规划并没有得到良性运行，没有承接各类沙滩项目的比赛、训练，群众体育健身活动很少在此开展，没有发挥推广普及沙滩体育运动的作用，没有推动海阳市体育休闲经济的发展。总之，基地作用还有充分的发挥空间。

"海阳国家沙滩体育健身基地"作为中国首个沙滩健身运动国家级基地，担负着推广普及沙滩体育运动、推动《全民健身计划》实施、传播沙滩体育文化的重任。亚沙会结束后，基地的作用远远没有发挥出来，造成了极大的资源浪费。而且虽然有很多喜欢体育运动的人，但有浓厚体育文化的聚集地一直稀缺，如能借助"沙滩运动"这项特色运动，启动海阳市的沙滩运动，将海阳市建设成为具有浓郁地方文化特色的国家级"沙滩运动特色小镇"，体育运动将能为海阳市城市发展作出特有的贡献。

（四）沙滩运动特色小镇建设对经济社会发展影响深远

特色小镇的设计和建设，对海阳经济社会的发展影响深远，尤其是在目前经济转型的过程中，将会发挥增强发展后劲、丰富发展内涵、缓解突出矛盾的独特作用。具体表现在：

1. 壮大实业，提升经济实力

国内外许多成熟特色小镇的运作经验告诉我们，构建特色小镇，必须统筹考虑产业规划，小镇有产业去支撑才能够持续繁荣，而海阳沙滩运动特色体育产业小镇三大产业的融合发展必将带动和促进海阳"二、四、四、五"工作目标的发展和实现。

2. 提升旅游品牌，繁荣现代服务业

国外许多特色小镇设计通常以优美的风景，或以醉人的花香，或以生动有趣的艺术氛围，或以独具特色的产业，或以数以百年的沧桑故事，引得游人接踵而至，乐此不疲，从而富强一方经济。"海阳沙滩运动特色小镇"风貌独特、人文风情诱人、承载能力强、功能定位清晰等因素，将助推生态旅游的进一步发展。

3. 改善居住环境，提高生活品质

特色小镇的大力建设，由于规划标准高，打造起点高，无论是建筑外观、环境设计、能源利用、功能布局，还是现代服务、生活设施，都从人性化、现代化的角度着手建设，这必将让居民生活环境得到进一步改善，生活品位得到提高，真正让群众感受到"实惠"。

如图4-1所示：

图 4-1　沙滩运动特色小镇发展背景

三、沙滩运动特色小镇开发与建设的 SWOT 分析

（一）优势

海阳市位于中国北方著名海滨城市烟台、威海和青岛的中心地带，作为北太平洋西海岸线上的沿海城市之一，东与日本、韩国隔海相望。海阳港是国家一类开放口岸，海阳至烟台、威海、青岛高速公路，海阳至莱西高铁等重大交通工程已经建设完毕投入运营，周边青岛机场、烟台机场、威海机场均在 100 千米左右，优越的地理位置、便利的交通为人们的出行提供了条件。

海阳市属暖温带海洋性季风气候，四季分明，雨量充沛，冬无严寒，夏无酷暑。有长达 200 余天的无霜期，在近 30 年中，年平均气温 12.0℃，年平均降水量 850 毫米左右。绿化覆盖率达 44.6%，是国家级绿化城市。海洋生物、矿产、水资源丰富，被列为"国家级生态海洋保护区"。宜人气候非常适合运动、休闲、观光、旅游和居住。

海阳市是"地雷战"的故乡，革命文化灿烂、历史悠久，还有一批红色文化场馆，被团中央、教育部、国家国防教育办公室命名为"全国青少年教育基地"和"国防教育示范基地"。"海阳大秧歌"列入首批国家级非物质文化遗产名录，并成为山东省参加北京奥运会开幕式前文艺表演的唯一节目，同时还挖掘整理了 300 多项以"祭海""海阳螳螂拳"等具有历史价值的非物质文化遗产项目，并被文化和旅游部授予"中国民族民间文化艺术保护先进单位""中国民间文化艺术之乡"，被山东省授予"海阳大秧歌传习所"和"非物质文化遗产示范基地"。海阳风光秀美，旅游资源丰富，境内有万米海滩浴场、招虎山国家森林公园、云顶竹海、沙雕艺术公园等名胜景观，是"国家级海洋保护区"和"国家级旅游度假区"。先后荣膺"中国最佳文化生态旅游城市""中国优秀旅游城市""中国和谐之城""中国休闲小城""2017 年中国避暑休闲百佳县""美丽中国十佳旅游县"，获"山东省人居环境奖"和"首批海洋生态文明示范区"。2012 年成功举办了第三届亚洲沙滩运动会，连续举办三届攀岩世界杯、六届沙滩体育艺术节、两届亚洲杯沙滩排球、两届国际马拉松，同时与联合国开发计划署"3+2"会议发展模式，并成功举办了 2016 年"一带一路"大使（海阳）论坛，先后获得全国首批"国家旅游创建示范区"、首个"国家级沙滩运动健身基地""国家体育旅游示范基地""国家攀岩训练基地"，被国际奥委会授予"体育可持续发展奖"。浓郁的体育文化氛围为沙滩运动特色小镇的建设打下了基础。

海阳产业基础良好，旅游度假、核电临港、汽车、毛衫针织四大产业突出。海阳是全国五大羊毛衫加工基地之一，获"中国毛衫名城"称号，被评为转型2010 中国经济十大领军（县级）城市和山东省新型工业化产业示范基地。良好的产业基础使体育文化产业的发展成为可能。

海阳市委、市政府的强力支持，国民收入、消费欲望和经济的快速增长，市场空白机遇多。因此，将自身优势运用好，培育和规划好特色沙滩运动产业链，海阳沙滩运动特色体育产业小镇定能成功发展。

（二）劣势

中国体育产业发展相对国际会有一定滞后性。根据国际经验，我国的体育旅游产业和旅游度假将迎来"井喷式"的发展。如图 4-2 所示：

我们再来对照一下我国的 GDP 发展，如图 4-3 所示：

如果按此规律，那中国的体育运动行业早已蓬勃发展成为支柱产业，而早在 2011 年（人均超过 5000 美元）就应该推广度假旅游，但实际情况是非常的滞后。从当前国情来看，中国国民所要负担的各支出相比国际上大多数国家都要高得多，如住房支出、教育支出、医疗支出、养老支出等，社会保障与发达国家相去甚远，造成中国储蓄率远高于国际平均水平的现象，以及大量的国民收入被购买投资性房产和各类理财产品使用。所以，中国各类大众化消费（包括体育和旅游）相比国际一般经济规律会有一定的滞后性。

人均GDP	主要旅游形态	旅游需求
1000美元	观光旅游	旅游需求增长期
2000美元	休闲旅游	旅游获得快速发展，出境游增长
3000美元	度假旅游	旅游需求爆发性增长，出境游高速发展
5000美元	成熟的度假经济时期	休闲需求日益多元化，体育旅游产业呈现“井喷式”发展态势
8000美元		体育健身成为国民经济支柱产业

人均GDP和旅游形态、旅游需求的关系 新旅界 New Lvjie

制表：周鸣岐&新旅界（LvJieMedia）；数据来源：公开渠道

图 4-2　人均 GDP 和旅游形态、旅游需求的关系

2005~2016年中国GDP及人均GDP数据 新旅界 New Lvjie

时间	国内生产总值（亿元）	人均国内生产总值（元）	全年平均美元汇率	人均国内生产总值（美元）
2016年	744,127.00	54,000.51	6.64	8,129.79
2015年	689,052.10	50,251.00	6.23	8,068.04
2014年	643,974.00	47,203.00	6.14	7,684.28
2013年	595,244.40	43,852.00	6.29	6,972.03
2012年	540,367.40	40,007.00	6.30	6,350.22
2011年	489,300.60	36,403.00	6.62	5,497.70
2010年	413,030.30	30,876.00	6.83	4,521.90
2009年	349,081.40	26,222.00	6.84	3,835.48
2008年	319,515.50	24,121.00	7.30	3,304.43
2007年	270,232.30	20,505.00	7.81	2,626.39
2006年	219,438.50	16,738.00	8.07	2,074.05
2005年	187,318.90	14,368.00	8.28	1,736.00

制表：周鸣岐&新旅界（LvJieMedia）；数据来源：国家统计局

图 4-3　2005—2016 年中国 GDP 及人均 GDP 数据

（三）机遇

沙滩运动是人们满足了小康、温饱、走向富裕时产生的高端需求，目的是让身体更健康、更健美、追寻运动体验中的快乐和刺激。海阳沙滩运动特色小镇在经济发达地区具有先天优势。特色小镇是以人为发展核心，服务需要人，产业需要人，消费需要人。在中国当前的国情下，全国产业资源和人力都集中在发达地区，特色小镇发展的土壤还是在发达地区城市的周边。海阳市地处中

国东部黄海之滨，位于中国北方著名海滨城市烟台、威海和青岛的中心地带，属于东部沿海经济发达地区，无论消费能力和人均收入、体育相关产业人才、运动休闲和高端体育需求等都是目前最具体育特色小镇发展条件的地区。虽然各省市有着基本相同的官方支持政策，但落地成活更多的是看地区的经济基础和实际市场条件。特别是 2012 年亚洲沙滩运动会的举办让人们对于沙滩运动的热情和关注度得到了提高，沙滩运动市场在东部沿海经济发达地区将迎来巨大发展。

目前，行业内缺乏对沙滩运动产品的深度研究，产品供给侧结构性短缺，现有的沙滩运动产品在深度和广度上都有很大提升空间，难以让广大消费者的需求得到有效满足。但这也正是难得的市场空窗期，发扬创新精神，打造出富有观赏性、趣味性、刺激性、体验性、参与性的沙滩运动产品，并将上下游产业链打通，形成整个产业生态，这对当前的海阳市是一个千载难逢的机遇。

2017 年 1 月，山东省政府批复"山东半岛城市群发展规划（2016—2030年）"，将海阳纳入青岛都市圈。未来的青岛都市圈将成为一个具有较强国际竞争力的都市圈，成为东北亚地区国家合作枢纽之一、中国海洋创新基地、山东省发展核心引擎，到 2030 年迈入特大城市和国家中心城市。海阳市本身也是山东省蓝色经济区九大核心区之一、第一批新型工业化产业示范基地、山东半岛国家自主创新示范区，抢抓这些机遇创建特色小镇是当务之急。

（四）挑战

国外体育小镇多是通过几十年甚至上百年的时间积累演变而成，消费水平、民众收入高，且户外运动传统良好。我国虽然自然资源与外国相比不相上下，但无论是传统上、经济上都较之远逊。当前国内相关户外运动产业的情况不尽如人意，滑雪行业全行业亏损，高尔夫球全行业亏损，房车营地也艰难生存，运动骑行刚刚起步尚难见盈利模式，攀岩登山对国人来说过于高端，低空飞行方兴未艾但也处于起步阶段。显然目前中国具有特别强势拉动作用的体育运动和相关产业尚未出现。

第二节 沙滩运动特色小镇协调发展的基本原则

一、特色凸显原则

（一）产业特色是关键

沙滩运动产业是海阳市沙滩运动特色小镇发展的生命力，沙滩特色是产业发展的竞争力。因此，海阳市沙滩运动特色小镇的发展必须要以沙滩运动特色产业为主线，海阳市沙滩运动特色小镇要以沙滩体育产业为主线进行延伸发展。海阳市沙滩运动特色小镇中的特色产业具有以下几个特征：

1. 鲜明的地域性

不同类型的体育特色小镇所依托的区域条件也不尽相同。例如，河北省崇礼冰雪小镇依托当地优越的自然条件开发体育旅游产业，形成了以冰雪产业为主体的，包括休闲观光、滑雪装备制造、户外运动的特色产业链。海阳市沙滩运动特色产业依托海阳市万米海滩浴场，具备形成海阳市沙滩运动特色产业所依托的区域条件。

2. 鲜明的市场导向性

海阳市气候冬暖夏凉，旅游度假产业发展迅速，海阳国际毛衫的沙滩运动服装产业，这些产业的发展都是立足于本地市场和外地市场，满足国内市场，开拓国际市场。

3. 产品的多元化

沙滩运动产业、赛事产业、运动服装产业等追求的是独特的品质、优质的服务、多样的产品，能够满足人们日益增长的多样化需求，沙滩运动产品的独特性、优质性、多样性，是特色产业能够发展壮大的市场基础。

4. 效益为中心

推动特色产业发展的驱动力量是对经济效益的追求，企业作为海阳市沙滩运动特色小镇的运行主体是为了获得经济利益。

5. 创新为前提

海阳市沙滩运动特色小镇的建设要遵循创新、协调、绿色、开放、共享的新发展理念，最终实现经济、社会、文化和生态效益的统一。

　　沙滩运动特色产业是海阳市沙滩运动特色小镇建设的关键着力点。根据比较优势原则，每个体育特色小镇都有自身现实的或潜在的优势，要充分发挥海阳市沙滩运动特色小镇区位、资源、经济、市场、技术、人才等方面的比较优势，着重发展具有市场竞争力的沙滩运动特色产业、优势产品，并努力提高其市场化、专业化、集约化水平，逐步形成具有鲜明区域特色的主导产品和支柱产业。通过发展沙滩运动特色产业，能够充分发挥区域比较优势，形成区域化、专业化生产，以沙滩运动特色产业来提高海阳市沙滩运动特色小镇的综合竞争力。沙滩运动特色产业的主导，不仅能够为海阳市沙滩运动特色小镇经济社会的发展奠定基础，促进区域经济转型升级，同时还能带来有效的投资增长、促进产城融合、推动改革创新迈向纵深等多项"溢出效应"。

（二）沙滩特色是基础

　　海阳市沙滩运动特色小镇作为海阳市体育产业与海阳市旅游产业等相关产业融合形成的新业态，与以往的体育产业示范基地不同，是打造以"沙滩运动特色"为主的，且具有明确体育内涵、旅游特征、产业定位和一定社区功能的综合平台。随着国内消费者对休闲、旅游的不断关注，体育产业将有更多的旅游、健康、文化元素融入其中，也推动了海阳市沙滩运动特色小镇朝健康、休闲、文化、旅游等方面发展，同时为了避免"千镇一面"，为了禀赋资源的合理开发。因此，建设海阳市沙滩运动特色小镇要围绕"沙滩体育"为基本点，不能偏离了这条主线。

　　首先，小镇要将沙滩体育赛事或单项沙滩体育活动作为核心。海阳市沙滩运动特色小镇要与当地特色体育产业和地理区位特征相结合，打造单项体育运动或产业生态链和赛事的产业集群，例如法国霞慕尼的体育旅游小镇和新西兰的皇后镇主打滑雪运动。其次，以小镇推动产城融合，建造一批体育类项目和设施促进小镇建设。小镇兼顾除体育产业以外的旅游、文化、养生等其他功能，实现环保、生态、宜人、养生的属性，如浙江银湖智慧体育产业基地、北京丰台足球小镇等。最后引入体育类企业作为小镇的运行主体。小镇中的企业要根据既有资源优势，策划创新体育类主题，对体育和旅游等产业融合进行定位，聚集资源，重整项目，创新驱动，实现小镇经济和企业成长的可持续发展，如浙江德清莫干山"裸心"体育小镇、河南嵩皇体育小镇等。

（三）生态特色是保障

"绿水青山就是金山银山"已成为经济与生态文明协同发展的真实写照，"绿色"也成为海阳市沙滩运动特色小镇建设的基本要求。海阳市沙滩运动特色小镇作为海阳市经济建设的一部分，需注重生态文明，必须达到现代化生态文明的要求，要与过往的"脏、乱、差"城镇局面进行区别，保持其鲜明的生态特色。因此，对海阳市沙滩运动特色小镇而言，绿色是不可或缺的，也是小镇优势之处。要将生态文明理念全面融入海阳市沙滩运动特色小镇建设的各领域和全过程，探索出一条绿色、低碳、集约的海阳市特色小镇建设之路。

与其他特色小镇相较而言，海阳市沙滩运动特色小镇的比较优势在于其未受污染的万米海滩浴场优势与特色鲜明的海水资源禀赋。从治理源头来看，海阳市沙滩运动特色小镇本是以体育产业为主要卖点，体育产业本身作为绿色的产业，是第三产业中增长速度最快、产生效益最大的新兴产业。体育特色要在良好的生态环境中扎根，如沙滩运动、水上运动等都依赖于生态文明。可见，保护生态环境是海阳市沙滩运动特色小镇建设的必经之路，绿色发展、生态优先是题中之义。海阳市沙滩运动特色小镇也有着一定的社区服务功能，小镇内拥有全面的公共基础设施。在规划筹谋初始阶段，海阳市沙滩运动特色小镇就应践行绿色基础设施的建设理念，将相应的基础设施配备及引导做好，例如，科学规划能够节约利用水资源的中水回用系统、雨污分流系统，建立完善无害化处理及垃圾分类设施，合理配置海滩保护、绿色公园系统。在生态文明的保障下，海阳市沙滩运动特色小镇有了绿色的衬托将更加优美、精致，其拥有的沙滩运动特色也将更加扎实、持久。

二、产业融合原则

产业融合是新时代发展体育产业的必由之路。海阳市沙滩运动特色小镇发展体育产业要用融合发展的理念来协调与不同产业之间的关系，体育产业与相关产业在更深程度、更大范围上进行融合，遵循了技术融合、业务融合和市场融合等产业融合的演进路径，最后形成体育融合新业态，通过服务创新、制度创新、组织创新、管理创新等，依靠政府、企业等力量，实现体育产业与不同产业之间的资源要素整合。2014年国务院出台《关于加快发展体育产业促进体育消费的若干意见》，明确提出促进体育产业与相关产业相互融合。2015年，国务院下发的《关于积极推进"互联网+"行动的指导意见》，为"互联网+体育"

提供了政策支持，为体育产业融合提供了发展动力。2016 年，国务院相继下发的《关于加快发展健身休闲产业的指导意见》《关于进一步扩大旅游文化体育健康养老教育培训等领域消费的意见》等文件，推动体育产业与相关产业的融合发展。2016 年 12 月，国家体育总局与文化和旅游部进一步合作，共同下发《关于大力发展体育旅游的指导意见》，提出要加快发展体育旅游，推动体育产业与旅游产业深度融合。海阳市沙滩运动特色小镇在产业融合背景下的体育产业定位十分明确，但体育产业的产业形态并不是孤立存在的，而是与健康、旅游、科技、文化等产业融合在一起。海阳市沙滩运动特色小镇具有产业融合性、制度创新性、空间开放性、经济带动性等特征，成为带动海阳市体育产业与相关产业进行深度融合的新载体。

产业融合已成为产业结构优化与创新的重要途径。产业融合是指在产业具有开放性的基础上，不同产业构成要素或企业主体之间竞争与协作，最终形成新兴产业或新业态的过程。根据国内外特色小镇的实践与经验，大量相关的上下游产业集聚而产生的人口与经济的集聚效应，是许多新型城镇化时期特色小镇形成的基本动因。因此，产业融合与集聚是建设海阳市沙滩运动特色小镇的经济学逻辑。目前，国内已建成或正在建设的体育特色小镇主要以"体育+旅游"的形式呈现，以体育为旅游资源，以旅游助推体育，各地根据已有旅游资源和体育资源，打造不同特色的体育特色小镇。经实地调查，在海阳市体育产业中，体育服务和产品的供给滞后于需求，供给有效性不足，无法满足群众多元化的体育需求。同时，作为旅游行业中创造产值很高的体育旅游业，海阳市的体育旅游业仅占海阳市旅游业总产值的 8%，海阳市体育旅游业仍处于起步阶段。海阳市体育产业与旅游产业的融合发展正是直面体育产业与旅游产业发展困境的有效举措。海阳市体育产业和旅游产业在消费产品与服务、消费者体验、开发资源等许多方面都具有相互融合的共同基础，海阳市沙滩运动特色小镇正是基于这一共同竞争优势所形成的，因此它的理论基石即沙滩体育与旅游产业的集群效应。

三、产城融合原则

产城融合即产业与城镇融合发展：以城镇为基础，承载产业发展；以产业为保障，形成常住人口，驱动城镇完善和更新配套服务，进步提高土地价值，以达到"产、城、人、文"一体化的发展模式。海阳市沙滩运动特色小镇的"产城融合"主要指整体开发，它不仅投资单个的体育建设项目，同时也担负了城市建设运营的重任。海阳市政府让专业化的企业对城市进行建设和经营，通过骨干服务来进一步实现多数公共服务的供给。海阳市政府只担任城市管理者和监督者的角色，这种模式将经营与管理分开，充分发挥企业在城市经营、资本融资和产业招办方面的优势。实现政府管理服务，企业专业化运营，市场化主体创造价值的有机统一。

目前，根据各项有关体育产业的政策，体育产业发展与区域经济社会发展、城市发展之间的引导措施已有显露，如《国务院关于加快发展体育产业促进体育消费的若干意见》提出，"以体育设施为载体，打造城市体育服务综合体，带动体育与休闲、住宅、商业综合开发"；《国务院办公厅关于加快发展健身休闲产业的指导意见》提出，结合社会主义新农村建设、新型城镇化建设等国家重大部署，依托产业示范基地和健身休闲重点运动项目等，发挥其带动和辐射效应，促进民生改善和区域经济发展。海阳市沙滩运动特色小镇随着体育产业的深化发展不断融合，将不断凸显其在区域经济社会发展中的作用。海阳市沙滩运动特色小镇体育产业的发展会形成产业聚集，产业聚集带来就业人口的增加，形成常住居民。同时，海阳市沙滩运动特色小镇将沙滩体育项目作为核心，将旅游作为通道，形成规模较大的外来游客聚集，游客聚集促使进一步形成食住行游购娱等多样化的消费结构，由此形成消费产业的聚集构成城镇发展的产业结构，带来的就业人口与服务人口不断增多。海阳市当地居民与这些人口结合，带动对小镇居住、交通、文化、金融等的需求，由此促进城镇化结构的形成。海阳市沙滩运动特色小镇发展以海阳市全面的体育设施和配套服务为基础。海阳市沙滩运动特色小镇体育产业的发展将极大地促进海阳市基础设施与服务设施的更新。因此，海阳市沙滩运动特色小镇将作为新兴载体推动海阳市体育产业的不断整合发展，海阳市沙滩运动特色小镇中产业水平的提高也必将带动海阳市沙滩运动特色小镇内基础设施、公共服务的完善。

海阳市沙滩运动特色小镇要遵循产城融合的基本原则，做到以下三个具体的融合要求：功能复合、配套完善、空间融合。

（一）功能复合

通常所说的功能复合是指产业、居住、商业、商务、娱乐、游憩等功能的混合。海阳市沙滩运动特色小镇的建设需要从单功能区的开始拓展，比如，赛事与运动体验区、教育培训与科研双创区、体育装备与综合产业区、康复疗养与休闲养老区、体育与旅游拓展区等。随着海阳市沙滩运动特色小镇的不断发展，单种功能区的集聚效益将逐渐达到最大值，必然需要新的服务配套功能的进入，海阳市沙滩运动特色小镇才能进一步健康发展。对于海阳市沙滩运动特色小镇中功能复合的空间尺度也需适度适合开发建设。海阳市沙滩运动特色小镇的规划与布局应集中连片，又因海滩场地的特殊性，海阳市沙滩运动特色小镇的面积规划应因地、因项目制宜，不能单纯地借鉴其他体育特色小镇小面积的布局。因此，海阳市沙滩运动特色小镇的"精"应体现在其设计与布局方面，即布局紧凑，多功能合一，避免沙滩资源浪费。又因海阳市沙滩运动特色小镇所具备的旅游属性，海阳市沙滩运动特色小镇也要从自身功能定位出发，在亚沙会的基础上设计独特的、个性化的建设风格，凸显海阳市沙滩运动特色小镇高品质的水准。

（二）配套完善

配套完善是指海阳市沙滩运动特色小镇中的公共服务设施配套同样按照小型城镇配套标准配置，以满足新镇的发展需要。海阳市沙滩运动特色小镇公共服务设施的种类与规模不应仅仅从配套的角度出发，更需要从整个小镇发展的需求出发。进行海阳市沙滩运动特色小镇公共服务设施的规划，既要重视生活服务设施如商业、娱乐、文化等功能的建设，也要注重生产服务设施如商务办公、会议会展、信息咨询、金融法律等功能的建设，为小镇未来的提升拓展打下基础。具体来看，根据单元主导功能区域的不同，配套小镇的公共服务设施。产业研发类的单元注重生产服务设施的建设，如商务办公、会议酒店、展览交流等；居住生活类的单元则注重生活服务设施的建设，如商业中心、文化馆、健身活动中心、餐饮休闲街等，同时根据单元的实际需求预测所需公共服务设施配套的规模。

（三）空间融合

空间融合是指在海阳市沙滩运动特色小镇的空间拓展中，居住、服务、产业、沙滩、绿地等空间相互有机融合，改变以往各功能空间相互分离的空间布局，营造方便、舒适、生态的新区环境，形成功能综合化的小镇。由于不同产业具有不同的占地要求、空间排他性等属性，因此不同产业与居住、服务、沙滩、绿地等空间融合的方式不同。由于海阳市沙滩运动特色小镇计划占地规模较大，小镇产业计划的集群规模以及产业功能区规模也较大，因此在产城融合的空间融合上需要综合考虑。海阳市沙滩运动特色小镇因为占地规模较大，对道路交通条件要求高，给海阳市群众的生活带来环境、交通、噪声等方面的影响，同时现代化程度较高，就业人员密度相对较低，功能用地集中成片，与服务设施、居住用地等在空间上应相隔一定距离，避免相互干扰。

海阳市沙滩运动特色小镇的形成，以拉动海阳市体育消费为引领，以海阳市体育产业与相关产业的融合为手段，以海阳市休闲化消费人群及就业人口的聚集为目的，以海阳市配套设施及服务的完善为依托，创建了一个产城融合的综合运营模式与开发结构。海阳市沙滩运动特色小镇不同于以往的产业园区和开发区忽视社区服务与基础设施的建设，它在不同产业融合的基础上，追求产业与城市功能的融合。

四、市场经济原则

中国经济已迎来了新常态时代，供给侧结构性改革日渐深入人心，"市场起决定性作用"成为深化经济体制改革的宏观指导。过去的城镇、产业建设由政府主导转变为市场主导，让市场决定资源配置，由"找市长"转变为"找市场"，决定了海阳市沙滩运动特色小镇的建设由市场经济主导的指导思想。海阳市推进海阳市沙滩运动特色小镇建设，处理好海阳市政府和市场的关系尤为重要，尊重市场规律，使海阳市沙滩运动特色小镇成为市场主导、自然发展的过程，成为海阳市政府引导、科学发展的过程。要以市场"无形之手"为依托，将市场配置资源的决定性作用充分发挥出来。要坚持以市场为主导，最大限度地激发海阳市企业家创造力和海阳市市场主体活力，能够由企业投资就由企业投资，为民间资本留出差异性、多样性的发展空间。探索实行市场化运作，鼓励社会力量参与海阳市沙滩运动特色小镇建设管理和运营。对于海阳市沙滩运动特色小镇特色项目、特色产业的发展，更多地决策应交给市场主体来做，海阳市政府要因势利导、顺势而为，而不能过多干预。

要将海阳市政府的"有形之手"利用好，充分展现海阳市政府在制定规划政策、营造制度环境、提供公共服务等方面的重要作用。要坚持规划先行，科学制定海阳市沙滩运动特色小镇规划，明确发展边界，合理有效利用空间，实现精准发展。制约小镇发展的主要瓶颈是体制机制不顺，要重点围绕开发海阳市沙滩运动特色小镇发展活力、释放小镇内生动力，促进小镇体制机制创新。要努力在构建海阳市沙滩运动特色小镇发展的软环境、激发创新创业、最大限度降低发展成本上下功夫。要按照"小政府、大服务"的模式，降低海阳市政府行政成本，提高行政效率。比如，温州鹿城时尚体育小镇，有效地贯彻了"市场主导，政府搭台"。鹿城时尚体育小镇将政府规划、企业主导、市场化运作作为运行模式，获得市场认同，目前与苏州姑苏园林控股集团达成初步合作意向。

体育特色小镇建设所遵循的市场主导原则，实质上是坚持政府引导、市场主导的运营模式，而政府与社会资本合作的 PPP 模式则是市场主导原则范围内的最佳实践。其实，在体育产业大热前，PPP 模式在基础设施领域已有不可撼动的地位，这一将政府、企业、专业机构通过合作关系实现互利共赢的模式，备受政府、企业的赞同。运用 PPP 模式的体育特色小镇项目也可以理解为一种特许经营项目，政府掌管着体育小镇的财产权，政府只是将体育小镇项目的建设、维护和经营交给社会资本。体育小镇的 PPP 模式下，政府和社会资本之间属于长期合作，提高体育小镇的长期效益是该模式的最终目的。PPP 模式的初衷便是一种共享利益、共担风险的机制。

海阳市沙滩运动特色小镇在运用中应实现以海阳市政府为服务主体、企业为建设主体，海阳市政府负责海阳市沙滩运动特色小镇的审批、定位、规划和基础设施服务，建设海阳市沙滩运动特色小镇的运营模式需引进民营企业。海阳市政府在积极助力海阳市沙滩运动特色小镇的发展过程中会处于两难的境地，一方面海阳市沙滩运动特色小镇必须以产业为主体，另一方面海阳市政府由于债务压力过大，难以保持连续的财政输出。但是，将海阳市政府和社会资本合作为基本特征的 PPP 融资模式，能够综合有效地使用社会资本和财政资金，对海阳市沙滩运动特色小镇资金缺口进行弥补，丰富资金来源，因此，在海阳市沙滩运动特色小镇建设过程中各级探索引入 PPP 模式，能够使海阳市沙滩运动特色小镇资金不足的问题得到进一步解决。海阳市沙滩运动特色小镇的建设与运营要遵循海阳市政府引导、市场主导的基本原则，有效发挥海阳市政府的制度供给功能，同时健全市场中企业主体运作机制，推动海阳市沙滩运动特色小镇科学有效发展。

五、民生导向原则

"政之所兴，在顺民心；政之所废，在逆民心。"经济发展将改善民生作为强大动力，改善民生不仅是一切工作的出发点和落脚点，而且也是老百姓最关心、最现实、最直接的利益问题。保障和改善民生，是实现发展成果由人民共享、促进社会和谐稳定的必然要求。海阳市沙滩运动特色小镇的建设，恰逢我国经济发展进入新常态，经济增速放缓，产能过剩、有效供给不足等问题越发突出，同时也是实施供给侧结构性改革的开局之年。在产业结构升级和调整的压力下，海阳市沙滩运动特色小镇所带来的产业集聚与融合、产业升级、扩大有效供给等优势也契合海阳市供给侧结构性改革。供给侧结构性改革就是"国计民生"，海阳市供给侧结构性改革是为了扩大海阳市整体有效供给，以便让海阳人民群众的中高端需求得到满足。况且，体育的民生功能指体育层面的人民生计，是群众最迫切的体育需求，既包括人民群众的精神支柱，也包括人民群众的体育权利。因此，海阳市沙滩运动特色小镇既契合国家层面的供给侧结构性改革，也符合海阳市广大人民群众的民生需求，海阳市沙滩运动特色小镇的建设要以民生为基本导向和出发点。

海阳市沙滩运动特色小镇要成为海阳市的民生工程，首先要完善海阳市沙滩运动特色小镇内的社区功能，强化基础设施建设。通过"政府搭台，社会唱戏"，提高自治服务能力搭建协商议事平台、提升社工服务能力、调动社会组织参与等措施，促进海阳市沙滩运动特色小镇多元主体、各方力量同向行动、同向发力、同心聚力。一是要让海阳市沙滩运动特色小镇社区自治能力建设得到进一步加强。进一步加强建设海阳市沙滩运动特色小镇社区参与机制，通过扩大民主评议、加强议事协商、推进社区事务民主决策、完善居务公开等事项，进一步打开群众参与、民主监督的大门，将群众的参与热情调动起来，推动海阳市政府治理和海阳市群众自治的良性互动。二是要促进海阳市沙滩运动特色小镇社会工作进社区。积极推进专业社会工作与社区服务的密切结合，将重点建设为社会工作、慈善组织、文体组织、志愿服务，提高发展专业性社区社会组织的力度，通过谋划实施为民服务项目，让海阳市群众在参与中感受到社区治理和服务创新活力，提升他们的"幸福感"和"获得感"。三是要加快海阳市沙滩运动特色小镇社会组织健康成长。扩大海阳市政府购买服务的和领域规模，落实加大培育各领域专业社工机构，把专业社会组织、专业社工机构培养成推动海阳市沙滩运动特色小镇社会转型发展的重要力量。重点关注海阳市沙滩运动特色小镇社区内互助性、公益性社会组织发展，积极鼓励社区与优秀社会组织结对共建，对备案的社区社会组织进行内部机制提升、项目引导，推动社区治理有序开展。

其次，海阳市沙滩运动特色小镇集聚产业以便捷完善的基础设施为基础条件。要按照综合配套、适度超前、集约利用的原则，加强海阳市沙滩运动特色小镇道路、供电、供水、通信、物流、污水垃圾处理等基础设施建设。建设海阳市沙滩运动特色小镇质优价廉、高速通畅、服务便捷的宽带网络基础设施和服务设施，以人为本推动信息惠民，加强建设海阳市沙滩运动特色小镇的信息基础设施，进一步加快光纤入户进程，建设智慧小镇。加强建设基本体育公共服务设施，有效提供基本公共体育服务。加强海阳市沙滩运动特色小镇与交通枢纽城市、交通干线的连接，提高公路通行能力和技术等级，完善交通条件，提高服务水平。促进海阳市沙滩运动特色小镇附属大城市市域（郊）铁路发展，形成多层次轨道交通骨干网络，高效衔接海阳市沙滩运动特色小镇和大中小城市，推进互联互通。带动海阳市沙滩运动特色小镇全面开发，形成集商业、休闲、交通等为一体的开放式小镇功能区。推进海阳市沙滩运动特色小镇公共停车场建设。鼓励海阳市沙滩运动特色小镇建设开放式住宅小区，进一步提高可持续发展能力。

同时，完善海阳市沙滩运动特色小镇内公共服务，特别是质量较高的教育医疗资源供给是加强海阳市沙滩运动特色小镇人口集聚能力的重要因素。要促进公共服务从按行政等级配置转变为按常住人口规模配置，依据海阳市沙滩运动特色小镇常住人口空间分布和增长趋势，兼顾布局建设学校、文化体育场、医疗卫生机构等公共服务设施，大幅度增强教育卫生等公共服务的质量和水平，让在海阳市沙滩运动特色小镇的群众能够享受到更有质量的教育、医疗等公共服务。将海阳市沙滩运动特色小镇居民的日常需求重视起来，加强社区服务功能，加快海阳市沙滩运动特色小镇便捷"生活圈"的构建，繁荣"商业圈"，完善"服务圈"。

当海阳市沙滩运动特色小镇人口突破 10 万人，要按同等城市标准配置海阳市沙滩运动特色小镇的教育和医疗资源，逐步缩小与城市基本公共服务的差距。实施海阳市沙滩运动特色小镇医疗卫生服务能力提升计划，依据县级医院水平提升硬件设施和诊疗水平，鼓励三级医院在海阳市沙滩运动特色小镇落户。全力提高海阳市沙滩运动特色小镇教育质量和水平，加快推进义务教育学校标准化建设，推动海阳市沙滩运动特色小镇中小学和海阳市的市县级知名中小学联合办学，让优质教育资源覆盖面得到进一步扩大。

第三节 沙滩运动特色小镇的发展定位

一、沙滩运动特色小镇的建设目标

海阳沙滩运动特色小镇以大秧歌艺术、螳螂拳文化为文脉，以亚洲唯一苏格兰风格的滨海高尔夫球场、亚洲屈指可数的优质海滩、国内唯一的亚沙体育文化遗产群和地雷战红色文化基地、纯净清幽的国家森林公园及城市湿地公园、全国首家露营垂钓基地、中国北方最大的离岸式人工岛及城市沙雕组群、江北最大的水生植物观光园区、异域风情的滨海主题乐园为依托，打造以滨海休闲、沙滩运动、生态体验为主的沙滩运动产品体系，结合运动健身类、休闲娱乐类、康体疗养类、常态化节庆演艺活动等休闲度假产品，建设惠及人民健康、生态环境良好、产业集聚融合、文化气息浓厚、体育特征鲜明的沙滩小镇；以沙滩体育赛事或活动为核心，以沙滩运动为主，依托优质旅游资源，吸引沙滩运动爱好者，集聚沙滩浴场周边产业，带动海阳体育产业、健康产业和相关产业的发展，打造具有特色的沙滩运动产业链和集聚区，全面打造全覆盖、立体式、多元化的旅游带，四季有活动，月月有比赛，形成与海阳经济社会良性互动、相适应的全民健身和运动休闲产业发展格局；完善旅游配套，在整体上提升经济社会发展和公共体育服务供给水平，增加海阳居民就业岗位和收入，实现海阳全面小康。

二、沙滩运动特色小镇的产业定位

所谓的产业定位，其实只是政府产业政策的一个组成部分，或者是指政府的产业发展规划。基本上包括三个方面的内容：产业结构的基本目标规划；支柱产业与主导产业的确立；实现上述产业发展规划的基本途径选择①。

（一）产业定位理论依据

1. 区域经济发展梯度理论

我国目前区域发展不均衡，导致各地经济收入和产业空间布局呈现梯度。在西方经济学中有梯度差异就可能存在空间的转移，随着各地经济的有序发展、梯度推移加快、区域间差距逐渐缩小，这样才使得该地区的经济得到全方位的发展。

2. 区域发展辐射理论

以海阳周边的城市如烟台、青岛、即墨、莱西等发展比较好的城市（辐射源）与经济发展不平衡的海阳进行资本、人才、技术、市场信息等进行全面交流，提高经济资源配置的效率，同时也提高经济发展的质量。

---

① 杨公仆，夏大蔚，孙海鸣，等．上海在亚太地区经济中的产业定位问题研究［J］．上海经济研究，1995（9）：3-16.

3. 区域发展增长极理论

在经济发展过程中，高新产业和主导产业的增长是处于领先地位的，不同产业的增长速度不同，那么这类产业会在该区域聚集优先进行发展，以优先发展的产业来辐射带动城市或者地区的其余产业发展。

4. 区域发展比较理论

因为各地区经济基础和发展环境差异明显，比如，即墨和海阳的产业结构就存在同构，所以海阳产业的发展规划可以参考即墨的产业发展来制定具体的发展战略。各地区进行差异定位和规划时要遵循区域发展差异的理念，特定差异定位不一定适合该地区的差异定位。

（二）海阳市产业经济分析

在海阳现有的经济产业中种植业、养殖业、渔业（第一产业）、毛衫业、重工业、轻工业、高新技术产业、建筑业（第二产业）以及国内外贸易、零售商品、对外经济、房地产业、旅游业（第三产业）等产业的发展是海阳市经济的基础（见表4-1）。但是这些产业的发展不能突出海阳的特色，而且发展不均衡没有竞争力，同时没有形成一个能带动其他产业发展的核心产业。在海阳志在打造我国首个沙滩运动特色小镇的过程中，经济基础决定上层建筑，只有拥有充足的经济基础，才能为小镇的建设实施提供可能性。

表4-1　海阳市产业增长情况

产业类型	2015 年		2016 年		2017 年		2018 年		2019 年	
	同比去年增长（亿元）	增长率（%）	同比去年增长（亿元）	增长率（%）	同比去年增长（亿元）	增长率（%）	同比去年增长（亿元）	增长率（%）	同比去年增长（亿元）	增长率（%）
第一产业	62.9	5.3	66.6	5.1	71.2	6.3	70.1	6.2	73.4	6.3
第二产业	104.5	7.9	110.3	9.3	120.6	9.8	113.6	8.8	118.9	9.2
第三产业	111.9	10.5	125.7	9.7	130.2	11.3	135.5	11.8	137.6	12.1
人均 GDP	34406（元）	8.3	37364（元）	8.6	40539（元）	8.5	44106（元）	8.8	48075（元）	9
国内生产总值	279.3	8.4	303	8.5	324.8	7.2	345.9	6.5	355.7	6
固定资产	388.3	14.5	443	14.1	496.1	12	538.2	8.5	567.8	5.5

数据来源于海阳市政府 2016—2020 年度《政府工作报告》

海阳市的产业结构面临的问题：经济下行压力较大，传统产业占比仍然较高，新旧动能亟待转换，规模总量和质量效益双提升的任务依然艰巨；工业短板较为突出，且创新实力不足；区域发展不平衡，中部城区、南部沿海以及北部山区经济发展差距较大，城乡统筹、产城一体发展的任务仍很艰巨。产业发展有自己的演替规律，随着经济的发展、人均收入的提高、供给侧结构性改革的深入、地区产业面临转型，城市产业需重新定位。

（三）战略定位

依托海阳丰富的经济社会资源和优越的自然生态环境，结合国家产业政策和区域发展格局的有利条件，建成中国第一个国家级沙滩运动特色国际融合型体育产业小镇；打造教育与科研相结合的国际体育教育科研培训基地；打造文体休闲、健美养生与大众旅游相结合的国际健康休闲旅游之城，沙滩体育与产业小镇并重。一个综合性的体育项目向现代融合型运动休闲产业小镇的升级整合，必须以关注人们的健康与生活、体育产业与休闲产业的发展为根本，以健康体育、小镇产业、教育培训、科研双创孵化，国际互联网远程体育及特色小镇为主要功能，具有顶尖而丰富赛事体系和小镇为核心的运动休闲产业运营项目，这将成为海阳未来健康产业和健康生活发展的必然趋势。

（四）产业定位

经济学中强调市场研究要科学、严谨，任何产品要符合市场规律，这也是体育特色小镇成功与否的决定性因素[①]。小镇的总体产业定位是围绕"二幸福五产业"来进行总体定位。所谓的"二幸福"指的是把海阳建设成为新领域的地标和人民居住最向往的城市，"五产业"指的是小镇将要进行发展的五个核心产业集群[②]。

1. 打造海阳亮丽的新名片

（1）体育赛事产业

沙滩运动赛事产业是小镇发展的龙头，全年皆有特色体育运动，月月有活动、有比赛，年年有一项或几项重量级赛事（甚至是世界级赛事），通过组织各

---

① 于新东.特色小镇的产业定位 [J].浙江经济，2016（8）：21.

② 黄倩，周君华.沙滩运动特色小镇的产业定位 [J].体育科技文献通报，2019，27（06）：26-27，146.

种规模和形式的沙滩运动比赛，打造城市品牌，积聚人气，带动周边产业发展。海阳市于 2012 年举办了第三届亚洲沙滩运动会，海阳沙滩运动特色小镇在举办各种单项沙滩赛事的基础上，积累经验，旨在打造"全国沙滩运动会"品牌，并将它打造成国内顶尖级的沙滩运动赛事。依托海阳地域特色的沙滩运动项目（沙滩足球、沙滩排球、沙滩篮球、大秧歌、螳螂拳、龙舟、沙滩藤球、沙滩卡巴、高尔夫、攀岩、定向运动、公路轮滑、篮球、羽毛球、门球、网球、广场舞大赛、赛艇、水球、帆船、铁人三项、沙滩马拉松等）进行赛事组织（设备及用品提供、门票销售等）、赛事运行、赛事传播、体育 IP 运营，带动周边产业（体育博彩、体育营销、体育电商、智能硬件、纪念品、纪念衫销售等）及后续产业（体育旅游、体育教育培训、体育综艺影视、主题乐园、体育博物馆等）的发展。

（2）体育用品（装备、服装等）产业

海阳市的产业基础良好，多次荣膺"中国毛衫名城"称号，被评为 2010 中国经济十大领军（县级）城市、山东省新型工业化产业示范基地。随着市场竞争的日趋激烈，毛衫产业须走多元化发展路线，要进行产业升级，围绕体育设施、体育用品等的生产，开发一个高效、庞大的生产集群与服务集群，包括产品研发、市场分析、配件生产、款式设计、塑胶产品、模具制作、机械制作、营销物流等方面，在小镇内形成体育用品，包括体育装备、运动表演服装等生产集群产业，打造集研发设计、生产、销售、配送于一体的体育用品产业链，形成一个集商业协会、媒体、中介、营销、配送等产后配套服务业链条。随着集群影响力的提升逐渐培育出顶级沙滩运动装备品牌，打造国际沙滩运动知名品牌，生产企业的大量集聚加快了居住、商业、娱乐、餐饮等公共服务功能的升级完善。在小镇的打造过程中，我们要兴起的体育产业包括监测设备和智能体育装备，人们运动时可将运动数据上传至"云"平台，打造健身共享"云"平台，通过"云"平台进行积累和比较，逐渐吸收人气形成市场、形成一条完整的产业链，并将体育+旅游、体育+文化、体育+装备等板块插入"云"平台中，系统地渗透进特色小镇"云"建设中，注重突出线上体育等的优势。

（3）体育教育培训产业

亚沙会主会场海阳市奥林匹克公园以西，碧桂园十里金滩以北，用以建设体育教育培训基地，打造小镇重要产业链之一的体育教育培训产业链。小镇建设初期，我们即着手成立"体育教育培训学院"：①学校要为沙滩赛事培育相关的人员，保证比赛的精彩程度。②与全国各地高校、科研院所联合，以科研院所基地和高校的形式挂牌建设，能够为海阳人民，特别是对青少年展开体育培训评定等级，形成一个培训产业。③培训基地还可以为运动员提供体育研究、技能培训、体育教学、教学实践等专业服务，拥有从大中小学的体育专业培训体系，培养出专业的沙滩体育运动员。④培训基地还可以承办体育、音乐、美术等中考、高考专业培训，在暑假寒假和其他短假期接待学生培训，为各学生家长亲友们安置陪学、陪练、陪玩的住宿、餐饮、娱乐场所和项目。

2. 海阳人民运动休憩的乐园

（1）休闲娱乐产业

海阳的最终目标是打造全国沙滩运动特色小镇的旗舰与标杆，那么赛事所带来的消费将是一笔很大的收入。要在湿地休闲区建造一个大型的广场，一个集购物、娱乐、餐饮、住宿、健身于一体的商业区。每一届"全国沙滩运动会"，在赛事期间参会的裁判体育官员、运动员及媒体记者将达万人，比赛持续一周。一周内参会人员由此造成的住宿费用将达好几千万，餐饮费用上千万。观众将有10余万人购买门票，再加上周边商品销售（纪念品和当地特色商品），同时也可以在人群聚集的地方打造一条美食城（将海阳的特色美食推销出去），其纪念品和美食的收入将达到千万，赞助费、转播费未纳入其中。赛事期间，还可打造几条风格各异的体育旅游线路，招虎山国家森林公园、连理岛、虎头湾、碧桂园金滩温泉运动中心、天籁谷景区、海立方欢乐水世界、云顶自然风景旅游区、地雷战景区等，让各地游客既参观比赛，又游览著名旅游景点，预计收入将超过千万元人民币。一次重要的体育赛事，将为海阳市带来巨大的社会经济效应。

（2）体育服务业产业

打造沙滩运动赛事表演业、沙滩运动健身休闲业、沙滩运动旅游业、沙滩运动培训业、沙滩运动文化业、沙滩运动装备制造业等以沙滩运动为核心的产业链。以体育产业服务为有效延伸，融合高科技元素助力小镇服务业，推动小镇体育用品的供应，将体育与科技、制造、旅游、文化等融合发展，成为体育产业发展新园区，带动整个培训、医疗、服务、产品销售，及研发、制造、营销、物流等生产性产业链的整个体育产业链。以沙滩运动为主题，助推沙滩体育+旅游产业的融合发展，聚集高端专业人才、高端培训学校、体质监测等体育高端要素，开创国民体质监测、运动医疗、体育培训等特色服务项目。还可承担高水平体育比赛备战任务，也可加强我国竞技体育后备人才储备力量。

3. 胶东地区发展的新地标

依托烟台海阳市丰富的经济社会资源和优越的自然生态环境，结合国家产业政策和区域发展格局的有利条件，小镇建设将引进投资公司，引导社会资本以参股、控股、投资、并购等方式参与小镇项目。投资公司参与小镇建设是一种获得直接经济利益的稳定的投资渠道，打造一个产业平台，形成一个产业集群，社会资本可以通过项目获得较高的预期收益与衍生利益，如通过公共服务设施和商业设施的日常管理与经营获得合理的经营性收入。社会资本的参与可以提高小镇项目的建设效率，拉动区域投资需求和经济发展，使整个社会的资本投资回报率提升。秉持着沙滩体育与产业并重的原则，要把小镇建设成一个集现代融合型的、关注人们健康与生活、以体育产业与休闲产业发展为根本的独具沙滩运动特色的小镇。小镇以健康体育、小镇产业、教育培训、科研双创孵化、国际互联网远程体育教育为主要功能，以具有顶尖而丰富的赛事体系和运动休闲产业运营项目为主要目标，努力打造我国首个沙滩运动特色小镇。

4. 人民向往的幸福城市

根据海阳市的地理特点，以及产业布局来进行总体的规划，提炼出"赛事之乡，安逸之市"的规划理念。即以"沙滩赛事为魂，以旅游服务为魄，以产业加工为底，以舒适安逸为行。"将海阳市打造成我国独具特色的沙滩运动特色小镇。

"赛事之乡"的规划理念，彰显出小镇本身的特色。山—水—赛，确定小镇未来发展的空间结构，在此大的框架基础下，进行产业的融合发展，配套有关的设施，打造 5A 级沙滩运动特色小镇。"安逸之市"的规划理念，是对小镇整体规划的一个升华。小镇本身具有浓郁的红色文化（地雷战的故乡），在此基础上进行升华，由红色文化延伸出休闲文化、娱乐文化、家庭文化等。将城市形态设置为舒适安逸的慢行城市，吸引更多的人在这安居乐业，将海阳市建设成为山东最安逸的城市和幸福指数最高的城市。

（五）发展策略

1. 与城市发展战略相结合的策略

英国的谢菲尔德市是利用体育赛事塑造城市形象的成功典范，其成功的重要原因在于该市将大型体育赛事的举办上升到城市规划的战略层面，赛事成为整体社会经济发展战略的重要组成部分，甚至成为引领作用的核心组成部分[1]。

海阳市要充分利用"沙滩运动"实施城市营销整体战略，借助"沙滩运动"聚集全国乃至世界的目光，积极运用各种营销手段，将"沙滩运动"上升到城市规划的战略层面，并与城市发展战略结合起来。

2. 跨界融合发展的策略

以体育产业为主导"体育+健康""体育+教育""体育+文化旅游"三大产业相互渗透、融合发展。

3. 优化城市产业结构的策略

亚沙会的举办使海阳市的产业结构发生了调整和升级，体育产业成为第三产业的支柱。根据经济学理论，结合海阳市的具体情况，将"沙滩运动"与海阳市的产业结构相结合，对产业结构作科学、合理的整合，将体育用品业作为海阳体育产业的基础，在发展体育活动的同时要在此基础上开拓竞赛表演市场、健身娱乐市场、体育中介市场等，同时也要促进企业由产品经营向品牌经营转变，从而加速城市经济社会发展的进程。

4. 促进资源使用最大化的策略

赛事资源赛后的持续利用是举办城市科学发展的重要一环。伴随着亚沙会的承办，海阳市建设了一系列体育配套设施，其中既包括体育场馆，又包括服务于赛事的交通旅游服务等基础设施。体育赛事的举办和开展都会为体育运动领域培养诸多的人才，同时也会带给各协助单位以新的技术和科技，这都是宝贵的体育赛事资源，是金钱所不能买到的，体育场馆和体育基础设施赛后要持续利用，促进资源使用最大化。为使亚沙场馆设施使用最大化，要遵循可持续利用原则开发"沙滩运动"资源。

5. "互联网+"策略

"互联网+体育"的经济新形式的产生可以进一步促进国民体质增强，人们可以利用互联网条件下的一系列的产品健身 App、健身手表、智能手环等产品，可以更加直观地获得体育锻炼的数据，为自己的健身提供数据依据。"互联网+体育"的经济模式会成为新的体育产业模式，它的发展更加带动体育的发展同时也会加强人们对体育锻炼的兴趣。以互联网思维，打造"互联网+体育健康""互联网+教育科研""互联网+休闲旅游"体系，整合三大产业优质资源，打造对外开放平台，创造新的产业发展模式。通过研究分析可以得出"互联网+体育用品""互联网+体育场馆""互联网+体育场馆""互联网+体育商城""互联网+体育培训"等是新的体育业态，是在体育产业新视角下所快速发展的产业。

第四节 沙滩运动特色小镇建设规划

沙滩运动特色小镇的建设主旨是以海、河、湖而建，以林而居，创造良好的生活、生态、工作环境，为居民、游客、运动员、学生、专家、企业家、创业者提供一个风景如画、水林如诗的居住游憩、训练比赛、工作、康养的悠然环境。

一、沙滩运动特色小镇的开发架构

如图4-4所示，在这个架构里面不仅要导入产业，还要导入一系列的IP、事业，最核心的内容涉及要打造独特的风貌、多业态的服务关系、性能快速的聚集核，最后落在居住地产、商业地产、大城市的第二居地产、度假养老的三居地产，由此构成产业开发、业态开发、房产开发的整个结构链，所以是一个复合开发的架构。

图4-4 沙滩运动特色小镇的开发架构

如图4-5所示，特色小镇核心实际是产业延伸、产业融合，由此构成产业聚集成和人口聚集，特色产业与产业的三产消费聚集加起来形成居住发展带，延伸出产业延伸环，结合社区配套网，构建新型城镇化发展结构，由此形成了一个发展整体。

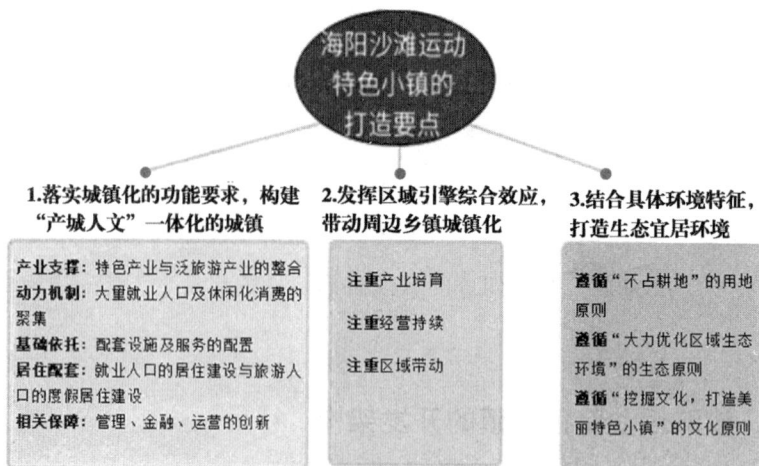

图 4-5　沙滩运动特色小镇的打造要点

二、沙滩运动特色小镇建设分区

小镇区域范围东至黄海大道南路，西至西安路，南至万米海滩，北至海翔中路。区域面积为 5 平方千米。规划用地主要为体育用地、教育用地、工业用地、公共服务设施用地、基础设施用地、民住用地和商业用地，总规划用地面积约为 1.2 万亩，总建设面积约为 200 万平方米，总投资为 150 亿元。小镇按产业和功能规划分为六大区域：

（一）赛事训练与运动体验区

该区规划在沿海滨中路、海滨西路，东至阳瑞路，西至西安路，南至万米海滩区域内。外加海德体育公园、亚沙会组委会志愿者基地、鉴湖湿地公园、国际沙雕艺术公园。主要进行以沙滩运动为主的专业赛事和全民参与的业余赛事，同时为专业运动员训练和全民运动体验提供服务。

（二）教育培训与科研双创区

该区规划在东至黄海大道南路，南至海隽路，西至北京路，北至海翔中路区域内。主要以高等教育、教师和青少年培训为主，导入国际体教机构的学术及教育师资资源，进行科研工作和双创人员培养孵化，构建国际体育训练、教育培训产业基地。

（三）体育装备与综合产业区

该区规划在东至北京路，南至海鑫西路，西至西安路，北至海翔中路区域内。主要以针织毛衫体育服装和体育休闲装备制造为主，同时引入教育装备、健康用品、文化用品、医疗产品的制造与加工。

（四）康复疗养与休闲养老区

该区规划在东至东风大道南路，南至海滨中路，西至济南路，北至海隽路区域内。外加北至东村河大桥，南至国家城市湿地公园，沿鉴湖湿地公园东西两岸所有房产开发项目和宾馆。主要以运动康复理疗医院为主，同时开发健康养生、运动营养、休闲度假、国民体质检测健身指导、旅居养老、水上乐园、户外运动公园等项目。

（五）综合服务与生活区

该区规划在东至济南路，南至海滨西路，西至西安路，北至海鑫路区域内。主要以商业、旅游、体育、生活服务四大配套产业为中心，以生态居住、特色商业、文化旅游、智慧运营、体育休闲、艺术表演、媒体信息、互联网交易、会议展览为主要内容。

（六）体育与旅游拓展区

体育与旅游拓展区在以上五个专业功能区域内，规划每区留出空间进行体育旅游产业及项目的对接和拓展。此区是对小镇的充实和完善。

三、沙滩运动特色小镇的特色

（一）特在机制

市场化开发运营机制是以企业为主体、以政府为主导的。海阳市沙滩运动特色小镇作为一个生态环境良好的新型社区，生活、生产以及配套服务设施相对齐全，它并不属于建制镇。小镇的主体是沙滩运动，有突出的运动休闲元素，能够汇集各种各样的沙滩运动休闲项目，成为健身休闲新平台和体育旅游综合体。创新企业主体、政府引导、市场化运作、专业化经营的运作方式，在政府主导下，主要以企业为主体进行市场化开发运营。

（二）特在产业

海阳沙滩运动特色小镇的产业内容是以体育为核心的"体育+"而不是"+体育"。旅游综合体、度假区或者旅游小镇里承办几个赛事，加一点体育元素，这种"+体育"并不能称之为体育特色小镇。谨慎打造沙滩运动特色产业链，将体育作为核心，发展"体育+"，打造沙滩运动赛事表演业、沙滩运动健身休闲业、沙滩运动旅游业、沙滩运动培训业、沙滩运动文化业、沙滩运动装备制造业等以沙滩运动为核心的产业链。依托沙滩运动项目群，形成沙滩运动产业链、沙滩运动产业群，有效延伸体育产业服务，利用高科技元素对服务进行强化，带动体育用品的供应，最终将体育与制造业、旅游、文化、科技等有机结合，融合发展，组成体育产业发展新园区，带动整个教育、培训、医疗、户外产品销售，还有设计、制造、营销、物流等生产性产业链的整个体育服务产业链。

（三）特在功能

主体为体育产业与其他产业链的整合，以就业人口及休闲化消费人群的聚集为目的，全面依托配套服务及设施，推进"体育+"融合发展理念，使小镇具有鲜明文化特色和深刻文化内涵，成为弘扬先进文化的新阵地。以沙滩运动为主题，助推体育旅游产业的发展。聚集高端专业人才、高端培训学校、体质监测等体育高端要素，开创国民体质监测、运动医疗、体育培训等特色服务项目。还可完成高水平运动备战项目任务，成为培养竞技体育人才的新基地。其中，海阳沙滩运动特色小镇的发展以完善的配套服务和体育设施为基础。

（四）特在形态

海阳万米海滩海岸曲折绵延20多千米，沙细、坡缓、浪稳、水清，是国内最好的海滩之一，海滩底质全部为沙质，且沙粒均匀，平整如毯，是天然的海水浴场。业内人士有"南有广西北海，北有山东海阳"的赞誉。中共中央原总书记胡耀邦在1984年对此地进行视察，欣然挥毫题下了"海阳万米海滩浴场"。占地面积1600亩的沿海防护林呈条状沿万米海滩海岸分布，松林与海滩呼应，成为绿色屏障。沿海岸向陆地地势由沙滩过渡到小平原、丘陵，逐步渐升，可建公寓、别墅、疗养院。在此地观海潮、看日出、寻海市，充满无穷的遐想。把生态优先，自然协调，人文气息作为底线，建成沙滩运动核心区以及充足辐射区的沙滩运动小镇，与地区经济发展紧密相扣，进一步促进周边经济发展。

如图4-6所示：

特色产业+旅游产业

特在产业

以政府为引导、以企业为主体的市场化开发运营机制

特在机制

特在功能

产业+文化+旅游+社区

特在形态

独特的小镇风貌+错落的空间结构

图 4-6　沙滩运动特色小镇的特色

第五节　沙滩运动特色小镇的建设项目

沙滩运动特色小镇的产业项目必须以体育为核心，以与生产制作、教育研究、第三产业结合和各产业的具体应用为开发架构，规划和做好十大前期工作及体育运动项目引进、体育专业设施建设、体育专门人才落户、体育消费人群招揽、体育相关企业入驻和产业项目引进、产业公司入驻、产业人才吸引、产业配套建立、产业政策颁行。同时完善小镇市政基础设施，提高居住、教育以及配套商业体系；治安、医疗、保险、文化配套服务体系；区域服务规划、服务流程和服务意识的升级。精心打造沙滩运动赛事表演业、沙滩运动健身休闲业、沙滩运动旅游业、沙滩运动培训业、沙滩运动文化业、沙滩运动装备制造业等以沙滩运动为核心的产业链。依托沙滩运动项目群，形成沙滩运动产业链、沙滩运动产业群，有效延伸体育产业服务，利用高科技元素对服务进行强化，带动体育用品的供应，最终将体育与制造业、教育、培训、健康、文化、科技、旅游、医疗、农业、金融、地产、信息、建筑、会展等有机结合，融合发展，真正打造成国家级体育旅游示范区和国家级体育产业小镇。

项目内容总体概括为"两地（体育赛事训练比赛基地、教育科研培训基地）、三区（体育综合产业园区、康复疗养休闲度假区、文体体验生态旅游区）、四中心（会展媒体中心、商业商务中心、社区生活中心、健身休闲文化中心）"。

一、体育赛事训练比赛基地

体育赛事训练比赛基地是小镇建设和三大产业发展的重要基础，也是小镇建设初期重点打造的内容，直接关系到小镇建设的成败。基地建设包括体育场馆设施的建设利用和赛事组织。小镇赛事具体由五部分组成：山东阳光海岸体育发展有限公司自有 IP 赛事；与国家体育总局、体育协会、教育部、山东省教育厅和中体产业、体育之窗、乐视体育、铭泰体育等 10 多个著名体育公司商谈达成的赛事；海阳市本身已有赛事和停赛可恢复的赛事；结合海阳自然、历史、文化特点和配套资源优势，自主开发的赛事；通过申请协调合作重点打造的国际级赛事。借助沙滩运动优势项目赛事，精心打造海阳体育+旅游品牌，做到旺季天天有比赛，淡季月月有比赛，一年四季皆有活动、有比赛，做大、做强并形成沙滩运动产业链。

（一）足球赛事

倾力打造少儿足球、沙滩足球和五人制足球赛事，确保少儿足球赛事质量，力争沙滩足球、五人制足球也成为国内高质量赛事，用五年时间把海阳市建成国家级乃至世界级少儿足球、沙滩足球和五人制足球比赛和训练培训中心。基地传统及品牌赛事如下：

1. 全国少儿足球邀请赛

山东阳光海岸体育发展有限公司自有 IP，每年 7-8 月举办，已连续举办 17 届。比赛时间为 10 天，规模可以承载来自全国 0 多个城市的 200 多支队伍、3000 多名运动员参赛，接纳近 5000 名家长观赛。

2. 全国重点特色足球学校冠军杯赛

由教育部主办，山东阳光海岸体育发展有限公司策划承办。

3. 山东省特色足球学校足球联赛

由山东省教育厅主办，山东阳光海岸体育发展有限公司策划承办。每年暑期 8-9 月举办，比赛时间为 15 天，规模可以承载来自山东省近千所重点足球学校选拔的各地市前三名、200 多所学校足球队，近 5000 名运动员参赛。

4. 全国校园沙滩足球挑战赛

由教育部、山东省教育厅主办，山东阳光海岸体育发展有限公司策划承办。每年 8-9 月举办，分高校、高中、初中、小学组，男女八个组别。比赛时间为 7

天，规模可以承载来自全国各省、市、自治区选拔出的 200 支队伍，近 5000 名运动员参赛。

5. 中国五人足球联赛（大区赛）暨冠军杯赛

由中国足协、广东五人足球协会主办，山东阳光海岸体育发展有限公司协办。

6. 全国校园五人足球争霸赛

由教育部主办，山东阳光海岸体育发展有限公司策划承办。

7. 山东省五人足球超级联赛暨冠军杯赛

由山东省足球协会主办，山东阳光海岸体育发展有限公司策划承办。

8. 全国五人足球邀请赛

山东阳光海岸体育发展有限公司自主策划承办。

9. 全国俱乐部五人足球挑战赛

山东阳光海岸体育发展有限公司自主策划承办。

10. 国际青少年五人足球邀请赛

山东阳光海岸体育发展有限公司自主策划承办。

11. 全国室内五人足球争霸赛

山东阳光海岸体育发展有限公司自主策划承办。

12. 国际室内五人足球大奖赛

由中国足协主办，山东阳光海岸体育发展有限公司策划承办。

13. 亚洲杯沙滩足球赛

需协调申请争取，由中国足协主办，山东阳光海岸体育发展有限公司策划承办。

14. 全国城市沙滩足球对抗赛

山东阳光海岸体育发展有限公司策划承办。

15. 全国民间沙滩足球大奖赛

山东阳光海岸体育发展有限公司策划承办。

16. 全国沙滩足球锦标赛

由中国足协主办，需协调申请争取，山东阳光海岸体育发展有限公司策划承办。

17. 国际沙滩足球邀请赛

由中国足协主办，山东阳光海岸体育发展有限公司策划承办。

18. 全国青少年沙滩足球邀请赛

山东阳光海岸体育发展有限公司自主策划承办。

19. 全国高校沙滩足球挑战赛

教育部、全国大学生体育联合会主办，山东阳光海岸体育发展有限公司策划承办。

20. 全国沙滩足球联赛

由中国足协主协，山东阳光海岸体育发展有限公司策划承办。

（二）沙滩运动赛事

以沙滩排球、攀岩为主，结合其他沙滩、水上运动特点和海、湖、金沙滩的优势，开展丰富多彩的群众赛事活动，为广大沙滩运动爱好者、旅住者提供体验、训练、测试的好去处，真正成为国家级沙滩体育健身基地，创建国际级沙滩运动爱好者、旅住者体育旅游目的地，借助沙滩运动这个金牌优势项目，延伸体育产业链，促进体育小镇的蓬勃发展。尤其要注重沙滩运动赛事表演产业的开发，这是个龙头，也是小镇要重点建设打造的内容。通过组织各种规模和形式的沙滩运动比赛，打造城市品牌，积聚人气，带动其他产业的发展。

1. 全国高校沙滩排球挑战赛

由教育部、大学生体育联合会主办，山东阳光海岸体育发展有限公司策划承办。分为专业、普通男女四个组别，比赛时间为 10 天，规模可以承载来自全国近 500 所高校、超千名运动员参赛。

2. 全国城市沙滩排球对抗赛

山东阳光海岸体育发展有限公司自主策划承办。

3. 全国民间沙滩排球大奖赛

山东阳光海岸体育发展有限公司自主策划承办。

4. 亚洲杯排球赛

需协调申请争取，由中国排协主办，山东阳光海岸体育发展有限公司策划承办。

5. 世界杯沙滩排球赛

需协调申请争取，由中国排协主办，山东阳光海岸体育发展有限公司策划承办。

6. 全国首届沙滩运动会

需协调申请争取，由国家体育总局主办，山东阳光海岸体育发展有限公司策划承办。

7. 世界沙滩运动会

需协调申请争取，由国家体育总局主办，山东阳光海岸体育发展有限公司策划承办。

8. 世界杯攀岩分站赛

需协调恢复，由国家体育总局主办，山东阳光海岸体育发展有限公司策划承办。

9. 世界攀岩锦标赛

需协调申请争取，由国家体育总局主办，山东阳光海岸体育发展有限公司策划承办。

10. 全国攀岩锦标赛

需协调申请争取，由国家体育总局主办，山东阳光海岸体育发展有限公司策划承办。

11. 全国青少年攀岩锦标赛

由教育部、团中央主办，山东阳光海岸体育发展有限公司策划承办。

12. 全国勇士个人攀岩挑战赛

山东阳光海岸体育发展有限公司自主策划承办。

13. 全国家庭攀岩协作大奖赛

山东阳光海岸体育发展有限公司自主策划承办。

14. 全国情侣攀岩大奖赛

山东阳光海岸体育发展有限公司自主策划承办。

15. 山东省首届校园团体攀岩排名赛

由省教育厅主办，山东阳光海岸体育发展有限公司自主策划承办。

16. 全国沙滩摩托车障碍赛

山东阳光海岸体育发展有限公司自主策划承办。

17. 全国传统龙舟邀请赛

山东阳光海岸体育发展有限公司自主策划承办。

18. 世界杯铁人三项分站赛

需协调申请争取,山东阳光海岸体育发展有限公司自主策划承办。

19. 全国骑划跑小三项铁人挑战赛

山东阳光海岸体育发展有限公司自主策划承办。

20. 全国高智尔运动邀请赛

山东阳光海岸体育发展有限公司自主策划承办。

21. 全国冲浪邀请赛

山东阳光海岸体育发展有限公司自主策划承办。

22. 全国帆板锦标赛

由中国水上运动中心主办,山东阳光海岸体育发展有限公司策划承办。

23. 全国垂钓大奖赛

由中国垂钓协会主办,山东阳光海岸体育发展有限公司策划承办。

24. 全国摩托艇争霸赛

山东阳光海岸体育发展有限公司自主策划承办。

25. 全国沙滩跑大奖赛

山东阳光海岸体育发展有限公司自主策划承办。

26. 全国沙滩拔河挑战赛

由国家体育总局社体中心主办,我公司自主策划承办。

27. 全国拔河锦标赛

由全国拔河协会主办,山东阳光海岸体育发展有限公司协调申请策划承办。

(三)文体群众赛事

结合海阳市历史文化特点,体现广泛性、趣味性、参与性,融入体育文化元素精心打造的业务赛事和群众赛事。

1. 全国原生态大秧歌传承交流大奖赛

由国家体育总局、文化和旅游部、海阳市政府主办,山东阳光海岸体育发展有限公司策划承办。每年正月举行,结合传统拜年和正月十三祭海民俗活动,融入文体、旅游、休闲、购物、会展等多种内容,做精海阳大秧歌品牌,拓展产业链。

2. 全国健身广场舞大赛

由国家体育总局社体中心主办，山东阳光海岸体育发展有限公司策划承办。

3. 全国螳螂拳挑战赛

由中国武术协会、海阳市人民政府主办，山东阳光海岸体育发展有限公司策划承办。结合"海阳螳螂拳"这一非物质文化遗产品牌，将海阳打造成全国乃至国际性赛事和传承培训基地。

4. 全国泳装模特大奖赛

山东阳光海岸体育发展有限公司自主策划承办。

5. 全国啦啦操大奖赛

山东阳光海岸体育发展有限公司自主策划承办。

6. 全国体育宝贝大奖赛

山东阳光海岸体育发展有限公司自主策划承办。

7. 全国定向运动挑战赛

山东阳光海岸体育发展有限公司自主策划承办。

8. 全国航模大奖赛

山东阳光海岸体育发展有限公司自主策划承办。

9. 全国公路轮滑争霸赛

山东阳光海岸体育发展有限公司自主策划承办。

（四）体育场馆设施的建设和整合利用

1. 标准室内体育场馆

建造一个标准的室内体育场馆，用于承接国际国内大型室内体育赛事。

2. 沙滩足球赛事场地

目前，有沙滩足球场练习场一块、比赛场地三块，建有相应的配套功能区。规划再新建三块沙滩足球比赛场、两块练习场并配套相应功能区以满足国内外大型赛事和训练培训的需要。

五人制足球场地目前在奥林匹克公园内有四块足球场地，计划在中间空地再新建两块足球场，六块五人制比赛场均配套相应的功能区以满足全国中型以上比赛的需要。

标准足球场可利用海德公园足球场，整合亚沙小学、亚沙中学、海阳一中及拟定规划筹建的"教科院体卫艺学院"和"海阳体卫艺职业技术学院"等学校的标准田径体育运动场改建为标准足球场，以满足全国大中型及以上比赛的需要，将亚沙会志愿者基地改建成四块室内五人足球赛场，两块室内沙滩足球赛场，以满足全国中等以上室内比赛的需要和运动员、足球爱好者的训练、培训需要。

3. 沙滩排球赛事场地

目前，有沙排场地练习场地两块、比赛场地两块，规划再新建四块比赛场地、两块练习场地并配套相应的功能区以满足赛事的需要，同时在亚沙会志愿者基地改建两块室内沙滩排球赛场，以满足训练和培训的需要。

4. 攀岩赛事场地

目前，攀岩比赛器材和设施因多年未使用需维护翻新，场地也无配套设施功能，必须扩大比赛场地、增加配套功能区以满足国内外大型赛事和国家训练基地的需要。

5. 其他赛事场地

大秧歌、广场舞、螳螂拳、啦啦操等大型群众赛事均可在河清岛体育场举办；划船、龙舟、水上特技、滑水、垂钓等赛事表演可在鉴湖湿地公园举办；冲浪、帆板、摩托艇等赛事可在沙雕艺术公园海滩举行；定向运动、轮滑、航模等赛事可在各滨海旅游区域内举行，根据实际情况搭建沙滩汽摩赛场、沙滩拔河赛场和垂钓赛场。

（五）沙滩运动特色小镇特色文体群众赛事

沙滩运动项目注重不同业态的有机整合和休闲娱乐项目的打造，以项目难度低、趣味性强的设计和体贴全面的服务，培养沙滩运动爱好者，打造出比较适合国人的体育产品，并通过不断地更新换代，打造受众广、专业化的沙滩运动小镇。

赛事特色方面：打造国家级赛事、世界级赛事，借助赛事的宣传效应，打造体育+旅游品牌，推动优势项目发展。同时融合其他民族传统优秀体育项目，保证特色体育运动产品月月有、比赛年年有。

1. 大秧歌：1–2 月，春节期间

海阳大秧歌有 560 年的历史，是我国古老、传统的汉族民间舞蹈，经国务院批准于 2006 年正式列入国家级非物质文化遗产。海阳大秧歌是一种汉族民间艺术，它集戏曲、歌舞于一身，以风趣幽默、质朴坦率、热烈欢快、粗犷奔放的表演风格流芳百世（图4-7）。它的群众广泛，遍布海阳大地，并辐射于中国大地。流传至今，仍有正月十三祭海、秧歌会演、秧歌队拜年等。

图4-7 海阳大秧歌

大秧歌表演场地可以建设在河清岛的主体建筑绿浪剧场上面（4-8）。绿浪剧场是亚沙会开闭幕式的场地，模仿海浪进行的设计。剧场总建筑面积14045平方米，建有2万人的看台区，看台内部建有机房、安保、观众、运动员候场、演员化妆、贵宾休息、媒体工作等功能用房。

图4-8 亚沙会主体建筑绿浪剧场

2. 螳螂拳：3-4月，春暖花开的季节

螳螂拳距今已有三百多年历史，为明末清初胶东人王朗所创，是一种模仿螳螂动作演变而来的传统拳术（图4-9），广泛流传于胶东地区，是中华武术优秀拳种之一，被纳入中华武术比赛项目。目前，螳螂拳主要传承地为莱阳、海阳、栖霞等胶东地区，现已推广至世界20多个国家和地区和全国10多个省市。

螳螂拳实战威力强，具有鲜明的技击特点，具有强身健体，祛病延年等作用。因此，对螳螂拳进行保护和传承具有重要意义。

以螳螂拳为主线，以体育与健康为主题，通过兴办螳螂拳赛事、活动和论坛峰会，提升知名度。借海阳作为螳螂拳的传承地，将螳螂拳这一传统项目转型为大众化体育项目。

河清岛上的主体建筑绿浪剧场可用来做螳螂拳比赛表演场地。

图4-9 海阳螳螂拳

3. 龙舟：5-6月，端午节期间

九龙湖水库坐落于招虎山国家森林公园，它水源优质、景色优美、风光自然、琉璃世界，是2012年亚沙会龙舟比赛场地，为亚洲的各国参赛者提供了优质的比赛场地。场地严格按照国际标准设计，看台可容纳600余人。功能区建有观众活动区、场馆运行区、新闻运行区、交通运行区、场馆礼宾区、体育竞赛区、安保休息区等功能区。

每年的5-6月，端午节期间，利用亚沙会比赛场地，举行龙舟比赛（图4-10），进行赛事节庆活动推广。龙舟比赛以国际标准的要求运作，积累总结经验教训，提高承办国际龙舟比赛的水平。

图4-10 龙舟比赛

4. 沙滩藤球：5-6 月，舒爽初夏

沙滩藤球产生于公元 9 世纪的马来地区，在东南亚地区广泛流行，是亚洲各国广泛开展的一项体育运动，1990 年第十一届亚运会（北京）成为正式比赛项目。沙滩藤球集羽毛球、足球和排球等多种球类项目的特点于一体（图 4-11），融入了休闲、娱乐、时尚的新元素，群众参与度高，比赛规则简单、回球快、耗时短，节奏更紧凑。因其在沙滩进行，队员可以作出在陆地很难作出的动作，控球，击球，精彩纷呈，观赏性极强。其隔网对抗的特点使得运动员没有身体接触，显得更为"文雅"，受到越来越多亚洲国家的欢迎。

沙滩藤球训练场位于海阳市凤凰广场南部，场地器材气温和周围的一些环境很适合开展这项沙滩项目。2016 年全国沙滩藤球锦标赛在海阳市隆重开赛，大型沙滩赛事的举行，让海阳有着丰富的沙滩赛事举办经验和完善的赛事场地、器材，积极承办国内国际特色赛事、精品赛事，为国家队选拔运动员及推广和普及沙滩藤球，让更多的人参与沙滩藤球运动。

图 4-11 沙滩藤球

5. 沙滩卡巴迪：6-7 月，金色夏日

沙滩卡巴迪占地 7000 余平方米，位于海阳凤翔滩 C 区（图 4-12），东依滨海浴场、北依黑松林区，建有四块练习场地和男、女各一块比赛用地，借助木栈道作为观看区，体现出沙滩卡巴迪与自然环境的深度融合，突出了比赛的娱乐性和观赏性。

卡巴迪运动充满激烈对抗和身体接触，会让人在感觉趣味盎然的同时禁不住血脉贲张。这项运动"大尺度"的身体接触，或许是由于其本就是冷兵器时代远古人类为了训练围猎、格斗搏击和群体战斗所形成的游戏，少不得有些以身体相搏的血性在其中。

卡巴迪运动是一项具有地域特色的亚洲独有的运动项目，是亚沙会必设项目。卡巴迪在我国开展暂时并不广泛，因此有必要和必须要推广与普及这项运动，尤其对青少年。

图 4-12　亚沙会沙滩卡巴迪比赛场地

6. 沙滩足球：7-8 月，金色夏日

沙滩足球场地占地面积 20500 平方米，位于海阳凤翔滩 D 区，比赛场地与练习场地分别建设为 3 块、1 块，承办了 2012 年亚沙会沙滩足球男子比赛项目；功能区设置了观众活动区、场馆运行区、新闻运行区、交通运行区、安保区、场馆礼宾区、体育竞赛区等区域。

国际足联于 2013 年在此举办了"亚洲杯"沙滩足球赛（图 4-13）。硬件设施是举办重大赛事的重要保障和先决条件。亚沙会结束后，沙滩足球比赛场地被完整保留下来，亚沙"遗产"可以得到充分利用。这里的海韵、阳光、沙滩将会吸引更高级别的"世界杯"沙滩足球赛。海阳市沙滩足球项目借助知名国际体育赛事，已经逐步发展成熟。因此，亟待打造海阳沙滩足球产业基地和沙滩运动特色体育旅游品牌，建设世界级的沙滩足球训练比赛中心。

图 4-13　沙滩足球

7. 沙滩排球：7-8月，金色夏日

沙滩排球场地占地2.3万平方米，位于海阳凤翔滩D区（4-14），比赛场地和练习场地分别为5块、2块，举办了2012年亚沙会沙滩排球全部项目。

图4-14　亚沙会沙滩排球场地

沙滩排球是沙滩运动的重头戏，是沙滩项目的传统项目，是沙滩项目中唯一的奥运项目，是现在风靡全世界的一项体育运动。身在碧海蓝天，沐浴着阳光，脚踏柔软的金色沙滩上，尽情地流汗、滚翻、跳跃，肆意地娱乐、玩耍、享受。沙滩排球以独特的魅力，越来越受人们喜爱，参加的人数急剧增加。

8. 沙滩篮球：9月，凉爽初秋

沙滩篮球场地占地8000平方米，位于海阳凤翔滩C区（图4-15），主场地和副场地各设有1块、2块，2012年承担了亚沙会沙滩三人篮球项目。

全部的篮球场面朝大海，用特制的沙滩塑料地板，在沙滩上搭建比赛场地、设施，给人以极为强烈的视觉感受。从现场氛围看，远处有碧波荡漾的大海，脚下有金灿灿的沙滩，天空蔚蓝，海风习习，近距离接触海浪、阳光，是一种特别的享受，在如此环境下打篮球真是别有一番滋味。

知名景区优势+时尚体育项目。结合海阳金沙滩景区资源，发展沙滩篮球特色项目。设计一个测试、体验和训练沙滩篮球爱好者的地方，将这里以

图4-15　沙滩篮球

沙滩篮球爱好者基地为发展定位，发展成为大众休闲、娱乐、运动的"好去处"。

9. 高尔夫：10 月，金秋十月

旭宝高尔夫球场（图4-16）坐落于海阳万米黄金海岸上，球场气氛、景观与苏格兰古老滨海球场十分类似。一望无际的野生矮树丛、绿丘，以及这里的空旷、宁静，令人有心旷神怡、怡然自得的感觉；一幅美不胜收的画卷由蓝天、大海、古屋、木栅、羊群、野兔交织组成。因气候温和，是高尔夫运动的绝佳好地。

图 4-16　海阳旭宝高尔夫球场

图 4-17　高尔夫

"打高尔夫的孩子不会变坏"。从这项优雅、健康的绅士运动中，孩子不但可以学习如何打球，还可以学到做人的道理。从小了解、掌握高尔夫（4-18），培养优雅的举止、气质及良好的身体与心理素质，在激烈的社会竞争中更加健康地成长。

10. 攀岩：10 月，金秋十月

攀岩运动是当今最富魅力的时尚运动之一，1974 年被列入世界比赛项目。

世界杯攀岩分站赛与世界攀岩锦标赛并列为国际攀联两大重要赛事之一，每年举行一次，分为速度、难度和抱石三项，是一项水平高、规模大、规格高、看点强的世界级赛事，代表了当今竞技攀岩的最高水平。

海阳市 2013 年被国家体育总局登山中心授予"中国国家攀岩队训练基地"（图 4-18、图 4-19）。海阳市河清岛体育场攀岩场地成功举办过 2012 年亚沙会、2013、2014 和 2015 年攀岩世界杯分站赛，为该项目积累了丰富的办赛经验。

攀岩比赛充满危险，在 2011 年 6 月国家体育总局公布的第一批高危险性体育项目目录里，攀岩项目就名列其中。攀岩者能领略到惊险刺激的感知觉，沙滩运动爱好者和观众则能领略到攀岩高手呈现的极富观赏性和竞技性的"空中芭蕾"。

图 4-18 亚沙会攀岩场地

图 4-19 攀岩

11. 定向运动：11-12 月，温暖冬日

定向运动就是利用地图和指南针到访地图上所指示的各个点标，以最短时间到达所有点标者为胜。定向运动通常设在森林，郊外和城市公园里进行，也可在大学校园里进行，它拥有自己的世界锦标赛（见图 4-20）。

定向运动可以培养学生独立分析解决问题的能力和良好的逻辑思维能力；

定向运动是一家人回归自然，放松身心，自我娱乐，融洽关系，增加乐趣的家庭体育项目；定向运动是基于挑战，勇于创新，要求全身心以最高时效达到世界顶级目标的精英人才体育项目；定向运动是重要的世界军事体育项目；定向运动是一项给你惊险刺激的人生经历的探险寻宝体育项目；定向运动还是一项广交朋友的社交性体育项目，在这里，不论男女老少，种族背景，文化阶层，社会地位，相互交流，共享人生。因此，定向运动吸引了全世界男女老少，各个阶层，各个年龄段人们的广泛参与。

图 4-20　定向运动

　　地雷战景区位于海阳市朱吴镇，占地面积 6000 余亩，总投资 2.7 亿元，是一处集大型实景演出、影视拍摄、自然景观、休闲度假、游乐探险、红色教育于一体的大型综合性旅游胜地。景区以其完备的功能，完善的设施，独特的魅力，吸引了全国各地的人们前来观光游览。景区山峦起伏，绿树浓荫，适合于定向运动的开展，在景区举办定向运动的训练及比赛，还可以对参与者尤其是青少年进行爱国主义红色教育（图 4-21）。

图 4-21　海阳地雷战景区

12. 公路轮滑：11-12 月，温暖冬日

沙滩运动特色小镇，为什么会出现轮滑、攀岩、定向这些看起来和沙滩一

点关系也没有的比赛？因为"时尚、激情、阳光、海韵"是沙滩运动口号，轮滑、攀岩、定向等都是新兴产物，与"时尚"十分吻合。演绎马路上的时尚与激情。

现代化城市的变化很大。比赛公路选择在春城广场的新建公路上，可以满足比赛对路面的需求、展示城市发展成就、展示城市美丽形象。春城广场是海阳四大广场之一，是2012年亚沙会轮滑比赛场地，也是海阳市全民健身利用率最高的广场。比赛场地路面状况、坡度都非常符合标准，是跟国际接轨的轮滑赛事活动。春城广场公路轮滑赛可以纳入沙滩运动特色小镇重点建设项目中来（图4-22）。

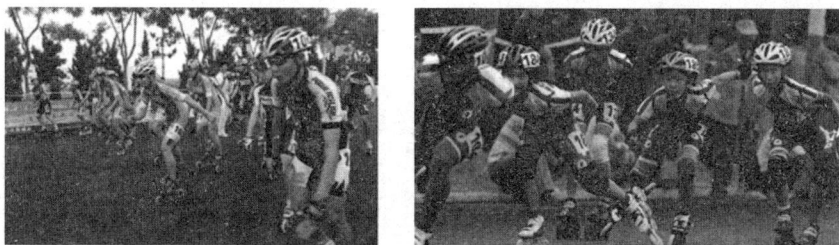

图4-22 公路轮滑

二、教育科研培训基地

海阳市沙滩运动特色小镇的建设初衷首先是要能够满足海阳人民的体育需求，其次是满足外地旅游度假人员的休闲娱乐等服务需求，具备开展青少年体育培训、青少年等级评定等功能条件，最终逐渐发展形成教育科研培训基地，这些都是海阳市沙滩运动特色小镇能否科学建设、可持续发展的关键，这也是海阳市三大产业融合发展及导入互联网的重要保证。但是，海阳市沙滩运动特色小镇如果没有高等教育、科研技术支持和专业人才运营，小镇的发展只能是"竹篮打水一场空"。因此，海阳市沙滩运动特色小镇本着社会需要的原则，与全国各地知名高校、科研机构联合建立属于小镇自己的教育科研培训基地，发展海阳市体育培训产业，培养国家社会所需要的社会体育指导员、运动场馆管理人员、体育赛事策划及营销人员等；在海阳地域范围内形成相当发达的教育和比较完整的教育科研体系，并在文化、经济、生产、技术上对海阳地区或胶东半岛起主导或基地作用，其建设需依靠中央政府和地方政府财力、物力、人力的大力支援，建成后可充分发挥高度集中的科研能力、教学水平和技术优势，为其他地区提供科研成果、技术、干部和经验，促进海阳市沙滩运动特色小镇这一新开发地区和胶东半岛落后地区的经济、文化发展。例如，中国的北京既是教育基地，又是全国性的教育文化中心；莫斯科既是俄罗斯重要的教育基地，也是俄罗斯的重要教育地区。因此，应该努力将海阳市逐渐打造成烟台地区甚至是胶东半岛的教育科研基地。

（一）"中国未来教育大学体艺卫学院"和"教育部教育科研究院海阳教研基地"

山东阳光海岸体育发展有限公司与教育科学研究院就在海阳地区筹划建设，"中国未来教育大学体育教科学院""艺术教科学院""卫生教科学院"联合形成"中国未来教育大学体艺卫学院"和"教育部教育科学研究院海阳教研基地"于有关事宜达成初步意向。教科院整合全国所有高校最优秀的专业师资力量，进行面授和远程授课，根据国家教育、艺术、卫生方面的发展和社会需求，设置最高端、最合理的专业。"中国未来教育大学体艺卫学院"可面向全国统招国家计划内学生、面向世界招收留学生、游学生，设立研究生和博士后流动站及科研工作站，同时对全国教师进行在岗教育和提高再教育，对体育、艺术、卫生院校高等院校毕业生进行教师职业资格教育并颁发教师职业资格证，还要引入和聘请国外教育专家和科研人员从事该院的教育与科研工作。同时建设"国际教育学术交流论坛中心"，对国际教育问题进行探讨和交流。这一举措的成功实施，对海阳市沙滩运动特色小镇的建设与发展起到极大的推动作用，为小镇提供体育运动、艺术活动、医疗医护等方面的人才供给、技术支持等，同时小镇的成功建成也促进了当地的高质量创新型就业率，达到了共赢、多赢的局面。

（二）"海阳体艺卫职业技术学院"

职业教育（vocational education）是指让受教育者获得某种职业或生产劳动所需要的职业知识、技能和职业道德的教育。职业教育包括职业学校教育和职业培训。职业学校教育包括各种职业技术学校、技工学校、职业高中（职业中学）等。职业学校教育是学历性的教育，分为初等、中等和高等职业学校教育。职业培训包括对职工的就业前培训、对下岗职工的再就业培训等各种职业培训。职业教育的目的是培养应用人才和具有一定文化水平、专业知识技能的劳动者，与普通教育和成人教育相比较，职业教育侧重于实践技能和实际工作能力的培养。

海阳市沙滩运动特色小镇建立"海阳体艺卫职业技术学院"和构建现代职

业教育体系是加快发展现代职业教育的核心制度安排，其不仅是当前及今后我国职业教育改革的主导战略任务，也是近年职业教育研究的热点。具体措施是：由教科院、鲁东大学牵头协调组织联合全国体育、艺术、卫生最知名院校筹建国内第一个"体艺卫综合职业教育学院"即"海阳体艺卫职业技术学院"，根据当前人民日益增长的体育、娱乐、休闲、度假等多元化需求进行专门化人才培养和输送，根据当前国家计划内院校无法设置的专业进行特殊技术人才培养与输送。职业技术学院需要始终秉承"以人为本"的理念，围绕校园体育、艺术、卫生文化品牌建设为核心，为社会和国际培育出身心健康成长和高尚道德情操的人才，为海阳市沙滩运动特色小镇或社会其他项目提供文化品牌建设，营造独具体育文化艺术特色的人文环境。建立专业化、体系化、集团化创作的体育产业团队。为海阳市沙滩运动特色小镇的沙滩体育品牌或相关产业进行设计、运营、宣传等一系列服务流程。

（三）科技研发孵化中心

科技研发孵化中心是以培养高新技术企业、促进科技成果转化和企业家为宗旨的科技创业服务机构。科技研发孵化中心不仅是区域创新体系的重要核心内容，更是国家创新体系的关键组成部分。海阳市沙滩运动特色小镇建设初期需要科技研发孵化中心来帮助小镇发明创造一批实用科技产品与技术，孵化培养一批创新创业人员和企业，保证海阳市沙滩运动特色小镇具备强劲的发展动力和凝聚力。具体思路如下：由教科院、鲁东大学牵头协调组织全国体艺卫院校中的科研机构和国外教研组织，在教育政策、教学方式和内容、体育教育装备、艺术用品、医疗健康器材和产品、产业设计规划、互联网技术等方面进行科学技术研究，提高海阳市沙滩运动特色小镇的资源组织能力，充分利用外部资源，实现各种要素的聚集、优化和升值。科技研发孵化中心的主要功能是将科技型中小企业作为服务对象，为入孵企业提供办公、研发、中试生产和经营的场地方面的共享设施，提供政策、法律、融资、财务、管理、培训和市场推广等方面的服务，将海阳市企业的创业成本和创业风险进一步降低，使海阳市企业的成功率和成活率得到提高，为海阳地区培养成功的企业家和地方科技企业。

（四）综合培训中心

综合培训中心主要为海阳市沙滩运动特色小镇及社会培训沙滩排球、沙滩足球等体育项目的专业技术教师和这些项目的竞赛组织人员，旨在推动海阳市沙滩运动特色项目的大力发展。

具体措施为：地方政府牵头整合教科院、鲁东大学、烟台大学、山东体育学院、青岛大学、山东艺术学院、山东大学等院校的专业师资力量，进行专业的沙滩排球、沙滩足球等项目培训和排球足球等项目的竞赛组织等专业人才的培养，保障小镇沙滩排球、沙滩足球等赛事活动和丰富多彩的群众文体赛事的顺利开展，保障各种沙滩运动项目的夏令营、冬训营、培训班、短训班、辅导班的顺利举办，从而打响海阳市沙滩运动特色小镇的沙滩运动招牌，形成海阳市沙滩运动特色小镇的沙滩运动品牌，并逐渐完善沙滩运动项目的配套服务设施，通过沙滩运动带动小镇其他产业的发展，促进小镇经济社会快速发展，做到理论和实践相结合，真正把海阳变成山东地区甚至是中国最大、最好的沙滩运动培训基地，提高海阳人民的幸福感与身心健康。

三、体育综合产业园区

体育综合产业园区是指在政府规划的特定区域内从事体育用品生产或提供体育相关服务企业的集合。体育产业是为满足大众对体育的需要而提供产品和服务的产业。体育综合产业园是海阳市沙滩运动特色小镇发展的根本经济基础。体育综合产业园是建设海阳市沙滩运动特色小镇的根本目的和要求。体育综合产业园更是海阳社会经济发展的必然产物和重要方面。

体育综合产业园，即能说是传统意义上的产业园区，以创新科技、创造生产等内容为核心；又因为具有运动休闲娱乐等体育方面的特征，传统的园区逐渐衍生出具有旅游度假、休闲娱乐等性质的体育产业园。

体育产业园区最近几年在全国如雨后春笋般涌现，体育产业园区兼具了体育科研、体育休闲、体育创业和体育商业等诸多内容。有专家指出，体育产业园区所代表的集群发展概念是大势所趋。那么，作为体育产业的发展载体，中国体育产业园区共有综合类、众创空间类、生产制造类、运动休闲类四大类型。根据海阳市沙滩运动特色小镇的产业情况及其他现实问题，小镇应该建设完善针织毛衫工业园、体育装备产业园、文体用品产业园、健康食品工业园、信息产业工业园等，让海阳市沙滩运动特色小镇体育产业健康协调可持续的发展得到实现。

（一）针织毛衫工业园

毛衫针织作为海阳市的富民产业（如图4-23）。近年来，海阳市政府、市委专题研究、策划部署，着力把握住针织毛衫产业的升级提档，将毛衫针织产业确定为全市对外招商的八个重点方向之一。将构建海阳毛衫针织的"升级版"为目标，全力推动海阳毛衫产业创新园的全面建设，重点围绕设计研发、人才培训、原料辅料、科技服务、检验检测、电子商务、展销物流等方面开展招商。

图4-23 海阳毛衫产业园区

如今，海阳毛衫产业以智能化、专业化和小型化为发展方向，引进国内外毛衫行业最先进的系统及软硬件设备，通过"候鸟计划"引进国内外优秀设计师加入园区，并对产品进行研发设计，提供包括流行趋势资讯、样品制作、纱线原料等多方位的服务。

同时，利用信息化互联网平台，将产业链上下游打通，直接将设计师的优秀作品挂靠知名品牌，形成订单，使园区毛衫智慧供应链进一步实现快速反应、小批量的柔性生产，从而形成产业闭环，构建一个集毛衫研发设计、生产、培训、物流、旅游、文化、电子商务、时尚交易等功能于一体的毛衫生态园区，为促进海阳毛衫产业带动富民增收、助推城市发展、转型升级提供坚实基础。

毛衫产业占海阳GDP百分之四十以上，整个产业链从事研发、设计、生产、营销、配送等达到12万人之多，大量资源堆积在一个产业空间上，为毛衫产业市场的开发提供了可能。规划建设毛衫工业园，利用体育赛事的品牌效应和教科院的各专业院校的研发设计能力，吸引国际休闲护具、国内著名体育服装厂商和当地毛衫生产厂商进行合作生产、贴牌生产和创牌生产。不但在体育运动休闲服装和护具，还要在教师、学生、幼儿服装和护具方面进行设计开发生产。同时在该区设立毛衫产业研发服务中心，从设计、研发、生产、配送、营销、科技各方面提供最前沿的服务，把毛衫产业做大做强，把海阳打造成

"国际毛衫产业城"，使海阳市体育产业与海阳针织毛衫产业联合发展，相互辅助，使海阳市经济发展提速前进。

（二）体育装备产业园

海阳市沙滩运动特色小镇的沙滩运动产业链很长，其体育运动装备是整个产业链最重要的一环。在中国，虽然体育装备发展实力雄厚、产业巨大，但是依然缺少体育装备产业集聚区。建设海阳市体育特色小镇的体育装备产业园区将为中国体育装备产业的多元化发展带来新的机遇和市场。

具体措施是：海阳市沙滩运动特色小镇结合海阳优越的生态环境和体育小镇的良好氛围，由教科院牵头，联合国内外体育院校、科研机构，设立科研服务中心，制定优惠政策，将构建体育装备产业园作为主体，着重鼓励体育健康装备类企业入园，在体育健身器材、户外运动休闲器材、运动康复医疗器材、场馆建设材料和器材方面吸引国内外厂家和创业者来海阳市沙滩运动特色小镇投资建厂。海阳市地方体育用品业对自身资源和作用进行充分使用，在企业互动、产品创新、展示交易等方面推动海阳市体育装备产业园区发展。努力把海阳建成国内外体育装备生产加工聚集地。

结合建设海阳市沙滩运动特色小镇，聚集现代高端服务业资源，凭借"智能制造、智力共享、智慧产品"，将海阳市体育装备产业园区塑造成活力四射的运动装备和创新"智带"产业链，包括运动监测设备、智能体育装备、共享健身云平台等。

（三）文体用品产业园

文体用品需求日益增大。随着经济的发展，国家逐渐扩大教育、健身方面的投资，人们不断增加对文具和办公用品的需求量，因此打造出有巨大潜力的文化用品市场，中国文化用品市场未来仍将呈现快速发展态势。毫无疑义，这个行业的前景具有强大诱惑力。

文体用品，大致可以包括三种大的分类，一是文化用品，针对人们日常生活、日常办公。二是体育用品，面向人们体育运动，提供便利服务。第三是户外用品，人们户外休闲，比如登山、滑雪、户外运动等，一方面是体育用品，另一方面是户外运动，必须涉及户外用品。而文体用品产业园则不难理解，它是文具用品、文体用品、体育用品、户外用品等相关用品的研发、设计、制造、生产、销售、运营于一体的产业园区。

海阳市沙滩运动特色小镇具体措施是：由教科院联合全国各专业院校、科研机构、文体用品制造企业等相关企业，在教育器材、科研仪器、学生学习用品、器乐生产、文化用品、教育科技产品、体育用品、户外运动用品等用品进行研发设计，吸引国内外文教装备生产厂家和创业者投资建厂，争取建成国内文体用品生产基地，未来逐渐形成文体用品企业集群，助力海阳市沙滩运动特色小镇体育周边产业快速发展，促进海阳市沙滩运动特色小镇健康协调可持续发展。

（四）健康食品工业园

随着时代的发展，人民群众日益提高对食品健康问题关注度。随着国内经济发展、人民生活水平的提高，人民群众对健康食品的需求愈来愈高。海阳健康食品工业园需要以"中国北方绿色食品产业的区域性平台型运营商和服务商"为战略定位，从纯粹的"园区建设开发商"向综合的"绿色食品产业开发"与"综合服务和氛围培育"转变、从单一的工业加工区向现代化综合功能服务区转变、从面向大企业的优惠政策招商向面向中小型企业的产业集群与产业孵化转变、从单纯产业地产开发向工业地产与住宅地产开发转变，最终将自身打造为产业地产运营商、区域产业引导商和园区服务集成商。

2019 年 3 月 6 日海阳市海康食品有限公司成立。公司经营范围包括：制造销售速冻食品，加工销售水果、蔬菜、农产品、水产品、肉制品等。具体措施如下：海阳市健康食品工业园建设由教科院牵头，联合各专业院校、科研机构、海康食品有限公司等企业，在生态健康食品、生物营养制品、运动休闲食品、新型医药品进行研发、设计、生产、销售、运营等，从而提高海阳市沙滩运动特色小镇核心竞争力。

（五）信息产业工业园

借助资源优势的力量在海阳市"无中生有"地强势打造出某一领域领先的信息产业园区。其资源优势模式侧重于在原有的文化自然资源基础上发展产业园，资本技术模式是凭借当地或外地的资本技术，引进对当地而言先进的信息技术建立内容产业园，是当前招商引资发展内容产业的重要途径，在信息内容资源和整体环境有些滞后的地区显得格外重要。

信息产业的发展与当地的历史文化、自然条件等资源要素相联系。海阳市沙滩运动特色小镇可运用海阳资源优势模式进行建设信息产业园区，资源优势模式主要是指借助海阳特有的文化旅游等资源，包括自然山水、历史遗迹、特定人才、民俗、宗教文化等，以某一要素或综合要素为主题形成产业园区的模式。如果说物质生产受资源环境的制约而呈现出区域特征，那么信息产业因区域资源特色表现出的区域性就更为显著。对海阳地区来说，其具有丰富的海水资源，依托海水资源建设的信息产业便有了竞争优势。例如，沙滩运动项目电子商务、云计算、体育装备文体用品物联网、特色小镇内外部局域网、特色小镇相关 App 等软件的研发，计算机组装、电路板烧制等硬件方面的制造。

培训专业的信息技术人员，打造一个全新的电子信息创业园区。园区内配备合理的电子信息管理机构制度，配备专门的管理团队，建立健全园内管理制度。由教科院联合信息与电子工程学院，完善小镇信息化建设，构成一条信息化产业链，使小镇发展紧随信息化时代发展潮流，强化小镇的核心竞争力，同时将不断地改进、提升园区服务质量，通过信息产业园区有效服务进一步加快海阳市沙滩运动特色小镇发展进程。

四、康复疗养休闲度假区

康复疗养休闲度假区是指以优美的自然环境为前提，以体育运动为特色，在专业的医疗技术、康体技术、运动康复技术等的指导下，达到群众养生度假、运动员伤后康复的目的而形成的运动康复及养生特色度假区。同时，康复疗养休闲度假区主要服务人群是进行物理康复理疗及心理疏导的恢复期运动员，需要休闲度假、康体养生的中老年人，其特征为通常具有服务对象集中、服务时间较长、服务标准及费用较高等，这也是海阳市沙滩运动特色小镇经济发展和消费升级的重要打造内容。康复疗养休闲度假区为高端人士、老年人、专业运动员伤后复健等带来良好的休闲度假环境，专业的运动指导，同时提供人文关怀，并注重心理疏导及康复，其目的是为到来的目标人群带来一种全新的、健康的生活方式，并将这种全新的、健康的生活方式变成海阳人民的常态化生活方式。

（一）运动康复理疗医院

运动康复是新兴的体育、健康和医学交叉结合的前沿学科，运动康复是介于医疗和非医疗的一种医疗手段，2005 年经教育部批准在全国医学高等院校首次开设，弥补了我国健身康复人才紧缺的局面，逐渐适应康复治疗技术生产、建设、管理、服务第一线需要的德、智、技全面发展的高素质康复治疗技术技能。运动康复理疗医院适应社会对健康及康复的需求，运动康复理疗医院也适应现代发展的需要，其医院人员在初步掌握基本知识的基础上，系统掌握运动康复与健康专业的基本理论、基本技能、基本方法和相关知识，成为具有一定发展潜力及创新精神、具有较强实践能力的高级康复治疗师。因此，建设运动康复理疗医院，符合海阳市沙滩运动特色小镇的长期发展规划，会在未来很长一段时间里促进小镇发展。

具体思路是：海阳市政府与教育科学院达成意向，利用全国各医科学院校的顶尖专业师资技术优势，筹建中国第一所专业运动康复理疗医院，即"海阳运动康复理疗医院"（整合已开发建成的海悦公馆与哈尔滨工业大学、市人民医院南院合作），从运动生理、心理、体质检测、诊断、分析到治疗、康复、恢复、提高全过程，不但针对运动康复治疗，而且全医科、全方位进行确诊治疗；不但针对专业运动员，而且面向全国从事和喜爱运动的民众。

（二）健康养生休养院

健康养生休养院，就是顺应健康中国和全民健身国家战略要求，突出体育健康主题，彰显健康、养生旅游、运动休闲等功能，将健康、养生旅游理念与体育运动的深度融合，实现产业、资源、服务等有效集聚，实行园区化管理，以运动健康、养老休闲产业为主，有效利用海阳市沙滩运动特色小镇内自然禀赋打造"主题公园"，推出徒步、房车露营、高尔夫、骑行等运动项目，逐渐形成健康养生产业集群。

具体思路如下：由教科院牵头，利用各专业院校的师资和技术力量，整合沿鉴湖湿地公园东西两岸所有已开发房产项目，重新规划、设计、装修，按照健康养生、修养各专业功能的要求，打造不同的生态环境和特色健康养生修养小区，真正建成国内一流的健康养生修养圣地，提高海阳市沙滩运动特色小镇的核心竞争力。

（三）"后EMBA商业领袖俱乐部"

我们与北京大学初步达成意向合作筹建"后EMBA商业领袖海阳俱乐部"，后EMBA会员由全国600家以上主板、中小板、创业板上市公司的董事长、实际控制人和资产或年销售额达10亿元以上公司董事长、总裁共有2100多人组成，总资产6万亿元以上。会员中有全国人大代表30多人，全国政协委员45人，授课教师由中央政治局集体学习授课专家、学者型部委官员、著名经济学家和知名学者、国家政要和知名教授近50人组成。俱乐部的主要活动有"全球创新论坛""年度新年论坛""同学联谊会""体育夏令营""同学生日会"及国内游学和每年两次集体体育活动，通过这个俱乐部的各项活动，吸引国内外政要和企业经营关注海阳、热爱海阳、投资海阳。

（四）旅居养老服务中心

旅居养老，让有激情有梦想的中老年人太实现了说走就走的旅行。在他乡，还有一个家，移居另一个地方，换个地方换个心情，既玩了乐了，交了朋友，也增长了见识。旅居养老模式不仅让老年人高质量养老的问题得到了解决，也让房产过剩的问题得到了解决，同时也真正地实现了以房换住、以房养老的旅游生活，改变和丰富了老人的娱乐、生活、旅游等方式。

海阳为旅居养老服务中心等养老服务单位提供系统开发服务、软件加硬件服务。为旅居养老机构提供旅居服务，包括办理会员卡，旅居入住，房间管理，费用结算，卡卷消费等功能。会员可登录服务号查看旅居记录，在线充值，查看会员权（卡券）使用情况，监护人登录服务号可查看会员旅居记录，父母远游儿放心。旅居养老的好处有异地养老盘活资源、四季生活在宜居环境、广结天下，老有所乐、有益老人身心健康。

海阳市沙滩运动特色小镇利用和整合沿鉴湖湿地公园东西两岸所有已开发房产项目和营业宾馆资源，组建旅居养老服务中心。分时间、分阶段、分步骤、分类别、分标准按统一规划设计要求进行改造装修并统一运营物业服务管理和销售，按协议约定进行分配。海阳市沙滩运动特色小镇的旅居养老服务中心通过提供旅居服务解决方案，提供旅居入住、房间管理、一卡通管理、卡券管理、在线商城等功能，在线商城服务包含家政、护理、疗养生、娱乐等多方面的第三方服务，让老人旅居的同时可以得到优质的服务体验。

五、文体体验生态旅游区

"海阳沙滩运动特色小镇"的定位之一就是一个5A级景区。海阳是中国优秀旅游城市，有海阳万米海滩浴场、招虎山森林公园、旭宝高尔夫球场、云顶自然风景旅游区、地雷战景区等著名旅游景点，2018年7月，海阳旅游度假区被国家体育总局、文化和旅游部授予"国家体育旅游示范基地"称号。在建设沙滩运动特色小镇的过程中，争取与国家文化和旅游部达成共识，将小镇打造成5A级景区。以"体育运动与休闲旅游"为主题，在运动休闲旅游度假上做文章，构建集休闲度假、户外运动、旅游观光、文化传承、养生保健为一体的"体育+旅游"综合性运动休闲特色小镇。整合海阳的自然文化历史和已有的旅游资源，增加和充实体育运动元素，创意规划设计各主题特色的体育旅游线路。海阳市沙滩运动特色小镇规划建设体育旅游等相关路线有六个方面，分别为

"红色教育+体育旅游""历史文化教育+体育旅游""生物知识教育+体育旅游""艺术教育+体育旅游""生态农业+体育旅游""蓝色爱情体验+体育旅游"（如表4-2所示）。第一，"红色教育+体育旅游"主题，整合地雷战景区、青少年国防教育基地、英雄山公园、许世友将军胶东纪念馆，加入徒步比赛、定向比赛、自行车比赛等赛事和体验。第二，"历史文化教育+体育旅游"主题，整合海阳博物馆、丛麻禅院、大秧歌基地、螳螂拳传习所，加入大秧歌、螳螂举赛事和体验。第三，"生物知识教育+体育旅游"主题，整合南山公园、云顶自然旅游区、招虎山森林公园、水上植物园、云顶北竹。加入骑划跑小铁人三项比赛、轮滑比赛、定向比赛、小轮车比赛和体验。第四，"艺术教育+体育旅游"主题，整合黄宫海美术馆、翔字艺术馆、沙雕艺术公园、黄海花园、虎头湾影视城，加入电竞、航模、棋牌、沙雕的赛事和体验。第五，"生态农业+体育旅游"主题，整合樱桃谷和特色生态农业园，加入滑板、骑、滑、跑小铁人三项、亲子采摘的赛事和体验。第六，"蓝色爱情体验+体育旅游"主题，整合连理岛、婚礼公园、爱情海、海立方水世界，加入冲浪、摩托艇、划船龙舟、沙滩跑、垂钓的赛事和体验。

表4-2　体育旅游主题特色线路

主题	内容
"红色教育+体育旅游"主题	整合地雷战景区、青少年国防教育基地、英雄山公园、许世友将军胶东纪念馆，加入徒步比赛、定向比赛、自行车比赛等赛事和体验
"历史文化教育+体育旅游"主题	整合海阳博物馆、丛麻禅院、大秧歌基地、螳螂拳传习所，加入大秧歌、螳螂举赛事和体验
"生物知识教育+体育旅游"主题	整合南山公园、云顶自然旅游区、招虎山森林公园、水上植物园、云顶北竹。加入骑划跑小铁人三项比赛、轮滑比赛、定向比赛、小轮车比赛和体验
"艺术教育+体育旅游"主题	整合黄宫海美术馆、翔字艺术馆、沙雕艺术公园、黄海花园、虎头湾影视城，加入电竞、航模、棋牌、沙雕的赛事和体验
"生态农业+体育旅游"主题	整合樱桃谷和特色生态农业园，加入滑板、骑、滑、跑小铁人三项、亲子采摘的赛事和体验
"蓝色爱情体验+体育旅游"主题	整合连理岛、婚礼公园、爱情海、海立方水世界，加入冲浪、摩托艇、划船龙舟、沙滩跑、垂钓的赛事和体验

六、会展媒体中心

会展媒体中心可为高端商务人士提供精准的实时供需匹配、并为海阳、大陆、海外地区最优质的采购商和商家提供产品搜索及资源展示平台。会展媒体中心核心功能有以下几点：1. 实时供需发布，系统精准匹配，及时找到对应的客户；2. 强大的商务社交功能：一键拨打电话或者私聊，进行快捷、精准、省时的高效洽谈；3. 跨越供需信息鸿沟，用户交叉了解各行业的供需匹配情况。

海阳市沙滩运动特色小镇的会展媒体中心具体规划是：建设体育博览会议中心，协调联合体育、教育、旅游和各专业产业协会及著名会展公司举行体育装备、文教用品、旅游产品、健康食品、科技产品等多种专业展览，借助教科院、"后EMBA"、联合国计划开发署，利用小镇各方面资源优势，承接国内外大型会议、高峰论坛、企业峰会，扩大海阳和小镇的影响力。同时建设"媒体村"，搭建互联网平台，拓宽会展产业衍生品和产业链，还要建设体育教育博览馆，设立体育教育名人堂，利用名人效应扩大影响、创建品牌。通过会展、文化媒体和互联网平台，促进会展经济的融合发展。

七、商业商务中心

商业商务中心是指在一定区域范围内组织商品流通、商务服务的枢纽地带。广义上讲商业商务中心是指主要行使商业与商务服务职能的中心地带；狭义上讲商业商务中心是指一个城市商业与商务服务比较集中的地区。

海阳市沙滩运动特色小镇规划建设的商业商务综合体，包含商业广场、超市、融贸市场、小镇政务大厅、产业技术服务大厅、银行、保险、邮政、邮电、社区医院等，完善商业的各个服务项目，满足和提高小镇居民与旅住客人的商业商务服务需要。整合和利用房地产开发项目的商业房，统一规划建设打造五条商业街，即健康绿色餐饮一条街、体育用品一条街、文教科技一条街、休闲娱乐一条街、土特产一条街，五条商业街均为步行街，请著名设计师设计徒步漫道，融合体育文化元素，打造沙滩特色道路，宣传沙滩运动小镇品牌，提高海阳市沙滩运动特色小镇的影响力。

八、社区生活中心

社区生活中心具体的表现形式可以是多样性的，但内核应该与"生活"这一主题紧密联系。首先，要统一规划业态的组合和配比，适当对生活服务内容的配比进行加重。业态之间要有较强的互动性、互利性和互补性，还要兼顾低频服务业态与高频业态的配比、民生业态与高毛利业态的配比。其次，在探索阶段，统一管理和统一运营会比较高效，不能采取简单粗暴的租赁方式。第三，客户的经营，一定是线上线下一体化的。业态间的会员之间是打通的、引流是互补的。第四，有一些功能性、公共服务型的场所和内容，增加社区消费者的黏性。例如，老人活动中心、公共会客厅、儿童托管中心、阅览室、烹饪厨房、手工坊、健康咨询中心等。第五，有些区域可能是快闪的，作为一些新产品展示发布、特卖场等。第六，与社区居民的沟通是常态化的，通过日常的真诚服务和各类社区活动，与社区居民建立信任关系。

5G时代已然到来，必须将各种智慧智能技术融入社区生活中心，它既是一个物理的空间，也是一个虚拟的空间，是物理和虚拟结合地提供社区综合服务的平台，是社区消费者生活服务、购物休闲、社交娱乐的一站式目的地。社区生活中心对家庭和人的关注比较重视，对促进家庭与家庭、人与人的和睦友好相处比较重视，它也是一个生活化的邻里分享平台，优化小镇的人文环境。同时，社区生活中心满足的不只是物质的需要，还要满足社区居民精神层面的需求，是社区居民物质与精神、线上与线下的一个中枢。

小镇规划建设环境友好型人居绿色建筑住宅，重点开发专家公寓、教师公寓、教授花园、商务写字楼、创业者公寓、产权式养生旅居养老酒店、培训旅店。成立小镇社区服务公司，从物业、家政服务到生活、工作等一切服务，都由社区服务公司线上线下的统一安排来做到优质周到的服务。

九、健身休闲文化中心

加快我国区域健身休闲文化产业发展是推动健康中国建设、全民健身、全民健身与全民健康深度融合国家战略的需求。

海阳市沙滩运动特色小镇的健身休闲文化中心适合于老中青少年儿童，围绕生态、体育、健康产业，汇集相关商业休闲、文化体验、康体运动等功能，规划建设文化主题广场，包括艺术剧场、电影院、少年宫、文化馆、群众艺术馆、读书走廊、朗读演讲台、健身健美中心，组织有体育内涵的演出，拍电影电视剧，承载有文化内涵的大众赛事和大众体育活动，通过"平民式"体育休闲和"体验式"体育旅游等主题活动，吸引大众参与，形成健康、时尚、活力的运动健身休闲产业，逐渐使健身休闲文化中心成为海阳市沙滩运动特色小镇核心竞争力提升的另一大助力。

第六节　沙滩运动特色小镇产业链的构建

科学规划海阳市沙滩运动特色小镇的体育产业及相关产业，以市场需求为导向。打造产业集群、构建产业链条要基于园区的主导产业，这是一项科学系统的工作。园区主导产业确定得越准确，对外界龙头企业的吸引力也就越大。尊重园区本身拥有的资源和园区整合到的资源。小镇园区建设产业，第一要素是市场。这不仅要考虑到园区周边，更要关注到国内外等更大的市场，了解到产业发展的现状及未来。

市场研究必须科学严谨，打造产业链，首先要符合市场规律，以抓住未来市场需求为重心，也是海阳市沙滩运动特色小镇建设成功与否的决定性因素。整个过程中需要根据消费者需求及时调整，做到深层次和多元化的"体育+"，设计好整体的盈利模式。

依托海阳沙滩运动特色项目：沙滩足球、沙滩排球、沙滩篮球、大秧歌、螳螂拳、龙舟、沙滩藤球、沙滩卡巴迪、高尔夫、攀岩、定向运动、公路轮滑等，通过赛事组织运行、设备及用品提供、门票销售、赛事传播、体育IP运营等，既能带动体育博彩、体育营销、体育电商、智能硬件等周边产业的快速发展，也能带动体育旅游、体育教育培训、体育综艺影视、主题乐园、体育博物馆等后续产业的发展（见图4-24）。

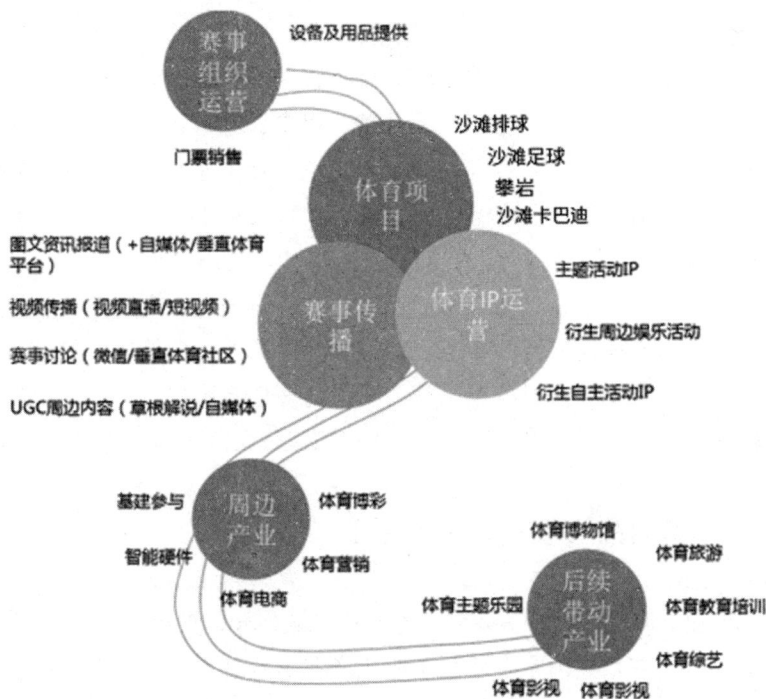

图 4-24　沙滩运动小镇产业链

一、体育赛事产业链

海阳市沙滩运动特色小镇发展的核心是沙滩运动赛事产业，一年四季皆有沙滩特色体育运动产品，每月都有不同项目、不同级别的活动与赛事，每年都有至少一项重量级赛事，甚至是世界级赛事，通过组织各种规模和形式的沙滩运动赛事与活动，塑造海阳市沙滩运动特色小镇品牌，积聚人气与影响力，拉动小镇其他产业发展的速度。2012 年第三届亚洲沙滩运动会在海阳举办，目前国内沙滩运动会尚未举办过，某些城市可能举办过单项赛事，但没有举办过综合性的沙滩运动会。海阳沙滩运动小镇在举办各种单项沙滩赛事的基础上，积累经验，旨在将"海阳沙滩运动会"逐渐打造成"全国沙滩运动会"品牌，并将"海阳沙滩运动会"打造成国内顶尖级的沙滩运动赛事，助力健康海阳战略计划的顺利实施。

每一届"全国沙滩运动会"，将预设 15 个左右大项 40 个左右小项的比赛，赛事期间参会的运动员、裁判体育官员及媒体记者将达上万人，比赛持续一周。

一周内参会人员由此造成的住宿费用将达 2800 万元，餐饮费用 2000 万元。观众将有 10 余万人购买门票，再加上周边商品销售（可以将全国沙滩运动会图标开发成上百种杯子、毛巾、钥匙链、U 盘等商品，作为特许商品销售；可以打造海阳特色商品一条街，将羊毛衫、桑叶茶、海参、鲍鱼、葡萄酒、银杏、板栗等海阳著名特产推销出去；可以打造海阳特色美食一条街，使游客在购物、娱乐的同时品尝海阳特色美食、海鲜渔家乐、风味农家乐），将达到 5000 万元的收入，这一数字还将未将转播费、赞助费算入其中。赛事期间，还可打造几条风格各异的体育旅游线路，招虎山国家森林公园、连理岛、虎头湾、碧桂园金滩温泉运动中心、天籁谷景区、海立方欢乐水世界、云顶自然风景旅游区、地雷战景区等等，让各地游客既参观比赛，又游览著名旅游景点，体育旅游收入将超过千万元。一次重要的体育赛事，将为海阳市带来巨大的经济和社会效应。

二、体育用品（装备、服装等）产业链

海阳产业基础良好，多次荣膺中国毛衫名城称号，被评为 2010 中国经济十大领军（县级）城市、山东省新型工业化产业示范基地。海阳毛衫产业兴起于 20 世纪 60 年代，是我国最早的毛衫产业基地之一，整个毛衫产业链上有研发、设计、生产、配送的专业就业人员 12 万，年产值占海阳整个 GDP 的 40% 以上。如此雄厚的产业基础，使海阳有"将比较多的资源堆积在一个小空间"上面的创新能力，为沙滩运动产业市场的开发指明了方向。

在市场竞争日趋激烈的今天，毛衫产业不能走单一路线，要进行产业升级，围绕体育用品及设备的生产，开发一个高效、巨大的服务和生产集群，包括产品研发、款式设计、市场分析、配件生产、机械及模具制作、营销、物流等各方面，在小镇内形成体育用品，包括体育装备、运动表演服装等生产集群产业，打造集研发、设计、生产、销售、配送于一体的体育用品产业链及商业协会、媒体、中介、配送和营销等产后相关服务产业。随着集群影响力的不断提升，可以塑造国际知名运动品牌，并逐步打造出全国乃至世界的顶级沙滩运动装备品牌。大量生产企业的聚集推进了居住、娱乐、餐饮、商业等公共服务功能的配套完备。因此，仅体育用品（装备、服装等）产业这一条链产业，预计将为海阳市解决就业人员上万名，年销售额上亿元。

三、体育教育培训产业链

亚沙会主会场海阳市奥林匹克公园以西，碧桂园十里金滩以北，申请海阳市政府以教育用地划拨给"海阳沙滩运动特色小镇"2000亩，用以建设体育教育培训基地，打造小镇重要产业链之一的体育教育培训产业链。

海阳市沙滩运动特色小镇建设初期，我们即着手成立"体育职业教育培训学院"，与全国各地高校、科研院所联合，以高校和科研院所基地的形式挂牌建设，能够为全体民众，特别是对青少年展开体育培训评定等级，要形成一个培训产业。本着社会需要的原则，发展体育培训产业，培养社会所需要的社会体育指导员、运动场馆管理人员、体育赛事策划及营销人员等，尤其是与沙滩特色体育产业相关的管理人才、指导人才、营销人才的培养。

运动员还可以通过"体育职业教育培训学院"提供体育研究、教学、实践和培训等专业服务，拥有从小学、中学到大学的体育专业培训体系，培养专业运动员。而全球各地的参访者会被小镇的体育培训吸引而来。

海阳沙滩运动特色小镇体育教育培训基地还可以承办体育、音乐、美术等中考、高考专业培训，在暑假寒假和其他短假期接待学生培训，安置家长亲友陪学、陪练、陪玩的住宿、餐饮、娱乐场所和项目。

近年来"体育中考100分"等政策的提出，使中学生体育学科的分值占比与语数外科目的占比分值达到同级别水平，对中学生的身体素质要求也有所提升，基于此，海阳沙滩运动特色小镇体育教育培训基地可以就地开展体育中考等相关教育培训产业，既能提高本地中小学生的身体素质，也能发展自身体育教育产业。

体育教育产业与教育培训产业是一项朝阳产业，海阳体育教育培训基地的体育教育培训产业链每年直接经济收入预计超过亿元。

四、以沙滩足球为例的运动项目产业链的开发架构

（一）总体开发架构

生产制作即产品的开发设计，比如沙滩足球，位于海阳凤翔滩D区（海阳旅游度假区君子连理岛桥头广场西侧沙滩）的沙滩足球场地，有20500平方米的占地面积，配备三块比赛场地，一块练习场地，还设有配套的功能区，2012

年亚沙会沙滩足球男子比赛及 2013 年国际足联的"亚洲杯"沙滩足球赛都在此举办。目前亚沙村有四块五人制沙滩足球场，周围的空地加以改造可以再增加两块。目前的场地可以承接中等及以上规模的沙滩足球比赛。海德公园有一个标准的十一人制足球场，海德公园志愿者之家的库房经过改造，可以作为室内足球比赛场地，寒冷的冬天可以在室内比赛。

根据目前的场地设施，"海阳沙滩运动特色小镇"沙滩足球产品可以定位于一年四季承办从少儿足球至"亚洲杯"甚至更高级别的"世界杯"沙滩足球训练培训及比赛。在比较大的赛事期间，邀请国内外著名专家学者举办沙滩足球科学论文报告会或高峰论坛，以教育研究为主，走科研兴体的道路。与此同时，将赛事与旅游相结合，在赛事期间，将大秧歌、地雷战、螳螂拳以及依托得天独厚的滨海资源形成的"沙滩运动休闲之城"海洋文化作为海阳特色文化品牌，传递给四方来宾，向亚洲、世界人民充分展示海阳经济繁荣、社会安定、民族团结、人民生活幸福的实际情况，反映改革开放的丰硕成果，进而折射出我国政治稳定、国泰民安、欣欣向荣的大好局面。此外，赛事期间国内外专家、学者频繁往来、视察访问，国家首脑和政府官员将参加开幕式和闭幕式，都将使海阳通过大众传媒，成为亚洲乃至全世界关注的焦点。每一次沙滩足球赛事都将极大地促进海阳与世界各国，特别是亚洲各国与人民的交往，让世界更熟悉海阳，更了解海阳，更喜欢中国。

（二）足球品牌项目的规划

1. 孵化沙滩足球赛事 IP

以沙滩足球赛事为体育元素，全力打造国际足联的"亚洲杯"沙滩足球赛、区域国际沙滩足球邀请赛、"一带一路"沙滩足球交流赛、"××杯"沙滩足球邀请赛、全国少儿沙滩足球赛等，成为一个全年有比赛、月月有大赛，并且常年提供参与性赛事活动的区域性国际沙滩足球中心。海阳市沙滩运动特色小镇将"沙滩运动"打造成小镇的特色体育名片，并以"沙滩足球"为核心，以各类足球文化和足球活动项目为基点，从赛事举办推广到赛事观光旅游；并组织少年儿童的足球教育体验游、亲子足球体验游；打造以足球为主题的体育锻炼、团队训练的素质拓展游。充分发挥"沙滩足球"赛事举办地的足球文化标杆引领作用。

2. 打造沙滩足球产业与文化交流阵地

与中国足球协会共同主办中国沙滩足球高峰论坛，与中国体育用品联合会共同打造中国第一个沙滩足球单项博览会，与国家体育总局青少年司共同携手打造中国国际青少年沙滩足球文化中心。将足球文化青少年客源融入沙滩公园景区建设，小镇现有景观系统充分融合足球元素，现有景区参与项目充分融合足球活动，通过文化功能植入、空间景观设计，绘制足球文化与旅游产业发展共荣的美好画面。将全年无休的多元化主题体育活动植入旅游景点，使景区活动得到极大丰富，提升景区人气，同时使得体育项目更具趣味性和参与性。两者集合会产生巨大的附加值，共享增值。结合当前旅游项目及青少年足球产业相关衍生旅游功能形成文化休闲观光、足球拓展训练体验、欢乐足球比赛三条特色旅游产品游线。打造具有特色的"足球+文化"的文化展示窗口，不仅宣传足球文化，也展示出当地独有的历史文化底蕴。

3. 搭建沙滩足球信息化大数据平台

传统的体育产业正在逐渐与互联网融合，呈现新的产业形态，海阳的沙滩特色品牌在成熟后，将引进"足球+互联网"的发展方式。小镇将青少年足球产业发展与小镇信息化建设有机结合，以信息化平台为载体，扩大配套服务市场，打造足球产业智能服务中心，提供线上赛事接待、培训指导、旅游咨询等多方面的综合服务，多元化解决小镇游客、运动嘉宾、培训人员等各类人群的不同需求。同时小镇信息化建设还需要设计运动员注册信息管理系统、赛事综合信息发布系统、体校管理系统、竞技体育信息管理系统等，为专项运动训练、各级运动会组织服务采购提供保障，打造沙滩足球体育公共服务平台，整合运动资源，提供全民健身服务。

4. 形成国际化的沙滩足球训练与培训聚集地

沙滩足球作为一项新兴的充满活力和生机的运动，是海阳市沙滩运动的关键组成部分，小镇将打造沙滩足球特色夏令营与冬令营，建立国家级沙滩足球培训基地。并与国外足球俱乐部联合打造国际化的足球学校。在沙滩体育公园内建设国际标准的足球比赛场地，通过国际赛事及营销拉动当地赛事经济发展，带动有关产业的快速发展，将其发展为沙滩足球运动员人才储备基地，构建沙滩足球运动的常规化培训体系。未来还将开展沙滩足球训练营、沙滩足球亲子教育等活动，结合语言教学及沙滩足球运动进行早期教育与亲子教育，使沙滩足球进入家庭，并与沙滩足球赛事文化结合，开展差异显著的赛事娱乐活动，进一步扩大赛事影响群体，让赛事经济产业链得到增加，拉动体育、娱乐、旅游等相关产业的进一步发展。

5. 打造"学-训-赛-教"沙滩足球人才培养模式

海阳沙滩足球培训基地与山东省体育局、烟台市体育局和鲁东大学合作，实行"学-训-赛-教"四位一体模式，完善青少年沙滩足球训练、竞赛组织管理体系，根据足球运动发展规律及青少年足球运动竞技成长规律，建立海阳青少年足球工作宏观调控机制，逐渐确立起沙滩足球运动的社会基础，促进青少年沙滩足球运动有序、健康地发展，加速大批富有沙滩足球天赋的青少年的涌现，不断为足球职业联赛输送新的血液，不断为提升中国国家队的整体竞争力作出新的贡献，逐渐成为实现我国足球运动可持续发展的坚实基础和重要保障，成为青少年沙滩足球的发展基石。

（三）沙滩足球产业链

从足球全产业链创建出发，融入选拔培训、专业赛事、直播传媒、康复疗养、运动休闲等环节，创建符合海阳地域特色的沙滩足球产业系统。核心产业功能为：专业赛事+休闲度假+教育培训，完成小镇的赛事功能、教育功能、旅游功能、运动功能、健身功能、休闲功能的一体化建设。小镇依托自己特有的沙滩足球品牌资源，进行"体育+旅游""体育+文化""体育+服务"和"体育+互联网"等的多元化特色产业融合，打通上下游产业链，形成足球产业链及与周边产业链的粘连性，提高产业发展稳定性，增加产业附加值，提高足球产业价值，促进其他上下游产业及整个产业链条的发展。

以"沙滩足球"赛事为体育元素，带动小镇的旅游业发展，同时，依托"沙滩运动"赛事，精心打造具有海阳沙滩特色的多元化主题赛事，旨在让更多的人参与进来，带动小镇的经济消费水平。当小镇的"沙滩足球"品牌成熟后，将以"沙滩足球"为品牌，开发一系列相关文化产品，如青少年足球运动装备、学习文具等，带动小镇的足球装备（用品）制造产业链的发展。

足球产业的相关服务业是特色小镇品牌建设重中之重。以各类赛事活动、培训活动、交流活动为依托，以训练基地、赛事中心等项目为平台，强化小镇旅游接待、住宿餐饮、商业服务功能，通过足球产业带动相关服务配套功能，促进小镇服务业、餐饮业、旅游业等产业链的发展。

第五章　沙滩运动特色小镇竞争力评价体系的构建

　　沙滩运动特色小镇作为海阳市体育产业发展的新业态同时也是新型城镇化发展的突破点，在未来将成为带动海阳市经济发展的新经济点。沙滩运动特色小镇的标准化建设是必然的，沙滩运动特色小镇建设评估是对小镇建设发展的有效评价手段，也是引导沙滩运动特色小镇发展的重要方向，更是优化小镇发展空间的重要举措。

　　2014年至今，中国特色小镇始于浙江，推广于全国，经历了快速发展的六年，出现了诸如"梦想小镇""云栖小镇"等一批优秀的特色小镇，但也出现了盲目发展、地产化严重、质量不高等诸多问题，引发了大量的负面舆论。在特色小镇创建方面，全国已有明确的制度与体系，国家层面由国家发展改革委牵头管理，各省则设立特色小镇规划建设工作联席会议办公室（简称特镇办），基本以创建、监测、评价、动态调整为思路，主抓特色小镇创建工作。2018年8月，《国家发展改革委办公厅关于建立特色小镇和特色小城镇高质量发展机制的通知》首次提出要建立特色小（城）镇的规范纠偏机制和典型引路机制，实现对特色小（城）镇的监测评估和动态调整，并警示、淘汰不合格的特色小（城）镇，这标志着特色小（城）沙滩运动特色小镇不仅成为海阳市体育产业发展的新业态，而且也成为新型城镇化发展的突破点，在未来将成为带动海阳市经济发展的新经济点。沙滩运动特色小镇的标准化建设是必然的，沙滩运动特色小镇建设评估是对小镇建设发展的有效评价手段，也是引导沙滩运动特色小镇发展的重要方向，更是小镇发展空间优化的关键举措。

　　目前，已有学者对"特色小镇"发展水平和竞争力进行定量评价研究。唐

洪雷等①、徐泽等②和仇保兴③提出从产业、功能、形态和制度 4 个维度对特色
小镇的发展水平进行评价；倪鹏飞④和李留法⑤认为要着重分析特色小镇的经济
社会、环境资源、基础设施等方面。鉴于特色小镇是建设在一定区域之上的，
故学者们往往将区域竞争力评价体系运用于特色小镇竞争力分析当中，GEM 模
型、生态位理论、钻石理论、GSC 模型等都是常用的评价模型。体育特色小镇
立足于体育产业，以体育为本，在演化形成方面比一般的特色小镇更为复杂。
通常特色小镇的竞争力评价标准，不能完全匹配体育特色小镇竞争力研究的特
殊性。就目前研究来看，很少有与体育特色小镇竞争力评价相关的实证研究。

近年来，党中央颁布《全民健身战略》《健康中国 2030 规划》《体育特色
小镇指导建议》等一系列文件，旨在推进体育产业转型升级的速度，让人民群
众日益增长的体育需求得到满足，提高国民体质健康水平。

体育特色小镇以特色体育为基础，以"体育+旅游""体育+文化""体育+
赛事""体育+康体"等为主导产业，在推动体育与其他产业融合的同时，打造
宜游宜业宜居的体育特色小镇，是体育产业转型升级与新型城镇化协同推进的
重要载体，是推动健康中国战略实施的集成平台。其中，特色体育是体育特色
小镇建设的核心与基础，体育特色小镇依托传统的"一镇一品"或"一村一
品"的产业基础和禀赋，着力培育壮大体育特色产业，使其成为小镇建设的支
柱。缺少特色的小镇，难以形成核心竞争优势，势必会被市场淘汰，错过发展
机遇。科学评价体育特色小镇竞争力可以明确小镇竞争地位，有利于小镇寻找
差异化发展的突破口，避免同质化发展。

自从 20 世纪 90 年代以来，核心竞争力这一概念不管是在企业管理或者是
经济学术界都受到了关注，核心竞争力是企业竞争优势的所在，同时也是企业
综合能力的代表⑥。在海阳市沙滩运动特色小镇建设过程中，如何使得小镇更加

① 唐洪雷，韦震，唐卫宁，等．基于生态位理论的特色小镇协调发展研究——以湖州市特色小镇为例 [J]．生态经济，2018，34（6）：122-127，149.
② 徐泽，张建军，李储，等．基于生态位的京津冀城市群空间功能竞争力研究 [J]．中国农业资源与区划，2018，39（4）：167-175.
③ 仇保兴．复杂适应理论（CAS）视角的特色小镇评价 [J]．浙江经济，2017（10）：20-21.
④ 倪鹏飞．《中国城市竞争力理论研究与实证分析》摘要 [J]．城市，2001（1）：21-24.
⑤ 李留法．基于区域经济增长的农村可持续发展潜力区划研究——以河南省为例 [J]．中国农业资源与区划，2018，39（10）：17-22.
⑥ 杜纲，李四平，程继川，等．企业核心能力诊断分析模型 [J]．数量经济技术经济研究，1999（8）：62-64.

具有竞争优势、如何能突出它的核心竞争力，在突出特色的同时防止产业发展的同构，必须建立一个具有评价原则、综合评价指标体系及识别研究方法的，可以用来评价沙滩运动特色小镇核心竞争力的评价体系，是海阳市沙滩运动特色小镇建设过程中需要解决的一个重要问题。所以本章就核心竞争力的指标和指标的权重进行深入的研究，为海阳市沙滩运动特色小镇核心竞争力评价体系构建提供可靠的依据。

本章利用"GEM"模型对影响海阳市沙滩运动特色小镇核心竞争力的指标进行分析，并对构成的指标进行权重分析，利用主成分分析法（PAC）对小镇的核心竞争力的评价体系进行构建，最终通过"因子模型"这一形式构建了小镇核心竞争力评价体系。通过对影响因素进行量化分析形成了以环境资源、特色产业竞争力、基础设施力、整体布局、政府支持和资金来源 6 个一级指标、23 个二级指标和 47 个三级指标构成的评价指标，并对指标进行权重分析，根据分析结果提出了海阳市沙滩运动特色小镇未来发展的建议。本部分在前叙部分对沙滩运动特色小镇核心竞争力内涵与特征剖析的基础上，探讨建立发展导向下的沙滩运动特色小镇核心竞争力评价框架和指标体系，旨在为客观、科学、全面地评价新时期沙滩运动特色小镇的综合发展水平提供依据。

第一节　沙滩运动特色小镇竞争力评价体系建立的
理论框架

一、沙滩运动特色小镇竞争力评价体系建立的意义

（一）促进沙滩运动特色小镇建设的科学性

特色小镇建设是近些年来提出的中国特色城镇化进程中的重要组成部分。2016 年 7 月，住建部、国家发改委、财政部联合下发的《关于开展特色小镇培育工作的通知》中提出，到 2020 年将培育 1000 个左右的特色小镇，引爆了特色小镇建设的热潮。在这一热潮中体育作为一个具有独特属性和良好发展空间，兼顾经济效益和民生幸福的领域得到了相应的重视，体育特色小镇建设被提上日程，而对于体育特色小镇来说沙滩运动特色小镇还是一个相对新鲜的概念，什么是沙滩运动特色小镇，有着怎样的内涵和外延，沙滩运动特色小镇应该具

备怎样的要素，要达到什么样的水平和层次，这些都是沙滩运动特色小镇建设过程中所需要解决的问题。而沙滩运动特色小镇评价体系的建立则是对沙滩运动特色小镇内涵和外延的显现，是对沙滩运动特色小镇的全貌描绘，能够为各主体提供建设的思路和方向，促进沙滩运动特色小镇建设的科学性。

（二）促进沙滩运动特色小镇建设的预测性

通过沙滩运动特色小镇评价体系的建立，根据沙滩运动特色小镇已有的基础材料，通过对小镇历史与现状的全面梳理分析，窥探沙滩运动特色小镇的共通性条件和发展要素，探索沙滩运动特色小镇发展变化的规律。在较好地把握沙滩运动特色小镇基本面貌的基础上，对沙滩运动特色小镇的未来发展作出趋势性的判断，为沙滩运动特色小镇的发展提供指引，促进沙滩运动特色小镇建设的快速、健康。同时基于这一体系的建立为政府、企业、社会组织等小镇建设的各相关主体提供制定未来发展计划、目标、策略等的标尺。

（三）促进沙滩运动特色小镇建设的反馈与调节

沙滩运动特色小镇评价体系的建立是一个全新的尝试，但凡评价就涉及对小镇信息的全面获取、分析、评价，这些信息能够较全面地反映沙滩运动特色小镇建设的基本情况，将沙滩运动特色小镇基础数据与评价指标体系的目标性指标相对比能够得出当前沙滩运动特色小镇建设的层次、存在的问题与不足，为调整和改进沙滩运动特色小镇建设的思路、方法等具有较为突出的反馈功能。同时在对沙滩运动特色小镇相关评价信息收集的过程中能够较全面地获取各种相关小镇发展的案例、做法、成效，成功的经验和失败的教训兼而有之，这就为沙滩运动特色小镇建设提供了很好的经验内容，能够更好地促进沙滩运动特色小镇的建设。

（四）促进沙滩运动特色小镇建设的比较与激励

评价是根据一定标准进行的价值判断活动，评价者根据需要，设计一套评价指标和评价标准。在进行评价的过程中相应的评价主体对体育特色小镇的建设成效进行评价，在评价的过程中就会形成体育特色小镇之间的对比、排名等，建设效果较好的会由体育特色小镇培育转为正式，而建设效果不好的则会被踢出体育特色小镇扶持建设行列，这种评价和对比无形中会对体育特色小镇的相关政府主体或管理主体形成强力的刺激和激励作用，以最大可能完成评价体系的主要方面，促进沙滩运动特色小镇建设的快速健康发展。

二、沙滩运动特色小镇竞争力评价体系建立的原则

（一）全面性与代表性相结合的原则

沙滩运动特色小镇核心竞争力评价指标的选取要能够全面地反映小镇经济发展、生态环境、沙滩运动特色、社会公平等情况，评价指标要能够有效服务评价目标，立足海阳市沙滩运动特色小镇的本质内涵。指标体系的构建既要考虑全面又要力求有代表性，不能够把所有的相关指标倾囊而出，要在相关指标中选取最具代表性和可获取性的指标，避免指标的重复和相互解释。

（二）共性指标与特色指标相结合的原则

在评价指标体系的构建中要兼顾共性指标和特性指标，共性指标反映基础情况，且便于横向对比；特性指标反映各自的特色，具有较好的引导效应。避免各项目、活动、赛事规划与建设的同质化，要引导建立风格独特、业态多元的沙滩运动特色小镇。

（三）主观评价与客观评价相结合的原则

在评价体系的构建和评估的过程中我们力求客观，但客观性并不是说所有的指标就只强调对客观"物"的描述和评价，评价既要见"物"更要见"人"。既考虑诸多客观性数据指标的列入，同时将海阳市沙滩运动特色小镇建设中镇区居民、经营者、管理者、旅游者等相关主体的主观感受和体验列入其中，做到以人为本。

（四）动态性与操作性相结合的原则

体育小镇的建设正处于摸索阶段，没有现成的模式，指标的建立也具有探索性，因此要考虑动态性，要根据体育小镇培育的进展和背景的变化做适时地调整；同时评价体系的指标要尽可能地考虑可操作性，能够具有明确统计口径的尽量采用相应口径数据，便于获取。

三、沙滩运动特色小镇竞争力评价体系建立的理论基础

（一）沙滩运动特色小镇核心竞争力研究的理论依据

很多学者对核心竞争力的研究都集中在微观和宏观层面，尤其以企业的核心竞争力的研究为代表。在宏观层面的研究最具代表性的人物就是当代经济学家、美国哈佛商学院教授迈克尔·波特，他提出了著名的优势竞争理论；从微观角度出发两位加拿大的学者 Tim Padmore & Henrev Gibson 提出了代表企业核心竞争力的 GEM 模型；还有诸多学者在中观层面进行研究，提出了一些模型，比如"城市竞争力"模型、"弓弦箭"模型、"价值链"模型①。体育特色小镇核心竞争力的研究，不同于以往对小镇的研究，它虽然属于区域经济范畴，但是在自身特点上又不同于别的项目在核心竞争力方面的研究。

海阳市沙滩运动特色小镇的核心竞争力研究要有一套区别于以往别的项目的研究体系和适用方法。由于海阳市沙滩运动特色小镇自身的资源禀赋差异，同时结合因地制宜发展的区域经济理论，在建设方面应挖掘地方特色产业，发挥优势，根据三生空间优化组理论，海阳市沙滩运动特色小镇应具备生产、生活、娱乐休闲和运动等几种类型的综合场所，不同性质的类型主要发挥主体功能，兼顾发挥非主体功能，因而会出现功能叠加和多重功能现象②。通过分析我们可以了解到，影响海阳市沙滩运动特色小镇核心竞争力的因素有很多，它并不是受单一因素影响，而是多个元素共同影响，且各元素间相互作用的一个复杂的系统，在该系统中组成元素的大小决定了该元素在小镇影响因素中核心竞争力的大小③。

1. GEM 模型理论

产业集群是现代化传统发展的重要趋势，加强产业融合集聚发展有助于区域范围内经济可持续发展。随着集群研究的不断深入和发展，集群竞争力评价研究成为集群研究的重点内容，GEM 模型是集群竞争力研究过程中发展最完善的研究理论和方法之一，是在波特钻石模型的基础上遵照一定评价原则进行构

---

① 温燕，金平斌. 特色小镇核心竞争力及其评价模型构建 [J]. 生态经济，2017，33（6）：85-89.

② 严勇. 国外核心竞争力理论综述与启示 [J]. 经济学动态，1999（10）：61-64.

③ 秦笑. 特色小镇产城融合发展路径及其核心竞争力评价模型构建 [J]. 江苏商论，2018（10）：112-118.

建的对产业集群竞争力水平进行评价的模型，多用于区域范围内产业集群竞争力的发展水平评估，与传统用以分析产业集群效应的钻石模型相比，GEM 模型理论囊括元素更全面，结论获得更科学客观，适应产业类型更广泛，建构评价要素间更凸显联系性与系统化。从理论模型的具体内容含义上看，GEM 模型包括了"基础"（Groundings）、"企业"（Enterprises）、"市场"（Markets）三要素和"资源""设施""供应商和相关辅助产业""企业的结构战略和竞争""外部市场""内部市场"六因素；从理论模型的对象范围看，GEM 模型主要以不同空间尺度下的区域产业集群作为研究对象，侧重从中观乃至微观层面分析研究对象的竞争力水平的相关问题。

特色小镇可以在一定意义上看作以产业集群或产业集聚为组织方式的区域空间，鲜明的沙滩产业特色与良好的产业系统是显示小镇特色和支撑小镇经济运行的关键，特色小镇就是通过各要素集聚联合以优化小区域产业系统以提升该区域的核心竞争力与可持续发展力。综合探究分析现实情况下特色小镇的发展轨迹，就可以发现镶嵌于小镇运行发展核心的"产业生态位"的要素是特色小镇得以持续发展的内在要求。本部分以海阳市沙滩运动特色小镇竞争力评价体系为主要研究对象，"沙滩运动"即沙滩体育产业与旅游业相互融合发展的产业模式是其产业性质的主要体现，也是该类型体育特色小镇核心特征的本质反映。由此，本书在对改进模型的选择过程中选择了以产业为核心的 GEM 评价模型。GEM 模型理论适用于对特色小镇的竞争力水平的衡量与评估，在模型要素结构的基础上结合特色小镇特征与发展要求对 GEM 模型进行改进，提出适应特色小镇竞争力水平评价的指标体系，能够实现沙滩运动特色小镇核心产业特征鲜明凸显，具有一定理论与实践应用意义。

2. 产业集群理论

20 世纪 80 年代产业集群理论以一种西方经济理论的身份出现。产业集群理论是由美国哈佛商学院的竞争战略和国际竞争领域研究权威学者麦克尔·波特在 20 世纪 80 年代创立的。其含义是：在一个特定区域的一个特别领域，集聚着一组彼此相关的公司、供应商、关联产业和专门化的制度和协会，通过这种区域集聚形成有效的市场竞争，构建出专业化生产要素优化集聚洼地，使企业共享区域市场环境、外部经济和公共设施，减少信息交流和物流成本，形成地区集聚效应、外部效应、规模效应和区域竞争力。

3. 新型城镇化理论

城市化与城镇化均由"Urbanization"翻译而来，国外理论界多使用"城市化"，政府文件中以及国内诸学者均使用"城镇化"进行名词表达。一般来说，城镇化主要是指伴随工业化和现代化进程的推进以及社会经济、产业结构的发展调整，人类的生产生活方式逐渐由乡村型转化为城市型的历史过程，即一方面人口实现由农村迁移至城镇，并完成思维方式及生产生活方式的转变和真正市民化，另一方面城镇产业结构的进一步优化，提升综合承载能力和完善基础设施，实现公共服务均等化。城镇化理论包括城乡结构转换理论、区位理论、协调发展理论等理论和非均衡发展理论类型，理论指导下的各类城镇化演进发展路径以及城镇化实现模式等内容。

新型城镇化理论既是城镇化理论的实践创新成果，也是城镇化理论的组成部分。新型城镇化以我国的基本国情为基础，在以我国城镇化建设实际经验和联系国内外研究成果为基础的前提下促进城镇化理论的新时代成果和科学化表达的实现。相比于城镇化对城市发展相关内容的关注，新型城镇化更注重以人为本和可持续发展，追求城乡一体化建设。由此，新型城镇化是指以民生民权、城乡协调发展质量和可持续发展为核心内涵，以追求和谐幸福、平等协调、绿色生态、集约创新为核心目标，实现产业升级转型、制度机制完善、地区统筹协调和生态集约高效的具有中国特色的城镇化过程。

新型城镇化理论的提出和发展，是特色小镇建设的理论基础，特色小镇则是新型城镇化理论在3.0时代的现实化操作和实际应用，是承载城乡一体化协调发展，实现产城人文统筹发展的实践平台和重要载体。由此，扩大新型城镇化理论系统研究将为沙滩运动特色小镇建立评价体系、认定沙滩运动特色小镇评价标准提供理论支持。

4、生态理论

生态理论作为生态文明建设的理论依据，与绿色发展理念一脉相传。中共十八大报告中，首次将建设"美丽中国"的奋斗目标提出，并将生态文明建设纳入中国特色社会主义事业"五位一体"总布局。中共十八届五中全会公报中相关表述包括"坚持绿色发展"，必须坚持保护环境和节约资源的基本国策，坚持可持续发展，坚定走生产发展、生活富裕、生态良好的文明发展道路。习近平总书记在中共十九大报告中指出，"加快建立绿色生产和消费的政策导向和法律制度，对绿色低碳循环发展的经济体系进行构建和完善"。自中共十八大提出"建设美丽中国"的要求以来，习近平总书记在多个场合系统地阐述了"绿色发展"的内涵，要将经济发展同生态环境保护的关系正确处理好，牢固树立保护生态环境就是保护生产力、改善生态环境就是发展生产力的理念。要全力推动沙滩运动特色小镇生态文明建设，加强小镇综合治理措施，落实目标责任，推动清洁生产，更加重视小镇绿色发展，把生态文明建设融进海阳市沙滩运动特色小镇发展全过程和各方面。

5. 城乡规划理论

《在中国市长协会第三次代表大会上的讲话》中指出"城乡规划是一项战略性、综合性、全局性的工作，关系到政治、经济、文化和社会生活等各个方面。将城市规划制定好，要遵守现代化建设的总体要求。要处理好长远与近期、整体与局部、需要与可能、环境保护与城市建设、社会发展与经济建设、进行现代化建设与保护历史遗产等一系列关系。通过改进和加强城市规划工作，推进城市全面发展，为人民群众创造良好的生活和工作环境"。

6. 体育公共服务理论

体育公共服务是以政府为主的体育组织和部门提供的、让公民基本体育需求得到满足为目的、向公民提供的公共体育产品和相关的服务。首先，政府部门是体育公共服务的提供主体，但不限于政府，其他组织提供的营利性体育服务形式是体育公共服务的组成部分和必要的补充；其次，公民最基本、最直接和最现实的公共服务需求不是固定不变的，随着生活水平的提高和社会的发展，公民对体育公共服务的需求在不断提高，体育公共服务的基本标准也在不断地发生变化。沙滩运动特色小镇是在体育公共服务理论的基础上进行建设的，保障海阳公民体育公共服务的便利性、多样性、公平性、公共福利性、增值性。便利性指由体育组织或海阳政府提供的体育公共服务，应该是身边的、距离近的、日常化的服务，无论何时何处都能获得，享受时会很方便，易于让海阳公民的基本体育服务需求得到满足。多样性指海阳市沙滩运动特色小镇体育公共服务在提供的产品的类型、服务组织的管理形式、服务种类、服务信息渠道、服务的对象等方面的多种多样；公平性指海阳市沙滩运动特色小镇要有均等公平分配体育公共服务，合理布局，为全体海阳公民提供保障和服务，保证人人享有基本体育公共服务的权利、机会和条件；公共福利性指海阳政府提供的体育公共服务主要是公共福利的，表现为海阳政府对纳税人的福利承诺和在公共利益维护方面的责任。以发展趋势为视角来看，海阳政府总体提供的体育公共服务免费的，但并不是全部福利的。不否定一些服务要缴纳一定的费用，但经过中央和地方政府补贴，也具有福利性质；增值性指小镇的体育公共服务是主要对海阳公民投资，并且是投资于全体海阳公民，人力资本可再生。相比于一般的资本再生产，体育公共服务的投资收益通常是不易量化的、非直接的、潜在的，但并不妨碍它存在的整体效果。

7. "三生融合"理论

"三生融合"理论是指体育特色小镇的构成和发展要素分为"生产子系统""生态子系统"和"生活子系统"三部分，三个子系统共同组成体育特色小镇并对体育特色小镇的建设和发展起支撑。体育特色小镇"生产""生态"和"生活"三者间存在复杂的共生融合及协调发展关系，其"三生"融合发展的体现的是健康发展则。"三生融合"代表着体育特色小镇建设的落脚点，但在小镇实际建设中存在矛盾点"三生失衡"。沙滩运动新特色小镇建设的"三生融合"是对大环境下海阳"三生"发展现实诉求的体现，也是海阳乡村全面振兴和地区城乡融合发展的有效路径。对海阳市沙滩运动特色小镇"三生功能"进行深度挖掘，真正落实小镇建设"三生"融合的实现，进一步提高沙滩运动特色小镇核心竞争力。

海阳市沙滩运动特色小镇评价体系以促进提升海阳市沙滩运动特色小镇核心竞争力和协调发展为最终目的，是综合运用产业集群理论、GEM 模型理论、"三生融合"理论、城乡规划理论、生态理论、新型城镇化理论、体育公共服务理论等基础性学科理论，与沙滩运动特色小镇的自身规律进行结合，构建海阳市沙滩运动特色小镇竞争力评价体系，力争客观全面地将海阳市沙滩运动特色小镇建设成效反映出来。

（二）沙滩运动特色小镇核心竞争力研究方法

1. 核心竞争力的概念

"核心竞争力"一词最早由普拉哈拉德和加里·哈默尔两位教授提出。其概念最早出现在 20 世纪 90 年代的《公司核心竞争力》一书中，在各个领域对核心竞争力的界定都有不同的说法，研究的代表性观点有资源整合观和生活品质观。首先，早期研究者认为核心竞争力是资源的配置或整合，虞群娥和蒙宇认为核心竞争力是各种技能及其相互关系所构成的整合，是各种资产与技能的协调配置。其次是生活品质观，税伟研究后发现有大量的学者将增加区域财富和提高居民收入及生活水平作为区域竞争力的目标来定义，如 Maleckil 认为区域竞争力的核心应是不断提高居民的生活水平的能力；Douglass 认为城市竞争力的最终目标是城市经济的可持续发展与当地居民不断提升的生活质量；汪晓春认为竞争力是区域为其居民提供福利、保持自身持续发展的能力，是一种多元集聚的综合力。

除了以上研究的代表性观点外，国内外学者还从技术、文化、资源、战略、能力等几个方面对核心竞争力概念进行界定。

"技术"论：从产品的技术层面进行分析研究的，它们认为产品研发能力是一个企业核心竞争力的体现。

"文化"论：核心竞争力是一个企业的灵魂，是企业成败的关键因素。

"资源"论：企业的资源是独一无二的、专有的、不可替代的，这种独具特色的资源竞争力就是企业核心竞争力的表现。

"战略"论：企业的核心竞争力的大小取决于该公司战略布局是否得当，战略布局的成功与否是企业核心竞争力的体现。

"能力"论：从企业整体出发，评价企业能否在某一个领域具有独特的能力，如资源的开发、产品的创新、市场占有率等方面，是否具有长久的、有效的竞争力①。

借鉴以上研究的经验，笔者认为特色小镇的核心竞争力是相对于其他小镇具有开发或吸引、配置和转化有限资源，创造社会价值，为居民提供不断提升的生活品质，为从业者提供高品质的就业、创业环境，为游客提供休闲旅游氛围的能力。

综上所述，沙滩运动特色小镇核心竞争力概念是一个复杂的，并不是由单一的因素决定的，而是由一个强大集团企业的带动或者多个个体联合的综合体现。海阳市沙滩运动特色小镇核心竞争力是海阳市沙滩运动特色小镇中具有竞争力的优势资源和特色产业的重新配置整合，是一种全新的、能够在未来脱颖而出的、具有强势竞争力的"优势综合体"。

2. 沙滩运动特色小镇核心竞争力的研究方法

以沙滩运动特色小镇竞争力评价体系的构建为研究对象。沙滩运动特色小镇核心竞争力评价模型是在美国哈佛商学院教授迈克尔·波特提出的 GEM 模型基础上改进的，GEM 模型是在钻石模型的基础上进行改进的，GEM 模型主要用于评价区域产业集群竞争力模型，该模型是近现代学者们在研究核心竞争力最常采用的方法。GEM 模型指出竞争力取决于三要素六因素，三要素分别是指"基础"（Groundings）、"企业"（Enterprises）、"市场"（Markets）三要素，以上三个要素可划分为"资源""设施""供应商和相关辅助产业""企业的结构

---

① 赵彬彬，宋扬，施兰平，等. 我国体育产业基地核心竞争力战略研究——以辽宁体育产业基地为例［J］. 沈阳体育学院学报，2019，38（4）：70-77.

战略和竞争""本地市场""外部市场"六个因素①。从理论模型的对象范围看，GEM 模型主要以不同空间尺度下的区域产业集群作为研究对象，侧重从中观乃至微观层面分析研究对象的竞争力水平的相关问题。GEM 模型在别的领域运用比较多，在体育特色小镇竞争力研究中运用很少，因此海阳市沙滩运动特色小镇的核心竞争力的指标分析主要在该模型的基础上进行改进，在"资源""设施""供应商和相关辅助产业""企业的结构战略和竞争""本地市场""外部市场"六个因素进行改进，经过专家的探讨选择出了环境资源力、产业竞争力、基础设施力、整体布局、政府支持和资金来源等 6 个一级指标、23 个二级指和 47 个三级指标作为海阳市沙滩运动特色小镇的指标体系，然后在这个基础上采用主成分分析法 PCA（principal component analysis），在众多的核心竞争力因子中辨识出最具影响力的因子，构建"因子模型"用以评价海阳市沙滩运动特色小镇核心竞争力②。

由于各主因子对小镇核心竞争力各评价指标的影响力不同，那么它们对海阳市沙滩运动特色小镇核心竞争力指标的分析所贡献的数值也有所不同，因此综合了一个可以反映沙滩运动特色小镇核心竞争力的一个综合评分函数模型——即"因子模型"。

"因子模型"可以分析样本中的各因素可不可以形成核心竞争力，也可以根据模型所得出的数据对海阳市沙滩运动特色小镇核心竞争力的各影响因素进行一个排序，同时也能用来比较全国各地体育特色小镇核心竞争力各影响因素的大小③。采用主成分分析法构建"因子模型"其意义在于，在中央或者海阳市政府要进行海阳市沙滩运动特色小镇这个项目建设的时候可以提前进行核心竞争力的测试，如果所得数值为正值且数值达标，那么就说明海阳市沙滩运动特色小镇这个项目的市场竞争力是强的；如果所得到的数值是负的或者是数值比较小，则说明海阳市沙滩运动特色小镇这个项目的核心竞争力还没有形成，可以考虑重新进行项目定位和规划④。"因子模型"在理论上是可以为海阳市沙滩运动特色小镇、海阳市企业或者是海阳市某一个项目的核心竞争力进行评价，

　　① 许烜，刘纯阳. 湖南粮油加工农业产业集群竞争力研究——基于 GEM 模型的实证分析 [J]. 经济地理，2014（2）：120-124.
　　② 迟国泰，曹婷婷，张昆. 基于相关主成分分析的人的全面发展评价指标体系的构建 [J]. 系统工程理论与实践，2013，32（1）：112-119.
　　③ 李鸿禧. 基于相关主成分分析的港口物流评价研究 [D]. 大连：大连理工大学，2013.
　　④ 张美亮，夏理杰，刘睿杰. 发达地区小城镇规划评价机制研究 [J]. 规划师，2013（3）：64-67.

在实践上还是需要多运用，以期望找到那个最契合的点①。

第二节　沙滩运动特色小镇核心竞争力评价模型构建

一、沙滩运动特色小镇核心竞争力评价模型构建原理

目前，对体育特色小镇核心竞争力的评价体系不是很多，一般都采用折线图模型、层次分析法等比较常用的方法进行权重分析、用模糊综合评价法进行评价模型构建②。这些方法不能作为一个系统的、统一的标准来为海阳市沙滩运动特色小镇核心竞争力评价模型提供依据，由于影响海阳市沙滩运动特色小镇核心竞争力的因素有很多，定性与定量指标夹杂在一起，各因素之间还存在着相互影响的线性相关的关系，很难用单一的方法进行分析，并且每个影响因素对海阳市沙滩运动特色小镇核心竞争力的影响也不尽相同。

所以，构建评价模型的核心就是能构建一个综合的评价指标体系，为了将海阳市沙滩运动特色小镇核心竞争力评价指标体系综合为一个可以直接分析评价的一个模型，采用主成分分析法构建"因子模型"来进行综合分析③。为了全面、系统地分析影响因素对海阳市沙滩运动特色小镇核心竞争力的模型构建问题，我们必须考虑众多影响因素，这些涉及的因素一般称为指标，采用主成分分析法、权重分析法进行分析和计算，找到相关变量之间的关系，将复杂变量归结为几个主成分因素，同时得到更为科学、准确的信息，并把这些信息进行排列，建立最基本、简洁的评价模型④。

①　吴玉鸣. 我国31个省市区第三产业综合发展水平的最新评价［J］. 中国软科学，2000（10）：52-56.

②　米婧. 特色农业产业核心竞争力及其评价模型的构建［J］. 邵阳学院学报（社会科学版），2013，12（1）：59-62.

③　孙慧，刘媛媛，张娜娜. 基于主成分分析的煤炭产业竞争力实证研究［J］. 资源与产业，2012，14（1）：145-149.

④　黄倩，周君华. 体育特色小镇核心竞争力评估模型构建［J］. 四川体育科学，2020，39（04）：91-95，102.

二、沙滩运动特色小镇核心竞争力评价模型构建步骤

本书在主成分分析法的基础上构建海阳市沙滩运动特色小镇核心竞争力的"因子模型"，以期能为海阳市沙滩运动特色小镇的建设提供参考依据。构建"因子模型"的步骤为：

（一）评价指标体系的确定

本书以海阳市沙滩运动特色小镇为例进行核心竞争力评价模型的构建，首先，设估计样本数为 n，选取的指标数为 p，则由分析可知样本的原始数据可得矩阵 $X=(xij)n×p$，其中 xij 表示第 i 个海阳市沙滩运动特色小镇的第 j 项核心竞争力评价体系指标数据。

（二）各变量的原始数据值的标准化变换

由于变量的计量单位不同和计算误差的存在，导致各项指标之间存在细微差别，为了消除这种差别要对指标进行标准化处理：

$$\frac{xrk - xk}{tk} = xrk$$

式中 xrk 为变量 xk 中第 r 个观察值 xrk 的标准值；x 为变量 xk 中观察值的平均值；tk 为变量 xk 的标准差；r 为第 r 个被评样本海阳市沙滩运动特色小镇；k 为第 k 个变量（或评价因子）（$k = k1, k2, k3, \cdots, kn$）[1]。

（三）计算各变量观测值之间的相关系数

经过标准化处理以后指标建立的协方差矩阵 R，该矩阵是反映经过标准化处理以后数据之间相关关系密切程度的指标，二者是正相关的关系，如果得到的数值越大，那么就要对所得到的数据进行主成分分析。其中，Rij（$i, j = 1, 2, \cdots, p$）为原始变量 Xi 与 Xj 的相关系数。其计算公式为：

$$Rij = \frac{\sum_{k=1}^{n}(Xkj - Xi)(Xkj - Xj)}{\sqrt{\sum_{k=1}^{n}(Xkj - Xi)2(Xkj - Xj)2}}$$

---

[1] Prahalad C K, Gary H. The Core Competence of the Corporation. Harvard Business Review. 1990. 68（3）.

（四）主成分贡献率的确定

由上一步求出的相关系数，可以解特征方程 ，求出特征值 λi（$i=1$，2，$\cdots$，p）根据特征值的个数可以确定主成分的个数，因为协方差矩阵 R 是正定矩阵，所以其特征值 λi 都为正数，将其按大小顺序排列，即 $\lambda 1 \geqslant \lambda 2 \geqslant \cdots \geqslant \lambda i \geqslant 0$。该值的大小反映了各个主成分的影响力的大小。根据选取主成分的原则，特征值要求大于 1 且累计贡献率达 80%~95% 的特征值 $\lambda 1$，$\lambda 2$，$\cdots$，λm 所对应的 1，2，$\cdots$，m（$m \leqslant p$），其中整数 m 即为主成分的个数①。

主成分 Z_i 的贡献率：

$$\frac{\lambda j}{\sum\limits_{j=1}^{p} \lambda j} = W1$$

累计贡献率为：

$$\frac{\sum\limits_{j=1}^{m} \lambda j}{\sum\limits_{j=1}^{p} \lambda j} = W2$$

（五）建立初始因子载荷矩阵

因子载荷矩阵是用来解释主成分 Zi 与原始指标 Xi 相关系数 R（Zi，Xi），在一定程度上揭示了主成分与各财务比率之间的相关程度。因子载荷由 Aij 特征向量 μij 和特征值 $\sqrt{\lambda j}$ 计算 $Aij = \mu ij \sqrt{\lambda j}$，其中各个因子的系数 Aij 为因子载荷系数，即相关系数 R。

（六）主成分分析中因子载荷矩阵的旋转

由于主因子能充分地反映原始变量指标的内部依存关系，往往需要将 m 个主因子反过来表示成 p 个和原始变量指标的线性组合，即用下列公式来计算各个样本的主因子得分。根据所得数值的大小我们可以把核心竞争力的影响指标在因子得分图上表示出来，可以清晰找到核心竞争力的指标。

---

① 吴玉鸣，李建霞. 企业核心竞争力评价指标体系构建及评价模型 [J]. 南阳师范学院学报（自然科学版），2003（03）：59-63.

$$
\begin{cases}
Z1 = \mu11X1 + \mu12X2 + \cdots + \mu1pXp \\
Z2 = \mu21X1 + \mu22X2 + \cdots + \mu2pXp \\
\cdots\cdots \\
Zp = \mu p1X1 + \mu p2X2 + \cdots + \mu ppXp
\end{cases}
$$

（七）"因子模型"的构建

由于以上各主因子对样本的影响力不同，那么它们对海阳市沙滩运动特色小镇核心竞争力指标的分析所贡献的数值也有所不同，因此综合了一个可以反映各样本核心竞争力的一个综合评分函数模型——即"因子模型"。

$$Fm = W1Z1 + W2Z2 + \cdots WiZi$$

"因子模型"可以分析样本中的各因素可不可以形成核心竞争力，也可以根据模型所得出的数据对海阳市沙滩运动特色小镇核心竞争力的各影响因素进行一个排序，同时也能用来比较全国各地体育特色小镇核心竞争力各影响因素的大小[1]。采用主成分分析法构建"因子模型"其意义在于，在中央或者海阳市政府要进行海阳市沙滩运动特色小镇这个项目建设的时候可以提前进行核心竞争力的测试，如果所得数值为正值且数值达标，那么就说明海阳市沙滩运动特色小镇这个项目的市场竞争力是强的；如果所得到的数值是负的或者是数值比较小，则说明海阳市沙滩运动特色小镇这个项目的核心竞争力还没有形成，可以考虑重新进行项目定位和规划[2]。"因子模型"在理论上是可以为海阳市沙滩运动特色小镇、海阳市企业或者是海阳市某一个项目的核心竞争力进行评价，在实践上还是需要多运用，以期望找到那个最契合的点[3]。

海阳市沙滩运动特色小镇的开发与建设，会遇到各种各样的问题，但关键问题的所在就是如何准确把握海阳市沙滩运动特色小镇核心产业与传统产业的相互融合，产业的定位要准确、规划要合理、布局要有特色、战略要准确，不能脱离区域优势发展的特点。同时，对海阳市沙滩运动特色小镇核心竞争力的评价和选择方面，对影响海阳市沙滩运动特色小镇发展的指标进行量化分析，因为海阳市沙滩运动特色小镇处于起步阶段，许多为海阳市沙滩运动特色小镇规划的方案都还在策划，所以不能给出一套具体的量化标准，要进行具体的实

---

① 李鸿禧. 基于相关主成分分析的港口物流评价研究 [D]. 大连：大连理工大学，2013.

② 张美亮，夏理杰，刘睿杰. 发达地区小城镇规划评价机制研究 [J]. 规划师，2013（3）：64-67.

③ 吴玉鸣. 我国31个省市区第三产业综合发展水平的最新评价 [J]. 中国软科学，2000（10）：52-56.

践探索，同时根据海阳市沙滩运动特色小镇的发展情况，结合优秀的国内外小镇建设案例经验，在原有的基础上对评价体系和构建模型进行补充和优化。

三、沙滩运动特色小镇核心竞争力评价指标概念模型构建

结合目前我国体育特色小镇发展的特征以及国外优秀体育特色小镇的建设案例，根据前人提出的观点、专家调研情况及笔者自身的考虑，以海阳市沙滩运动特色小镇为例，在原有的水平基础上构建沙滩运动特色小镇核心竞争力指标体系。构建特色小镇核心竞争力指标体系如下：

（一）产业竞争力

特色产业是海阳市沙滩运动特色小镇发展的基础之力，如水上运动、沙滩足球、沙滩排球、沙滩教育基地等。海阳市沙滩运动特色小镇的特色之处就是以特色产业为中心点向周围辐射发展其他产业。以体育特色产业为核心产业带动体育小镇的周边产业发展，就是海阳市沙滩运动特色小镇的核心所在。海阳市沙滩运动特色小镇的"产业竞争力"一级指标分为"沙滩特色产业""沙滩特色产业集聚力""沙滩特色产业带动力""沙滩特色产业市场力""产业创新力"五个二级指标，其中，"特色产业"二级指标分为"沙滩特色产业的类型""沙滩特色产业的竞争力"两个三级指标；"产业集聚力"二级指标分为"沙滩特色产业集群情况""沙滩相关产业的规模"两个三级指标；"产业带动力"二级指标由"沙滩相关产业对周围产业的带动情况"三级指标替代；"产业市场力"二级指标分为"沙滩产业市场的有效占有率""沙滩产业市场需求"两个三级指标。"产业创新力"二级指标分为"沙滩体育专利申请及创新产品数量""沙滩体育专利产品的应用率"两个三级指标。

1. 沙滩特色产业特殊力

沙滩特色产业是海阳市沙滩运动特色小镇发展的核心所在，是小镇发展的基础之力，而海阳市沙滩运动特色小镇的特就特在其沙滩特色产业是以海阳主题、沙滩主题的体育运动为核心的特色产业，万米沙滩海水浴场这一硬件条件在国内鲜有城市能够达到，这说明了海阳市沙滩运动特色小镇沙滩特色产业的特殊性、鲜明性和稀有程度。

2. 沙滩特色产业集聚力

所谓沙滩特色产业力是指沙滩特色产业要素在某一个特定的区域中的集中

程度，影响沙滩特色产业集聚力的因素主要是沙滩产业的集中度和沙滩相关产业的规模。例如，海阳国际毛衫产业集群所包含有衣服设计行业、销售行业、服务行业等一条龙产业链，未来也可建立沙滩运动服装产业链，与小镇共同发展壮大，为海阳市沙滩运动特色小镇的可持续发展不断增添活力与动力。

3. 沙滩特色产业带动力

产业的带动力是指特色产业在特色小镇发展中所表现出来的辐射力、影响力和带动周围产业发展的能力。沙滩特色产业带动力是指沙滩特色产业在海阳市沙滩运动特色小镇发展中所表现出来的辐射力、影响力和带动周围产业发展壮大的能力。例如，海阳国家级旅游度假产业集群所带动的海洋休闲度假产业、康体养生产业、历史民俗体验、沙滩体育运动产业等，未来可能还会衍生出相关体育项目的教育培训产业。

4. 沙滩特色产业市场力

市场作为任何产业发展的载体，产业市场力作为衡量一个产业是否存在市场竞争力的指标，沙滩特色产业市场力指标的数值就代表了沙滩特色产业在市场中的竞争力，沙滩特色产业竞争力越大说明该产业的核心竞争力就越强，另外沙滩特色产业市场需求和沙滩特色产业贡献率也是衡量市场竞争力大小的指标，沙滩特色产业市场需求越大，沙滩特色产业贡献率越大，则沙滩特色产业的市场力就越高，沙滩特色产业的竞争力就越大，沙滩运动特色小镇的竞争力就越大。

5. 产业创新力

自主创新能力是小镇发展的核心所在，所谓的创新能力就是海阳市沙滩运动特色小镇在发展过程中科技和沙滩特色产业的结合创新。产业创新是海阳市沙滩特色产业在未来发展的基础所在，只有不断地进行创新打破原有的规则，才能在残酷的市场竞争中"独树一帜"，占据重要地位。沙滩特色体育专利的申请、创新产品的数量和专利产品的应用都是沙滩特色产业创新力量化的关键指标。

（二）环境资源力

沙滩运动特色小镇的环境资源力是由生态环境、文化底蕴、旅游资源和运动资源等因素构成。体育特色小镇作为一种聚合产业和体育产业的新载体，同时也是集运动、旅游、休闲娱乐、养生"四位一体"和生产、生活、生态"三生理念合一"的一个综合的、新型的体育产业形态。经过专家意见，根据环境资源的构成要素，海阳市沙滩运动特色小镇的"环境资源力"一级指标分为

"小镇空气质量""小镇文化底蕴""小镇旅游资源""小镇运动资源"四个二级指标，"小镇空气质量"二级指标分为"小镇植被覆盖率""小镇空气质量""小镇的水和沙滩等资源情况"三个三级指标进行量化；"小镇文化底蕴"二级指标分为"小镇传统文化的继承与发展""小镇文化宣传情况"两个三级指标进行量化；"小镇旅游资源"二级指标分为"小镇的旅游人数""小镇的自主宣传""小镇旅游景点数量"三个三级指标进行量化；"小镇运动资源"二级指标分为"小镇体育运动发展情况""小镇承办比赛情况""小镇青少年参与比赛情况"三个三级指标进行量化。通过对沙滩运动特色小镇"环境资源力"一级指标分等级的量化分析，可以有效对沙滩运动特色小镇核心竞争力"环境资源力"一级指标进行数据实证分析。

（三）基础设施力

小镇基础设施是海阳市沙滩运动特色小镇发展的保障，小镇的"基础设施力"一级指标主要包括"交通""体育设施建设""休闲娱乐场所""体育人才储备"四个二级指标。"交通"二级指标分为"小镇交通便利程度""小镇停车场与交通指示牌等情况"两个三级指标，交通发展是海阳市沙滩运动特色小镇发展的催化剂，交通是否便捷，以及便捷到什么程度是基础设施力的量化标准；"体育设施建设"二级指标分为"小镇体育场馆和场地的建设情况""小镇公共基础设施建设情况""小镇相关俱乐部建设情况"三个三级指标，小镇体育场馆场地、俱乐部、公共体育基础设施的好坏直接影响海阳市沙滩运动特色小镇未来产业的发展升级；"休闲娱乐场所"二级指标分为"小镇大型商场的建设情况""小镇酒店的建设情况"两个二级指标，商场、酒店等休闲娱乐度假场所是海阳市沙滩运动特色小镇游客度假休息的必要之处；"体育人才储备"二级指标分为"高校人才培育""俱乐部人才的引进""运动队人才选拔"三个三级指标，各类型的体育人才培育和储备是海阳市沙滩运动特色小镇发展沙滩特色产业的后续保障和凭证。

（四）整体布局

小镇的整体布局是影响海阳市沙滩运动特色小镇发展的重要因素，其"整体布局"以一级量化指标是由"小镇整体定位""小镇规划""小镇战略布局""小镇产业链"五个二级指标构成。小镇的整体定位则决定了海阳市沙滩运动特色小镇发展是以沙滩体育比赛为核心的特色产业发展模式；小镇的规划是海阳市沙滩运动特色小镇向"安逸之城、幸福之乡、沙滩圣地"的方向发展；小镇的战略布局是指引海阳市沙滩运动特色小镇发展的源泉，"小镇战略布局"二级指标分为"人才教育培养情况""沙滩特色产业为核心的产业发展情况""沙滩特色为依托的休闲娱乐产业情况"三个三级指标；小镇的产业链是海阳市沙滩运动特色小镇的发展动力，"小镇产业链"二级指标与"沙滩特色产业为核心的产业链条"三级指标为同一指标。因此，小镇的整体布局的成功与否也是影响海阳市沙滩运动特色小镇产业核心竞争力的指标之一。

（五）政府支持力

海阳市沙滩运动特色小镇的建设发展在受市场引导的同时，也会受到政府的相关影响。"政府支持力"一级指标分为"政策出台""项目监督""风险预测"三个二级指标，"政策出台"二级指标由"国家出台的相关政策""地方出台的相关政策"两个三级指标构成；"项目监督"二级指标由"监督机制成立情况""政府部门监督情况"两个三级指标构成；"风险预测"二级指标由"风险预测平台成立情况"三级指标替代；政府出台的相关政策，可以有力推动海阳市沙滩运动特色小镇的发展。政府部门对沙滩运动特色小镇项目监督，可以在很大程度上确保沙滩运动特色小镇的顺利完成。政府部门对沙滩运动特色小镇项目提前进行风险预测，可以确保投资者在投资沙滩运动特色小镇项目时是否可以获得足够的利益。

（六）资金来源

海阳市沙滩运动特色小镇的建设在受到外部影响因素的同时，资金的来源对小镇未来的建设和发展也起到了制约作用。小镇项目建设的资金来源一般有三种，政府投资、社会团体的资金组合、个人的投资。其中，政府投资和社会团体的资金组合占据项目投融资的主导地位。"资金来源"一级指标分为"政府资本""社会团体组织""个人资本"三个二级指标，"政府资本"二级指标由"中央政府投资"和"地方政府投资"两个三级指标构成；"社会团体组织"二级指标由"国有企业"和"社会组织"两个三级指标构成；"个人资本"二级指标由"个人企业"三级指标替代。

首先，沙滩特色产业竞争力是影响沙滩运动特色小镇核心竞争力的重要因素，沙滩特色产业融合力和基础设施布局也是影响沙滩运动特色小镇发展的因素之一；其次，环境资源力指标对沙滩运动特色小镇的影响也不可小觑，小镇建设需要基于良好的生态环境、文化底蕴、旅游资源、运动资源等资源；再次，沙滩运动特色小镇的建设中要以政府的相关政策为依托，在此基础上才可以进行项目建设；复次，小镇的整体布局会影响海阳市沙滩运动特色小镇未来的发展；最后，小镇项目建设的资金来源，也是影响海阳市沙滩运动特色小镇核心竞争力的有力指标①。沙滩运动特色小镇核心竞争力最终要归结为沙滩特色产业的发展，沙滩特色产业的发展带动相关产业和经济的发展，市场作为检验产业发展的途径，市场发展力是海阳市沙滩运动特色小镇发展的可持续保证。基于此，构建沙滩运动特色小镇核心竞争力评价指标概念模型，如图 5-1 所示。

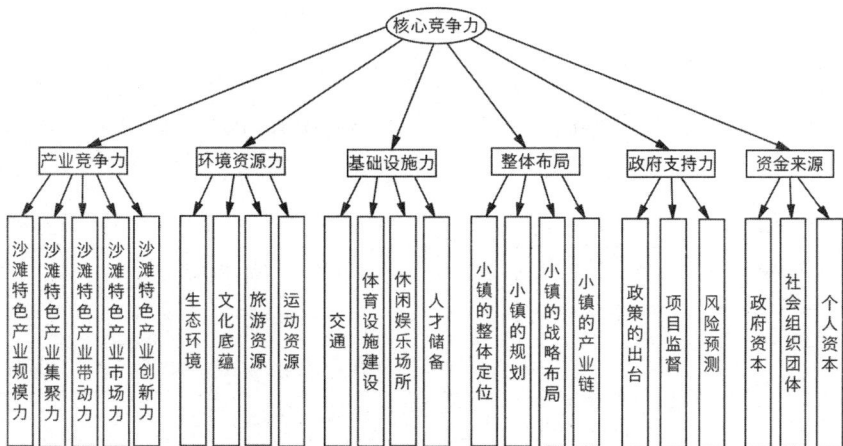

图 5-1 沙滩运动特色小镇核心竞争力评价指标概念模型

四、沙滩运动特色小镇核心竞争力评价模型各指标权重分析

在市场经济原则的基础上，本着数据的可靠性、真实性原则、市场需求与整体性布局相结合的综合性原则，利用 SPSS、数理统计对所选取的指标进行筛选，经过专家的探讨选择出了产业竞争力、环境资源力、基础设施力、整体布局、政府支持和资金来源等 6 个一级指标、23 个二级指标和 47 个三级指标作为海阳市沙滩运动特色小镇的指标体系。

第一步，根据影响因素的指标，运用高等数学中的层次分析法，把各项指标进行等级划分，划分成一级、二级、三级指标，并把所有的指标因子矩阵录入 SPSS 软件中，并输出题项，采用的标度类型为 1~9。

第二步，选择体育特色小镇研究领域的专家、经济学家、市场分析专家、金融投资专家以及所有参与海阳市沙滩运动特色小镇项目建设的人员进行问题

---

① 曾江. 新型城镇化背景下特色小镇建设［J］. 宏观经济管理，2016（12）：51-56.

调研。

第三步，把调研数据输入 SPSS 软件，运用高等数学中群决策数据集结方法，对专家调研收集的各个问题进行排序，对相关题项指标进行加权算术平均，在输入数据时误差应控制在 0.001，误差大于 0.001 的要进行最小改变算法进行自动修正，最终得出如表 5-1 所示的权重数值。

表 5-1 沙滩运动特色小镇核心竞争力评价模型各指标权重分析

一级指标（权重）	二级指标（权重）	三级指标	权重
产业竞争力（0.3302）	沙滩特色产业规模力（0.1305）	沙滩特色产业的类型	0.0745
		沙滩特色产业的发展速度	0.0560
	沙滩特色产业集聚力（0.0392）	沙滩特色产业集群情况	0.0178
		沙滩相关产业的规模	0.0214
	沙滩特色产业带动力（0.0328）	沙滩相关产业对周围产业的带动情况	0.0328
	沙滩特色产业市场力（0.0532）	沙滩产业市场的有效占有率	0.0147
		沙滩产业市场需求	0.0240
		沙滩产业贡献率	0.0145
	产业创新力（0.0745）	沙滩体育专利申请及创新产品数量	0.0332
		沙滩体育专利产品的应用率	0.0413
环境资源力（0.1832）	生态环境（0.0772）	小镇植被覆盖率	0.0147
		小镇空气质量	0.0153
		小镇水、沙滩资源情况	0.0472
	文化底蕴（0.0241）	小镇传统文化的继承与发展	0.0138
		小镇文化宣传情况	0.0103
	旅游资源（0.0285）	小镇旅游的人数	0.0047
		小镇适宜旅游的条件	0.0035
		小镇景点数量	0.0203
	运动资源（0.0534）	小镇体育发展情况	0.0145
		小镇承办比赛情况	0.0302
		小镇青少年比赛情况	0.0107

一级指标（权重）	二级指标（权重）	三级指标	权重
基础设施力（0.1378）	交通（0.0342）	小镇交通便利程度	0.0201
		小镇停车场与交通指示牌等情况	0.0141
	体育设施建设（0.0535）	小镇体育场馆的和场地的建设	0.0278
		小镇公共基础设施建设	0.0147
		小镇相关俱乐部建设情况	0.0110
	休闲娱乐场所（0.0256）	小镇大型商场的建设情况	0.0148
		小镇酒店的建设情况	0.0108
	人才储备（0.0245）	高校人才培养	0.0098
		俱乐部人才的引进	0.0075
		运动队人才选拔	0.0072
整体布局（0.1296）	小镇整体定位（0.0248）	沙滩体育比赛为核心的特色产业	0.0228
	小镇的规划（0.0357）	安逸之城、幸福之乡、沙滩胜地	0.0357
	小镇的战略布局（0.0472）	人才教育培养情况	0.0147
		沙滩特色产业为核心产业	0.0235
		依托沙滩运动的休闲娱乐情况	0.0090
	小镇产业链（0.0219）	沙滩特色产业为核心的产业链条	0.0219
政府支持力（0.1155）	政策的出台（0.0378）	国家出台的相关政策	0.0225
		地方出台的相关政策	0.0153
	项目监督（0.0452）	成立监督机制	0.0278
		政府部门监督	0.0174
	风险预测（0.0325）	成立风险预测平台	0.0325
资金来源（0.1037）	政府资本（0.0448）	中央政府投资	0.0289
		地方政府投资	0.0159
	社会团体组织（0.0372）	国有企业	0.0208
		社会组织	0.0164
	个人资本（0.0217）	个人企业	0.0217

经过对沙滩运动特色小镇核心竞争力评价体系各指标权重分析我们可以知道，一级指标权重数值由高到低排序为产业竞争力（0.3302）、环境资源力

（0.1832）、基础设施力（0.1378）、整体布局（0.1296）、政府支持力（0.1155）、资金来源（0.1037）。

"产业竞争力"一级指标下的二级指标由高到低排序为沙滩特色产业规模力（0.1305）、沙滩特色产业创新力（0.0745）、沙滩特色产业市场力（0.0532）、沙滩特色产业集聚力（0.0392）、沙滩特色产业带动力（0.0328）。首先要着重发展海阳市沙滩运动特色小镇的沙滩特色产业的类型、提高沙滩特色产业的发展速度；其次是当地高校联合其他知名科研机构，加大对沙滩体育专利的申请及产品创新的数量；逐渐形成海阳市沙滩特色产业集群，扩大海阳市沙滩特色产业规模，随着集群和规模的扩大，沙滩特色产业市场占有率、贡献率的提升，沙滩相关产业带动周围产业的力量随之"水涨船高"。

"环境资源力"一级指标下的二级指标由高到低排序为生态资源（0.0772）、运动资源（0.0534）、旅游资源（0.0285）、文化底蕴（0.0241）。首先要看海阳市沙滩运动特色小镇的淡水、海水、沙滩等资源是否丰富，小镇的植被覆盖率、小镇的空气质量、小镇的气候是否良好，小镇是否宜居宜游宜业；其次是看小镇承办比赛情况、小镇体育发展情况、小镇青少年比赛情况；再次是看小镇景点的数量、小镇旅游的人数、小镇的自主宣传；最后是看小镇的传统文化的继承与发展情况、小镇优秀文化的宣传情况。

"基础设施力"一级指标下的二级指标由高到低排序为体育设施建设（0.0535）、交通（0.0342）、休闲娱乐场所（0.0256）、人才储备（0.0245）。首先要看小镇的体育场馆或相应设施的建设、小镇公共基础设施的建设、小镇相关俱乐部的建设；其次要看小镇的交通便利程度，自驾游车主是否有足够的停车位、交通指示牌等；再次要看小镇的大型商场、酒店等的建设情况，是否能够满足旅游需求、价格是否亲民等；最后要看高校相关人才的培养、俱乐部人才的引进情况、运动队的选拔情况等。

"整体布局"一级指标下的二级指标由高到低排序为小镇的战略布局（0.0472）、小镇的规划（0.0357）、小镇的整体定位（0.0248）、小镇的产业链条（0.0219）。首先要看小镇规划建设是否为"安逸之乡、幸福之城、沙滩胜地"；其次要看小镇的沙滩特色核心产业情况、沙滩特色产业为核心的产业链情况、沙滩比赛为核心的产业情况；最后要看小镇对人才教育培养的情况、小镇依托沙滩资源的休闲娱乐情况。

"政府支持力"一级指标下的二级指标由高到低排序为项目监督（0.0452）、政策的出台（0.0378）、风险预测（0.0325）。首先要看小镇的监督机制完善程度，是否建立风险预测平台；其次要看国家和地方政府出台的各项政策；最后要看政府部门对海阳市沙滩运动特色小镇的监督机制建立情况。

"资金来源"一级指标下的二级指标由高到低排序为政府资本（0.0448）、社会团体组织（0.0372）、个人资本（0.0217）。沙滩运动特色小镇的建设资金来源大部分来自中央政府投资与国有企业投资，这一组数据也证实了我国体育特色小镇是运用PPP投融资模式发展的。小部分体育特色小镇的建设资金来源于地方政府投资、社会组织、个人企业、私人资本等，同样也符合PPP投融资模式的发展标准。通过小镇的投资方可对海阳市沙滩运动特色小镇核心竞争力进行评价。

海阳市沙滩运动特色小镇的核心竞争力提升首先要着重发展产业竞争力，充分挖掘海阳市当地的沙滩特色产业，使沙滩特色产业和其他产业进行融合、开发、创新，打造更具创新力的朝阳产业，使产业更具有市场竞争力。其次，环境资源力也是海阳市沙滩运动特色小镇是否具有可持续发展能力的重要依据，因此小镇在发展特色产业的过程中，要注重对环境资源的保护，注重对小镇传统文化的传承与继承，只有拥有良好的环境和厚实的文化基础才能建设具有生活化、商业化的沙滩运动特色小镇。再次，基础设施力中体育人才的储备也是影响海阳市沙滩运动特色小镇核心竞争力的一个重要因素，海阳市沙滩运动特色小镇要想办法引入更多的人力资本和技术资本，用以小镇的建设和管理，小镇可以和海阳市当地政府合作制定一系列的优惠政策用以吸引人才。复次，整体布局指标要略大于政府支持力指标，但两者又都是关键的因素，政府政策的支持是海阳市沙滩运动特色小镇建设的辅助力，整体布局是在政府政策的支持下进行规划的。最后，小镇建设资金的来源是海阳市沙滩运动特色小镇能否建设成功的关键，资金的来源有很多，比如，政府的财政支持、大型国有企业的投资、私人投资以及银行贷款等途径，都可以进行资金的筹集，资金就是建设的基本保障，资金量与工人效力、建设质量有正向关系，理论上资金越多，一期建设工程、二期建设工程甚至是三期建设工程的水平就越高。通过权重分析我们可以知道影响海阳市沙滩运动特色小镇核心竞争力的指标有6个，其中产业竞争力居于主导的地位，它是影响小镇是否具有核心竞争力的最重要因素。

五、沙滩运动特色小镇核心竞争力评价模型的评价指标分值标准

表 5-2　沙滩运动特色小镇核心竞争力评价各级评价指标分值标准

一级指标（分值）	二级指标（分值）	观测指标	观测指标分值
产业竞争力（3302 分）	沙滩特色产业规模力（1305 分）	沙滩特色产业的类型	745 分
		沙滩特色产业的发展速度	560 分
	沙滩特色产业集聚力（392 分）	沙滩特色产业集群情况	178 分
		沙滩相关产业的规模	214 分
	沙滩特色产业带动力（328 分）	沙滩相关产业对周围产业的带动情况	328 分
	沙滩特色产业市场力（532 分）	沙滩产业市场的有效占有率	147 分
		沙滩产业市场需求	240 分
		沙滩产业贡献率	145 分
	产业创新力（745 分）	沙滩体育专利申请及创新产品数量	332 分
		沙滩体育专利产品的应用率	413 分
环境资源力（1832 分）	生态环境（772 分）	小镇植被覆盖率	147 分
		小镇空气质量	153 分
		小镇水、沙滩资源情况	472 分
	文化底蕴（241 分）	小镇传统文化的继承与发展	138 分
		小镇文化宣传情况	103 分
	旅游资源（285 分）	小镇旅游的人数	47 分
		小镇的自主宣传	35 分
		小镇景点数量	203 分
	运动资源（534 分）	小镇体育发展情况	145 分
		小镇承办比赛情况	302 分
		小镇青少年比赛情况	107 分

续表

一级指标（分值）	二级指标（分值）	观测指标	观测指标分值
基础设施力（1378 分）	交通（342 分）	小镇交通便利程度	201 分
		小镇停车场与交通指示牌等情况	141 分
	体育设施建设（535 分）	小镇体育场馆的和场地的建设	278 分
		小镇公共基础设施建设	147 分
		小镇相关俱乐部建设情况	110 分
	休闲娱乐场所（256 分）	小镇大型商场的建设情况	148 分
		小镇酒店的建设情况	108 分
	人才储备（245 分）	高校人才培养	98 分
		俱乐部人才的引进	75 分
		运动队人才选拔	72 分
整体布局（1296 分）	小镇整体定位（248 分）	沙滩体育比赛为核心的特色产业	228 分
	小镇的规划（357 分）	安逸之城、幸福之乡、沙滩胜地	357 分
	小镇的战略布局（472 分）	人才教育培养情况	147 分
		沙滩特色产业为核心产业	235 分
		依托沙滩运动的休闲娱乐情况	90 分
	小镇产业链（219 分）	沙滩特色产业为核心的产业链条	219 分
政府支持力（1155 分）	政策的出台（378 分）	国家出台的相关政策	225 分
		地方出台的相关政策	153 分
	项目监督（452 分）	成立监督机制	278 分
		政府部门监督	174 分
	风险预测（325 分）	成立风险预测平台	325 分
资金来源（1037 分）	政府资本（448 分）	中央政府投资	289 分
		地方政府投资	159 分
	社会团体组织（372 分）	国有企业	208 分
		社会组织	164 分
	个人资本（217 分）	个人企业	217 分

本沙滩运动特色小镇评分指标体系的评价方法初步采用达标判定和评定定

级的方式。即通过总体评定，达到相应层次的分数即可认定获得相应等级的资格。首先将所有数值均乘以 10000，得到各级指标之和为 10000 分的总分标准（如表 5-2 所示）。评判规则为：如缺少某一项观测指标，则扣除该观测指标相对应的分值，最后得出总分，对应下列等级：

（1）"沙滩运动特色小镇培育对象"，总分达到 4000~5000 分；

（2）"A 级沙滩运动特色小镇层次"，总分达到 5000~6000 分；

（3）"AA 级沙滩运动特色小镇层次"，总分达到 6000~7000 分；

（4）"AAA 级沙滩运动特色小镇层次"，总分达到 7000~8000 分；

（5）"AAAA 级沙滩运动特色小镇层次"，总分达到 8000~9000 分；

（6）"AAAAA 级沙滩运动特色小镇层次"总分达到 9000~100000 分。

考虑到沙滩运动特色小镇建设的初涉性、发展性，本沙滩运动特色小镇核心竞争力评分标准还是一个探索性的框架，暂定为沙滩运动特色小镇核心竞争力评分标准 1.0 版本，后续将根据理论的推进和实践的发展不断地完善。

第六章　沙滩运动特色小镇 RC-PPP 投融资模式

体育特色小镇是在新型城镇化、健康中国、全民健身等国家战略背景下催生的一种新的产业形态，是体育产业跨界融合的一次全新尝试，是体育产业发展中最热门的一项产业，是体育产业发展的重要载体与承载平台。目前我国体育特色小镇的建设处于摸索阶段，在深度、精度的推进中面临诸多困难，投融资供需失衡即是发展过程中存在的最主要问题。因为特色小镇建设投资周期长、所需资金量大，难以单纯依靠政府投资，资金短缺、交易达成效率不高、项目运营效率低下等问题是建设营运中的棘手难题。特色小镇投融资涉及投融资制度、产权制度、激励理论、拍卖理论、产业组织理论、政府管制理论、财政理论、公共经济学理论、现代金融理论等，至今还没有一个完整的系统研究。如何建立财政资金和金融资金的协调机制，引导、吸纳社会资源广泛参与特色小镇建设是当前迫切需要解决的问题之一。随着海阳沙滩运动特色小镇建设培育工作逐渐推进实施，出现了资金投资的需求问题，为了弥补建设的资金缺口，同时防范政府债务风险，亟须探索新型的投融资机制。

第一节　沙滩运动特色小镇 RC-PPP 投融资模式的提出

一、沙滩运动特色小镇 RC-PPP 投融资模式的研究背景

因为全球经济化的影响，2013 年我国政府出台了关于投融资方面的政策，这些投融资政策的出台促进了我国投融资的发展，为我国经济开拓新局面奠定了基础，也为我国众多产业的飞速发展提供了新的助力。如《关于创新重点领

域投融资机制鼓励社会投资的指导意见》① 等文件的出台，把投融资这个属于经济学范畴的新词，带入了大众视野，这些政策在一定程度上推动了公私合营（PPP）投融资模式的发展，同时也促进了其他模式的发展。2014 年，由国家发改委牵头，十几个部门相互协作，共同参与 PPP 立法的法案起草，随后在本年度中旬 PPP 立法方案正式提上议程。在 2016 年 12 月，国家发改委和有关部门下发了关于 PPP 投融资方面的通知，该通知促进了我国市场经济和投融资模式的快速发展。相关法律法规的不断完善和政策的不断出台，预示着投融资这个词将逐渐走向舞台。随着经济全球化趋势不断扩大，单一经济元素不能满足市场经济的发展，那么如何找到一个融合产业，是现阶段经济发展所需要解决的一个重要问题。

2016 年 4 月，国家发改委、财政部、住房城乡建设部等多个部门共同起草了一个关于如何发展特色小镇的文件，在当年的 7 月国家下发了《关于开展特色小镇培育工作的通知》②，该通知明确了特色小镇项目是我国接下来产业发展的重点项目之一。2017 年 5 月，国家体育总局颁布了《关于推动运动休闲特色小镇建设工作的通知》③，该通知中休闲运动特色小镇是在特色小镇的基础上提出的、是一个全新的产业概念。休闲运动特色小镇的提出为体育的发展找寻了新的方向，由于经济的发展和时代的需要，体育产业的发展也会进入快车档行列。正因为体育运动的全面发展才带动了以体育为核心的相关衍生产业的发展，同时也促进了体育产业和其他产业的进一步融合，在此基础上体育特色小镇这一全新的产业应运而生。与此同时我国也颁布了相应的政策和文件，对体育特色小镇的建设和发展提供了新的保障。目前体育特色小镇的发展处于引领阶段，但体育特色小镇建设与发展是一个复杂的系统工程，在小镇建设的深度、效度、收益度和广度等方面都面临各种各样的问题和困难，其中如何建设运作良好的投融资模式是体育特色小镇在建设过程中所需解决问题的重中之重。

萧琛主译的《经济学》中对投融资模式的解释是，在进行投融资的时候，如何把资本的作用最大化，如何合理地利用一切可以利用的资源，并将这些资本和资源进行加工，使其产生足够大的利益。然后在资金的加持下，利用投融

---

① 王秋辉. "PPP+" 特色小镇——PPP 模式在特色小镇建设中的研究 [J]. 知识经济，2017（12）：8-9.

② 住房城乡建设部，国家发展改革委，财政部. 关于开展特色小镇培育工作的通知：建村〔2016〕147 号 [A/OL]. 中华人民共和国住房和城乡建设部办公厅网站，2016-07-01.

③ 国家体育总局. 关于推动运动休闲特色小镇建设工作的通知：体群字〔2017〕73 号 [A/OL]. 国家体育总局办公厅网站，2017-05-11.

资模式的完整体系，可以更好地完成项目的建设。其核心点就是投融资模式侧重于如何融资，在投融资模式中最重要的一点是确定主体是谁①。这本书所涉及的投融资模式是用于体育特色小镇项目的建设，在建设过程中如何确定投融资的主体是研究的一个重点，投融资主体间的关系如何利用也是一个重点。

当前特色小镇的投融资大多采用 PPP（Public-Private-Partnership）模式，所谓的 PPP 模式主要指政府和社会资本在项目建设以前签订合约，政府为社会资本提供政策方面的支持，而社会资本为政府提供资金的支持，两者之间是相互合作的关系。

海阳沙滩运动特色小镇项目是由山东阳光海岸体育发展有限公司联合山东省政府、烟台市政府、海阳市政府、山东省体育局、烟台市体育局等部门联合开发建设，其宗旨就是将海阳沙滩运动特色小镇建设成为独具当地文化特色的国家级沙滩运动特色小镇。本书在研究总结了学者们对模式的研究后，根据海阳市沙滩运动特色小镇的实际，构建一种新型的投融资模式，即 RC-PPP 模式（Repetition Cycle-PPP，即循环周期公私合营）投融资模式，它的投融资主体是政府和社会资本组成的项目联合公司，该模式下政府与社会投资者紧密结合，互相合作，全权负责项目建设过程中的规划、设计、投资者的选择、运营管理等事项，全程参与小镇项目的建设，与以往的投融资模式存在很大的不同，在该模式中每一个阶段的参与者不是简单的功能相加，而是各个不同的个体采取系统化、战略性的联合行动。亦即该模式由政府和社会投资者共同参与组建项目公司，公司负责项目建设的一切事宜，区别于其他模式中两者单独参与项目的建设。该模式中政府职能将会发生变化，不再是项目的主导者而是参与者和监督者；在项目建设的过程中会成立项目管理委员会、组建公司型合资结构的项目公司，这些都是该模式不同于以往模式之处。在 RC-PPP 投融资模式的应用中建立组织管理机制、激励机制、信息共享机制、监督机制、风险监控机制等有利于该模式运营的机制，来确保 RC-PPP 投融资模式的正常运行；政府和社会投资者组建的项目公司全程参与项目的建设，在项目建设的每一个阶段都有对应的参与者参与到项目中来。RC-PPP 投融资模式的构建可以为体育特色小镇的建设和运营提供新的选择。

RC-PPP 投融资模式中，双方在项目公司中占有相应的股份，共同负责项目运作，这样可以提高项目的经济可行性，降低项目投资风险。在 RC-PPP 投

---

① 保罗·萨缪尔森，威廉·诺德豪斯著·经济学［M］·萧琛，译·北京：人民邮电出版社，2008：87.

融资模式中所有权和运营权方面，归政府部门和社会投资者共同所有；在公私合作方面，RC-PPP 投融资模式中的所有参与者是一种更为紧密的公私合作关系，双方的合作贯穿整个项目的循环周期；在风险分担方面，RC-PPP 投融资模式中政府和社会投资者按照合约共同承担风险。

二、沙滩运动特色小镇 RC-PPP 投融资模式的研究目的

体育特色小镇是以体育运动为核心元素，打造的一个体育特征鲜明、独具特色的产业平台。由于体育特色小镇这个新产业在我国出现的时间尚短，所以在体育特色小镇建设中并没有形成成熟的建设体制，很多小镇的建设都是模仿西方小镇的建设路径，但西方很多的成功案例并不完全适用于我国的小镇建设。所以为了能够找到一套适合于我国小镇建设的模式，也为以后体育特色小镇的建设提供参考依据，也为了能够在以后的体育特色小镇的建设中可以提供参考依据，本书选取了体育特色小镇建设中最重要的一个环节——投融资模式，以此来进行分析和研究。以海阳市沙滩运动特色小镇为研究案例，在投融资模式方面进行全方位、深入研究，总结和分析前人研究的观点、问题、方式和价值等，在学者们研究的基础上，对海阳市沙滩运动特色小镇进行实证研究，希望本章可以为学者和建设者提供一个新的研究和建设方向，同时也可以为海阳市沙滩运动特色小镇的开发和建设提供一些可行的、可参考的投融资方案。

体育特色小镇的建设与开发促进了体育产业的全新发展；体育特色小镇的发展对于城乡经济的崛起起到了促进作用；对于正处在经济转型中的我国经济来说，也会成为一个新的推动力；对于我国实现全面小康建设具有重要的意义。本章的研究进一步丰富了我国体育特色小镇的投融资模式，为政府部门和相关体育部门、企业、社会投资者以及当地的特色产业等社会主体，如何进行体育特色小镇的建设提供一定的帮助。投融资模式作为一个经济学范畴的概念，在体育特色小镇相关的研究中被提及的次数很少，所以希望本章的研究可以为学者们提供一个新的研究方向，也可以为体育特色小镇的建设提供新的参考依据。

三、沙滩运动特色小镇投融资模式的理论基础

（一）公共产品供给理论

公共产品供给理论是研究经济学的重点理论，在经济发展的研究中会受到

很多学者的青睐，同时也是研究投融资模式的基础理论。关于这个问题的研究，《西方经济学（宏观）》一书中从以政府为中心到以社会投资者为中心，再到以私人投资为中心的发展历程，这一历程与省地共建模式转变向 PPP 模式的历程何其相似，公共产品供给理论是研究投融资模式的基础理论，对政府供给模式、社会投资者供给模式、私人供给模式、多元主体供给模式等都具有理论指导意义，其中最主要的是政府供给模式和社会投资者供给模式①。

（二）机制设计理论

机制就像一个游戏的规则一样，它是为了给各成分制定规则的一个名词，它与其他名词不同的是，机制相对来说具有强制性，如果在这个机制管控的范围内，要遵循它所制定的规则，并且不能对这个规则提出异议。机制设计理论就像是一座建筑的地基，任何情况下都要遵循标准不能独树一帜。很多企业中也会运用机制设计理论，他们的初衷更倾向于拥有良好的工作环境。该机制可以系统和全面的分析资源在配置过程中的比重权重，通过信息和数据的变化来激励、完善、控制和处理能力在资源配置中在所占比重，对现代经济的发展有很大的促进作用。

（三）项目融资理论

对于项目融资没有一个具体的定义，经济学家也在不断地探索项目融资所未涉及的领域，但也不能对什么是项目融资进行一个明确的定义。无论是从广义还是狭义上讲，项目融资理论发展代表的是经济发展的速度，它是项目融资的基础理论，无论项目融资理论如何发展，其本质就是过于追求的融资方式②。从国外学者的研究中我们可以看出，国际上对项目融资大多是从狭义的角度进行界定的。以项目本身作为主体来进行融资和项目本身作为资产所获得的利益作为融资的资金来源，是项目融资理论具有的两个鲜明特点。

---

① 高鸿业.西方经济学（宏观）[M].北京：中国人民大学出版社，2014：106.
② 戴大双，于英慧，韩明杰.BOT 项目风险量化方法与应用 [J].科技管理研究，2015（2）：98-100.

第二节 投融资模式研究回顾

一、投融资模式研究

（一）城市基础设施投融资模式研究

朱颐和①、李颜娟②等学者从基础设施的投融资建设、体制改革、新模式探索、风险把控、多元化投融资等几个方面对基础设施的投融资进行研究，他们认为在探索新模式的同时也要加强对原有模式的巩固，减少风险和失误。赵予新等学者通过分析城市基础设施投融资主体与方式，利用回归模型，对金融支持城市基础设施投融资贡献度进行实证分析，可以通过数据对比来选择适合的投融资模式，对城市基础设施融资呈显著的正向作用③。何文虎学者通过总结和借鉴国外的优秀经验，对我国城市基础设施的建设进行了投融资模式选择的分析，发现很多的问题，他认为要想找到一套合适的模式，还是要重新进行制度的完善和风险监督的加强，投融资主体的选择要符合当地的发展特点不能盲目跟从④。

除了以上问题，还可以从影响投资者进行投融资的重要因素分析；如何把控投融资的风险，使得风险可以最小化；如何保障投资者的权益和怎样分担风险；投融资选择的主体是越多越好还是越少越好等方面进行研究。还应该关注场馆盈利问题的分配；投融资主体和客体之间的博弈；场馆投融资奖励机制设计等方面的问题。

（二）地方政府投融资模式研究

地方政府的投融资面临很多的问题，要想改善政府的投融资问题，就要进

---

① 朱颐和，毛安敏．城市基础设施建设投融资新模式——有限合伙制私募股权投资基金[J]．财会月刊，2014（22）：115-116.

② 李颜娟．基础设施项目多元投融资模式研究[J]．宏观经济管理，2014（7）：76-78.

③ 赵予新，马琼．金融支持城市基础设施投融资贡献度的研究[J]．金融理论与实践，2015（6）：64-67.

④ 何文虎．我国城市基础设施融资平台创新：基础设施融资银行[J]．金融理论与实践，2014（2）：23-29.

行模式的创新，只有模式创新了才可能解决在政府投融资过程中遇到的一系列问题。我国地方政府投融资主要以投融资平台的方式进行，研究该领域一般会集中在三个方面，这三个方面都是以投融资模式为基础的，研究发现依然存在很多的问题，因此学者们要把接下来研究的重点放在投融资模式所存在的问题上。公共基础项目根据性质和功能的不同可以分为很多种，对于不同的项目其选择的投融资模式也不同，那么投融资模式选择的投融资主体也不尽相同，我国基础设施建设的投融资模式选择要根据实际情况进行多方位的考虑，然后才能进行基础设施项目的建设①。

针对问题，学者们提出要从融资渠道入手，开辟完善融资渠道、鼓励创新、完善相关法律法规、引入限度产业进行跨界融合、加大投融资主体的选择力度等对策。

（三）地方投融资平台研究

国内关于地方投融资平台的研究侧重点不同，但大部分都侧重于生产方式、对当地经济的作用等方面的探讨，在研究中会发现很多问题，其中最主要的问题是，地方投融资平台的治理能力有待提高等。在现有的平台基础上建立一套全新的体系制度，用于当地投融资模式的发展，由于区域经济发展不平衡和平台建立职能也不尽相同，会导致各地投融资平台都具有很强的地方色彩。祁永忠等学者认为，地方融资平台在建立的过程中就存在很多的问题，平台管理缺乏规范性，要想让地方融资平台快速健康的发展需要解决的问题有很多，其中最关键的是如何核算和清理平台债务，建立有效的平台监管机制，让当地政府不过度依赖平台②。

除了以上学者们提出的问题外，还有担保融资规模过大、债务负担率过高、信息透明度差、运作不规范，同时学者们下一步所重点关注的有企业压力大、运营方式单一、投融资主体的选择不明确、相关法律法规不完善等问题。

综上所述，笔者认为还存在融资平台的规模小，融到的资金量有限；平台的管理会有很大的漏洞，不利于当地政府的职能体现；平台的融资能力和风险监测的能力，成为影响当地投融资平台能否顺利运营的关键因素。

---

① 严剑锋. 地方政府重大公共项目投融资模式选择与实施 ［J］. 地方财政研究，2014 (7)：11-15.

② 祁永忠，栾彦. 地方政府融资平台风险及其治理 ［J］. 理论探索，2012 (2)：86-90.

（四）财政投融资绩效问题研究

很多经济学者喜欢研究投融资绩效问题，为了促进当地经济快速有效的发展，要结合当地经济发展的情况建立一套具有说服力的绩效评价体系，这一体系可以加快对当地投融资绩效的评价，这一体系建立的原则要符合当下经济市场的发展原则，所构建的指标体系要具有经济市场的需求供给原则的特点，可以更好地体现融资体系的特点①。杨志安②等学者，通过财政投融资绩效评价、财政投融资支农领域的绩效和分析财政投融资绩效的主要方法，认为存在的主要问题：针对的领域较单一，对于特色小镇稍微有所涉及，但比重不高；研究所涉及的资金大多数都来源于政府的财政资金；投融资绩效指标的构建上权重的计算方式比较主观，没有考虑客观因素；在计算模型的选择上比较单一，没有固定的选择模型，对模型应用的经验尚且不足。于其敏认为长期以来基础设施的投融资由政府主导，因此很多的基础设施项目都是以政府投融资为主体的，这就造成了投融资绩效问题的出现，解决这一问题要根据各要素投资产出弹性优化投资结构，突出投资重点，完善现有财政投融资渠道并开辟新的投融资渠道③。

针对以上问题学者们提出：要拓宽投融资绩效研究的领域，多涉及全新的、新兴的领域，不能局限于单一的领域；融资渠道要拓宽，不能局限于一种渠道；在绩效的计算上，指标的选择不能随意；构建模型要严格按照公式进行推导，不能随意选择；模型检验要有明确的体系等建议。

除了以上的建议外，还应该从模型构建的标准、指标选择的标准、模型检验体系的构建原则等方面进行研究，提出有针对性的建议，可以加快投融资绩效工作的开展。

二、体育投融资模式研究

投融资研究的领域很广，体育投融资研究涉及体育产业、场馆设施、体育特色小镇投融资、中外体育产业投融资体制比较等方面。

---

① 李鹏. 财政投融资绩效评价体系的构建及其实证筛选 [J]. 社会科学辑刊，2014 (5)：113-121.

② 杨志安，李鹏. 财政投融资绩效问题研究综述 [J]. 农业经济，2013 (5)：94-95.

③ 于琪敏. 我国基础设施财政投融资绩效的实证分析 [J]. 现代商业，2011 (21)：187.

（一）体育产业投融资模式研究

周静学者认为，中国体育产业的发展还存在着很多的问题，比如，政府投入的建设力度低、投融资的制度和政策不完善、融资渠道比较窄、投融资经验不足等，中国目前建设的体育特色小镇要符合当前经济的发展趋势；建立属于体育发展的独特的资本金融市场，要合理利用融资市场；加强风险监测力度；构建体育产业投融资市场的完整体系，实现体育产业的最大经济效益[1]。陈同先[2]、郭敏[3]、景俊杰[4]、张华[5]、肖文[6]、朱建勇[7]、张秋霞[8]等学者所研究的都是体育产业投融资方面的问题，他们从大的市场环境下来找寻我国体育产业投融资体制问题，包括投融资的必要性、资金来源及模式等。李建臣[9]等学者，从资本市场的角度出发进行体育产业投融资的探讨，他们认为资本市场上存在很多的问题，如果这些问题不解决，那么对新产业的发展也会形成影响。除了提到的这些还有，如市场投融资的法律法规不健全，不能保证投资者的效益；项目在建设过程中各投资者缺乏基本的交流，很多观点都不一致性会造成建设的延迟和资金的浪费。

针对在体育产业投融资领域所遇到的问题，学者们提出，要扩大投融资的范围，引进资本雄厚的企业、改善投融资的体制，加强管理和宣传、完善相关的法律法规，为投融资提供政策保障、建立有效的高效的交流机制，便于各个

---

① 周静.构建中国体育产业投融资体系及研究对策［J］.中国石油大学学报（社会科学版），2011，27（3）：31-34.

② 陈同先.加快我国体育产业多元化投融资体制发展的思考［J］.体育与科学，2006，27（2）：40-42.

③ 郭敏.论我国地方体育产业发展中财政投融资的优势与不足［J］.体育与科学，2006，27（2）：37-39.

④ 景俊杰，孔媛，齐伟.体育产业投融资不足与应对［J］.体育文化导刊，2005（1）：58-60.

⑤ 张华.我国体育产业财政投融资体制问题探讨［J］.体育与科学，2007，28（3）：9-12.

⑥ 肖文，高崇.我国体育产业的投融资战略选择［J］.中国体育科技，2004，40（1）：1-3.

⑦ 朱建勇，薛雨平.我国体育产业投融资可行性分析［J］.北京体育大学学报，2010，33（11）：27-30.

⑧ 张秋霞，冯亚.我国体育产业投融资中的现状研究［J］.首都体育学院学报，2005，17（4）：34-35.

⑨ 李建臣，任保国.我国体育产业资本市场投融资研究［J］.北京体育大学学报，2007，30（11）：1470-1472.

领域的投资者进行交流，资本市场的风险监督系统要运用到体育产业投融资中，便于进行风险防范。

综上所述，当前我国体育产业的不断发展，逐渐成为我国经济市场一个新的经济点，除了学者们提出的建议外，笔者认为要积累相关的实战经验，多从国内外和别的项目的投融资中汲取经验，在我国建设的经验基础上适当借鉴国外的建设经验，争取建立属于我国的成熟的投融资模式和体系，可以为体育产业的发展提供更多的选择。

（二）体育场馆投融资模式研究

刘晓湘是从厦门体育场地的投融资现状进行研究的，研究表明，厦门大部分的体育场馆采用的都是以政府为主，各社会资本为辅的投融资模式。无论投融资模式如何变化，其投融资的主体大都以政府为主，其余的投融资主体都属于参与者的形态，没有多少话语权[①]。王子朴等学者认为，由于中国举办大型赛事的机会越来越多，大型体育场馆的建设是体育产业发展的重中之重，大部分场馆的投融资主体的选择不断扩大，融资模式逐渐多样化，资金来源的渠道也逐渐增多[②]。有学者认为，选择的投融资模式不同，那么项目建设的路径和项目建成以后的特征也不尽相同，虽然我国体育场馆建设的投融资方面的问题有很多，需要很多研究者进一步的深入研究，但借鉴国外的成功经验也是推动我国场馆建设的重要路径和方法的有力措施之一[③]。

综上所述，无论是政府主导的投资还是多方参与的投资，随着市场多元化的发展，场馆的投融资也逐渐趋向多元化。但也有很多的问题出现，如政策扶持不到位、吸引的资本金少、投融资体制不完善等都是政府所需要解决的问题。

（三）特色小镇投融资模式研究

林峰学者认为，特色小镇的投融资模式要进行全方位的比较，选择适合小镇的投融资模式，要在原有的投融资基础上鼓励多渠道的金融支持、明确投融

---

① 刘晓湘. 厦门市体育场地投融资现状分析 [J]. 山东体育学院学报，2012，28（1）：33-37.

② 王子朴，梁蓓，陈元欣. 梳理与借鉴：奥运场馆投融资模式研究 [J]. 西安体育学院学报，2012，29（4）：425-433.

③ 刘晓湘. 体育场馆建设中的不同投融资模式研究 [J]. 唐山师范学院学报，2011，33（2）：80-82.

资的渠道来源，综合选择商谈模式①。梁敏认为，特色小镇的投融资模式应坚持以政府政策支持为导向进行投资模式研究，以当地的特色产业为依托，结合体育运动为新的核心产业，结合当地的具体情况来选择适合的投融资模式②。林峰学者认为特色小镇投融资模式中的资金来源中，政府资金要发挥主体的作用，其余投资者的资金作为辅助作用，国家政策的出台作为一个推力作用，区域经济发展的情况作为项目建设的基础作用，然后结合当地经济的特色和当地政府各部门之间进行合作，共同完成特色小镇的投融资③。许小珠等人认为特色小镇在投融资建设期间具有投入资金高周期长等特点，为了能更好地完成特色小镇的建设，PPP 投融资模式是一个绝佳的选择，对小镇的建设具有推动作用④。

学者们从特色小镇投融资模式选择、主体、资金来源、PPP 模式、投融资体制完善等方面进行研究，在研究的过程中也遇到了模式选择困难、投融资主体选择少、体制和政策不完善、投资者的权益得不到保障等问题，这是接下来专家和学者所要进行研究的重点。

综上所述，我国特色小镇的投融资模式处于摸索阶段，并没有一套完整的投融资体系，都是在借鉴外国投融资经验的基础上进行模式探索，所遇到的问题都是急需解决的问题。

（四）特色小镇 PPP 模式研究

苏海红等人认为 PPP 投融模式应用到特色小镇的案例逐渐增多，PPP 投融资模式具有很大的发展潜力，PPP 投融资模式是特色小镇建设的必然选择，相关学者从时间维、逻辑维、知识维三个角度分析了 PPP 投融资模式的风险，并提出相关建议⑤。黄芳芳认为 PPP 投融资模式是助力特色小镇建设的主要途径，通过 PPP 投融资模式可以平衡公共利益和社会资本收益，指出产业是特色小镇建设的支撑，要以产业地发展聚集人才⑥。王秋辉学者认为，将 PPP 投融资模式引入特色小镇建设具备良好的基础，指出了 PPP 投融资模式在特色小镇建设

---

① 林峰．操盘特色小镇 投融资模式率先"探路"[J]．中国文化报，2017（6）：1-3.

② 梁敏．特色小镇"生命力"之开发架构及投融资模式研究 [J]．住宅与房地产，2018（10）：235.

③ 林峰．特色小镇的 PPP 投融资模式 [J]．中国房地产，2017（5）：62-65.

④ 许小珠，赵帅．特色小镇的 PPP 投融资模式分析 [J]．全国流通经济，2018（34）：82-83.

⑤ 苏海红，王松江，高永林．经济新常态下 PPP 项目精益建设运行模式研究 [J]．项目管理技术，2020，18（05）：20-24.

⑥ 黄芳芳．以 PPP 模式打造特色小镇 [J]．经济，2016（35）：68-71.

中缓解资金压力、激活社会资本、促进法治化建设等优势，分析了特色小镇PPP投融资模式的具体路径①。冯珊珊学者以文旅小镇为例分析PPP投融资模式投资的流程，认为PPP投融资模式要成功运营，就要使得社会资本在建设与运营特色小镇的过程中可以实现自身的预期收益②。石睿等人认为我国PPP运行存在很多不足和漏洞，在特色小镇中推行PPP模式，重点要通过行业监管、自主监管、引入第三方监督机构等多种模式加强对PPP项目的监管③。站在企业的视角进行分析特色小镇PPP项目识别、准备、采购、执行和移交全过程中可能存在的法律风险，指出社会资本方要对风险有足够的意识和警觉，制定并采取有效的风险防范措施④。

综上所述，PPP投融资模式目前为止，是最适合我国特色小镇的投融资模式。但PPP投融资在实施过程中存在很多不足，如特色小镇PPP运作模式和项目结构需根据不同的案例进行有针对性的精细化研究，因此在将来我们要为各个类型的体育特色小镇量身制定投融资模式。

（五）中外体育产业投融资体制比较借鉴研究

余小刚等学者认为体育产品功能、性质和用途在日常生活中都存在不同的特点，因为体育产品的性质不同，所采取的管理手段也不同，国外的体育按照性质分为很多种，其用途和功能也不尽相同⑤。朱阿丽认为，与国外的体育产业投融资制度相比，我国的体育产业投融资制度中，政府的职能是不同的，国外的政府职能没有国内制度中政府的职能权力大，国外提倡的是自由竞争的关系，但是在我国现阶段小镇建设才刚起步，这种关系是不提倡的，提倡的是合作共赢的关系⑥。吴振绵在对国外体育产业融资模式进行总结分析后，认为我国的投融资模式和国外相比有很大的差距，不同的财政政策所产生的效果也不尽相同，我国要改变现有的投融资模式，引进完整的市场体系制度，调动产业的积极性，

① 王秋辉．"PPP+"特色小镇——PPP模式在特色小镇建设中的研究［J］．知识经济，2017（12）：8-9.

② 冯珊珊．论道特色小镇PPP基金商业回报［J］．首席财务官，2017（07）：52-55.

③ 石睿，朱珠．浅析特色小镇中PPP项目监督管理研究［J］．法制博览，2017（24）：16-18.

④ 朱东阳．特色小镇PPP项目主要法律风险识别和防范——以社会资本方为视角［J］．改革与开放，2017（15）：70-71.

⑤ 余小刚，宋迎东．美日两国体育产业投融资体制对我国的启示［J］．商业经济研究，2012（18）：129-130.

⑥ 朱阿丽．国外体育产业融资模式分析［J］．商业经济研究，2011（23）：85-86.

促进多元化投资模式的产生①。与发达国家相比，我国在投融资体系的建立方面已经落后很多了，它们拥有完整的制度体系，而我国现阶段还在进行摸索，这样会在很大程度上阻碍体育产业的发展，也会对经济发展造成很大的影响，我国的投融资模式要做的就是要完善制度体系，找到合适的模式制度②。

综上所述，建立完善、适用的体育制度、完善体育比赛的体系和制度；根据市场的变化和需求选择合适的投融资模式；制定一套投融资主体选择的制度；对于国外特色小镇的建设经验要取其精华，把小镇建设的成功经验运用到体育特色小镇的建设中，为我国体育特色小镇的发展提供经验和案例。

第三节　体育特色小镇投融资模式分析

不同的投融资模式所选取的投融资主体也不尽相同，所以在选取投融资主体时，要根据其所在项目的建设特点、资源现状和当地的经济状况等特点，来选择适合的投融资模式，从而确定投融资主体。只有选择正确的投融资模式，才可以保证项目的顺利建设。因此，对我国比较典型的投融资模式进行了简单的分析，当前我国体育特色小镇常用的投融资方式有很多，其中最常用的就是以下几种：

一、PPP 模式

（一）体育特色小镇 PPP 模式的选择原因

体育特色小镇的出现，使得体育产业发展走向一个全新的制高点，同时也是体育产业跨界融合的一次全新的尝试。由于体育特色小镇是一个新兴的产业，在建设方面存在很多的问题，同时西方的建设经验也不能全部照搬，在这种情况下我国只能走模式探索的道路。例如，淄博临淄的蹴鞠小镇，是由光合文旅和淄博市政府合力打造的，以校园足球和足球研学为特色的足球小镇。小镇的管理运营都是由光合文旅负责，这样就造成了一家独大的局面，不利于小镇后

---

① 吴振绵. 我国体育投融资体制问题研究 [J]. 体育文化导刊，2004（2）：9-15.

② 钟丽萍，金育强. 中国企业投资海外足球俱乐部的特征、动因与启示 [J]. 成都体育学院学报，2018，44（4）：30-34.

期的发展。体育特色小镇 PPP 项目运作模式的研究，是为了更好地满足大众体育消费需求的升级，体育特色小镇建设与运营的本质是，通过体育打造更全面的服务体系，满足当下体育发展所带来的供给需求的不足。李明认为，PPP 模式的深入研究，对公共体育服务项目的发展有很大促进作用，同时使得投融资更加有着入点①。王秋辉认为，PPP 模式是促进社会资本和政府紧密合作的方法②。申建红等学者从 PPP 模式的风险预测、企业管理、经济学、创新发展、监督管理等视角进行分析和研究，对 PPP 模式的应用发展提供了依据③。在体育特色小镇建设中所面临的最大问题就是投融资模式的选择，在以往的投融资模式中，BOT、TOT、PFI、BT 等模式都存在很大的问题，并不能成为体育特色小镇建设中的一个稳定的有保障的投融资模式④。在体育产业逐渐成为我国朝阳产业的同时，在响应习近平总书记"2030 健康中国"政策号召的同时，政府要为体育小镇的发展探索出一条合适的路径。在此基础上 PPP 项目运作模式为基础的 I+P、BTOT、PFAS 等模式的出现，弥补了先前投融资模式的不足、更好地减缓了政府的财政压力、拓宽了投融资的渠道、项目的运作和建设更具有科学性、能更好地诠释小镇发展的空间和着力点、同时也更好的规避了体育特色小镇的投资风险。

政府和社会资本合作模式 PPP（Public-Private-Partnership，公私合营各种模式），是指政府与私人组织之间为了合作建设城市基础设施项目或者为了提供某种公共物品和服务，以特许权协议为基础，彼此之间形成的一种伙伴式的合作关系。

PPP 模式经常应用在基础设施的建设中，首先，政府在项目立项以后，会组建一个项目小组来进行项目建设的监督；其次，政府和社会团体组成一个新的团体组织——项目公司，负责项目所需要的资金，资金的来源一般是政府财政拨款和社会资本的加入，项目公司要做的就是，将资金进行分配整合，用以项目的建设。项目完成以后由政府和社会参与者共同进行项目的运营和管理，其中参与建设的个体或者企业会在项目建成以后获得相应的项目经营收益。

---

① 李明. PPP 模式介入公共体育服务项目的投融资回报机制及范式研究——对若干体育小镇的考察与思考 [J]. 体育与科学，2017，38（4）：86-93.

② 王秋辉. "PPP+"特色小镇——PPP 模式在特色小镇建设中的研究 [J]. 知识经济，2017（12）：8-9.

③ 申建红，孙小宁，刘立丹. "互联网+PPP"模式下建设项目风险度预测 [J]. 土木工程与管理学报，2017，34（5）：27-31.

④ 周正详，张秀芳，张平. 新常态下 PPP 模式应用存在的问题及对策 [J]. 中国软科学，2015（9）：82-95.

PPP 模式是一种新型的投融资模式，它最终的目的是在完成项目建设以后，政府和社会投资者也可以获得相应的利益，从而达到双赢的局面。PPP 模式是典型的多种资本之间进行的合作，这样可以更大程度上融资资金，也可以把项目的建设风险降到最低①。在项目建设的过程中，政府会和社会资本达成一个协议或者签订合同，这样会以一种承诺的方式来进行相关项目的建设，政府不会以直接的名义和个体达成协议，而是以一种特殊的部门来和投资者进行有关事宜的商定②。其 PPP 模式的实质就是：政府和社会资本进行合作，签订一定的合约借此来监督项目的建设者，作为保障它们收益的条件，用于督促和监督它们尽快完成项目的建设，在项目建成以后，选择合适的合作者跟他们签订长期的、有法律效力的合约，来进行项目的运营管理。

因此，体育特色小镇的开发和建设也属于对公共体育服务项目的一种开发和建设。秉持着绿色发展和可持续发展的理念③，可以有效缓解政府的投融资压力，有效降低体育特色小镇建设的风险，有效扩大社会资本的投资领域，有效缓解民营企业的压力，因此，PPP 模式才是体育特色小镇必然的选择。

（二）PPP 项目运作模式

2014 年，由国家发改委牵头，十几个部门相互协作，共同参与 PPP 立法的法案起草。以国家发改委提出的《中国基础设施和公用事业特许经营法（草案意见征求稿）》和财政部起草的《政府和社会资本合作法（草案意见征求稿）》作为基础来进行 PPP 的立法方案的准备。在 2016 年 12 月，国家发改委和证监会共同发布了《国家发改委、中国证监会关于推进传统基础设施领域政府和社会资本合作（PPP）项目资产证券化相关工作的通知》。

1. I+P 模式

传统运行模式有建设—运营—移交（BOT）、建设—拥有—运营—移交（BOOT）等模式，随着体育产业的发展，以往的传统模式并不能满足体育产业发展所带来的需求升级，寻找新的发展模式是重中之重。I+P 模式指的是，利用互联网作为交易的平台，在起到推广作用的同时也把线上和线下的商务机会

---

① 魏蓉蓉，邹晓勇. 特色小镇发展的 PPP 创新支持模式研究［J］. 技术经济与管理研究，2017（10）：125-128.

② 曾琼，张小波. 基于 PPP（公私合营）视角的科技资源共享服务机制研究［J］. 科技管理研究，2017（23）：1-6.

③ 李妍，马丽斌，刘婷婷，等. 绿色发展理念下 PPP 支持河北特色小城镇发展的创新对策［J］. 河北地质大学学报，2017，40（4）：107-111.

有机地结合在一起，并使得传统的商业流变为数字化的信息流和现金流，将线上模式与线下模式融合在一起，进行消费的一种模式。I+P 模式的核心部分就是把线上的娱乐和线下的实践结合起来，这样可以更准确、便捷、方便和快速地让顾客获得第一手信息，同时因为互联网中 AI（人工智能）的发展，体育特色小镇的安全保障可以得到巨大的提升，在节省人力和财力的同时也可以保障体育特色小镇的安全，这就是该模式最突出的部分，其运作模式见图 6-1。

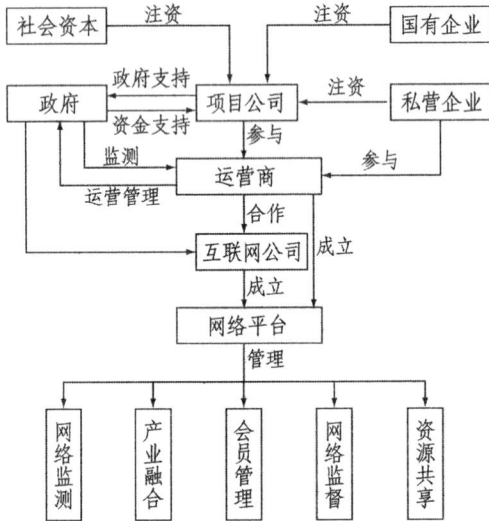

图 6-1　I+P 模式运作流程

由政府组织有关部门对体育特色小镇进行论证分析，内容主要为：进行市场调研、需求分析、建设运营的可行性分析、对项目未来收益进行预测、对项目建设以及运营期间的风险进行预测评价、对项目的可开发产业进行研究分析等，向政府有关部门提交项目可行性研究报告，并获得审批。政府通过公开招标的方式，选择私人企业进行项目的独立建设，并成立项目公司。私人企业、社会资本和国有企业，都可以根据国家资本金的有关制度，向项目的建设注入资金，同时项目公司获得政府的政策支持以保障项目的建设。在完成项目建设以后，项目公司把项目的运营管理权移交给政府，由政府选择合适的运营商负责项目的运营管理（私人企业也可以参与竞争），根据相关的法律签署相关协议，政府不参与运营管理，只负责对运营商进行监督以保证体育特色小镇安全合法运营。运营商与互联网公司合作成立网络平台，来负责体育特色小镇整体的运营。

网络平台包括：①通过改进的计算机监测软件对 I+P 模式的风险指标进行

主成分分析，以此找出核心影响因素并成立风险监测部门；②利用互联网的云计算将互联网与传统产业深入融合，通过互联网信息技术与现代产业跨界融合所形成的新经济形态，成立产业融合部门；③通过互联网的云端大数据将线上和线下的运营方式结合在一起，可以设置会员登录的模式，让人们通过网络进行会员注册，然后可以在线上观看比赛的直播、购票、并能够查找比赛信息等一系列生活和比赛相关的信息，线下也可以吸引一系列的投资商和社会资本的加入，成立会员管理部门；④通过建立互联网平台，在保持传统 PPP 项目的主体关系的基础上加入人工智能的管理模式，使得体育特色小镇的管理更加科学化，成立网络管理部门；⑤政府与社会资本共同建立 PPP 项目公司，并由银行或金融机构作为担保机构，担保公司所有信息共享，成立网络资源共享平台①。例如，腾讯体育与 NBA 签约五年成为 NBA 比赛的独家播放权，2017 年，新浪微博也与 NBA 签约，让体育+社媒走入大众视野。

2. BTOT 模式

BTOT（build-transfer—operate-transfer）模式是指由政府出资进行体育特色小镇项目的建设，在项目完成后把项目的管理和经营权以合同的方式让特殊目的机构（SPV）进行经营和管理。将 BTOT 模式运用于体育特色小镇的建设需要大量的实践探索，该模式将按照时间顺序将建设过程分为四个阶段：前期准备阶段、招标阶段、建设阶段和管理运营阶段。BTOT 模式要根据项目本身的情况而定，并且在实施过程中也有许多相关部门的参与。该模式是在政府和社会资本合作的基础上进行的，在进行项目合作的时候，在项目的设计、规划、定位、布局、融资、建设、运营等方面进行资源的共享，同时也对基础设施公共服务提供者、消费者和生产者三方关系进行重新地定位和重塑。详细的运作流程见图 6-2。

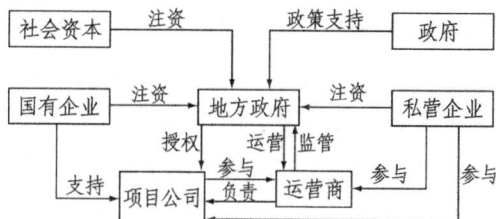

图 6-2 BTOT 模式运作流程

---

① 曾琼，张小波. 基于 PPP（公私合营）视角的科技资源共享服务机制研究 [J]. 科技管理研究，2017（23）：1-6.

前期准备阶段：该阶段包括四个方面分别为项目的可行性研究、项目批准立项、项目公开招标和确定合作伙伴成立项目公司。政府会对地产业、经济状况以及发展潜力进行立项研究，并采用公开招标的方式吸引社会资本和私人企业注资，从而建立项目公司且公司，通过签订一系列合同共同建设体育特色小镇的项目。

招标阶段：项目公司对所需要建设的项目进行公开招标，并且所有的程序都按照和遵循国家法律法规，完成招标、投标、开标、评标、定标等程序，来选择合适的团队进行项目建设。

建设阶段：政府以土地、基础设施等不动产权以及通行权、特许经营权等为合作条件，社会资本则以资金、专业技术以及市场运作的运行机制、管理经验等参与基础设施服务经营。

管理运营阶段：在建成项目以后，以项目公司为组织载体，负责体育特色小镇基础运营和管理，体育特色小镇BTOT运营模式是政府和私人机构之间根据特许经营协议成立特殊目的机构（SPV），然后由SPV负责体育特色小镇项目的设计、建设、融资、运营、维护和用户服务等，合同期满后将体育特色小镇项目的各项资产和权力移交政府，或者是继续和政府签订合同，继续管理和运营体育特色小镇。

3. PFAS 模式

PFAS（private-finance-initiative—asset-backed-securities）模式是指私人资产证券化模式。这种模式是指通过发行资产证券来进行融资，具有便捷、融资快等特点。资产证券化的优势在于，可以将流动性较差的项目变现，其实质就是将项目的未来收益变现，采用资产证券化可以加速政府的资金周转，为政府融入大量的资金，这种模式现金流稳定，风险较低。就目前体育特色小镇建设以及结合公共基础设施的建设，通过分析可知通常采用的是ROT模式，即政府和社会资本签订合同，在合同规定的时间内政府允许社会资本参与项目改建和运营，不在合同期内将不允许参与和项目有关的一切事宜。但该模式在建设过程中存在很大的风险，而PFAS模式可以有效地减少风险，能把风险控制在可控范围内，该模式的详细运作流程见图6-3。

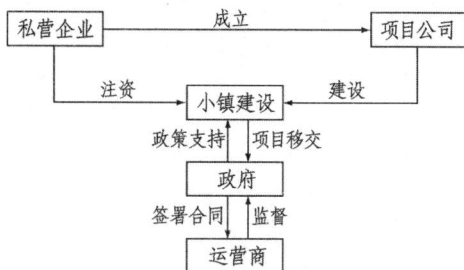

图 6-3 PFAS 模式运作流程

该模式中私人部门全程参与项目投资、建设和运营，在政府的监督和管理下，私人部门通过制定一系列制度，来获取衍生利益，这类项目私有化程度最高，私人部门承担的风险也最大。私人部门在完成项目的建设以后，把项目的经营和管理权上交给政府，政府将项目转化成金融市场上可以出售和流通的证券给私人部门。由政府组织有关部门对小镇进行论证分析，包括：进行市场调研等，其调研的方面为市场的需求、PFAS 可行性分析、项目未来是否会盈利、项目的产业是否具有核心竞争力、项目建设的风险要如何进行评价和预测、项目产品的可开发程度。在调研完成以后要根据结果向政府有关部门提交项目可行性研究报告，在获得审批以后，由私人企业承担项目的建设。在小镇建设的过程中政府会给予相关政策的支持，小镇建成以后，私人企业把小镇的经营管理权全权交给政府，并从政府那里获得一定的证券股权。在私人企业把项目移交给政府以后，由政府选择合适的运营商进行项目的运营管理，并签署协议，政府进行监管不参与运营管理。例如，2018 年 7 月雅居乐集团、威海蓝创与威海市管理委员会签订协议，组建项目公司，开发位于威海市成海南海新区的雅居乐体育休闲特色小镇。

（三）PPP 项目风险管理

体育特色小镇项目的社会效益远远高于经济效益，PPP 项目模式下单一的运营模式为政府、社会、私人企业和当地居民带来的经济效益很小。投资有风险，入股需谨慎，风险成为阻碍项目发展的关键因素，PPP 项目运作模式也具有以下的风险见表 6-1。如何预防和把控风险成为投资者和项目建设者所面临的难关。体育特色小镇 PPP 项目风险管理指从 PPP 项目的风险识别、风险评价以及风险分担三个方面进行分析，利用空间三维结构图从时间维、逻辑维和知识维进行风险的管理和干预①（见图6-4）。

表6-1 PPP项目运作模式的风险

	风险项目	风险成因
可控风险	政策风险	政府政策出台的失误、审批时间过长、政治反对等
	信用风险	参与方因某些原因不按期投入资金或者未履行合同的事项
	建造风险	项目在建设过程中因为某些原因不能按时完成或工程不达标
	运营风险	因缺乏经验而造成的运营困难
不可控风险	市场风险	市场规律的变化、市场需求和供给
	金融风险	货币流通的变化、黄金的价格

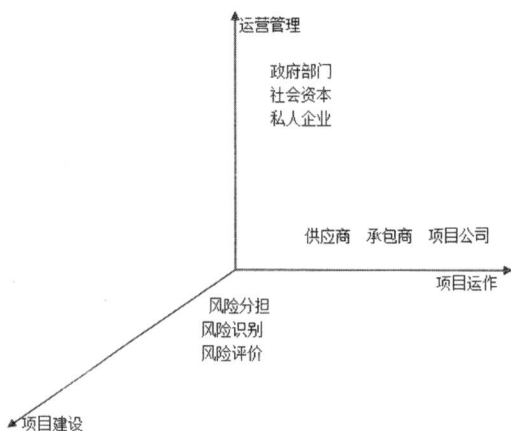

图6-4 体育特色小镇PPP项目风险管理的霍尔三维结构

1. 项目运作的招标阶段是三维图的X轴，由供应商、承包商和项目公司等组成。该轴可以清晰展示各阶段的不同风险值，可以对所要进行阶段的风险进行提前的干预和把控。

2. 项目的运营和管理阶段构成了三维结构中的Y轴，由政府部门、社会资本、私人企业等组成。各部门的分工不同，那么在项目的建设中所承担的风险也不同，因此我们可以从各部门所参与项目的具体阶段进行风险的管理。

3. 项目的建设阶段构成了三维结构中的Z轴。通过Z轴可以清晰地看到通过风险分担，为项目所带来的风险管理是最高效、最实用的。风险识别，它像

———————

① 孙荣霞.基于霍尔三维结构的公共基础设施PPP项目融资模式的风险研究［J］.经济经纬，2010（6）：142-146.

一层保护屏障对客观存在的风险以及风险产生的原因、风险带来的后果等都可以通过相关技术进行识别,起到预防的作用;风险评价,它就像第二道防线能够找出有效限制项目风险的方法,并能给予相应的风险规避措施起到筛选的作用;风险分担,是最后也是最重要的一条防线,它像防火墙一样用合适的方式将风险最小化,让项目本身的风险降到最低①。

二、BOT 模式

(一)BOT 模式概念

BOT(Build-Operate-Transfer,建设-经营-转让)模式实际上指的是,由一个主体进行项目的建设、投资和运营管理的一种模式,社会资本参与项目建设之前会和当地的政府达成协议,允许社会资本加入项目的建设中来,社会资本要在一定的时间内完成项目的建设工作以后,可以优先获得项目的经营管理权,而社会资本在获得特许经营权以后会给当地的政府予以补偿,在合同到期以后项目的经营管理权归政府所有②。参与该模式的社会资本会和政府达成协议,政府保障它们获得相应的利益,它们也为政府提供一定的补偿,如果收益没有达到预期,社会投资者有权利让政府和相关部门进行一定的补偿。

(二)BOT 模式特点

一方面,BOT 能够让市场机制的作用得到充分发挥。BOT 项目在市场上进行的经济行为占大部分,政府招标确定项目公司的方式包含了竞争机制。BOT 模式的行为主体是可靠的市场主体的私人机构,对所建工程项目在特许期内具有完备的产权。这样,承担 BOT 项目的私人机构在 BOT 项目的实施过程中的行为与经济人假设完全符合。另一方面,BOT 为政府干预提出了切实有效的途径,这就是和私人机构达成的与 BOT 相关的协议。尽管项目公司负责全部 BOT 协议的执行,但该项目的控制权自始至终都归政府拥有。在立项、招标、谈判三个阶段,政府的意愿始终起着决定性作用。在履约阶段,监督检查的权力又归政府所有,政府的约束会对项目经营中价格的制定产生一定影响,政府还可以采

---

① 黄倩,周君华.体育特色小镇 PPP 项目运作模式研究[J].鲁东大学学报(自然科学版),2019,35(03):277-281.

② 邱国林,陈亚金.PPP 项目 BOT 模式研究[J].四川建材,2018,44(10):216-217.

用通用 BOT 法对 BOT 项目公司的行为进行约束。

（三）BOT 模式参与者

BOT 模式参与者包括项目发起人、建筑发起人、债权人、保险公司、供应商、购买商服务者、政府。一、作为项目发起人，首先应成为股东，在项目开发中需分担一定的费用。在确定 BOT 项目方案时，就应确定股本和债务的比例，需作出一定的股本承诺的是项目发起人。同时，备用资金条款应在特许协议中专门列出，当没有充足的建设资金时，不足的资金由股东们自己垫付，以防止项目建设中途出现工期延误或停工的现象。股东大会的投票权归项目发起人拥有，特许协议中列出的资产转让条款所表明的权力也包括在内，即当资产被政府有意转让时，除债权人之外拥有第二优先权的股东，从而保证怀有敌意的人难以控制项目公司，让项目发起人的利益达到保护。二、在项目规划阶段，项目公司和项目发起人都应该与产品购买商签订长期的产品购买合同。产品购买商必须有良好的信誉保证和长期的盈利历史，并且其购买产品的期限至少相同于 BOT 项目的贷款期限，产品的价格也应保证使项目公司可以对股本、支付贷款股息和本息进行回收，并可以赚到利润。三、提供项目公司所需的所有贷款应是债权人，并严格按照协议规定的方式和时间进行支付。当政府有意进行资产抵押或转让资产时，债权人拥有抵押权和获取资产的第一优先权；若想举新债必须征得项目公司债权人的同意；债权人应获得一定的利息。四、BOT 项目的建筑发起人必须拥有先进的技术和超强的建设队伍，在协议规定的时间内完成建设任务。为了让建设进度达到充分保证，规定总发起人应具有良好的工作业绩，并应提供强有力的担保人对此担保。项目建设完工后需进行性能测试和验收，以检测建设是否达到设计指标的要求。一旦总发起人因自身原因没有在合同规定的期限内完成任务，或者竣工验收不合格，项目公司将予以罚款。五、对项目中各个角色不愿承担的风险进行保险是保险公司的责任，包括整体责任风险、业务中断风险、建筑商风险、政治风险（财产充公、战争等）等。由于这些风险有着很强的不可预见性，可造成巨大的损失，所以对保险商的信用、财力有很高的要求，中小保险公司一般不具备承做此类保险的能力。六、供应商负责供应项目公司所需的原材料、设备等。由于在规定时间内，对于原料的需求是稳定的、长期的，供应商必须具有稳定而强大的盈利能力和良好的信誉，能提供的原料至少不短于还贷期的一段时间，同时应在供应协议中明确注明供应价格，并由金融机构和政府对供应商进行担保。七、项目建成后的运营管理归运营商负责，为让项目运营管理的连续性得到保持，运营商与项目公司应签订长期合同，期限至少与还款期相同。BOT 项目的专长者必须是运营商，既有较强的管理水平和管理技术，也有较丰富的经验对此类项目进行管理。在运营过程中，项目公司每年都应提前预算项目的运营成本，列出成本计划，对运营商的总成本支出进行限制。对于提高效益或超支成本，应有相应的奖励和罚款制度。八、政府是 BOT 项目成功与否的重要角色之一，政府对于 BOT 的态度以及在 BOT 项目实施过程中给予的支持将直接影响项目的成败。

三、TOT 模式

（一）TOT 模式概念

TOT（Transfer-Operate-Transfer，移交-经营-移交）模式和其他几个模式有着明显的不同，最特别之处是该模式的融资方式与其他模式都不同，它是通过对未来资产的股权出售来获取资金的一种模式。在这种模式下，项目的建设权和经营管理权会成为一个全新的资产，由项目的持有者进行转让，或者社会资本也可以效仿投资者找寻新的资本加入，来获得项目的经营管理权①。TOT 模式的应用代表了一种全新的投融资模式，它是一种未来兑现的投融资方式，很多投资者为了提前获得收益，会采用这种模式进行融资。

（二）TOT 模式运作程序

1. 制订 TOT 方案并报批。转让方需先将 TOT 项目建议书根据国家有关规定编制出来，经过行业主管部门同意后，报有关部门批准时需按现行规定进行。国有基础设施或国有企业管理人员只有得到国有资产管理部门授权或批准才能实施 TOT 方式。

2. TOT 模式项目招标。进行招标的项目需要遵守国家规定，在选择 TOT 模式的项目受让方时需采用招标的方式进行，其程序大体等同于 BOT 方式，包括招标准备、准备招标文件、资格预审以及评标等。

3. SPV 与投资者洽谈以达成转让投产运行项目在未来规定期限内部分或全部经营权的协议，并取得资金。

---

① 邵哲，张桂海. 国有林场改革运用 TOT 模式研究［J］. 林业经济，2012（1）：65-67.

4. 转让方利用获得资金，大部分情况下，取得的资金将用以建设新项目。

5. 项目期满后，对转让的项目进行收回。转让期满，资产应在未设定担保、设施状况完好、无债务的情况下移交给原转让方。

（三）TOT 模式优势

1. 盘活城市基础设施存量资产，开辟经营城市新途径。随着城市扩建速度不断加快，基础设施的建设迫切需要大量资金，面对巨大资金需求，地方财政投入可以说是"囊中羞涩""杯水车薪"。另外，城市的建设早已经过了几十个年头，城市基础设施中一直闲置的部分经营性资产的融资功能，尚未得到有效利用，甚至产生资产沉淀的情况。如何让这部分存量资产充满活力，将经济和社会效益最大限度地发挥出来，对每个城市经营者来说是必须面对的问题。TOT项目融资方式作为一种经营模式，可以对这种现象进行有效处理。

2. 增加了社会投资总量，让基础行业发展推动相关产业的发展，促进整个社会经济稳定增长。实施TOT项目的融资方式，进一步让城市基础设施存量资产得到激活，同时也引导更多的社会资金投向城市基础设施建设，从"投资"角度带动了整个相关产业快速发展，推动社会经济稳步增长。

3. 促进社会资源的合理配置，让资源使用效率得到进一步提高。在计划经济模式下，垄断经营模式一直被公共设施领域经营使用，基础产业行业很难有其他社会主体进入。由于垄断经营本身一些"痼疾"，导致公共设施长期经营出现水平低下的现象，难以提高效率。TOT项目融资方式引入后，由于市场竞争机制的作用，给所有基础设施经营单位增加了无形压力，促使其对管理进行完善，让生产效率得到进一步提高。同时，通常一些介入TOT项目融资的经营单位，都是专业性很强的公司，在项目经营权被接手后，能将专业分工的优势充分发挥出来，让其成功的管理经验得到有效利用，实现项目资源的经济效益和使用效率的迅速提高。

4. 促使政府进行观念转变和职能转变。实行TOT项目融资后，首先，政府可以真正体会到"经营城市"不仅仅是一句口号，更重要的是一项科学、细致、严谨的工作；其次，政府增添了一项崭新的融资方法用于增加城市基础设施的投入。政府计划思维模式将不仅注重"增量投入"，而且紧密关注到"存量盘活"；再次，社会其他经营主体加入基础设施后，政府可以真正担任"裁判员"角色，把加强城市建设规划，指明社会资金投入方向，对企业进行更好地服务，对企业经济行为进行监督等方面作为工作重点。

四、PFI 模式

（一）PFI 模式概念

PFI（Private- Finance -Initiative，私人主动融资）PFI 是对 BOT 项目融资的优化，政府采用该模式最主要的目的就是获取最大的利益回报，该模式中政府会获得项目有效的服务或者使用权，并不是项目的所有权。在 PFI 模式中，政府在合同规定的特许经营期内，向项目的承包商支付相应的资金，在合同结束以后，项目的所有权将会再由新的承包商进行管理运营，时间将取决于合同的规定。

（二）PFI 模式特点

虽然 PFI 来源于 BOT，也涉及项目的"建设-经营-转让"问题，但作为一种独立的融资方式，与 BOT 相比具有以下几个特点：

1. 项目主体单一

PFI 的项目主体通常由本国民营企业组合而成，可以将民营资金的力量体现出来。而 BOT 模式的项目主体则为非政府机构，既可以是本国私营企业，也可以是外国公司，所以，PFI 模式的项目主体较 BOT 模式单一。

2. 项目管理方式开放

PFI 模式对项目管理采用开放式的手段，首先，对于项目建设方案，政府部门仅根据社会需求提出若干备选方案，在谈判过程中通过与私人企业协商才能确定最终方案；BOT 模式方案由政府事先确定，再进行招标谈判。其次，对于项目所在地的土地提供方式及以后的政府补贴额度或运营收益分配等，都要综合当时私人企业和政府的财力、合同期限及预计的项目效益等多种因素而定，与 BOT 模式对这些问题事先都有框架性的文件规定不同，如：在 BOT 模式中政府可以无偿提供土地，无须谈判，而在 PFI 模式中，通常都政府需要对最低收益等做出实质性的担保。所以，PFI 模式比 BOT 模式有更大的灵活性。

3. 实行全面的代理制

PFI 模式实行全面的代理制，这也是与 BOT 模式存在的差别之处。作为开发项目的主体，通常 BOT 公司自身就具备开发能力，只是把设计和调查等前期工作和建设、运营中的部分工作托付给有关的专业机构。而 PFI 公司一般自身并不具备开发能力，在开发项目过程中，全面的应用各种代理关系，而且通常在合同和投标书中将这些代理关系加以明确，让项目开发的安全得到保障。

4. 合同期满后项目运营权的处理方式灵活

PFI 模式在合同期满后，如果私人企业通过正常经营未达到合同规定的收益，则可以通过续租或继续拥有的方式获得运营权，这是需要在前期谈判合同中加以明确的；而 BOT 模式则明确规定，在特许权期满后，所建资产将无偿地交给政府管理。

根据不同的资金回收方式，PFI 项目通常可以划分为如下三类：（1）向公共部门提供服务型（Services Sold to the Public Sector）。即私营部门组成企业联合体，对项目进行的设计、建设、运营和资金筹措，而在私营部门运营基础设施的期间，政府部门则根据基础设施的影子价格或使用情况向私营部门支付费用。（2）收取费用的自立型（Financially free-Standing Projects）。即进行设施设计、建设、运营和资金筹措的私营企业，向设施使用者收取费用，以回收成本，在合同到期后，将设施无债务地、完好无损地归还给公共部门。这种方式基本等同于 BOT 的运作模式。（3）合营企业型（Joint Ventures）。即开发特殊项目，部分投资任务由政府完成，而私营部门仍然进行项目的建设，双方将在合同中规定资金回收方式以及其他有关事项，这类项目在日本也被称为"官民协同项目"。

五、BT 模式

（一）BT 模式概念

BT（Build-Transfer，建设-移交）模式是项目的建设者进行融资，然后利用融资的资金进行项目的建设，并在一定时间内把完成的项目，以合约的形式转交给其他投资者，并让其他投资者给予一定的回报的模式[①]。BT 模式和 BOT 模式相比，有其相似的地方但也有不同的地方。不同之处在于项目的建设者不同，项目完成以后所采取的运营方式也不同。政府和社会投资者共同参与项目的建设，在项目完成以后，该项目的所有权会按照签订的协议由政府完全支配。

---

① 黄宁宁，拉元明 . BT 模式研究［J］. 价值工程，2018，37（21）：111-112.

（二）BT 模式运作

1. 政府应根据当地的社会和经济发展情况对项目进行立项，完成项目建议书、可行性研究、计划报批等初步工作，将项目建设和融资的特许权转让给投资方（依法注册成立的国有或私有建筑企业），银行或其他金融机构根据项目未来的收益情况对投资方的经济等实力情况为项目提供融资贷款，BT 投资合同由政府与投资方共同签订，BT 项目公司由投资方组建，建设期间投资方行使业主职能，对项目进行建设、融资、并承担建设期间的各种风险。

2. 项目竣工后，按 BT 合同，投资方移交给政府完工验收合格的项目，政府按约定总价（或计量总价加上一定回报）分期按比例偿还投资方的建设和融资费用。

3. 政府的监管权力在 BT 投资全过程中使用，保证 BT 投资项目的顺利建设、融资和移交。

4. 投资方是否具有与项目规模相适应的实力，是 BT 项目能否顺利建设和移交的关键。

（三）BT 模式特点

1. BT 模式仅适用于政府基础设施非经营性项目建设；

2. 政府利用的资金是非政府资金，是通过投资方融资得到的资金，融资得到的资金可以是银行的，也可以是其他金融机构或私有的，可以是外资的也可以是国内的；

3. BT 模式只是一种新的投资融资模式，BT 模式的重点是 B 阶段；

4. 投资方在移交时不存在投资方在建成后进行经营，获取经营收入；

5. 政府需将合同上的约定总价按比例分期支付投资方。

六、当前体育特色小镇投融资模式的优劣之处

（一）当前体育特色小镇投融资模式的优点

当前我国体育特色小镇投融资模式最常用的就是 PPP 模式，其余的模式也有涉及但没有 PPP 模式用得多。这些模式的优点比较突出，都是属于资金来源比较稳定，不会出现资金链断开的情况，能在一定程度上确保体育特色小镇项目可以顺利地完成。选择正确的投融资模式和投融资主体可以在很大程度上减

轻政府和社会资本的投资负担和建设风险，同时也可以让小镇的建设质量得到进一步提高，形成一个建设的团体，最大限度上实现利益和风险的共担。采用这些投融资模式可以吸引大量的社会资本的加入，不再是单一的资本，项目建成以后收入可观可以为项目提供长期稳定的资金，国家发展战略和各种政策的支持，社会资本和个人企业的加入会分担项目的建设和运营风险。BOT模式有着较高的项目建设运营效率，能够有效分散项目风险；TOT模式程序简单，时间短，融资成本低，社会资本在项目建设上没有风险，社会资本的接入能够发挥其管理运营优势，提升社会效益；PFI模式项目管理方式开放，有着灵活的合同期满后项目运营权的处理方式。BT模式使未来的财政性收入即期化，扩大内需，拉动地方经济增长。

（二）当前体育特色小镇投融资模式的缺点

体育特色小镇项目的建设是一个庞大的工程，是属于国家扶持的项目，个人或者企业以私人的名义是不可能完成项目建设的，必须要和政府进行合作才可以进行项目的建设。这种情况下就导致了体育特色小镇投融资的行政垄断，这样会阻碍生产要素的流动性和统一市场的形成，破坏竞争环境。参与体育特色小镇项目投融资的产权划分不是很清楚，没有明确的划分比例导致产权约束失灵，影响项目的运作效率。在有关的法律法规中，关于公私合营的投融资这一块的具有法律性的文件较少，法律的制约没有明显的力度，起不到保护投资者权益的作用。BOT模式有着复杂的程序，且融资耗费较大，对项目部门管理能力要求高，后期产权移交复杂；TOT模式对已建成项目比较适用，我国正处于城镇综合开发的发展阶段，社会资本方不能在建设前期提供资金帮助。PFI模式项目主体单一，PFI的项目主体通常由本国民营企业组合而成；BT模式风险较大，例如，社会风险、政治风险、技术风险、自然风险，风险管理能力需要进一步加强，最大的风险还是能否按合同约定偿还政府的债务，BT模式约定总价及安全合理利润的确定较为困难。

第四节　体育特色小镇 RC-PPP 投融资模型的构建

一、RC-PPP 投融资模型构建的条件

（一）体育特色小镇结构布局的立体化

从供给侧角度看，城乡一体化的不断发展以及城乡贫富差距的不断缩小，城市的现有设施不能满足人们的生活需要，大型公共基础设施的建设也受到影响。为了解决城市用地紧张的问题，以后的基础设施建设要越来越立体化、功能要越来越多样化，这样才可以在有限的土地资源上建立更好的基础设施。

从市场需求角度看，由于人们越来越追求高质量的生活。那么，随着出行人群的不断增加，作为主休闲娱乐场地的体育特色小镇的建设则显得尤为重要，小镇的结构布局要更符合大众的需求。主体化的布局不是非得要求小镇的每项设施都建设得高就是立体化，体育特色小镇的立体化结构布局，指的是在不破坏小镇建设的整体风格上，把基础设施可以建设在一个建筑物上，既达到整体的效果又可以节约土地资源。

（二）体育特色小镇服务功能的多元化

体育特色小镇的建设承载了休闲娱乐和经济服务等功能，是旅游度假、普通商场等功能的结合体，是服务产业的完善与升级。首先，体育特色小镇是以体育产业或体育赛事为特色产业进行开发与建设的，使其产业逐渐呈现多元化。其次，体育特色小镇的产业发展不能跟以往一样，以单一的体育元素为产业基础，要逐渐形成集体育赛事、休闲娱乐、体医结合、度假娱乐、养生等多元化的服务。最后，体育特色小镇的建设还会形成一系列的衍生产业，使小镇逐渐向功能多元化的方向转变。

单一的服务设施随着时间的推移，将逐渐被人们所抛弃，所以体育特色小镇的建设要融合不同的服务功能，既要满足当地居民的需求，也可以带动当地经济和其余产业的发展。例如，四川省黄湾武术小镇，是以峨眉山风景区为背景建设的，集合了传统武术、旅游景区、佛教、文化交流等为一体的特色小镇。黄湾武术小镇的建设不仅可以发扬传统的武术文化，还可以融合当地其他的产

业一块发展，为当地的经济增添助力。

（三）体育特色小镇设施构成的整体化

体育特色小镇在构成上包括基础设施、商场、宾馆、酒店、停车交通设施、旅游度假景点等，这些基本元素构成了体育特色小镇的整体化。所谓的整体化是指在构成小镇的所有单一的要素都不能单独成立，只有所有的要素结合在一起，才可以代表一个完整的个体，才能代表体育特色小镇的存在。体育特色小镇与其单一的公共基础设施相比，每一个基础设施都有其独特之处，包括经营特点、投融资主体、资金来源和服务。体育特色小镇的设施构成的整体化是体育特色小镇所独有的特点，彰显了体育特色小镇与其他小镇不同的地方所在。

（四）体育特色小镇产业融合的综合化

在体育特色小镇出现以前，单一的基础设施只是作为一个体育服务的节点而存在的，其设施具有一定的自发性。随着经济的发展和新型城镇化的加快，人们对消费的需求不断提高，生产要素在空间上流动性加强，单一的基础设施不能满足居民的消费需求。所以，体育特色小镇的建设，要符合当下居民的消费需求，其中所包含的产业不再是单一元素为核心的特色产业。体育特色小镇产业融合的综合化，是经济发展的必经之路，随着时代的发展，任何的产业都不能故步自封，要进行改革创新、找寻新的发展路径、产业要实现融合。世界正在逐步形成全球化，所以产业的发展也要寻求综合化，只有这样才能紧跟时代的步伐。

二、体育特色小镇 RC-PPP 投融资的特性

（一）RC-PPP 投融资主体样式多且相互之间的关系复杂

与其他体育基础设施单一的投融资主体不同，体育特色小镇的投融资主体有两种及以上，每一种投融资主体所承担的责任也不尽相同。因此，体育特色小镇在投融资建设时需要协调的投融资主体众多，由于体育特色小镇的类型较多，不同的类型经济属性不同，盈利的程度也不同，参与到小镇建设中的主体也就不同。因为体育特色小镇项目是一个很大的项目，不是一两个主体就可以进行建设的，所以体育特色小镇项目投融资主体会有很多，那么在相互关系的协调上也会更加的复杂。

（二）所需大量的资本金并且项目沉淀资金多

在项目建设的整个周期中会需要大量的资金支持，而且小镇在建设之前会需要很长的一段时间进行前期的准备工作，从项目立项到建设中间会产生相应的费用，这些都需要大量资金的支持。体育特色小镇在投入运营的初期，由于没有形成规模经济效应，小镇在短期内很难盈利。随着运营和管理的不断完善，小镇会逐渐走向正轨，但随之产生的一系列的维护成本也在不断增加。

（三）盈利点多且具有持续性

与传统的体育基础设施的盈利点相比，体育特色小镇的盈利点多，且不具有重复性，并且收益也相对稳定。像体育赛事这一个主点就可以带动很多的小点的盈利，只要有体育赛事的举办就会有盈利点的出现，而且这些盈利点还具有一定的持续性；旅游这个主点也会带动一系列附点的盈利。

三、体育特色小镇 RC-PPP 投融资主体的建立

（一）体育特色小镇 RC-PPP 投融资主体的选择

由于市场经济的发展、市场机制的成熟度在不断提高，投融资主体的选择会受到更多的限制。体育特色小镇其属性也属于基础设施的范畴，在投融资主体确立的过程中也需要按照市场经济的规则进行投资。根据资金的主体来源不同，把体育特色小镇的投融资主体分为政府投资和社会资本两种，政府投资的资金来源主要是税收、贷款、政府预算、政府债券等；社会资本的资金主要来源于个人资金、企业债券或者大型组织的资金。

1. 基于经济属性的体育特色小镇 RC-PPP 投融资主体的确立

体育特色小镇本身的准公共产品属性，决定了投融资主体选择的范围。一、从体育特色小镇项目的建设整体来看，该项目的建设完成以后是具有很大的收益空间的，这个特点使其可以通过融资来吸引社会资本的加入。体育特色小镇的准公共产品属性，决定了政府部门和社会资本都可以成为其投融资的主体。二、从体育特色小镇的外部性来看，作为体育基础设施，具有显著的外部性，

小镇建设初期会遇到很多的问题，同时也会对项目建设的进度产生一定的影响①。三、从体育特色小镇的资产专用性来看，小镇具有场地专用性和资本密集性，沉淀成本高，体育特色小镇项目的建设，不仅需要土地资源的支持还需要大量资金的支持，土地资源是国家绝对控制的，因此体育特色小镇的资产专用性决定了政府部门会成为投融资的主体。

2. 基于外部宏观环境主体的确立

当下国家出台了相应的政策，进行鼓励和推动社会资本参与体育基础设施建设。2013年国家出台了投融资方面的政策，其中财政部和国家发改委也根据政府出台的政策制定了一系列的文件和通知。这些文件和通知的出台，为我国投融资模式的发展提供了政策的保障，同时也为投融资主体的加入提供了政策的支持。2014年，由国家发改委牵头，十几个部门相互协作，共同参与PPP立法的法案起草。一系列政策和文件的出台，为社会资本参与体育特色小镇项目提供了制度和安全的保障，同时也通过一系列的改革，不断提高政府的治理能力。这些都为社会投资者投资一些大型的综合项目提供了可能性，同时大型的综合性项目的投资也为居民提供了新的投资渠道。政府出台的一系列政策在很大程度上为社会投资者提供了安全保障，有利于社会投资者进行投资，同时也提高了项目筛选的效率。这些政策的出台，保障了社会投资者的利益，政策环境在很大程度上对项目建设的投融资主体的选择产生重要的影响，也为项目投融资主体的选择提供依据。

（二）体育特色小镇 RC-PPP 投融资主体的资金来源

1. 政府资金

政府资金相比于其他资金更加具有导向性，而且政府资金来源比较广，并不是单一的资金来源形式，政府资金与其他社会资本相比比较稳定不会产生资金缺失的情况②。体育特色小镇项目建设所需要的政府投资，主要是指中央政府和地方政府的财政拨款、税收和贷款等方式筹集的资金。政府资金一般很快就可以拨出、操作方便、能起到导向作用的优点，同时也有资金投入有限、对所投资的项目缺乏建设运营经验等缺点。

---

① 周红. 特色小镇投融资模式与实务［M］. 北京：中信出版集团，2017：63.
② 高小博. 我国综合交通枢纽投融资模式研究——基于机制设计理论视角［D］. 北京：北京交通大学，2016.

2. 金融机构

金融机构参与小镇项目建设，在缓解财政压力的同时，也可以节约项目建设的周期，会分担一定的风险。金融机构是除了政府以外，我国目前的体育特色小镇建设中资金来源最重要的主体，最主要的有：政策性银行贷款、国有银行贷款、信托融资公司、证券公司、保险公司等非银行金融机构贷款。信托融资也可以参与到项目的融资中也属于投融资的一类融资方式，社会投资者把资金放入信托机构，以此来获取利益或者衍生利益。

3. 社会资本

从国内外建设的经验和市场经济规律来看，项目的建设还是要积极鼓励社会资本的加入。纵观我国近几年的小镇建设，社会资本已经完成了从不被重视到发挥主导作用的突破。社会资本的加入有以下优点，加快项目建设、最大限度地规避风险、建设经验丰富、引入竞争打破政府的垄断。

社会投资者自有资金指的是，社会投资者利用多余的可以流动的资金，以个人的名义来投资一些大型的综合项目，来获取个人利益。资本市场的资金主要来源于市场上的股票和债券，这两种融资方式是资本市场上比较常见的，具有方便操作、融资快、金额大的优点。但这两种方式也有很大的区别，债券融资一般分为国有债券和企业债券，国有债券是以国家或者政府的名义发行的债券，这个融资方式比较稳定，很多的居民都选择该方式进行投资；企业债券是以公司为个体发行的债券，这个融资方式在某些项目上会有一定的限制，并不适用于所有的项目建设融资。

四、体育特色小镇 RC-PPP 投融资主体选择的影响

体育特色小镇与其他项目相比本身就具有一定的独特性，在市场经济的大环境下投融资主体的选择是重中之重。任何不确定的因素都会对投融资主体的选择产生深远的影响，其中经济属性决定了投融资主体的选择范围。

（一）体育特色小镇 RC-PPP 投融资主体选择的内部影响

产品的准公共属性受很多因素的影响，比如，产品的准公共产品属性、外部性、资产专用性和垄断属性等因素都是影响体育特色小镇投融资主体选择的内部影响。以下是各影响因素具体的分析：

1. 准公共产品属性

体育特色小镇作为一个基础设施项目，它本身就具有一定的公共性，对于居民的生活会带来很大的便捷。由于体育特色小镇项目的建设是为全体社会人员服务的，是一种公共基础设施，它不属于任何一个消费者。但是，在体育特色小镇项目建设完成以后的一些设施是可以单独进行服务享受的，如商业服务、餐饮服务等，决定了体育特色小镇具有部分消费效用的不可分割性。由于服务对象、技术等级、使用强度、承担功能不同，体育特色小镇的排他性程度较低，具有较强的公共性，属于公共基础设施的一种，其性质决定了体育特色小镇具有商品性。

2. 外部性

体育特色小镇发展是为了满足居民日益增长的消费水平和我国经济快速发展的需要，进而提供的一项体育基础服务设施。体育特色小镇为居民提供了便捷的体育基础设施、休闲娱乐场所、优质的比赛和安全高效的健身场所。减少了居民时间、金钱、机会成本等不必要的损耗，而且消费者所消费的费用会慢慢超过体育特色小镇的建设和运营成本。经济效益指的是，通过一定的方式获得社会效益，在此过程中还要尽量减少劳动过程中的额外成本的出现，如果额外成本越高则经济效益就会越低，其劳动成果也会受到很大的影响①。体育特色小镇的发展可以带动周边产业的发展，同时也会推动区域经济的发展，城市一旦发展得好那么就会吸引很多企业的加入、资本的加入、人才的加入和政府的重视等能够带动经济发展的不可或缺的条件。

社会效益指的是，某一个项目的建设完成以后对当地和社会产生的经济价值，分为广义和狭义。广义的社会效益指的是，相对于其他因素对经济产生影响，广义的社会效益主要是社会对区域经济产生的影响；狭义的社会效益则与区域经济效益是相对称的②。体育特色小镇能促进社会资源的合理配置，缓解当地的就业压力对城市化进程的加速具有导向作用，因此，体育特色小镇项目的建设，受益最多的是当地居民和政府。

3. 资产专用性

体育特色小镇项目属于资源专用性，无论是小镇项目建设过程中的设计、

---

① 曼昆著，梁小民，梁砾译. 经济学原理（微观）[M]. 北京：北京大学出版社，2015：131.

② 何盛明. 财经大辞典 [M]. 北京：中国财政经济出版社，1999：109.

运营模式的选择、投融资体系的确立、场馆的设计等都具有一定的专用性。体育特色小镇建设过程中，所建设的各种各样的场馆和设施，决定了体育特色小镇资源的专用性；体育特色小镇在进行体育比赛的时候决定了体育比赛的专用性，指的是体育特色小镇再举办比赛时，这块场地对比赛项目来说具有专用性，不能换作其他别的项目。而比赛相对于小镇来说也具有专用性，比赛在这里举办就不会在别的地方举办，设计专用性指的是，在项目建设过程中对于项目的建设所提出的方案，该方案只能用于这一个项目的建设，而形成的设计成果不能用于其他项目。体育特色小镇具有实体上的完整性，投入的资本巨大，一旦建成所获得的收益也会很大。

4. 垄断性

垄断性指的是，在现有市场上出现的商品，由于企业的大规模生产导致别的竞争企业不能生产该产品，或者是生产的该产品达不到市场的占有率，从而放弃对该产品的生产，那么最开始生产该产品的企业就完全占据了该产品的市场从而形成商品的垄断[①]。如自来水、电力供应、电信、邮政等，自然垄断的性质源于行业本身的属性。很多的产业因为是政府或国家投资经营，小企业往往投资量大、回收周期长、市场化水平低，所以体育特色小镇在规模经济和范围经济方面具有垄断性的特征。

在建设运营过程中，随着客流量的增加和小镇运营技术的不断完善，可以不断地降低固定成本，从而尽可能地降低总成本。当体育特色小镇的建设达到一定规模范围时，那么在此之后增加的任何投入都是没有意义的，所增加的投入或者其他的东西，都可以在不同程度上增大小镇的运营成本。体育特色小镇的范围经济指的是和单一的体育基础设施相比，综合性的体育基础设施具有更低的平均成本。

（二）体育特色小镇RC-PPP投融资主体选择的外部影响

经济的发展对市场经济产生一定的影响，一般是微观和宏观两个方面，这两个方面都是投融资主体选择的关键因素，除了最主要的方面以外，还有很多小的因素对体育特色小镇投融资主体选择产生影响。

1. 社会经济发展水平

区域经济发展的不平衡在很大程度上影响了体育特色小镇项目的规模、结

---

① 王华春．自然垄断［M］．北京：北京师范大学出版社，2009：53.

构和功能。经济学中常说"经济水平决定上层建筑",经济水平越高的区域对于体育特色小镇项目来说意味着规模更大、结构更完善、功能更齐全。政府投融资能力的大小在很大程度上取决于当地的财政收入,而财政收入又是和当地的经济水平挂钩的,经济水平越高的地方其政府的财政收入就会越高,可用于项目建设的资金也会越多。经济不发达的地区,虽然项目建设的规模小、结构相对简单,但资金的筹集会受到很大的限制,地方政府财政能力有限,社会资本加入的少,造成了项目建设和后期盈利前景难以评估。

2. 市场机制的成熟度

体育特色小镇项目的参与程度,决定了社会投资者投资项目的力度。资本的积累是社会资本金融对任何项目进行投资的前提,体育特色小镇项目的建设需要大量的资金,并且建设的周期会特别长,小镇的收益回收会需要很长的时间,所以小镇投融资主体的选择是需要被选者得拥有雄厚的资金基础的,并且短时间内不需要资金回报的投资者。所以这就导致在市场中能够满足这个条件的投融资主体是有限的,很多因素构成了选择投融资主体的条件,很多的投融资主体资金或者是建设经验都存在问题导致竞争力不足,最终导致项目建设的投融资主体选择不足。

3. 政府职能的定位

政府在项目建设中所处的位置决定了其职能的情况,很多项目中政府的职能都存在或多或少的差异,在体育特色小镇投融资中政府所扮演着十分重要的角色。根据市场经济规则,政府要逐渐从无形转到有形,利用市场需求的准则加大经济的调控力度。随着经济的发展,政府职能在逐渐地转变更趋向于民主化、绿色化,政府职能的逐渐转变决定了,在体育特色小镇投融资中的作用范围和行政方式的改变,对体育特色小镇投融资主体的选择具有一定的影响。

4. 法律法规和相关政策的制定

社会制度、法律法规、出台的政策和生活消费方式的不同,形成了这个社会独特的消费需求。社会制度是影响体育特色小镇投融资主体选择的一个重要的因素。例如,不同的财政政策和消费观念会影响投资者对项目的投资程度。正确的法律法规和相关政策的出台也会在一定程度上影响体育特色小镇投融资主体的选择,比如,货币政策的宽松与否将会影响投资者投入成本的多少。政府对于不同类型的投融资模式的选择、运用,会对项目的建设产生很大的影响,同时也会在一定程度上影响投融资主体的选择。

五、体育特色小镇 RC-PPP 投融资模式的模型构建

（一）体育特色小镇 RC-PPP 投融资模式设计的基本假设原则

由于体育特色小镇项目具有较强的专业性，在项目建设的每一个阶段都需要专门的技术和有关的经验，我们可以假设社会投资者参与体育特色小镇投融资具有两种方式：一种是投资者参与项目某一个阶段的建设；一种是投资者参与多个阶段的项目建设。本书假设有两个社会投资者参与体育特色小镇项目，一个投资者可以完成小镇建设阶段的任务，另一个投资者可以完成项目建成以后的运营阶段的任务。这两个投资者分别都可以和政府部门进行合作，承担体育特色小镇建设过程中某一个建设阶段的任务，同时也可以进行资本间的合作，先组成一个整体，然后整体以社会投资者的名义在与政府部门进行合作，并承担小镇项目多个阶段的建设。

在政府部门和社会投资者签订合同之前，需要提出明确的标准，这些标准可以被视为是用来监督、检测建设者所最终完成项目建设的情况。假设建设项目的社会投资者需要付出的固定资本为 P，运营项目的社会投资者需要付出的固定资本为 Q。假设在项目建设达到既定标准后，社会投资者在体育特色小镇项目建设阶段和运营阶段，任何有助于提高项目建设的行为或者是建议，都是要有一定的资金作为基础支持的。但是很多的资金应用并不能在项目建设以前就能想到的，所以这会导致项目会有很多额外的成本产生，但是在项目建设的质量和居民满意度上会有所体现。

假设体育特色小镇项目的社会总收益可以量化，通过分析可以知道我们从项目的角度来定义社会总收益，其表达式为：$M=b+u(m)+v(n)$。其中 $b \geqslant 0$，这就表示这个项目整体的建设是会获得收益的，不过，具体收益的大小还是需要综合各方面的因素进行分析计算。m n 表示在项目建设过程中和运营过程中投资者所额外付出的努力程度。$u(m)>0$、$v(n)>0$，表示任何参与项目投资的参与者都可以为了获得更高的收益而努力提高建设质量，同时也会在无形中提高社会收益的水平。

（二）构建体育特色小镇的 RC-PPP 投融资模式

1. 体育特色小镇项目阶段间正外部性

体育特色小镇项目作为一个项目整体，其在项目建设的过程中各个阶段与

其他项目相比，更具有外部性。任何项目的建设都不是轻而易举可以完成的，所以体育特色小镇项目的决策制定相对于其他项目来说会更加的困难，因为体育特色小镇项目建设是一个巨大的项目，并不是单一的其他基础设施项目建设所能相比的，在项目建设过程中各阶段建设间的无缝衔接，都可以在一定程度上降低项目的风险、运营成本、减少项目周期①。从投资风险的角度看，多个投融资主体共同参与小镇的项目建设可以分担政府的财政压力，同时也会分担相应的风险，也可以在建设的过程中互相监督，减少多余成本的投入；从盈利的角度看，在项目开始就参与小镇的建设，会在项目建设完成以后拥有很大的优先选择权，同时也可以明确利益的多少②。从体育特色小镇项目整体来看，政府部门和社会投资者要明确分工，在小镇建设的各个阶段，各司其职共同完成小镇项目的建设，在小镇项目完成以后，政府要把小镇的经营管理权授权给一个有经验的企业或者联合企业进行项目运作。

2. 体育特色小镇项目政府部门全程参与

政府部门的参与是小镇项目社会效益和经济效益的保障，由于体育特色小镇项目的特殊性，它是体育产业跨界融合的一次全新的尝试。政府部门在为小镇项目提供政策保障和资金的同时，既能发挥财政资金的引导作用，又能提高政府部门的责任意识，还能更好地发挥政府的服务功能和监督功能。因此，BT、BOT、TOT、PFI等模式不是很适合对体育特色小镇项目进行投融资。

3. 体育特色小镇 RC-PPP 模式的构建以及内涵

根据以上的分析，结合体育特色小镇案例的实际情况，构建体育特色小镇的 RC-PPP（repetition cycle-PPP，即循环周期公私合营）投融资模式，它是一种股权分制的投融资模式。在项目立项阶段就开始让社会投资者参与到项目的建设中，其目的就是希望社会投资者可以带来雄厚的资金、丰富的建设和运营经验、较强的抗风险能力。体育特色小镇项目的建设和运营，与以往的投融资模式存在很大的不同，在该模式中每一个阶段的参与者不是简单的功能相加，而是各个不同的个体采取系统化、战略性的联合行动③。体育特色小镇的 RC-PPP 模式在项目立项之初，就要考虑项目的整体建设规划和盈利情况分析，否

---

① 姚东旻，李军林. 条件满足下的效率差异：PPP 模式与传统模式比较 [J]. 改革，2015（2）：34-42.

① 姚东旻，李军林. 条件满足下的效率差异：PPP 模式与传统模式比较 [J]. 改革，2015（2）：34-42.

② 祁永忠，栾彦. 地方政府融资平台风险及其治理 [J]. 理论探索，2012（2）：86-90.

③ 温燕，金平斌. 特色小镇核心竞争力及其评估模型构建 [J]. 生态经济，2017，33（6）：85-89.

则会影响预期效果。

在该模式下，政府所代表的职能会发生变化，政府是项目建设的发起人和监督者，是标准的制定者，同时将政府和社会投资者的优势进行结合，实现互惠互利。通过两者合作的方式，将大大缓解政府的财政压力，同时也可以方便监督社会投资者；政府部门的参与对于社会投资者来说，在提供政策保障的同时也保障了他们的利益。政府部门的全程参与避免了 BOT、PFI 模式中所出现的问题，可以更好地保障项目建设的顺畅，最大程度的保障投资者的利益。基于以上分析，构建了如图 6-5 所示的体育特色小镇 RC-PPP 模式。

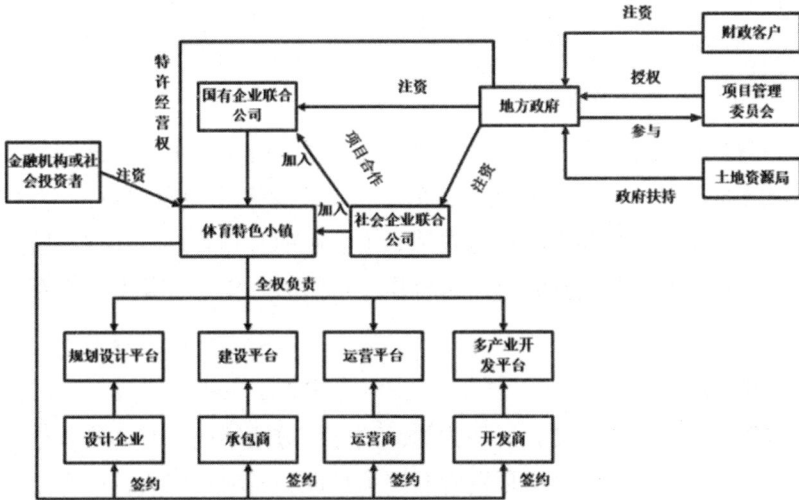

图 6-5　体育特色小镇 RC-PPP 模式

（三）RC-PPP 模式与其他 PPP 模式的比较

本书的 RC-PPP 模式是可以用于一类特定项目的投融资模式，该模式会更加突出政府在项目公司的地位，政府对项目建设、运营管理的参与度比其他模式更加深入。政府和社会投资者对项目的整个建设周期负责，RC-PPP 模式可以在很大程度上提高项目经济的可持续性，还可以缩短项目建设的周期。下面是 RC-PPP 模式与 BOT、TOT、BT、PFI 等模式的具体比较：

1. 政府目标方面

RC-PPP 模式与其他的投融资模式，如 BOT、TOT、BT 等相比，政府的职能会发生很大的变化。政府不会获得项目的所有权；而 PFI 模式中政府的宗旨是服务大众，发挥主导作用的是社会投资者，在该模式中政府和社会投资者签订详细的项目合同，其目的就是在项目建设和运营等阶段给予一定的制约，可以更好地保障项目的顺利完成。

2. 所有权和经营权方面

以往的模式如 BT 模式中，这两者不会发生变化，从始至终都是属于政府部门；PFI 模式的所有权和经营权与 BT 模式恰恰相反，是归属于社会投资者所有，但前提是在规定的时间内，这是两者的不同之处；BOT、TOT 这两种模式中，项目建成以后的所有权归属问题都是在项目建设的过程中，与社会投资者提前签订的合同，社会投资者拥有合同期限以内的所有权，但政府会拥有项目最终的所有权；在本章构建的新模式中，这两种权益都归政府和社会资本成立的项目公司所有。

3. 公私合营合作方面

RC-PPP 模式中政府和社会投资者是一种紧密合作的关系，这是与其他投融资模式不同之处，同时该模式双方的合作是贯穿整个项目建设的生命周期，而其余的投融资模式各参与者都是在某一个阶段的合作关系。在这一阶段完成以后，投资者会和别的投资者再进行合作，它们的合作关系并不是贯穿项目建设的全部周期。

4. 风险分担方面

在风险分担方面不同模式所面临的风险分担方式不同，有的模式中项目的建设风险是由政府部门和社会投资者共同承担的，而项目完成以后则是由政府独自承担；在 BOT 和 PFI 模式中政府不承担任何风险，只负责监督项目的建设情况，风险则是由社会投资者承担；TOT 模式中政府承担项目建设过程中的风险，其社会投资者不会承担项目建设的全部风险，只是承担它所建设的阶段的风险；但是在 RC-PPP 模式中政府和社会投资者所承担的风险，都是根据项目建设以前所签订的合同来共同承担风险。

六、体育特色小镇 RC-PPP 投融资模式的运行机制

（一）体育特色小镇 RC-PPP 模式运作流程

体育特色小镇 RC-PPP 模式的运作流程如表 6-2 所示。

表 6-2 体育特色小镇 RC-PPP 模式运作程序

阶段	流程	政府部门职责	社会投资者职责	项目公司职责
前期准备阶段	项目发起、对项目进行可行性分析、项目立项	根据市场需求提出体育特色小镇建设项目、选择合作的社会投资者、对小镇项目的可行性分析研究、立项、组建体育特色小镇委员会	参与体育特色小镇项目的可行性研究	——
项目公司建立阶段	与各部门进行谈判、签约、组建体育特色小镇委员会	与社会投资者进行谈判并签订合同、发起组建项目公司	与政府部门进行谈判并签订合同、参与组建项目公司	——
投融资阶段	政府、社会投资者参与各资金融资模式的选择、多渠道融资	注入政府的资金、政策方面的支持	投入自有资金	采取相应政策进行贷款、采用多种模式和渠道进行融资
建设运营管理阶段	详细的规划设计和建设流程、管理运营方案	监督项目公司的各项工作	——	选择合作企业、进行项目详细的规划设计、建设、运营管理和维护

1. 成立体育特色小镇项目管理委员会

为了确保体育特色小镇可以顺利进行建设，由政府部门和社会投资者共同组建项目管理委员会，同时社会投资者、审计部门、国土资源部门、财政部门等相关部门组成，并参与项目管理委员会的相关工作，在里面承担相应的职位。项目管理委员会对于小镇项目的建设负责整个周期，一直到项目完全建成以后。该公司协调各个投资者和政府的问题，解决在建设过程中所出现的难题，在与当地的财政部门、国土资源部门进行合作沟通以后，确保所有部门意见统一。项目管理委员会，不仅负责小镇项目的建设，还负责对各个阶段的建设者进行监督。体育特色小镇项目成立的项目管理委员会会帮助政府解决项目建设过程中的很多问题。

2. 组建公司型合资结构的项目公司

该模式中在项目建设开始以前选定合适的投融资模式，并选择适合建设的投融资主体，其中最主要的投融资主体就是社会投资者。社会投资者可以与其他社会团体组织或私人企业进行联合投资，成立企业联合体。企业联合体的资金更加充足、抗风险能力强，因此会比单一的团体或组织更具有竞争力。选定合作伙伴以后，政府和各部门进行商议，明确各部门的具体职责并签订相应的合约，用以监督和管理各部门的工作。体育特色小镇项目公司并以主要负责人的身份参与到项目的设计、建设、运营，与项目公司管理委员会、社会团体、各相关部门进行合作，并协调各部门的工作。

3. 以项目公司作为投融资主体落实资金的来源

在组建项目公司成立以后，其中项目公司负责的任务有很多，如规划设计、投融资主体的选择、资金的融资等。除了政府资金和社会投资者的资金外，项目公司需要以自身为主体在其他领域进行融资。体育特色小镇项目公司是体育特色小镇项目的融资主体，能够在扩大投融资规模的同时，要想办法适当减少政府的财政压力，组建的项目公司要提前进行市场调查，确保项目可以开发，明确各部门的职责、任务，按照"自筹、自还、自用"的原则，为项目的建设融资更多的资金。

（二）体育特色小镇 RC-PPP 模式的机制

体育特色小镇投融资模式的选择一方面为了项目可以更好地进行融资，另一方面也是为了可以更好地提高项目的运作效率。因此，在确定投融资模式的前提下，要进行运作机制的设计，以确保项目运作的流畅。

1. 体育特色小镇 RC-PPP 模式的激励机制

激励机制的设置是为了激励各成员能够按时或者提前完成其规定目标的一种激励手段，使组织成员更具有积极性。建立该机制也是为了保障社会投资者的利益，它们为项目的价内税提供了大量的资金和人力物力，同时也承担了在建设过程中不可预知的风险。因此，社会投资者的利益要尽可能地予以最大限度地保障，激励机制的设置就是为了激励社会投资者可以按期完成任务，实现小镇项目运作目标。

（1）基于利益补偿的激励机制

政府部门从体育特色小镇项目中获得的收益要明显高于因激励性政策而获得的收益，同理社会投资者也需要获得大于支付成本的收益，这样体育特色小镇项目才可以顺利进行建设运营。根据西方经济学中帕累托最优化理论，体育特色小镇项目能否实现这一理论，只有达到利益平衡，才可以保证不会因为单方面利益偏离项目整体目标。

（2）基于利益分配的激励机制

体育特色小镇 RC-PPP 投融资模式的建立，对于体育特色小镇的发展来说是一个全新的模式，该模式需要建立一个符合体育特色小镇项目利益分配的方案，从而确保各部门和各参与者的工作可以顺利完成。无论是项目的建设阶段还是项目的运营管理阶段，激励机制的建立都可以在很大程度上保障项目的顺利，在当前经济环境下，各种产业不断的开发和融合，那么对应的投资者所获得的利益也在不断增加。该机制指的是在项目建设前不予承诺，根据项目运营的实际情况来进行利益分配的比例，可以促进投资者的主观能动性。

（3）基于声誉约束的激励机制

从西方经济学中我们可知，无论是个人或者是团体往往在追求经济利益的同时也会追求良好的声誉。所谓的声誉激励机制指的是在遇到信息不对称时，可以通过制度来保证项目的完成，而这种激励制度的设定可以对社会投资者产生激励作用，让他们在建设阶段更加努力。物质可以代替合约而发挥激励作用，既能达到一定的激励效果又可以对参与的人产生约束作用。社会投资者在参与项目投资之前会与政府在项目的建设进行博弈，在博弈的过程中社会参与者必须为自己的行为负责，在市场经济发展和市场竞争的压力影响下，社会投资者也会积极工作以期获得更多的社会效益。

2. 体育特色小镇 RC-PPP 模式的信息共享机制

在体育特色小镇 RC-PPP 模式的运作过程中，存在着多种关系的耦合，这些关系中又有很多的信息是相互交织在一起的，要协调这些关系和信息需要建立一个协商平台也就是信息共享机制。该平台可以协调解决各设计方案之间的技术摩擦，从项目的整体出发予以平衡和优化，寻找均衡方案。只有进行信息和资源的共享，才可以在有限的资源内避免同样的问题出现第二次，也只有这样才能使协商平台充分发挥作用。该机制有利于实现小镇项目的立体化和一体化运营，在保证项目整体协调性的同时，也有利于提高项目盈利的能力。信息共享机制的建立有助于信息传递和分享，使得决策更加灵活、高效，尽可能提高体育特色小镇 RC-PPP 模式的运作效率。该平台又可以根据项目的不同建设阶段成立不同的协作平台，如设计、建设、管理运营等平台。

（1）设计协作平台

除了体育特色小镇项目的相关设计单位，政府部门、社会投资者以及其他参与小镇建设的相关部门，都会参与到项目的建设周期当中，所以这就需要改变传统的建设模式，协调解决各设计方案之间的技术问题，以期在项目建设前提出一个最适合于体育特色小镇建设的最优方案。社会投资者参与有利于对高业态和产业物态进行设计，能更好地协调经营和管理，在保证体育特色小镇项目整体建设不会出现大的偏离轨道的问题以后，在每一个阶段建设以前可以进行提前的设计合作，这样可以确保小镇项目可以顺利进行。

（2）建设协作平台

该平台的建立是为了在项目立项以后，如何对项目进行建设、选择什么样的建设模式，要有一个权威的可以用来进行探讨交流的平台。体育特色小镇项目不同的建设阶段，要按照自身规律进行设计建设，使得不同阶段的项目建设需要不同的子公司进行承担，不同子公司在建设项目的时候所承担的建设任务也不尽相同，因此各个建设者要多进行交流协作，这样才能确保项目的顺利建设。

（3）运营管理协作平台

与以往项目管理模式相比，体育特色小镇的运营模式要更趋于全面化，否则会影响体育特色小镇项目的运营效率，建立运营管理协作平台，有助于体育特色小镇方面运营管理上的整体协作和一体化管理。运营管理协作平台以信息的双向流动为特点，获得很多的共享信息，避免和减少不必要的失误。因此，体育特色小镇运营管理协作平台可以使得各个投资者互相合作，同时在建设的各个阶段可以实现信息的共享，为打造项目的立体化、功能多元化提供保障。

3. 体育特色小镇 RC-PPP 模式的监督机制

监督机制的建立可以更好地进行项目的建设，也为了在项目建设过程中不发生意外的情况，建立这个机制可以很大程度上保障各参与者的合法权益，防止有损害项目利益的行为或是不按规定完成任务的主体出现。构建有效的监督机制，可以及时发现 RC-PPP 模式中的运作偏差，预防决策失误所造成的损失，纠正与既定目标偏离的运作。

（1）体育特色小镇 RC-PPP 模式的直接监督机制

权力监督机制：该种监督方式属于直接监督，指的是政府利用其自身的权力，来进行项目建设过程中对参与者进行监督。权利监督机制：权利监督，即以权利制约而实现监督的目的，在小镇项目运作的过程中，合理地配置社会大众的权利，使之起到制约、限制代理人机会主义的行为的作用，该机制主要存在于社会大众与政府、企业之间的委托代理关系中。

（2）体育特色小镇RC-PPP模式的间接监督机制

根据经营成果函数可以看出，经营成果受很多因素的影响，所以社会投资者的努力程度是一个抽象的概念，政府部门不能通过主观现象来进行提前预测，但影响投资者努力程度的外部随机变量是可以观测到的，所以政府部门可以通过观测外部随机变量，来间接推断社会投资者的努力程度[1]。政府部门可以从外部加大对项目建设的监督力度，不仅是政府部门直接进行监督，也可以让别的部门、居民、社会团体、企业和个体进行项目的监督，它们不像政府拥有直接监督权，但他们可以间接监督社会投资者的努力程度。

（3）体育特色小镇RC-PPP模式的风险监控

由于体育特色小镇项目投资的资金量大、工期周期长，政府在引入其他投融资主体时会提前建立风险监控机制。在项目开始建设前，加强对项目审批和监督力度，防止出现不顾实际而盲目投资的项目，对参与投融资主体加强调研，进行资格的审查，以确保有足够的能力完成预期的任务。在项目建设中，政府部门加强对成立的项目公司的监督，全程跟进项目的进度，并对资金的运作进行监督，同时建立公开、透明的信息平台，保持信息资源的共享。在项目运营时，对项目的执行情况进行反思，总结运营经验，采取多种奖励和惩罚措施，保证项目运作顺畅。

第五节 海阳市沙滩运动特色小镇RC-PPP 投融资模式实证研究

一、海阳市沙滩运动特色小镇投融资的市场前景、资本介入及政策

官方数据显示，2015年我国体育产业总规模达到1.7万亿人民币，其中有

---

① 陈共.财政学［M］.北京：中国人民大学出版社（第九版），2017：97.

5494 亿元（约合 847 亿美元）的增加值，占同期国内生产总值的 0.8%。我国体育用品消费占整个体育产业 67% 的比例。2017 年 1 月 21 日发布的中国体育产业专题报告表明，2016 年中国的体育健身市场规模接近 1.5 万亿人民币（约 2170 亿美元），其中近三分之二是体育装备和产品的消费。这些数据说明中国尚处于发展体育的初始阶段，未来市场总量有着非常大的提升空间，且购买体育用品属于基本需求，未来对于体育赛事、IP、体育旅游服务和产品的市场需求也会不断扩大。据报告显示，目前中国有 2.25 亿人处在中产阶级，中国消费升级正在悄然进行中，而体育消费也即将迎来最大的市场红利。尽管中国放缓了经济增速，但是个人消费增长将会持续高于 GDP 的增长，并且随着个人消费的增长，预计 2030 年个人消费总额将比 2015 年高出 3 倍。

通过这些数据可以发现，随着我国居民收入的提高，尤其是东部沿海城市，人们消费能力不断增强，无论是体育运动需求还是消费能力都有良好的基础，在这些地区较高端的体育旅游度假市场蕴藏着巨大潜力，也将成为我国运动休闲特色小镇的重要市场客源地。

要开发体育旅游这个大的市场，必须依托资本的力量。由于沙滩运动特色产业的高质量、高投入、高水准特性，如果没有资本进入推动体育旅游市场升级，体育旅游产业化发展将寸步难行，遥不可及。因此，必须打通体育产业与资本市场，从业者的创新思维、资本的介入是让海阳沙滩体育实现产业升级的重要举措。因此，沙滩运动特色小镇的投融资规划是关键筹码。

资本的介入，关键是把控好"投、营、融、退"四步结构（即：旅游与特色产业的运营专业化导入、融资的对象与政府扶持利用、投资的规模与时序控制、资金与资本的适时适度退出安排），掌握好"六大收益模式"（即资本收益、特色产业收益、旅游收益、地产收益、房产收益、工程收益）。

我们已与国家发改委中国投资协会、国家体育总局中国特色体育小镇基金会、住建部泛华集团公司、山东高速集团投资（基金）公司、上海五合智库投资顾问有限公司等单位进行深入沟通，并通过他们与国家农业发展银行、国家开发银行、国家进出口银行等国家政策型银行达成初步协议，力争提供国家特色小镇长期贴息贷款和专项扶持资金；还可发起专项特色小镇建设发展基金和债券；最后小镇经济发展规模成型，项目启动上市计划，进入上市融资发展阶段。

海阳建设沙滩运动特色小镇，国家有相应的政策支持，对纳入试点的小镇，一次性给予资助经费 300 万元，用于健全运动设施，组织开展群众身边的体育健身活动和赛事。可以申请彩票公益金的资助及社会和政府资本合作融资支持，亦可发行企业债券，招募基金进行建设健身产业项目。还可由体育总局设计标准化样式，配置各类资源。这些政策层面的资源和补助导流对体育特色小镇的建设发展将有不小的推动作用。

海阳建设沙滩运动特色小镇，将引进投资公司，引导社会资本并购、控股、参股和投资，建立产业平台，发展产业集群，使投资者获得收益与其他衍生利益，如参与公共服务设施和商业设施的日常管理和经营，获得合理的经营性收入。社会资本的参与可以进一步提高建设效率，带动区域经济投资和发展需求，使整个社会的资本投资回报率得到进一步提高。

二、海阳市沙滩运动特色小镇的投融资条件

（一）海阳市的土地布局条件

自 2010 年 8 月山东省人民政府批复实施《海阳市土地利用总体规划（2006—2020 年）》以来，海阳市颁布和实施了一系列加强土地用途管制的政策，在控制布局城市结构方面和土地资源方面发挥了关键作用。节约用地制度的严格执行需进一步落实，经营期内，严格把控对城市边界地区的开发，落实节约集约、优先保护的新目标、新要求；建设用地总规模需要严格控制，严控盘活存量、增量，优化城乡用地布局和结构，将土地的利用效率进一步提高。让海阳市"十三五"时期经济社会发展新战略的实施得到有效保障。合理安排海阳市城乡建设、产业集聚区项目、生态廊道和海洋经济产业带等用地，为海阳市经济转型升级取得重大突破、保持中高速增长提供保障（如图 6-6 所示）。

图 6-6　亚沙会亚运村一角

（二）海阳市的区域位置条件

海阳市坐落胶东半岛南端，濒临黄海，处于北纬 36°16′至 37°10′和东经 120°50′至 121°29′，居烟台、威海、青岛三个城市的中心地带。东邻牟平、乳山，南临黄海，西连莱阳，北接栖霞，西南相望于即墨，素有"东方夏威夷"美誉。

海阳市东邻威海，西近青岛，北连烟台，境内有横贯东西的蓝烟铁路、烟海高速公路、威青高速公路、308 国道文石线、307 省道小莱线、306 省道海莱线、210 省道烟凤线、204 国道烟上线和 202 省道威青线纵横交错；120 千米之内有烟台、威海、青岛三处大型港口和三处机场，境内的凤城港等渔商港口是我国国家二级开放口岸，已有两个万吨级泊位建成，海陆空三种交通非常方便，区位优势十分显著（如图 6-7）。

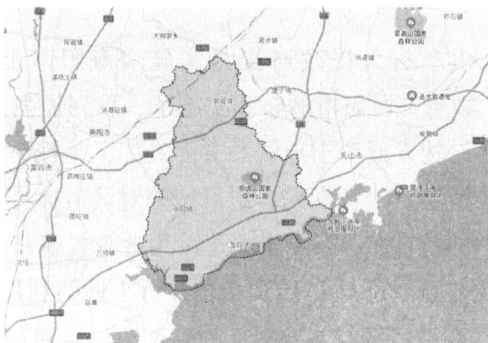

图 6-7　海阳市地图

（三）海阳市的海滩浴场概况

海阳市坐落黄海之滨，位于山东半岛南端，处于烟台、威海、青岛三个开放城市中心地带。中共中央原总书记胡耀邦同志在 1984 年来此视察时，欣然挥毫题写了"海阳万米海滩浴场"。海阳万米海滩绵延近 20 千米，以沙细、坡缓、水清、浪稳而著称，有美誉凤凰滩之称，可称为沙滩运动的天然场地。海阳万米海滩浴场位于凤城旅游度假区内，处于市南 10 千米处。海阳属暖温带东亚湿润季风型大陆气候，夏无酷暑，冬无严寒，水清沙白，被国内外客人誉为"国内少有"，是理想的天然海水浴场（如图 6-8）。

图 6-8　海阳金沙滩

（四）海阳市的沙滩旅游资源概况

海阳市产业海阳万米海滩浴场设施俱全，交通便利，现已初步形成集"海滨游乐、观光旅游、度假休闲、信息交流"等为一体的服务基地。区内的海阳旭宝国际高尔夫俱乐部是台商独自出资建设的，汇集投资金额高达 2500 万美元，规划建设任务由滨海苏格兰式一流 18 洞国际高尔夫球场负责。夏季是游览海阳万米海滩浴场的最佳时节。海阳有 130 多千米海岸线，其中被称为曲折绵延 20 多千米的"万米海滩"海岸，沙细、坡缓、水清、浪稳，是国内最好的海滩之一，海滩沙质铺满、平整如毯、沙粒均匀，可谓是天然的海水浴场。占地面积 1600 亩的沿海防护林呈条状沿万米海滩海岸分布，松林与海滩呼应。海滩可沐浴阳光、沙排、沙足等；海水可冲浪、游泳、驰船；翠绿的松林可嬉戏、休憩。这里的地势依次渐升，为沙滩、小平原到丘陵，可建公寓、别墅、疗养院。在此地欣赏日出，寻海市、观海潮，遐想无限（如图 6-9）。

图 6-9　海阳亚沙新城夜景

三、海阳市沙滩运动特色小镇 RC-PPP 投融资主体的建立

（一）沙滩运动特色小镇 RC-PPP 投融资主体的选择

RC-PPP 模式中投融资主体的选择有三种情况分别为：以政府为主体、以金融机构为体、以政府和金融机构为主体。以下数据主要来源于《金融年鉴》《统计年鉴》《各地区的金融数据统计报告》《区域经济运行报告》《各地政府部门财政报告》、中国国家统计局运行网站和 WIND 数据库①。选取了近 10 年各地政府和各地金融机构的数据，以数据为基础对该主体的融资效率进行描述性统计，然后进行分析。以下是对政府部门、金融机构、政府部门和金融机构进行的融资效率的描述性统计（如表6-3、表6-4、表6-5所示）。

表 6-3 政府部门融资效率的描述性统计

年份	样本数	均值	标准差	最小值	最大值
2009	20	0.324	0.113	0.157	1.384
2010	20	0.287	0.127	0.179	1.810
2011	20	0.293	0.129	0.183	1.793
2012	20	0.301	0.134	0.192	1.845
2013	20	0.309	0.143	0.195	1.873
2014	20	0.314	0.147	0.199	1.885
2015	20	0.278	0.132	0.178	1.732
2016	20	0.306	0.139	0.183	1.765
2017	20	0.335	0.142	0.193	1.811
2018	20	0.342	0.147	0.197	1.877
2019	20	0.351	0.152	0.201	1.903

＊主要基础数据来源于 WIND 数据库

---

① 程文倬. 区域金融发展对区域经济发展的影响——基于东北地区和东部沿海地区的实证研究［D］. 南京：南京大学，2017.

表 6-4　金融机构融资效率的描述性统计

年份	样本数	均值	标准差	最小值	最大值
2009	20	0.224	0.043	0.117	1.004
2010	20	0.227	0.052	1.004	1.010
2011	20	0.231	0.063	0.119	1.103
2012	20	0.235	0.069	0.123	1.115
2013	20	0.239	0.079	0.132	1.123
2014	20	0.243	0.085	0.145	1.125
2015	20	0.247	0.094	0.159	1.132
2016	20	0.253	0.109	0.168	1.135
2017	20	0.259	0.115	0.173	1.411
2018	20	0.267	0.122	0.183	1.417
2019	20	0.278	0.129	0.187	1.503

* 主要基础数据来源于 WIND 数据库

表 6-5　政府部门和金融机构融资效率的描述性统计

年份	样本数	均值	标准差	最小值	最大值
2009	20	0.324	0.143	0.235	1.104
2010	20	0.427	0.252	0.319	1.210
2011	20	0.531	0.363	0.423	1.303
2012	20	0.635	0.469	0.532	1.415
2013	20	0.739	0.579	0.645	1.523
2014	20	0.843	0.685	0.759	1.625
2015	20	0.947	0.694	0.868	1.732
2016	20	1.253	0.709	0.873	1.735
2017	20	1.259	0.715	0.983	1.811
2018	20	1.267	0.822	0.987	1.817
2019	20	1.278	0.829	0.991	1.803

* 主要基础数据来源于 WIND 数据库

由三个表中得出的数据进行分析，投融资主体是政府的时候，其均值每年在增加，以 2019 年为例，其均值为 0.351；投融资主体是社会资本的时候，其均值为 0.278；当投融资主体为政府和社会资本的时候，其均值为 1.278。由此可知，海阳市沙滩运动特色小镇运用 RC-PPP 模式效果最好，投融资效率的最佳选择是政府部门和金融机构一起作为一个投融资主体，来进行融资并能最大限度地保障投资者的权益。政府和金融机构共同组成了项目联合公司，成为海阳市沙滩运动特色小镇项目的投融资主体。

（二）沙滩运动特色小镇 RC-PPP 投融资主体的组成

1. 政府部门

政府部门主要是烟台市政府、海阳市政府、土地资源局、审计部门和工商管理局等部门组成。其中资金主要是政府的财政部门的税收、贷款和债券收益等作为海阳市沙滩运动特色小镇项目政府部门的资金投入。可以申请政府和社会资本合作融资支持及彩票公益金的资助，亦可发行企业债券，募集基金进行健身产业项目建设。还可以由烟台市当地的政府部门联合烟台市体育总局有关部门，合理配置小镇的各类赛事活动资源，为海阳市沙滩运动特色小镇项目建设提供相应的政策支持。

2. 社会资本

投融资主体主要是为了给项目建设筹集资金，同时也承担项目建设过程中所遇到的风险以及保障投资者的权益。该项目主要是由山东阳光海岸体育运动发展有限公司进行项目的申请，在项目立项以后又有山东体育文化股份有限公司、海阳市羊毛衫文化产业基地、山东泰山器械制造有限公司等的加入，成功组成了沙滩运动特色小镇项目的社会资本。山东阳光海岸体育运动有限公司，2017 年为专业从事沙滩运动策划、体育教育培训、体育小镇的规划设计融资和运营管理，专门成立了山东阳光海岸体育运动发展有限公司。沙滩运动特色小镇项目是由烟台阳光海岸体育运动发展有限公司进行申请的项目，该项目主要也是该公司进行投资建设的。

3. 金融机构

一方面，海阳市沙滩运动特色小镇除了依靠政府拨款和社会资本外，还可以通过政府担保与银行金融机构合作融资建设小镇，例如与中央银行（中国人民银行）、政策性银行（中国进出口银行、中国农业发展银行、国家开发银行）、国有商业银行（中国建设银行、中国工商银行、中国农业银行、中国邮政储蓄银行等)、信用社(城市信用合作社、农村信用合作社、农村商业银行、农村合作银行等);另一方面,海阳市沙滩运动特色小镇可以与非银行金融机构(金融资产管理公司、信托投资公司、财务公司、金融租赁公司等)等金融机构合作融资或借贷,减少海阳市沙滩运动特色小镇的建设周期。

(三)海阳市沙滩运动特色小镇 RC-PPP 投融资主体的资金来源渠道

首先是小镇项目建设所需要的政府投资,主要是指中央政府、山东省政府、烟台市政府、海阳市政府的财政拨款、税收和贷款等方式筹集的资金。政府资金拨出迅捷、操作方便、能起到导向作用的优点。其次,将引进投资公司,引导社会资本以投资、参股、控股、并购等方式参与产品开发和建设。投资公司参与小镇建设是一种获得直接经济利益的稳定的投资渠道,融资渠道有很多,但最终是为了完成沙滩运动特色小镇项目的建设。如表 6-6、图 6-10 所示。

表 6-6 海阳建设沙滩运动特色小镇融资渠道统计

融资渠道	相关说明
国内银行贷	银行贷款是一种经济行为,指的是银行以一定的比率为贷款者提供相应的资金,并签订合同,贷款者要在合同规定期内归还欠款和利率的一种行为。银行贷款方式可供投资者选择的有很多,社会投资者为了给沙滩运动特色小镇的建设筹集资金可以选择银行贷款的方式。如图 6-10 所示,是调查的 14 家银行的资金厚度进行调查,单位为万元。由柱状统计图可知,国内几家比较有影响力的银行中,可以以山东省政府的名义,向中国银行、中国工商银行、中国建设银行等寻求资金的帮助,这样可以解决小镇建设所需资金的一大部分
国外银行贷款	沙滩运动特色小镇项目的建设是以项目公司的名义。像国外的大银行进行资金贷款,很多资金充足以及和我国关系好的国家的银行是首选
发行债券融资	政府和金融机构组成的项目联合公司,可以以发行债券的方式向社会融资散资金,根据《公司法》相关的规定,投资者即所谓的债权人,可以成立相应的股份有限公司等其他的跟投融资有关系的项目公司,但所成立的公司必须是具有合法效益的国有公司,在筹集资金的时候项目公司负责人可以以公司的名义发行债券,进而进行融资
信用担保融资	小镇项目可以找山东省政府或者是有社会影响力的组织、团体、企业等作为担保人,来进行资金的融资。还可以找当地政府部门或者是当地的体育局等部门,出面作为项目建设资金的担保人,用以对体育特色小镇项目资金融资的信誉担保

续表

融资渠道	相关说明
融资租赁	小镇项目的建设规划是建一个集健身、娱乐、休闲、养生、旅游于一体的一个综合的小镇。所以项目建成以后会有很多的场地设施可以对外租赁。所以小镇可以和他们提前签订合同，用租赁的方式来进行资金的融资。资产的所有权最终可以转移，也可以不转移
股权出让融资	项目的投资者可以把项目的未来收益进行提前兑现，划分出与市场上等价的股权，并按照市场规律进行股权的买卖。然后根据股权买卖的钱为资本金，来进行项目的建设，该方式可以吸引更多的社会投资者的加入，也可以更快地筹集资金。小镇项目可以实行股权制，按资金投入的比例，予以相应的股权，这样他们不是投资，而是入股
产权交易融资	所谓的产权交易是指，项目完成以后通过经营管理权的变更来筹集资金的一种方式。产权交易可以有多种方式，企业以债券的形式进行融资，也可以是对等资产进行交换或者是两个公司进行股权的交换，也可以是货币政策等方式的综合。小镇项目的建设资本可以和别的项目的资本合作，这样可以保障小镇项目的顺利建设
杠杆收购融资	该融资方式指的是，社会资本参与者通过债券的方式，增加参与者公司的财务融资力度，把多余的资金用来收购其他企业的股份，并用得到的股权以债券的形式进行变卖，用得到的资金进行项目的建设，作为项目的筹集资金。在一般杠杆收购融资中，资金的利用率一般在75%左右

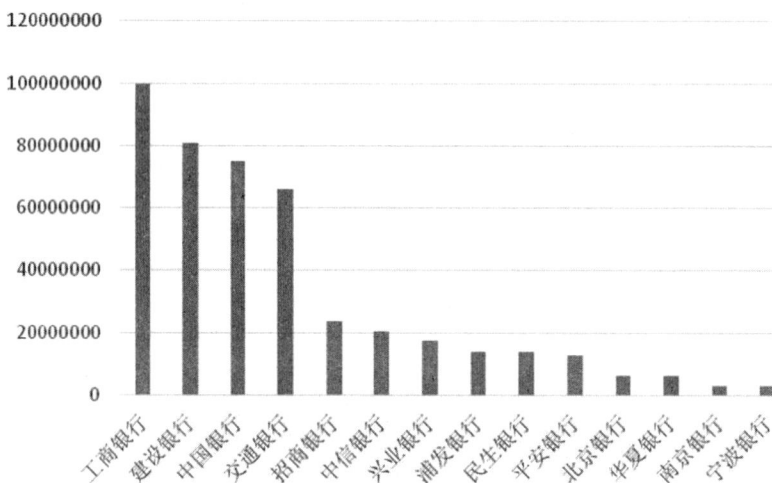

图 6-10 海阳市 14 家商业银行的量级分布

* 主要基础数据来源于 WIND 数据库

四、海阳市沙滩运动特色小镇 RC-PPP 投融资模式的运营假设

（一）海阳市沙滩运动特色小镇 RC-PPP 模式运作流程

具体的运作流程为（图 6-11）：

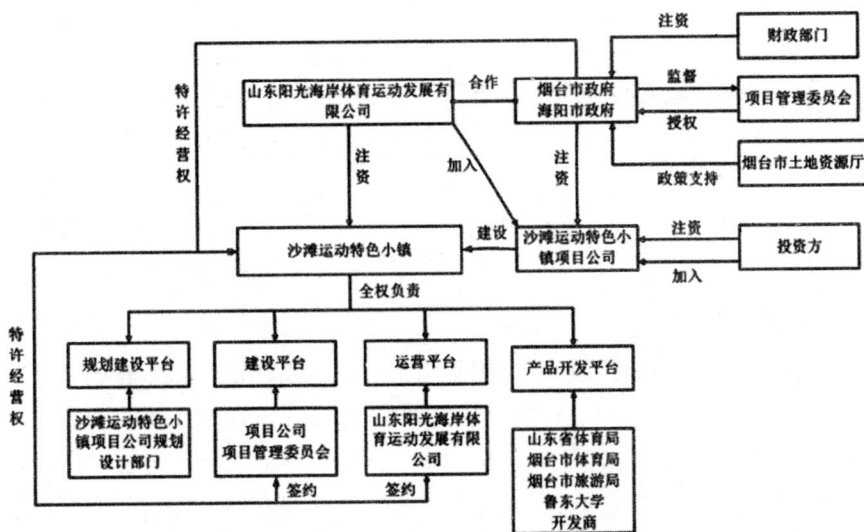

图 6-11　海阳市沙滩运动特色小镇 RC-PPP 模式运作流程

1. 前期准备阶段

烟台市政府、海阳市政府，根据有关政策组建沙滩运动特色小镇项目管理委员会。由委员会发起并和山东阳光海岸体育运动有限公司合作，先进行小镇项目可行性分析，一致认为项目可以实施则由政府部门审批对小镇进行立项，在此之前委员会对参与该项目的社会投资者进行筛选，选出的社会投资者参与项目的可行性分析。

2. 项目公司成立阶段

政府部门和山东阳光海岸体育运动有限公司的代表进行谈判、签约、共同组成一个新的个体——项目公司，在该公司中社会资本也会全程参与项目的建设。

3. 投融资阶段

政府财政部门、山东阳光海岸体育运动有限公司、社会投资者都注入相应

的资本金，其中山东阳光海岸体育运动有限公司占比最多；土地资源管理部门给予相关土地政策的支持；同时项目公司也采用多种方式将进行融资。

4. 建设运营阶段

政府部门监督支持各部门的工作，建设阶段是项目公司联合各部门进行负责。运营阶段由山东阳光海岸体育运动有限公司负责，政府部门进行监督。产业的开发由省、市体育局，鲁东大学和开发商进行合作，综合开发海阳市沙滩运动特色小镇产业。

（二）沙滩运动特色小镇 RC-PPP 投融资模式的运行机制

1. 组织管理机制

海阳市沙滩运动特色小镇的建设和运营需要调动各参与部门资源共享的积极性，保证海阳市沙滩运动特色小镇建设方案具有科学性和创新性。

2. 监督机制

建立沙滩运动特色小镇监督机制是为了能够协助建设团队能够更好地完成海阳市沙滩运动特色小镇项目的建设。监督机制分为直接监督机制和间接监督机制，直接监督机制可以由烟台市体育局、烟台市政府和社会投资者组成的项目公司负责；间接监督机制可以由省体育局、鲁东大学、合作商、社会投资者等共同组成。

3. 激励机制

该激励机制可以由烟台市体育局、烟台市政府和社会投资者组成，建立一个机构来加快海阳市沙滩运动特色小镇项目建设期间各工程的进展，用于激励项目公司或者建设团队可以更好地完成海阳市沙滩运动特色小镇项目的建设。

4. 信息共享机制

信息共享机制的建立，可以保障项目在建设过程中所有的信息都可以进行共享，所有信息在项目建设的各个阶段都可以看到。从项目的整体出发予以平衡和优化，寻找均衡方案。

5. 风险监督机制

任何项目的建设都存在风险，风险监控机制可以监测项目风险，把项目建设的风险控制在可控范围内。该机制可以由烟台市财政局和鲁东大学体育学院组成，建立一个风险监控小组，对项目建设过程中所存在的风险进行提前把控，并对与风险进行一个量化，把大的风险控制在最小的概率范围内，小概率风险提前预防。

（三）沙滩运动特色小镇的 RC-PPP 模式投资运营分析

按照"整体规划、分期开发、分项目运营"的循环方式，采用"政府+运营商+项目开发商"的三级开发模式，在政府与项目开发商之间导入运营商，政府掌握控制权，由运营商负责资源整合、基础设施和配套项目的建设、环境改善、招商引资、营销推广、运营管理等，由项目开发商（二级开发商）负责项目的具体开发和建设。

由海阳市政府、山东省阳光海岸体育发展有限公司、投资（基金）公司联合组建"海阳市沙体发展投资集团有限公司"（暂定名）。政府指定人员任集团公司法人和董事长，负责重大投资、融资、经营发展决策，负责争取协调和处理政府各部门政策和关系，制定集团公司年度计划和长远发展规划及人员编制、工资分配方案，研究决定由总经理提交的中层以上领导干部的任命和聘用，确保国有资产的保值和增值。由山东阳光海岸体育发展有限公司担任集团公司总经理，负责集团公司的全部运营管理和计划目标的落实实现。投资基金公司任集团公司监事会主席，负责注册资金和启动资金的投入，参与集团公司的重大投资、融资、经营发展的决策和各项计划的制定，并签订五年内转让集团公司股权退出协议。集团公司成立初期，股权占比为政府占比 50% 山东阳光海岸体育有限发展公司占比 20%，投资（基金）公司占比 30%。待投资（基金）公司五年后转让股权退出时，股权占比为政府占比 70%，山东阳光海岸体有有限发展公司占比 30%。集团公司全部固定资产所有权归政府所有，集团公司经营收益和固定资产增值部分按股权比例进行分配，集团公司各下属专业公司为独立法人，实行所有权和经营权分离，按投资和经济效益进行分配。各项目二级开发商另行签订开发经营合同，股权和收益分配按双方签订合同执行。

第七章　沙滩运动特色小镇发展战略

一、创新制度供给，做好科学规划

海阳市建设沙滩运动特色小镇，要发挥海阳市政府作用，首要的是创新制度供给，做好科学规划和服务工作，提高小镇供给体系的效率和质量。海阳市要根据自身优势和条件，如沙滩、文化、海洋等禀赋资源，实现海阳市沙滩运动特色小镇机制创新，做好科学规划。第一，明确海阳市政府职责，海阳市政府正确处理好与市场之间的关系。应突出海阳市政府在沙滩运动特色小镇建设中的引导作用，承担起服务保障、市场监督等工作，特别是在编制海阳市沙滩运动特色小镇规划、海阳民族传统体育的保护与传承、维护生态环境、基本公共服务供给、资源要素保障等方面发挥作用。第二，成立专门领导小组，加强对海阳市沙滩运动特色小镇的协调管理。海阳市沙滩运动特色小镇的建设是一个复杂的系统工程，涉及发改委、财政、宣传、国土资源、海水资源、体育、文化旅游等多个部门，需要建立工作联席会议制度，成立专门领导小组，加强统筹协调。海阳市体育局等相关部门要做好引导工作，对沙滩运动特色小镇的规划、建设、开发等工作进行管理与服务。第三，制定海阳市沙滩运动特色小镇的相关标准和政策，创新制度供给。海阳市政府要推进沙滩运动特色小镇建设与发展的法治化和制度化保障，在土地征用、财政资金、人才引进、项目审批、安全保障、基础设施等方面出台相关制度，特别是对于体育赛事活动、体育场地建设、体育人才培养、健身休闲等项目要给予优惠政策。第四，科学设计与规划，确保海阳市沙滩运动特色小镇的独树一帜。建设海阳市沙滩运动特色小镇从策划到规划概念提出到具体实施从整体到局部再到持续发展，都要以高标准来要求，在小镇定位、培育条件、建设标准、扶持政策、监测评价等方面进行系统设计和规划，走一条差异化显著的沙滩特色发展道路[①]。

---

① 沈克印. 体育特色小镇建设的理论与实践探索 [M]. 武汉：武汉大学出版社，2020：254.

二、凸显沙滩特色，明确产业定位

顾名思义，海阳市沙滩运动特色小镇发展的核心是"沙滩特色"，海阳市沙滩运动特色小镇如果没有自身特色，或者和其他体育特色小镇"千篇一律""千镇一面"，和其他体育特色小镇特色雷同，造成和其他体育特色小镇同类竞争、恶性竞争的局面，那海阳市沙滩运动特色小镇就违背了初衷，失去了意义。海阳市沙滩运动特色小镇要精确和彰显沙滩特色体育产业，选择差异明显的体育产业跨界融合路径，使海阳市沙滩运动特色小镇形成独具特色的体育特色小镇。

海阳市沙滩运动特色小镇要切实抓好体育特色项目建设，特别发展沙滩运动、水上运动、山地运动等特色鲜明、覆盖范围广、消费引领性强的体育运动项目，构造多个体育休闲项目，同时带动周边产业共同发展，形成独特的体育产业链；将各项公共体育服务相结合，形成公共服务圈，及时对运动休闲场地设施进行改善，让不同人群的体育消费需求得到满足。须对海阳市沙滩运动特色小镇进行明确的体育产业定位，小镇的沙滩运动特色产业不是孤立的产业形态，而是与海阳市旅游、本土民俗文化、健康、现代科技等融合在一起，延伸体育产业价值链、实现小镇体育产业价值增值。海阳市沙滩运动特色小镇要坚持共建共享，进一步完善和优化小镇建设规划，持续注入新的活力，结合地域和海阳市民俗特色，继承螳螂拳等民族传统体育项目，释放亚沙会赛事宣传效应，真正发挥海阳市沙滩运动特色小镇对地区经济发展的促进作用，让海阳市体育产业的附加值得到进一步提高，打开体育特色小镇发展新局面。

海阳市沙滩运动特色小镇的核心要素是体育产业，建设海阳市沙滩运动特色小镇一定要凸显沙滩体育特色，明确体育产业定位。找准沙滩体育产业和凸显沙滩运动特色，走差异化的体育产业发展道路是建设沙滩运动特色小镇的关键之处。第一，沙滩运动特色小镇要以"沙滩运动"为本，凸显"沙滩"特色。海阳市沙滩运动特色小镇的特质和魅力在于"沙滩运动"，竞争力和生命力也在于"沙滩运动"。在健康中国和全民健身等国家战略背景下，体育终将成为人们生活中必不可少的关键组成部分，体育产业也将成为推动海阳市经济升级转型的重要力量。建设以"沙滩运动"为本的沙滩运动特色小镇，能够明显区别于其他类型体育特色小镇，通过提供周边体育特色产品以及沙滩体育特色服务，可以在鲁东地区占领市场，获得新的消费需求和发展空间。第二，将沙滩运动项目作为载体，明确体育产业的核心地位。特色小镇作为新兴的组织形式和产业空间载体，能反映出区域经济从投资驱动向创新驱动的转换，也是产业集群发展和演进的必然结果①。海阳市沙滩运动特色小镇首先是体育产业之镇，发展体育产业必须作为建设小镇的核心和特色，将产业潜力丰富的沙滩运动项目为载体，聚焦自身优势，成为以体育产业为核心的空间载体。如：浙江绍兴的酷玩小镇，就是以"酷玩"时尚和体育休闲为核心，以极限轮滑、跑酷、滑翔伞、极限摩托、花样滑板、室内滑雪、潜泳等项目为载体，形成体育服务产业链，打造的体育特色小镇。第三，树立产业链思维，推动体育产业在相关产业中相互交融。沙滩运动特色小镇的建设要确立产业链思维，以体育产业和区域特征为前提，完善产业链布局，提高产业发展和集聚能力②。同时，开拓体育产业链，融合旅游、教育、健康、文化等元素，融合成良性持续循环的产业体系。

三、坚持市场主导，优化资源配置

市场经济条件下，发展海阳市沙滩运动特色小镇要遵循"市场决定资源配置"这条规律，在更好地发挥海阳市政府的监管、政策供给、公共服务等职能的同时，通过竞争、价格和供求等来优化资源配置。第一，引入竞争机制，重视沙滩运动特色小镇的建设质量。市场经济的基本特征之一就是竞争，在海阳市沙滩运动特色小镇发展中引入竞争机制，就是要运用财政、金融、税收等经济手段，实行"优胜劣汰"，优化体育产业结构与促进体育产业转型升级。在建设特色小镇的过程中，海阳市政府要坚持产业和民生导向，让企业成为建设主体，形成公平竞争，进行市场化运作。第二，以价格为引导，调节资源配置。发展沙滩运动特色小镇要建立价格机制，以价格为引导，规范价格秩序，使价格作用于供求关系，从而调节资源要素流动，减少重复建设和无效供给。海阳市政府要考虑体育产业的特征，积极出台和完善税费价格优惠政策，对于参与海阳市沙滩运动特色小镇建设的企业给予免税或优惠。第三，培育多元市场主体，增加市场供给。海阳市政府要通过出台和完善税费价格、规划与土地财政等有关政策，减少行政审批，鼓励和吸引社会力量参与海阳市沙滩运动特色小镇建设与发展，将社会公众的消费需求与市场供给对接起来。建设海阳市沙滩运动特色小镇，要打破海阳市政府全部垫资或出资的融资模式，强调市场的决定性作用，激发海阳市场活力，引入社会资本，吸引具有较强实力的企业参与

① 盛世豪，张伟明. 特色小镇：一种产业空间组织形式 [J]. 浙江社会科学，2016（3）：36-38.

② 赵士雯，赵艳华，国福旺. 新型城镇化背景下的天津特色小镇培育策略研究 [J]. 城市，2016（10）：22-25.

投资和管理。

四、深化合作关系，加快建设进程

基于海阳市沙滩运动特色小镇经济属性以及市场的负责需求，中央政府、海阳市政府部门以及社会投资者都可以成为海阳市沙滩运动特色小镇的投融资主体。中央政府主要是为小镇建设提供政策支持，地方政府主要为项目提供技术、资金和人员的支持。对于政府部门来说，与社会投资者共同建设海阳市沙滩运动特色小镇项目所获得的收益，要远远高于制定激励政策而获得的收益。并且对于社会投资者而言，参与海阳市沙滩运动特色小镇项目的投资能使其在获得保底收益的情况下，还会获得额外的收益。

海阳市政府和社会投资者的相互合作，可以最大限度上保证海阳市沙滩运动特色小镇的建设成功，激励性政策会提高社会投资者参与小镇建设的积极性，从而提高小镇的建设效率。

社会投资者和海阳市政府部门会把项目具体的设计、建设、运营、管理等阶段整体授权给新成立的团体"企业-政府联合体"。这样有助于海阳市沙滩云特色小镇各阶段更好地融合，并且在小镇建设的各个阶段能充分考虑各阶段的建设和运营需求，有助于节约建设时间提高建设质量。

五、确立投资模式，明确主体职责

海阳市沙滩运动特色小镇 RC-PPP 投融资模式是一种各参与者紧密合作，以股份制形式运作的投融资模式。在海阳市沙滩运动特色小镇建设开始阶段，引入资金雄厚、经验丰富的社会投资者，由海阳市政府部门与社会投资者联合组建海阳市沙滩运动特色小镇合作公司，在该模式中海阳市政府部门和社会投资者两者贯穿海阳市沙滩运动特色小镇建设的全部周期，有利于对海阳市沙滩运动特色小镇的建设运营管理进行监督，确保海阳市沙滩运动特色小镇建设的成功。

海阳市沙滩运动特色小镇 RC-PPP 投融资模式中的监督机制、激励机制、信息共享机制、风险监控机制等相关部门，例如，直接监督机制可以由烟台市体育局、烟台市政府和社会投资者负责，间接监督机制可以由省体育局、鲁东大学、合作商、社会投资者负责；激励机制由烟台市体育局、烟台市政府和社会投资者负责；信息共享机制由全体参与主体共同负责；风险监控机制由烟台市财政局和鲁东大学体育学院负责。多元机制的建立清晰了各多元参与主体对海阳市沙滩运动特色小镇的具体责任分化，也共同组成了海阳市沙滩运动特色小镇 RC-PPP 投融资模式的运行机制。该运行机制可以协调在海阳市沙滩运动特色小镇建设过程中所遇到的问题，同时也激励社会投资者的投资积极性，保障投资者从始至终的效益，同时监督海阳市沙滩运动特色小镇的建设质量。

六、拓宽融资渠道，促进多元投资

随着海阳市沙滩运动特色小镇建设资金投入越来越大，以及国内经济市场的不稳定性，要想顺利建设海阳市沙滩运动特色小镇，那么就需要进一步拓宽融资渠道，选择合适的投融资模式，是海阳市政府和各部门需要解决的主要任务。笔者认为内源型和外源型投融资、直接和间接投融资、债券和股权投融资、股权并购和资产并购融资等渠道适合作为海阳市沙滩运动特色小镇的融资渠道。

内源型和外源型投融资。这两种投融资可以很好地带动海阳市沙滩运动特色小镇的发展，也可以促进海阳市产业的进一步融合，其两者结合就是一种综合型的产业模式。内源型投融资指的是，该公司通过海阳市沙滩运动特色小镇所获得的收益，之后也全部投资于海阳市沙滩运动特色小镇所经营的产业上，资金通过不断地转化来扩大产业规模，这种模式的投融资主体主要包括企业自身的资本金、股权买卖的收益、别的项目进行盈利的资金、折旧融资和定额负债等。外源型投融资是指小镇建设企业通过其他的方式向外部在其他企业进行融资，所得到的资金用于海阳市沙滩运动特色小镇的发展。

直接和间接投融资。直接和间接投融资的方式，其本质都是外来资本的加入。直接投融资主要是指，企业利用自身的发展和影响力直接以公司的名义来进行海阳市沙滩运动特色小镇建设资金的筹集，或者以个体名义向政府和银行进行借贷。间接融资指的是，企业利用中间机构或者是其他的担保机构，进行海阳市沙滩运动特色小镇建设资金的筹集或者借贷。

债券和股权投融资。债券投融资是指企业通过向银行、政府、借贷公司或者国外银行等进行海阳市沙滩运动特色小镇建设资金的借贷，或者是购买政府和国家的债券来进行海阳市沙滩运动特色小镇建设资金的筹集。股权融资指的是，投资者把企业以股份进行融资，所融资到的全部资金用于海阳市沙滩运动特色小镇的建设和运营。

股权并购和资产并购融资。这两者有着不同点也有着相似点，前者指的是个别企业通过把公司进行股份化，通过债券的买卖以及先收购别的企业的股份，然后再进行卖出，以此获得海阳市沙滩运动特色小镇建设资金的方式。资产并购指的是，把海阳市沙滩运动特色小镇建设划分为多个小的区域，然后投资者可以根据自己的资本情况选择想要投资的区域，在海阳市沙滩运动特色小镇完成建设以后，该投资者依法获得该投资建设区域的经营控制权。

七、优化融资结构，扩大资源收入

海阳市沙滩运动特色小镇项目是一个庞大的工程，需要巨大的资金支持，建设过程中投融资市场的不断变化会导致融资渠道逐渐增多，小镇向银行借贷的数额也会不断增加，因此，要优化投融资结构，降低建设成本。

海阳市沙滩运动特色小镇的建设要借鉴国内外优秀的成功经验，根据海阳实际情况研究出合适其发展的 RC-PPP 投融资模式，同时也需要加强投融资模式管理的培训。把握当前国家各种有利的政策，尤其是关于调整利率的政策，积极争取更多的资金。

在海阳市沙滩运动特色小镇建成以后，小镇周围配套设施的逐渐开发和各种产业不断新兴，要充分利用周围各个产业和设施的基础来进行全新的产业定位。海阳市沙滩运动特色小镇配套产业的开发应根据人流量、人员需求、所处的区域、因地制宜有针对性地进行开发和招商，最大限度挖掘当地隐藏的产业商机，加快多种产业的跨界融合，更大程度地去带动小镇的资源市场发展。

加快产业开发的收入，是弥补建设和运营成本，是海阳市沙滩运动特色小镇实现盈利的可行性途径之一，海阳市沙滩运动特色小镇建设二期还可以在小镇周围建设更多的产业园区，打造一个综合性的产业园区。"体育+生活"模式的运作具有巨大的空间价值，海阳市沙滩运动特色小镇在进行产业开发的同时，要注重统筹规划、把握开发时机，尽可能地创造更大的利润空间，实现产业链条的最大化。

海阳市沙滩运动特色小镇属于资本密集型产业，要严格控制建设成本，提高资金的利用率。海阳市沙滩运动特色小镇建设应结合当地的优势产业，使有限的资金和资源得到充分利用。海阳市沙滩运动特色小镇建设的前期成本要严格控制，制订具体的建设计划、减少费用的过度支出，加强管理迁政、绿化环保等环节费用的控制。海阳市沙滩运动特色小镇建设时期要控制相应成本的投入，对项目总体的设计、规划、建设、运营、管理等过程要做好优化工作，减少不必要的资金支出。海阳市沙滩运动特色小镇建成以后要约束运营和管理成本，建立成熟的机制降低运营损耗，控制运营管理成本。

八、树立融合理念，加强跨界融合

海阳市沙滩运动特色小镇建设与发展要因地制宜，通过媒体融合方式、营销融合方式、资本融合方式，促进海阳沙滩运动特色产业与教育、养老、金融、科技、健康、文化、旅游等产业跨界融合。第一，在宏观层面，加强管理部门之间的合作，联合出台跨界融合政策。体育和相关管理部门要创新体制机制，打破部门之间的障碍，联合出台跨界融合的制度和政策，为海阳市沙滩运动特色小镇发展提供政策保障，推进沙滩运动特色产业与海阳其他产业深度融合。譬如：国家体育总局和国家文化和旅游部共同印发的《关于大力发展体育旅游的指导意见》。第二，在中观层面，建立行业协会，促进企业互动合作。产业融合背景下，尝试建立横跨体育与旅游、文化、健康等融合的行业协会，发挥其协调和治理功能。企业要树立融合理念，开展跨行业互动合作，积极拓展服务领域，提高企业竞争力。同时，企业要整合内部的信息资源、资金和人力资源等，大胆创新，扩大自身优势。第三，在微观层面，海阳市沙滩运动特色小镇要依托自然资源，体现地域生态特色，挖掘民族传统体育文化，建设配备体育旅游设施，打造沙滩运动特色产品。发展沙滩运动特色小镇也要以"互联网+体育"的思维来提高体育产业跨界融合的广度和深度，通过利用互联网技术，实现网络化和平台化管理，以吸引更多消费者。

英国的谢菲尔德市是利用体育赛事塑造城市形象的成功典范，其成功的重要原因在于该市将大型体育赛事的举办上升到城市规划的战略层面，赛事成为整体社会经济发展战略的重要组成部分，甚至成为引领作用的核心组成部分。北京在申办2008年奥运会时提出的"绿色奥运、科技奥运、人文奥运"的口号，与北京城市发展的基本战略也是相辅相成的。同样，浙江龙游县、贵州的六盘水、广东的韶关作为无名的县级城市，均是从涉及体育赛事开始，制定了以体育赛事带动县域经济发展的战略，通过承办汽车比赛，使无名小城引起世人关注，塑造和提升了城市形象与城市品牌，吸引人才、投资和增加旅游收入。

海阳市要充分利用"沙滩运动"实施城市营销整体战略，借助"沙滩运动"聚集全国乃至世界的目光，积极运用各种营销手段，将"沙滩运动"上升到城市规划的战略层面，与城市发展战略结合起来。一要大张旗鼓地利用各级媒体大力推广海阳，大力宣传"沙滩运动"的重大现实意义和长远意义。要敢于与中央一级媒体合作，扩大海阳在中国、在世界的知名度。要与最权威的、最有影响力的网站合作，全力推广海阳。二要打旅游招牌，加强旅游资源宣传，让旅游机构赴内地寻找客源，借此增加海阳知名度。三要联系交通运输部门，共同合作，加强宣传，为乘客发放有关材料、图片，比如在车票背面体现"沙滩运动"，车座位外套有海阳"沙滩运动"字样，车载电视播放"沙滩运动"宣传片等等。四要增加各省级电视台的公益广告，从全民健身的角度宣传"沙滩运动"。借"沙滩运动"这一平台，广泛地宣传海阳，以"沙滩运动"带动海阳社会发展，使海阳不仅为全国观众尤其是喜欢沙滩运动的人们所熟知，而且使亚洲地区乃至全世界也认识到这个县级小市的存在，并引以关注。世界的目光将为海阳市的发展奠定良好的基础。

九、完善运营管理，重视动态评估

海阳市沙滩运动特色小镇建设和运营管理中要凸显海阳市政府的引导作用，让企业成为主角，通过市场化运作，完善运营管理，实施动态评价，满足多方利益需求。第一，创新融资渠道，保障资金投入。海阳市沙滩运动特色小镇建设中，海阳市政府要通过完善基础设施和政策"组合拳"来吸引实力雄厚的投资主体。海阳市政府可利用体育产业发展引导基金来撬动社会资金，鼓励各类企业或个人以多种方式参与沙滩运动特色小镇建设。通过社会资本、开发性金融、政府资金、政策性资金、商业金融等多种融资渠道，为海阳市沙滩运动特色小镇提供资金支持，促进小镇的体育产业发展。第二，发挥龙头企业作用，进行项目及产业化运作。海阳市沙滩运动特色小镇建设和发展要借鉴招商引资中的经验，引入资金实力较强的龙头企业，特别是重视和发挥上市公司的带动作用，突出企业的主体地位，进行项目化运作。完善海阳市沙滩运动特色小镇的运营管理，特别要利用 RC-PPP 运作模式，以项目为核心，搭建政府部门、产业运营商、资本机构等多方参与的运营管理平台。

海阳市政府是海阳市沙滩运动特色小镇的指挥者、管理者，小镇的资金来源很大程度上依赖财政部、海阳市财政局，经济基础决定上层建筑，海阳市沙滩运动特色小镇的发展必须有国家和海阳市政府的指引。在新型城镇化和供给侧改革的大背景下，最大限度发挥海阳市沙滩运动特色小镇对海阳市经济发展的促进作用，海阳市政府必须加强对海阳市沙滩运动特色小镇的扶持力度，设立沙滩运动特色小镇建设专项资金，给予沙滩运动特色小镇发展的空间，科学规划沙滩运动特色小镇的发展蓝图。同时，对沙滩运动特色小镇的配套产业、项目设定 1~2 年的培育周期，并在培育期满后对海阳沙滩运动特色小镇的各项产业、项目进行评估考核，验收不合格的体育产业、体育项目取消继续投资建设的资格，提高海阳市沙滩运动特色小镇建设的质量和水平，促进海阳市沙滩运动特色小镇长远可持续发展。

评价是根据一定标准进行的价值判断活动，评价者根据需要，设计一套评价指标和评价标准。特色小镇是"区域精英"，具有较强的引领作用，评价指标和评价标准是在精准治理过程中对其进行绩效评价时不可缺少的部分①。海阳市沙滩运动特色小镇动态评价是对培育海阳市沙滩运动特色小镇建设与发展成效的评价，也是海阳市沙滩运动特色小镇体育项目、体育产业建设与发展的重要方向，更是优化小镇发展空间的重要举措。探讨建立发展导向下的海阳市沙滩运动特色小镇评价框架和指标体系，旨在为客观、科学、全面地评价新时代沙滩运动特色小镇的综合发展水平提供依据，从而促进海阳市沙滩运动特色小镇的科学性、预测性，促进海阳市沙滩运动特色小镇的反馈与调节，促进海阳市沙滩运动特色小镇的比较与激励。针对海阳市沙滩运动特色小镇的不同项目，要实施动态管理和评价机制，通过设置不同的评价标准，划分为项目周期性考核、专业人员上岗考核、年度考核等，并将考核结果作为奖惩的重要依据。在进行评价的过程中相应的评价主体对海阳市沙滩运动特色小镇不同项目、不同产业的建设成效进行评价，在评价的过程中就会形成不同项目、不同产业之间的对比、排名等，而建设效果好的会由培育转为正式，而建设不好的则会被踢出体育项目扶持发展行列，这种评价和对比无形中会对海阳市沙滩运动特色小镇的管理主体海阳市政府形成强力的刺激和激励作用，以最大可能完成评价体系的主要方面，促进海阳市沙滩运动特色小镇的快速健康发展。

十、重视生态文明，合理开发资源

海阳市沙滩运动特色小镇要在保护海阳市自然生态环境的基础上进行开发，重视生态文明建设，合理开发海阳市旅游资源。海阳市的大海、沙滩、山地、森林等自然资源都是发展沙滩运动、山地运动、体育休闲产业的良好自然条件，建设海阳市沙滩运动特色小镇必须依托于当地的自然条件和生态环境，建设过程中不可避免地要对大自然进行开发，必须合理高效利用海阳市自然禀赋资源，重视生态文明建设，才能实现海阳市沙滩运动特色小镇的可持续健康发展。合理开发海阳市沙滩运动特色小镇的旅游资源，以体育旅游拉动体育消费和旅游

---

① 闵学勤．精准治理视角下的特色小镇及其创建路径［J］．同济大学学报（社会科学版），2016（5）：55-60.

消费，增加当地居民收入来源，创造就业机会，促进地区经济和社会发展。加强对海阳市沙滩运动特色小镇生态文明建设的总体设计和科学规划，树立社会主义生态文明观，促进人与自然和谐发展，实现共赢。树立"生活、休闲、健身"一体的现代化生活理念，促进"三生融合"，深度挖掘海阳市沙滩运动特色小镇的发展潜力，合理开发海阳市沙滩运动特色小镇的旅游资源，科学规划布局，海阳市沙滩运动特色小镇才能成为推动海阳市体育产业发展和海阳市经济发展的永动机。在新型城镇化背景下，海阳市沙滩运动特色小镇是改善海阳市地区面貌的大好历史机遇，海阳开发生态旅游资源，必须重视生态文明建设，坚持环保，坚持科学发展和可持续发展，把自然与人文这两者放在同等地位上，传承海阳市的优秀传统文化，合理合法开发海阳自然资源。资源禀赋是海阳市沙滩运动特色小镇建设的基础，体育产业是海阳市沙滩运动特色小镇发展的端口，要深度挖掘小镇旅游资源与加强小镇生态文明建设相结合，促使海阳市沙滩运动特色小镇的可持续发展。

十一、走新型城镇化发展道路，提高海阳市综合承载力

海阳市沙滩运动特色小镇要实现长远可持续发展，必须走新型城镇化发展道路。新型城镇化是海阳市现代化发展的必经之路，海阳市经济社会发展的巨大潜力和动能就在于新型城镇化进程，新型城镇化也是海阳市经济发展的一项民生工程，是海阳市供给端和需求端的连接线，更是海阳市供给和需求两侧作用的黄金联结点。建设海阳市沙滩运动特色小镇，目的是促使其挑起促进海阳市传统体育产业转型升级的重担。同时，要培育海阳市体育新兴产业，提高海阳市沙滩运动特色小镇竞争力，最终必须落实到现代化的海阳市城镇体系。海阳市的农村区域相对贫困化是海阳市城乡二元结构体制下出现的海阳市农村地区衰退或发展滞后的严重社会问题，成为影响海阳市城乡协调与海阳市农村可持续发展的主要限制因素。

海阳市沙滩运动特色小镇具有海阳经济带动性特征，建设海阳市沙滩运动特色小镇所带来的经济价值，能够产生经济辐射效应，带动周边城镇的经济和社会发展。海阳市沙滩运动特色小镇的建设能够统筹海阳市城乡和谐发展，促进海阳市区和农村完善综合配套设施，降低新型城镇化的社会成本。利用海阳市沙滩运动特色小镇的经济辐射效应，振兴海阳市农村发展，推动海阳市的城市和农村共同发展，提高海阳市的新型城镇化的质量和水平，形成海阳市农村和城镇两者相互补充、相互促进的良性循环。建设好海阳市沙滩运动特色小镇，

海阳市政府必须进一步完善小镇基础配套设施建设，提高海阳市的综合承载力，完善公共交通、道路设施、铁路、水利、电力等基础配套设施，建设好标志性建筑等。利用好海阳市沙滩运动特色小镇的经济辐射效应，能够大大降低海阳市政府民生工作的压力，增强海阳市农村和城镇的特色竞争力，将海阳市沙滩运动特色小镇的长期发展与海阳市的居民生活、就业等民生问题相结合，分流海阳市农村人口，坚持"去中心化"的发展战略规划，促进区域均衡发展加速推进海阳市新型城镇化发展进程，实现海阳市沙滩运动特色小镇跨越式发展。

十二、加强政府管理扶持力度，多元参与主体协调发展

海阳市政府对海阳市沙滩运动特色小镇建设与发展主要起引导作用，主体应当是企业同时吸引社会多元主体参与海阳市沙滩运动特色小镇建设与发展，坚持以体育产业和民生为导向，坚持市场化运作。发挥市场的决定性作用，重视价格的杠杆作用和引导作用，避免与其他体育特色小镇的重复建设，减少无效供给。完善海阳市政府对海阳沙滩运动特色小镇建设与发展的优惠政策，对参与海阳市沙滩运动特色小镇建设与发展的企业给予免税或减税等优惠，降低企业准入门槛，放宽市场准入条件，简化申请程序，为企业及其他市场主体开通"绿色通道"。创新培育参与海阳市沙滩运动特色小镇建设与发展的市场主体，开放承接，招商引资，引入 RC-PPP 投融资模式解决海阳市沙滩运动特色小镇建设过程中的资金短缺问题，拓宽小镇的融资渠道，减轻海阳市政府财政压力，优化海阳市沙滩运动特色小镇产业结构，激发体育产业发展活力。海阳市沙滩运动特色小镇建设与发展具有资金投入量大、收益回收周期长等特点，仅依靠国家和海阳市政府的资金支持，远远不能保障小镇的可持续发展，由此引导社会资本和金融机构资金，多个投资平台参与小镇建设与发展，发挥各自优势，将多个投资平台的利益进行捆绑，共担风险，共同受益，能够缓解海阳市政府的财政压力，为海阳市政府债务松绑，为海阳市沙滩运动特色小镇的发展提供强有力且稳定的资金支持，进一步盘活海阳市沙滩运动特色小镇的沙滩运动特色产业发展。

海阳市沙滩运动特色小镇要遵循"政府引导，企业主体，市场化运作"的模式。海阳市政府要在规划设计、制度供给、人才引进、环境保护等方面发挥"引导"作用，体现海阳市政府的引领优势。同时，在海阳市沙滩运动特色小镇建设与发展过程中，海阳市政府要加强对海阳市沙滩运动特色小镇的产业监督和项目监督，实施宽进严定的方式，规范小镇的产业发展方向和项目的合理建

设，防止海阳市沙滩运动特色小镇成为房地产商的"圈地"手段。海阳市政府还应处理好与市场的关系，明确政府自身职责，运用市场化运作的方式，发挥在资金要素、人才要素等方面的优势，让市场起主导性作用。在海阳市沙滩运动特色小镇运营发展中，创新海阳市政府与企业的合作方式，降低企业准入机制，激发企业投资的活力，同时与社会企业建立良好的利益共享机制、风险共担机制，引导更多的企业参与海阳市沙滩运动特色小镇的建设与发展。在海阳市沙滩运动特色小镇建设中，要加强对海阳市当地文化的了解、理解，立足于当地中华民族传统体育文化、传统节假日活动等资源，挖掘特色、活态传承，将其充分融入小镇的建设发展中。同时，发挥好海阳市当地体育文化资源的优势，利用好体育文化要素，做到传统文化与时代发展的需求相结合，彰显海阳市沙滩运动特色小镇的文化特色。

建设海阳市沙滩运动特色小镇，具有推动全民健身战略的实施、推进体育产业供给侧改革等积极意义。在国家高度重视与人民需求快速增长的背景下，体育特色小镇在快速发展中也凸显出一些现实问题，必须在发展"热潮"中进行冷思考，对海阳市沙滩运动特色小镇进行全方位的重新认识。要完善监督管理体制，明确海阳市政府、企业、市场各自的职责与作用，创新土地、资金、人才等要素的供给方式，挖掘地域产业、文化的禀赋资源，加快产业转型升级，促进体育产业跨界融合发展，推动海阳市沙滩运动特色小镇健康可持续发展。海阳市沙滩运动特色小镇的建设发展应追求特色鲜明，不可完全照搬其他小镇建设模式而忽视质量。海阳市沙滩运动特色小镇建设与发展必须进行科学的规划、设计，进行"培育"而并非"打造"，避免盲目开发，明确海阳市沙滩运动特色小镇的发展必须以沙滩运动为主、旅游为辅，"沙滩运动特色"是小镇的核心。海阳市沙滩运动特色小镇要合理开发自然资源，利用小镇历史文化内涵，发挥出海阳市沙滩运动特色小镇的竞争优势，为海阳市人民群众共同富裕之路助力。加强海阳市政府管理扶持力度，培育多元市场主体，共同参与海阳市沙滩运动特色小镇建设，促进共育共享，共同享有小镇建设成果。

在供给侧改革背景下，体育产业形态已经不再孤立，而是在新业态和新技术的引领下，跨界融合于相关行业。海阳市沙滩运动特色小镇作为海阳市体育产业跨界融合的创新载体，是海阳市全面深化改革的产物，也是推进海阳市新型城镇化和供给侧改革的有益探索。要充分发挥海阳市政府在建设海阳市沙滩运动特色小镇过程中的作用，重点要做好创新制度供给和科学规划。同时，要坚持以企业为主体，遵循市场规律，对资源配置进行优化，进一步树立产业链思维，促进体育产业与相关产业进行融合。建设与发展海阳市沙滩运动特色小镇不能搞"形象工程"和"政绩工程",要树立"大旅游、大健康、大体育"理念,经过科学规划和论证,对海阳市体育产业进行明确定位,强化跨界融合,通过海阳市社会、政府、市场等多方力量共同建设打造海阳市沙滩运动特色小镇。新时代要以习近平新时代中国特色社会主义思想为指导,以新发展理念为引领,坚持以人民为中心的思想,坚持市场起决定性作用和更好地发挥政府作用,以引导体育产业发展为核心,遵循产业发展规律,以建立规范纠偏机制、典型引路机制、服务支撑机制为重点,加快建立海阳市沙滩运动特色小镇高质量发展机制,释放海阳市城乡融合发展和内需增长新空间,促进海阳市体育产业高质量发展。

十三、打造沙滩运动产业支柱,优化海阳城市产业结构

亚沙会的举办使海阳市的产业结构发生了调整和升级,体育产业成为海阳市第三产业的支柱。体育产业的发展将有效提高海阳市其他相关产业的活力和增长潜力,还能促进产业内部的结构调整优化和增长质量的提高,传统服务业在营销方式、服务技术、经营理念、经营业态等方面的服务水平和质量会得到明显提高,信息咨询业、现代物流业等现代服务业将加快发展,行业规模迅速壮大,比重明显提高。根据经济学理论,结合海阳市的具体情况,将"沙滩运动"与海阳市的产业结构相结合,对产业结构做科学、合理的整合,将体育用品业作为海阳体育产业的基础,努力发展竞赛表演市场、健身娱乐市场、体育中介市场等其他相关体育产业,促进企业由产品经营向品牌经营转变,从而加速海阳市经济社会发展的进程。

现代体育是一项与经济活动紧密联系的新兴产业。每一项大的体育赛事,每一个体育项目,每一支运动队伍,无不以一系列相关的产业发展为基础,无不以大的经济财团、经济实体为后盾。要用经济的眼光去办体育,将体育办得经济实惠了才是我们的目标。

亚沙会的举办,使海阳名扬世界,宣传了海阳的城市形象,展示了海阳良好的投资环境。要将"沙滩运动"作为商机,制订计划,举办大型国际沙滩运动赛事,吸引有国际大公司大企业高层官员背景的各国体育官员、体育界的理事、各国的巨富、名人、知名学者、大的商家客人等怀着浓厚的兴趣前来观看比赛,要做好准备,让来宾了解海阳经济和社会发展基本情况,了解投资政策,吸引他们的目光。赛事期间,还可以举行大型的招商引资活动,开创海阳市对外开放和招商引资新格局,将"沙滩运动"自身潜在的经济价值和商业价值最大限度地开发出来,努力实现最大化的社会效益和经济效益。

参考文献

［1］何盛明. 财经大辞典［M］. 北京：中国财政经济出版社，1999：109.

［2］植草益. 日本的产业组织［M］. 北京：经济管理出版社，2000：450.

［3］王华春. 自然垄断［M］. 北京：北京师范大学出版社，2009：53.

［4］高鸿业. 西方经济学（宏观）［M］. 北京：中国人民大学出版社，2014：106.

［5］曼昆著，梁小民，梁砾译. 经济学原理（微观）［M］. 北京：北京大学出版社，2015：131.

［6］安福秀. 体育小镇实操及经典案例研究报告［M］. 北京：北京体银投资管理有限公司，2017：7.

［7］周红. 特色小镇投融资模式与实务［M］. 北京：中信出版集团，2017：63.

［8］陈共. 财政学［M］. 北京：中国人民大学出版社（第九版），2017：97.

［9］陈刚，杨国庆，叶小瑜. 中国体育小镇建设纲要［M］. 北京：人民体育出版社，2017：26.

［10］沈克印. 体育特色小镇建设的理论与实践探索［M］. 武汉：武汉大学出版社，2020：254.

［11］保罗·萨缪尔森，威廉·诺德豪斯著. 经济学［M］. 萧琛，译. 北京：人民邮电出版社，2008：87.

［12］杨志安，李鹏. 财政投融资绩效问题研究综述［J］. 农业经济，2013（5）：94-95.

［13］单卓然，黄亚平. "新型城镇化"概念内涵、目标内容、规划策略及认知误区解析［J］. 城市规划学刊，2013（2）：16-22.

［14］盛广耀. 新型城镇化理论初探［J］. 学习与实践，2013（2）：13-18.

［15］杨强. 体育产业与相关产业融合发展的内在机理与外在动力研究［J］. 北京体育大学学报，2013，36（11）：20-24，30.

[16] 张美亮, 夏理杰, 刘睿杰. 发达地区小城镇规划评价机制研究 [J]. 规划师, 2013 (3): 64-67.

[17] 迟国泰, 曹婷婷, 张昆. 基于相关主成分分析的人的全面发展评价指标体系的构建 [J]. 系统工程理论与实践, 2013, 32 (1): 112-119.

[18] 李颜娟. 基础设施项目多元投融资模式研究 [J]. 宏观经济管理, 2014 (7): 76-78.

[19] 朱颐和, 毛安敏. 城市基础设施建设投融资新模式——有限合伙制私募股权投资基金 [J]. 财会月刊, 2014 (22): 115-116.

[20] 何文虎. 我国城市基础设施融资平台创新: 基础设施融资银行 [J]. 金融理论与实践, 2014 (2): 23-29.

[21] 严剑锋. 地方政府重大公共项目投融资模式选择与实施 [J]. 地方财政研究, 2014 (7): 11-15.

[22] 李鹏. 财政投融资绩效评价体系的构建及其实证筛选 [J]. 社会科学辑刊, 2014 (5): 113-121.

[23] 许烜, 刘纯阳. 湖南粮油加工农业产业集群竞争力研究——基于GEM模型的实证分析 [J]. 经济地理, 2014 (2): 120-124.

[24] 周正详, 张秀芳, 张平. 新常态下PPP模式应用存在的问题及对策 [J]. 中国软科学, 2015 (9): 82-95.

[25] 杨强. 体育与相关产业融合发展的路径机制与重构模式研究 [J]. 体育科学, 2015, 35 (7): 3-9, 17.

[26] 赵予新, 马琼. 金融支持城市基础设施投融资贡献度的研究 [J]. 金融理论与实践, 2015 (6): 64-67.

[27] 戴大双, 于英慧, 韩明杰. BOT项目风险量化方法与应用 [J]. 科技管理研究, 2015 (2): 98-100.

[28] 姚东旻, 李军林. 条件满足下的效率差异: PPP模式与传统模式比较 [J]. 改革, 2015 (2): 34-42.

[29] 闵学勤. 精准治理视角下的特色小镇及其创建路径 [J]. 同济大学学报 (社会科学版), 2016 (5): 55-60.

[30] 曾江. 新型城镇化背景下特色小镇建设 [J]. 宏观经济管理, 2016 (12): 51-56.

[31] 赵佩佩, 丁元. 浙江省特色小镇创建及其规划设计特点剖析 [J]. 规划师, 2016 (12): 57-62.

[32] 胡鞍钢，周绍杰，任皓. 供给侧结构性改革——适应和引领中国经济新常态 [J]. 清华大学学报（哲学社会科学版），2016，31（2）：2-7.

[33] 刘元春. 供给侧结构性改革的理论逻辑探析 [J]. 国家治理，2016（12）：36-48.

[34] 贾康，冯俏彬. 新供给：创构新动力——"十三五"时期"供给管理"的思路与建议 [J]. 税务研究，2016（1）：3-9.

[35] 王小广. 供给侧结构性改革：本质内涵、理论源流和时代使命 [J]. 中共贵州省委党校学报，2016（2）：82-87.

[36] 沈克印，吕万刚. 体育产业供给侧结构性改革：学理逻辑、发展现实与推进思路 [J]. 武汉体育学院学报，2016，50（11）：30-35.

[37] 陈宇峰，黄冠. 以特色小镇布局供给侧结构性改革的浙江实践 [J]. 中共浙江省委党校学报，2016，32（5）：28-32.

[38] 王小章. 特色小镇的"特色"与"一般" [J]. 浙江社会科学，2016（3）：46-47.

[39] 钟华梅，黎雨薇. 京津冀休闲体育产业联动发展策略研究 [J]. 南京体育学院学报（自然科学版），2016，15（3）：151-155.

[40] 盛世豪，张伟明. 特色小镇：一种产业空间组织形式 [J]. 浙江社会科学，2016（3）：36-38.

[41] 温燕，金平斌. 特色小镇核心竞争力及其评价模型构建 [J]. 生态经济，2017，33（6）：85-89.

[42] 魏蓉蓉，邹晓勇. 特色小镇发展的PPP创新支持模式研究 [J]. 技术经济与管理研究，2017（10）：125-128.

[43] 曾琼，张小波. 基于PPP（公私合营）视角的科技资源共享服务机制研究 [J]. 科技管理研究，2017（23）：1-6.

[44] 王振坡，薛珂，张颖，等. 我国特色小镇发展进路探析 [J]. 学习与实践，2017（4）：23-30.

[45] 唐步龙. 特色小镇的功能定位与发展路径 [J]. 人民论坛，2017（31）：79-80.

[46] 赵华. 旅游特色小镇创新开发探析 [J]. 经济问题，2017（12）：104-107.

[47] 陈清，吴祖卿. 福建特色小镇发展建设的"资源+人才+创新"策略分析 [J]. 福建论坛（人文社会科学版），2017（3）：161-166.

［48］尹怡诚，张敏建，陈晓明，等．安化县冷市镇特色小镇城市设计鉴析［J］．规划师，2017，33（1）：134-141.

［49］华芳，陆建城．杭州特色小镇群体特征研究［J］．城市规划学刊，2017（3）：78-84.

［50］李明．PPP 模式介入公共体育服务项目的投融资回报机制及范式研究——对若干体育小镇的考察与思考［J］．体育与科学，2017，38（4）：86-93.

［51］申建红，孙小宁，刘立丹．"互联网+PPP" 模式下建设项目风险度预测［J］．土木工程与管理学报，2017，34（5）：27-31.

［52］姚尚建．城乡一体中的治理合流——基于"特色小镇"的政策议题［J］．社会科学研究，2017（1）：45-50.

［53］叶小瑜，谢建华，董敏．国外运动休闲特色小镇的建设经验及其对我国的启示［J］．南京体育学院学报（社会科学版），2017，31（5）：54-58.

［54］李庆峰．特色小镇：一种新型社会治理模型及其发展［J］．中国经贸导刊，2017（2）：76-78.

［55］瞿昶．基于市场化导向的旅游型特色体育小镇构建探索——以新西兰皇后镇为例［J］．南京体育学院学报（社会科学版），2017，31（5）：59-63.

［56］唐洪雷，韦震，唐卫宁，等．基于生态位理论的特色小镇协调发展研究——以湖州市特色小镇为例［J］．生态经济，2018，34（6）：122-127，149.

［57］徐泽，张建军，李储，等．基于生态位的京津冀城市群空间功能竞争力研究［J］．中国农业资源与区划，2018，39（4）：167-175.

［58］李留法．基于区域经济增长的农村可持续发展潜力区划研究——以河南省为例［J］．中国农业资源与区划，2018，39（10）：17-22.

［59］董芹芹，沈克印．法国运动休闲特色小镇建设经验及对中国的启示——以霞慕尼（Chamonix）小镇为例［J］．武汉体育学院学报，2018，52（6）：20-25.

［60］范斌．基于根植性理论视角下的我国体育特色小镇建设机制研究［J］．体育与科学，2018，39（1）：84-89.

［61］张月蕾，张宝雷，杜辉，等．"健康中国"背景下体育特色小镇创建路径研究［J］．哈尔滨体育学院学报，2018，36（1）：41-45.

［62］张雷．运动休闲特色小镇：概念、类型与发展路径［J］．体育科学，2018，38（1）：18-26+41.

[63] 鲜一，程林林．体育特色小镇业态选择——基于产业集聚与区位理论视角 [J]．体育与科学，2018，39（3）：60-68.

[64] 秦刚，郭强．社会主义"从传统到现代"的新发展——从社会主义发展进程看中国特色社会主义进入新时代 [J]．科学社会主义，2018（1）：11-16.

[65] 艾四林，康沛竹．中国社会主要矛盾转化的理论与实践逻辑 [J]．当代世界与社会主义，2018（1）：13-18.

[66] 杨毅然，沈克印．精准扶贫背景下体育特色小镇助力体育扶贫研究——以广西马山攀岩小镇为例 [J]．体育研究与教育，2018，33（4）：24-29.

[67] 张宝雷，张月蕾，徐成立．国外体育特色小镇建设经验与启示 [J]．山东体育学院学报，2018，34（4）：47-51.

[68] 厉新建，傅林峰，时姗姗，等．旅游特色小镇的内生发展与路径 [J]．旅游学刊，2018，33（6）：7-9.

[69] 罗德胤．传统村落能否成为特色小镇？[J]．旅游学刊，2018，33（5）：4-6.

[70] 李凌岚，安诒彬，郭戍．"上""下"结合的特色小镇可持续发展路径 [J]．规划师，2018，34（1）：5-11.

[71] 谭荣华，杜坤伦．特色小镇"产业+金融"发展模式研究 [J]．西南金融，2018（3）：3-9.

[72] 席广亮，甄峰，罗桑扎西，等．互联网时代特色小镇要素流动与产业功能优化 [J]．规划师，2018，34（1）：30-35.

[73] 李寅峰，马惠娣．"特色小镇"建设热中的冷思考——"特色小镇"建设中的文化汲取与传承 [J]．治理研究，2018，34（3）：113-121.

[74] 杨秀，仇勇懿，陆天赞，等．把握自身资源禀赋的特色小镇规划方法探索——以中山港口镇游戏游艺文化特色小镇为例 [J]．城市发展研究，2018，25（5）：7-13.

[75] 刘家明．旅游特色小镇创新发展的 WREATH 模式与实践 [J]．旅游学刊，2018，33（5）：10-12.

[76] 王志文，沈克印．产业融合视角下运动休闲特色小镇建设研究 [J]．体育文化刊，2018（1）：77-81.

[77] 王松，张凤彪，崔佳琦．传统体育文化融入运动休闲特色小镇建设研究 [J]．体育文化导刊，2018（5）：79-83.

[78] 胡昌领. 体育特色小镇的功能定位、建设理念与精准治理研究 [J]. 体育与科学, 2018, 39 (3): 69-74.

[79] 石秀廷. 体育特色小镇建设的国际经验及其启示 [J]. 广州体育学院学报, 2018, 38 (2): 39-42, 67.

[80] 郭琴. 体育特色小镇建设二元模式的路径探索 [J]. 体育与科学, 2018, 39 (2): 89-94.

[81] 钟丽萍, 金育强. 中国企业投资海外足球俱乐部的特征、动因与启示 [J]. 成都体育学院学报, 2018, 44 (4): 30-34.

[82] 季朝新, 王一博. 运动休闲特色小镇建设: 逻辑起点、概念模型和功能定位 [J]. 体育文化导刊, 2018 (2): 88-92.

[83] 赵彬彬, 宋扬, 施兰平, 等. 我国体育产业基地核心竞争力战略研究——以辽宁体育产业基地为例 [J]. 沈阳体育学院学报, 2019, 38 (4): 70-77.

[84] 黄倩, 周君华. 沙滩运动特色小镇的产业定位 [J]. 体育科技文献通报, 2019, 27 (06): 26-27, 146.

[85] 黄倩, 周君华. 体育特色小镇 PPP 项目运作模式研究 [J]. 鲁东大学学报 (自然科学版), 2019, 35 (03): 277-281.

[86] 黄倩, 周君华. 体育特色小镇核心竞争力评估模型构建 [J]. 四川体育科学, 2020, 39 (04): 91-95, 102.

[87] 中共中央、国务院. "健康中国 2030" 规划纲要 [N]. 人民日报, 2016-10-26 (4).

[88] 杨军. "三个意味着" 诠释中国特色社会主义伟大意义 [N]. 人民日报, 2017-10-17 (7).

[89] 陈刚. 打造体育健康特色小镇 助力 "强富美高" 新江苏 [N]. 新华日报, 2017-04-25 (008).

[90] 李庆雷, 沈琼. 旅游特色小镇平台化运营模式探析 [N]. 中国旅游报, 2018-07-03 (01).

[91] 江苏省体育局. 关于开展体育健康特色小镇建设工作的通知: 苏体经 〔2016〕 92 号 [A/OL]. 江苏省体育局办公厅官网, 2016-09-12.

[92] 住房城乡建设部, 国家发展改革委, 财政部. 关于开展特色小镇培育工作的通知: 建村 〔2016〕 147 号 [A/OL]. 中华人民共和国住房和城乡建设部办公厅网站, 2016-07-01.

[93] 习近平. 中央财经领导小组第十二次会议精神 [EB/OL]. 新华网, 2016-01-26.

[94] 住房城乡建设部, 国家发展改革委, 财政部. 关于开展特色小镇培育工作的通知: 建村〔2016〕147 号 [A/OL]. 中华人民共和国住房和城乡建设部办公厅网站, 2016-07-01.

[95] 国家体育总局. 关于推动运动休闲特色小镇建设工作的通知: 体群字〔2017〕73 号 [A/OL]. 国家体育总局办公厅网站, 2017-05-11.

[96] 国家体育总局. 关于推动运动休闲特色小镇建设工作的通知: 体群字〔2017〕73 号 [A/OL]. 国家体育总局办公厅官网, 2017-05-11.

[97] 习近平. 首届全经联特色小镇产业运营大会成功召开 [EB/OL]. 央视网, 2017-06-26.

[98] 李鸿禧. 基于相关主成分分析的港口物流评价研究 [D]. 大连: 大连理工大学, 2013.

[99] 郭美清. 中国新型城镇化理论研究 [D]. 漳州: 闽南师范大学, 2015.

[100] 高小博. 我国综合交通枢纽投融资模式研究——基于机制设计理论视角 [D]. 北京: 北京交通大学, 2016.

[101] 程文倬. 区域金融发展对区域经济发展的影响——基于东北地区和东部沿海地区的实证研究 [D]. 南京: 南京大学, 2017.

[102] 杨毅然. 中国体育特色小镇建设的实践探索研究 [D]. 武汉: 武汉体育学院, 2018.

[103] 叶安迪. 安徽省旅游特色小镇建设研究 [D]. 合肥: 安徽大学, 2019.

[104] 曾友美. 湖北省京山网球特色小镇建设研究 [D]. 武汉: 武汉体育学院, 2020.

[105] Prahalad C K, Gary H. The Core Competence of the Corporation [J]. Harvard Business Review, 1990, 68 (3): 61-66.

[106] Christensen C M, Rosenbloom R S. Explaining the attacker's advantage: technological paradigms, organizational dynamics, and the value network [J]. Research Policy, 1995, 24 (2): 233-257.

[107] Tomlinson A. Sport and social class [J]. Social Science Information, 2016, 17 (6): 819-840.

海阳市沙滩运动特色小镇建设与发展专家访谈提纲

尊敬的专家：

您好！首先感谢您在百忙之中抽出时间参与本次访谈，本次访谈是关于沙滩运动特色小镇建设与发展的相关问题，目的是更好地建设海阳市沙滩运动特色小镇，为相关部门提供科学的、有针对性的理论依据。请您根据您的相关工作经验及知识积累进行回答。

我保证本次访谈记录仅用于此次课题研究，谢谢您的支持！

访谈内容如下：

1. 您认为小镇的生态环境是构成体育特色小镇核心竞争力的重要因素吗？如果是，请详细说明。

2. 您认为海阳市具有哪些丰富的文化底蕴？它们对海阳市沙滩运动特色小镇的建设会起到什么作用？

3. 您认为海阳市的地形、海滩、气候等旅游条件如何？是否有益于海阳市沙滩运动特色小镇建设呢？

4. 您认为海阳市沙滩运动特色小镇应该具备哪些运动资源？怎么具备？如何发展？

5. 体育特色小镇的产业竞争力由几个要素构成？如何解释各要素？各要素之间是否存在相关联系？

6. 海阳市沙滩运动特色小镇特色产业有哪些？具备哪些特色发展条件？如何培育发展？

7. 海阳市具有哪些相关产业？规模如何？产业集聚程度如何？

8. 海阳市特色产业表现出来的影响力、辐射力大小？其具体体现在哪方面？

9. 如何衡量海阳市沙滩运动特色小镇体育产业的市场竞争力？如何做强做大？

10. 您认为海阳市沙滩运动特色小镇在发展过程中科技和体育产业如何结合

创新？

11. 您觉得交通对小镇的发展起什么作用？海阳市各景点的交通便利吗？

12. 您认为海阳市的体育场馆、公共基础设施、相关俱乐部的建设一应俱全吗？能满足群众需求吗？

13. 您认为海阳市沙滩运动特色小镇的大型商场、酒店能满足市场需求吗？

14. 海阳市沙滩运动特色小镇的体育人才储备量如何？怎么与当地高校、运动队、俱乐部建立合作关系？

15. 请您谈谈沙滩运动特色小镇的整体定位。

16. 如果您是小镇建设负责人，您会如何规划海阳市沙滩运动特色小镇？

17. 您认为建设小镇前的战略布局重要吗？海阳市沙滩运动特色小镇的战略布局该如何布置？

18. 您认为海阳市现有产业链发展情况如何？请您理论假设适合海阳市沙滩运动特色小镇发展的产业链。

19. 您对体育特色小镇建设政策有了解吗？您对政策有什么好的想法和建议？

20. 您认为在体育特色小镇建设中政府部门发挥了哪些作用？您有哪些意见或建议？

21. 您认为政府、国有企业、私营企业等如何对小镇投资？这些参与主体应担负哪些责任和义务？

沙滩运动特色小镇核心竞争力影响因素专家调查问卷

尊敬的专家:

您好! 首先感谢您在百忙之中抽出时间参与本问卷的填写,本次问卷将占用您 10~20 分钟时间。问卷是关于沙滩运动特色小镇核心竞争力影响因素评价,目的是构建沙滩运动特色小镇核心竞争力评价指标体系,为相关部门提升沙滩运动特色小镇核心竞争力提供科学的、有针对性的理论依据。为了更好地反映实际情况,本问卷基于文献研究及实际调研访谈,从 6 个方面提出相应的沙滩小镇核心竞争力影响因素评价指标,请您根据您的相关工作经验及知识积累标度相应分值。

我保证所采集的数据仅用于此次课题研究,谢谢您的支持!

填写说明:

请按各指标对于评价目标的影响程度大小,对指标进行两两比较,标度含义、指标体系、各级指标打分表见表 1 至表 5。

表 1   标度含义

标度	含义
1	同样重要
2	微小重要
3	稍微重要
4	更为重要
5	明显重要
6	十分重要
7	强烈重要
8	更强烈重要
9	极端重要

表 2　沙滩运动特色小镇核心竞争力指标评价体系

评价目标	一级指标	二级指标	三级指标
沙滩运动特色小镇核心竞争力	产业竞争力 A1	沙滩特色产业规模力 B1	沙滩特色产业的类型 C1
			沙滩特色产业的发展速度 C2
		沙滩特色产业集聚力 B2	沙滩特色产业集群情况 C3
			沙滩相关产业的规模 C4
		沙滩特色产业带动力 B3	沙滩相关产业对周围产业的带动情况 C5
		沙滩特色产业市场力 B4	沙滩产业市场的有效占有率 C6
			沙滩产业市场需求 C7
			沙滩产业贡献率 C8
		产业创新力 B5	沙滩体育专利申请及创新产品数量 C9
			沙滩体育专利产品的应用率 C10
	环境资源力 A2	生态环境 B6	小镇植被覆盖率 C11
			小镇空气质量 C12
			小镇水、沙滩资源情况 C13
		文化底蕴 B7	小镇传统文化的继承与发展 C14
			小镇文化宣传情况 C15
		旅游资源 B8	小镇旅游的人数 C16
			小镇适宜旅游的条件 C17
			小镇景点数量 C18
		运动资源 B9	小镇体育发展情况 C19
			小镇承办比赛情况 C20
			小镇青少年比赛情况 C21
	基础设施力 A3	交通 B10	小镇交通便利程度 C22
			小镇停车场与交通指示牌等情况 C23
		体育设施建设 B11	小镇体育场馆的和场地的建设 C24
			小镇公共基础设施建设 C25
			小镇相关俱乐部建设情况 C26
		休闲娱乐场所 B12	小镇大型商场的建设情况 C27
			小镇酒店的建设情况 C28

续表

评价目标	一级指标	二级指标	三级指标
沙滩运动特色小镇核心竞争力	基础设施力 A3	人才储备 B13	高校人才培养 C29
			俱乐部人才的引进 C30
			运动队人才选拔 C31
	整体布局 A4	小镇整体定位 B14	沙滩体育比赛为核心的特色产业 C32
		小镇的规划 B15	安逸之城、幸福之乡、沙滩圣地 C33
		小镇的战略布局 B16	人才教育培养情况 C34
			沙滩特色产业为核心产业 C35
			依托沙滩运动的休闲娱乐情况 C36
		小镇产业链 B17	沙滩特色产业为核心的产业链条 C37
	政府支持力 A5	政策的出台 B18	国家出台的相关政策 C38
			地方出台的相关政策 C39
		项目监督 B19	成立监督机制 C40
			政府部门监督 C41
		风险预测 B20	成立风险预测平台 C42
	资金来源 A6	政府资本 B21	中央政府投资 C43
			地方政府投资 C44
		社会团体组织 B22	国有企业 C45
			社会组织 C46
		个人资本 B23	个人企业 C47

表 3　一级指标打分表

	A1	A2	A3	A4	A5	A6
A1						
A2						
A3						
A4						
A5						
A6						

表4 二级指标打分表

	B1	B2	B3	B4	B5
B1					
B2					
B3					
B4					
B5					

	B6	B7	B8	B9
B6				
B7				
B8				
B9				

	B10	B11	B12	B13
B10				
B11				
B12				
B13				

	B14	B15	B16	B17
B14				
B15				
B16				
B17				

	B18	B19	B20
B18			
B19			
B20			

	B21	B22	B23
B21			
B22			
B23			

表 5　三级指标打分表

	C1	C2	C3	C4	C5	C6	C7	C8	C9	C10
C1										
C2										
C3										
C4										
C5										
C6										
C7										
C8										
C9										
C10										

	C11	C12	C13	C14	C15	C16	C17	C18	C19	C20	C21
C11											
C12											
C13											
C14											
C15											
C16											
C17											
C18											
C19											
C20											
C21											

	C22	C23	C24	C25	C26	C27	C28	C29	C30	C31
C22										
C23										
C24										
C25										
C26										
C27										
C28										
C29										
C30										
C31										

	C32	C33	C34	C35	C36	C37
C32						
C33						
C34						
C35						
C36						
C37						

	C38	C39	C40	C41	C42
C38					
C39					
C40					
C41					
C42					

	C43	C44	C45	C46	C47
C43					
C44					
C45					
C46					
C47					

贵州省体育特色小镇评价指标体系试行

一、资源与环境

小镇范围内体育、旅游等资源丰富，体育旅游价值较高，整体环境舒适，体育旅游主题特色明显，体育文化氛围浓厚，整体视觉形象清晰。

二、设施及配套服务

小镇范围内基础设施布局合理、舒适便捷、安全先进，交通、购物、餐饮、住宿等配套服务较为完善。

三、产品与服务

拥有受公众欢迎、方便参与、健康时尚的体育旅游产品，提供优质的体育旅游服务，满足体育旅游者健身游、观光游、赛会游的需求。

四、人员要求

服务人员身体健康，态度热情，文明礼貌，参加岗前培训，熟悉小镇及周边的旅游资源，具有较强的专业知识和技能。教练员要持相关专业技术资格证上岗。

五、宣传与推广

宣传推广渠道多种，形式多样，信息符合正能量。与体育协会（俱乐部）、旅行社等密切合作，积极参加各类体育旅游博览会、论坛、会展节庆等，品牌宣传推广内容形成体系。

六、保障措施

建立有"人防""物防"和"技防"相结合的安全保障体系和较为规范、完整的卫生管理制度，与附近公安、消防、医疗、防疫、卫生等部门有联动机制。

七、综合管理

小镇取得相关营业证照，有完整的经营管理制度，应提供特殊人群（老年人、残疾人、儿童）服务项目，开展体育旅游数据专项统计，鼓励社会组织参与或吸纳志愿者开展体育旅游服务。

贵州省体育特色小镇评价条件分为"基本条件"和"特色条件"（详见表1）。

贵州省体育局

2020 年 4 月 8 日

表1 贵州省体育特色小镇评价指标体系

	一级指标	二级指标
基本条件	资源与环境	1. 体育旅游资源丰富。小镇范围内体育旅游资源丰富、价值较高，整体生态环境舒适。 2. 体育旅游文化浓厚。小镇范围内体育文化氛围浓厚，体育旅游主题特色明显，整体视觉形象清晰
	基础设施及配套服务	1. 基础设施完备。有满足体育旅游消费需求的基础配套设施。 2. 服务满足需求。提供有体育旅游接待、咨询等服务的人员和设施。 3. 智慧化建设先进。有免费 WiFi、公众号（官网）、大数据等建设。 4. 应急场所满足需求。有满足体育旅游需求的应急场所。 5. 小镇宣传到位。有基地的基本情况介绍、体育旅游项目布局图等
	体育条件	1. 体育元素凸显。有满足需求的体育场地、设施（器材）及元素。 2. 赛事条件具备。有举办或承办体育赛事活动的场地和计划
	视觉识别系统	1. 视觉识别系统规范。有统一规范醒目的标识指示系统。 2. 信息宣传电子化。建设有对外公布信息的电子宣传载体（包括但不限于 LED 等显示设备）
	经营管理制度	1. 财务审计合规。有规范的年度财务和审计报告。 2. 经营管理制度健全。包括但不限于财务管理、统计管理、技能培训、信息化管理、环境卫生管理、设施设备管理、服务质量监督与管理、安全管理、应急救援救护等制度

续表

	一级指标	二级指标
特色条件	体育旅游要素凸显	1. 体育旅游业态凸显。有不少于1项包括但不限于足球、攀岩、骑行、露营、探洞、低空飞行、水上项目、冰雪项目等特色体育旅游项目。 2. 市场主体培育与壮大。注册有1家（含）以上体育旅游类企业，或有2家（含）以上体育旅游类企业入驻。 3. 社会组织参与。有1个（含）以上体育旅游类社会组织入驻，或成立有1个体育旅游类社会组织。 4. 高端要素支撑。与1家（含）以上体育、旅游类科研院所或新型智库机构建立咨询服务协作，集聚体育旅游人才、技术、信息等要素。 5. 品牌建设与传播。自主举办不少于1项特色主题或IP品牌的体育旅游活动。 6. 重大赛事举办。举办或承办有市级（含）以上体育赛事，其中至少1项具有贵州民族特色。 7. 产业规划引领。有科学合理的体育旅游产业发展规划或策划。 8. 专业人才指导。有3名（含）以上工作人员获"社会体育指导员职业资格证"
	产业协同发展	1. 区域协同发展。与周边30千米（或30分钟车程）以内的餐饮、住宿交通、购物、景区、娱乐等企业联动发展，用市场方式完善体育旅游服务体系。 2. 多产业融合成形。与特色文化、教育培训、金融服务、会展传媒、大数据、科学技术、体育扶贫等业态融合发展，包括但不限于1项。 3. 产业链条基本形成。有知名体育或旅游类企业入驻，形成基本的体育旅游产业链
	产业带动效益	1. 促进就业创业。吸纳当地人口在小镇内就业或创业。 2. 带动产业发展。能够带动当地个体户或企业发展。 3. 产业效益明显。年综合收入达到1.8亿元以上，或年接待人数达30万人次以上。 4. 市场占有率稳步提升

后 记

改革开放 40 多年来，我国社会生产力水平明显提高，人民生活显著改善，人们的物质性需要不断得到满足，开始更多追求社会性需要和心理性需要，比如期盼更好的教育、更可靠的社会保障、更高水平的医疗卫生服务、更舒适的居住条件、更优美的环境、更丰富的精神文化生活等等。这既是我国社会生产力水平显著提高的必然结果，又对我国未来经济社会发展提出了更高要求。党的十九大报告指出，中国特色社会主义进入新时代，我国社会主要矛盾已经转化为"人民日益增长的美好生活需要和不平衡不充分的发展之间的矛盾"。社会主要矛盾的变化要求我们在继续推动发展的基础上大力提升发展质量和效益，更好地满足人民日益增长的美好生活需要。

中国特色小镇是满足人民日益增长的美好生活需要的重要载体之一。即是以某种根植于当地、具有极强发展潜力的特色主导产业的核心环节为主体，以领军型团队、创新型人才和高端创业要素集聚为核心，以地域人文底蕴演化形成的创业创新文化氛围为纽带，以完善的公共服务、优美的宜居环境、精致的建设风貌为外在表现的，"产、城、人、文"四位一体、高度融合发展的"复合生态系统"。特色小镇作为一种微型产业集聚区，有利于增强小城镇发展能力，加快城镇化进程；有利于改善城镇发展面貌，提高人民群众生活质量；有利于挖掘优势资源，发展壮大特色产业；有利于统筹城乡发展，破解"三农"难题，在推动经济转型升级和新型城镇化建设中具有重要作用。建设特色小镇顺应国民经济社会和产业发展的趋势，有利于解决社会发展中的"不平衡不充分"问题，满足人民对美好生活的需要。

2016 年以来，在新型城镇化、幸福中国、健康中国等国家战略背景下，伴随着《关于开展特色小镇培育工作的通知》《国家发展改革委、自然资源部、生态环境部、住房城乡建设部关于规范推进特色小镇和特色小城镇建设的若干意见》《国家发展改革委办公厅关于建立特色小镇和特色小城镇高质量发展机制的通知》等文件的陆续出台，特色小镇这种在块状经济和县域经济基础上发展而来的创新经济模式，在中国大地上发芽开花，成为新的历史时期、新的发展阶段供给侧改革的创新探索和成功实践。

2017年以来，在特色小镇如火如荼发展的基础上，国家体育总局办公厅颁布了《关于推动运动休闲特色小镇建设工作的通知》《运动休闲特色小镇试点项目建设工作指南》等文件，伴随着体育运动的全民化、休闲化与常态化，体育特色小镇的建设也迎来了新的发展机遇，成为推动体育产业高质量发展的重要空间载体，对于经济新常态下发展体育产业、促进产业跨界融合、脱贫攻坚、经济转型升级及城乡一体化发展具有重要意义，满足人民对美好生活的需要。

本书主要置于体育强国建设的大背景之下，借鉴特色小镇的研究成果，分析特色小镇建设的政策背景、时代意义、理论渊源及发展状况，并以山东省海阳市沙滩运动特色小镇为实证，联系发展实际和现行政策，探讨我国体育特色小镇的建设规划、开发模式、运行与建设保障机制、实施路径与政策改革思路，改善体育产业布局结构，实现产业聚集效应，促进体育产业的发展。研究成果不仅可以丰富体育特色小镇建设的理论体系，而且可以为教育、体育、文化等政府机构制定相关体育政策提供参考，为地方政府和企业提供实践指导。

本书得到了山东省社会科学规划办公室、鲁东大学的资助，得到了山东阳光海岸体育发展有限公司、山东省海阳市体育发展办公室的帮助与支持，在此表示衷心感谢。同时也对研究过程中引用的国内外研究成果、学术文章的作者和相关图片的网站表示诚挚的感谢，感谢为我们研究提供的大量数据和第一手鲜活的实例资料。

体育特色小镇的建设是贯彻和落实"体育强国""健康中国""全民健身"等国家战略的重要内容，是新时代实现全民健身和全民健康深度融合的必然要求，也是推动体育产业高质量发展的重要抓手，是解决"人民日益增长的美好生活需要和不平衡不充分的发展之间的矛盾"的重要路径。目前我国体育特色小镇的建设在深度、精度的推进中面临诸多困难，如何保障体育特色小镇的健康、绿色、可持续发展是后续研究过程中要解决的最大难题。

周君华

2021 年 6 月于烟台